高等学校交通运输类专业新工科教材

INTRODUCTION TO
INTELLIGENT TRANSPORT INFRASTRUCTURE

交通基础设施智能化概论

董泽蛟　马宪永　主　编
曹丽萍　齐志鑫　殷允飞　副主编

人民交通出版社
北　京

内 容 提 要

本书为高等教育交通运输类专业教材，本书梳理了交通基础设施智能化的发展现状，融合了哈尔滨工业大学交通学院交通基础设施监测方面的最新研究成果，并充分借鉴了国内外相关领域的最新技术进展，力求给出交通基础设施智能化技术体系及发展脉络。本书共10章，主要内容包括：概述、人工智能概述、大数据概述、云计算概述、物联网概述、智慧公路、智慧机场、智慧桥梁、智慧铁路和智慧交通。

本书内容由浅入深、全面翔实，结构清晰简明、编排合理，可作为交通运输、交通工程、智慧交通、智能运输工程等专业本科高年级教材，也可以作为研究生研讨课教材或专业技术人员参考用书。

图书在版编目(CIP)数据

交通基础设施智能化概论 / 董泽蛟，马宪永主编. — 北京 ：人民交通出版社股份有限公司，2025.6

ISBN 978-7-114-18466-6

Ⅰ.①交… Ⅱ.①董…②马… Ⅲ.①智能技术—应用—交通运输建设—基础设施建设 Ⅳ.①F511.3-39

中国版本图书馆 CIP 数据核字(2022)第257649号

Jiaotong Jichu Sheshi Zhinenghua Gailun

书　　名：交通基础设施智能化概论
主　　编：董泽蛟　马宪永
责任编辑：李　瑞　陈虹宇
责任校对：赵媛媛　刘　璇
责任印制：张　凯
出版发行：人民交通出版社
地　　址：(100011)北京市朝阳区安定门外外馆斜街3号
网　　址：http://www.ccpcl.com.cn
销售电话：(010)85285911
总 经 销：人民交通出版社发行部
经　　销：各地新华书店
印　　刷：北京科印技术咨询服务有限公司数码印刷分部
开　　本：787×1092　1/16
印　　张：18.75
字　　数：456千
版　　次：2025年6月　第1版
印　　次：2025年6月　第1次印刷
书　　号：ISBN 978-7-114-18466-6
定　　价：59.00元
(有印刷、装订质量问题的图书，由本公司负责调换)

PREFACE 前言

当前，人工智能已成为全球高度关注的焦点，产业智能化已成为时代趋势。从第二次世界大战时艾伦·图灵破解恩尼格玛密码机，到1956年达特茅斯会议中“人工智能”词语诞生，到1997年“深蓝”计算机击败象棋大师卡斯帕罗夫，再到2017年AlphaGo战胜世界围棋冠军柯洁，人工智能发展经历了65年间的三次“浪潮”和两次“寒冬”，终于走进了如今各行各业如火如荼运用人工智能技术的“智能时代”。

当人类跨过了农耕时代、工业时代和信息时代，作为人们基本生存要素和现代社会发展重要基石的交通运输，正在快速迈入“智能化”时代。以无人驾驶为代表的智能载运工具，以智能交通系统（Intelligent Transportation System，ITS）为代表的智能交通管理，以数字孪生为代表的智慧城市等都已成为智慧交通体系中的重要体现。相比之下，交通运输体系中的主体——交通基础设施的数字化、信息化及智能化还处于摸索阶段。总结原因，以钢筋、水泥、沥青、砂石和岩土为基材的传统交通基础设施建设量大体巨，其材料、结构本身高度的复杂性及作为外部构造物服役环境的恶劣性，使得实现信息的主动感知及自动处理具有相当的难度。《交通强国建设纲要》中明确提出：推广智能化、数字化、轻量化交通装备及成套技术装备。广泛应用智能高铁、智能道路、智能航运、自动化码头、数字管网、智能仓储和分拣系统等新型装备设施，开发新一代智能交通管理系统；推动大数据、互联网、人工智能、区块链、超级计算等新技术与交通行业深度融合；推进数据资源赋能交通发展，加速交通基础设施网、运输服务网、能源网与信息网络融合发展，构建泛在先进的交通信息基础设施。相关政策为交通基础设施智能化指明了方向，提供了技术发展路径。

编者自2005年起引入光纤光栅测试技术用于沥青路面结构信息获取，在系列路用传感元件研发、响应测试信息有效性、路面结构信息实时监测、路面结构服役性能评价、机场道面结构信息感知等方面进行了较为系统的研究，正在围绕智慧公路、智慧机场进行系统的理论研究和技术研发。近年来，结合智慧铺面课程体系建设，编者先后主持开设了博士学位课“路面动力学”(后建设为与国际高水平学者共建课)、硕士选修课“机场工程学”、本科选修课“机场规划与设计”、本科辅修课“智慧机场工程”、本科创新研修课“路面材料与结构数值仿真”以及新生研讨课“交通基础设施智能化”(正在建设慕课)。在过去新生研讨课“交通基础设施智能化”建设的五年期间,编者一直希望通过系统梳理,编写一本通俗易懂的书籍供学生参考,给学生提供较为清晰的交通基础设施智能化框架认知。

本教材融合了哈尔滨工业大学交通学院交通基础设施监测方面的最新研究成果,并充分借鉴了国内外相关领域的最新技术进展,力求给出交通基础设施智能化技术体系及发展脉络。第1章概述详细介绍了我国各类交通基础设施发展与规划以及面临的机遇与挑战,并对比人工智能技术尝试解读交通基础设施智能化内涵及框架。第2章至第5章总结了人工智能、大数据、云计算及物联网等相关战略性新兴专业基础知识,力求为本领域学生提供必要的知识背景。第6章至第10章分别介绍了智慧公路、智慧机场、智慧桥梁、智慧铁路和智慧交通的发展现状和部分应用案例。

本教材的编写汇集了哈尔滨工业大学智慧交通基础设施课题组多位老师及研究生多年的研究及成果,本教材整体框架、章节设计及全文校核由董泽蛟、曹丽萍、马宪永完成,第1章和第2章由董泽蛟编写,第3章和第4章由齐志鑫编写,第5章和第10章由殷允飞编写,第6章至第8章由马宪永编写,第9章由曹丽萍编写。全书图形设计由董泽蛟、马宪永等完成。

交通基础设施智能化是我国交通领域“十四五”规划乃至2035年远景目标的重要发展方向,也是一个交通、土木、材料、管理、汽车、信息、控制、力学、机械、光学、仪器、电子及计算机等多学科交叉融合的领域,但国内外尚未形成成熟和公认的技术体系。因此,本教材仅尝试梳理发展现状,希望能够起到抛砖引玉的作用,对相关学科有所启示,以使未来有更多学科毕业生参与到交通基础设施智能化建设中,促进交通行业更快、更好、更有序地发展。

编　者

2024年12月

CONTENTS 目录

CHAPTER 1 第1章

概述

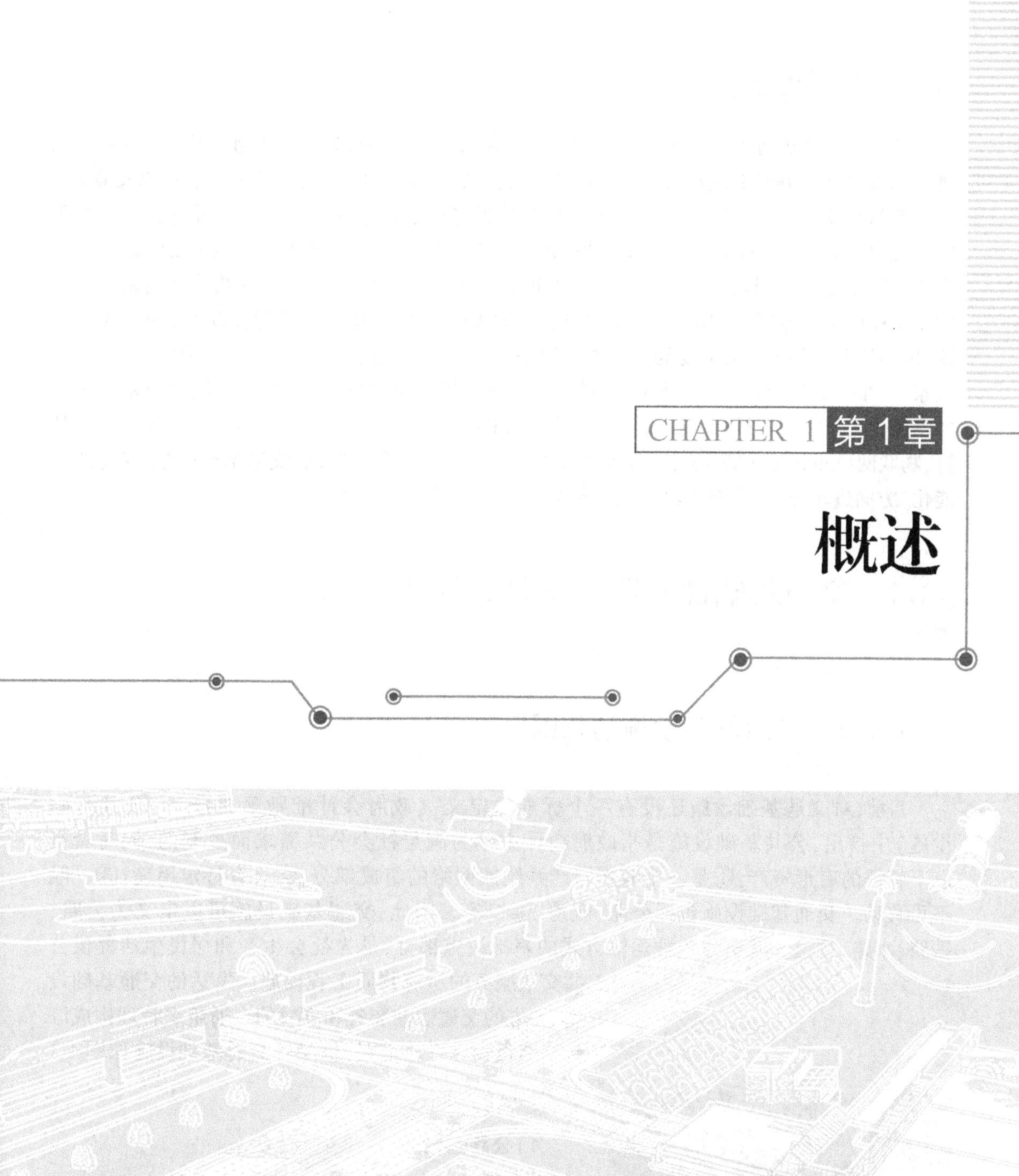

学习目的与要求

通过本章学习,掌握交通基础设施的定义和范围、智能化内容,了解交通基础设施的规划及现状,了解交通基础设施发展面临的机遇与挑战,了解交通基础设施智能化的发展历程及趋势。

改革开放40多年来,中国交通基础设施建设经历了向世界学习、跟跑、并跑到部分领跑的过程,创造了一系列诸如港珠澳大桥、北京大兴国际机场等入选英国《卫报》的"新世界七大奇迹",塑造了中国高铁、中国交通、中国桥梁等中国"新名片",公路、铁路等交通基础设施的总里程位居世界第一,取得了举世瞩目的伟大成就。当前,中国处于近代以来最好的发展时期,世界处于百年未有之大变局。中国交通基础设施正处在由"大"变"强"的历史转折期。在国家"一带一路"倡议、"交通强国"战略、"新基建"等新时代发展背景下,我国交通基础设施的发展充满了机遇和挑战。随着人工智能(Artificial Intelligence,AI)、大数据(big data)、云计算、物联网(Internet of Things,IoT)等新技术与交通行业的深度融通,交通基础设施正朝着"智能化"方向进军,迎来了新一轮的技术转型和产业变革。

1.1 交通基础设施发展规划及现状

1.1.1 交通基础设施的范围

目前,对交通基础设施还没有一个标准的定义,《政府会计准则第5号——公共基础设施》中指出,公共基础设施是指政府会计主体为满足社会公共需求而控制的,同时具有以下特征的有形资产:①是一个有形资产系统或网络的组成部分;②具有特定用途;③一般不可移动。交通基础设施包括公路、航道、港口等。因此,交通基础设施可以定义为公路、铁路、水路、管道和航空等各种运输方式的基础设施部分,是为社会生产和居民生活提供公共交通服务的所有物质工程设施。发达的交通基础设施、先进的交通运输装备和高效的交通组织管理构成综合交通运输体系。道路、桥梁等交通基础设施如图1-1所示。

图1-1 道路、桥梁等交通基础设施

1)公路运输

公路运输是指在供汽车、人力车、畜力车等众多载运工具及行人使用的道路上进行货物或人员运输。公路运输是五大交通体系中历史悠久、体量最大的一种陆上运输方式。公路按照功能和交通量可分为高速公路、一级公路、二级公路、三级公路及四级公路五个等级，而按行政管理属性可划分为国道、省道、县道、乡道、村道和专用公路。

2)铁路运输

铁路运输(图1-2)是一种重要的陆上运输方式，以机车牵引车辆在两条平行的铁轨上行驶。传统方式是钢轮行进，但广义的轨道运输还包括磁悬浮列车、缆车、索道等非钢轮行进方式，或称轨道运输。铁路分类形式多种多样，按服务范围和功能用途可以分为国家干线铁路轨道系统、市郊铁路轨道系统、城市轨道交通系统、厂区矿区等工业铁路轨道系统；按设计速度等级划分，分为普速铁路(最高运行速度小于160km/h)、快速铁路(最高运行速度介于160km/h到250km/h)和高速铁路(最高运行速度大于250km/h)。铁路运输相较于其他运输方式，具有运能大、成本低、占用资源少、环境污染小等明显优势，而近年兴起的高速铁路更是将这些优势发展到了新的高度。

a)普速铁路

b)高速铁路

图1-2 铁路运输

3)航空运输

航空运输是在具有航空线路(航线)和航空站点(机场)的条件下，以航空器(飞艇、飞机等)作为运输工具进行货物、人员流通的一种运输方式。航空运输货运量占我国总体运输量的比重较小，主要承担长途客运和快速货运任务。航空运输要素包括航空站、航空器、航线、航班和航空公司，其中航空站为航空运输系统中重要的陆侧基础设施，而航空器作为主要载运工具则经历了漫长的发展历程。

4)水路运输

水路运输(图1-3)是以船舶为主要运输工具，以港口或港站为运输基地，以海洋、河流或湖泊等水域为运输活动范围的一种运输方式。相较于其他运输方式，水路运输运载能力大、成本低、能耗少、投资省、开发利用涉及面广。据估计，美国1条密西西比河的运量相当于10条铁路的运量，而欧洲1条莱茵河的运量抵得上20条铁路的运量。根据航行水运性质，水运分海运和河运两种，其中，海运利用船舶等水运工具经海上航道运输人员和货物，而河运利用船舶等水运工具在江、河、湖泊、水库等天然或人工水道运输人员和货物。

a)海运

b)河运

图1-3　水路运输

5)管道运输

管道运输是使用管道作为运输工具的一种长距离输送液体和气体物资的运输方式,是一种专门由生产地向市场输送石油、煤炭或化学产品的运输方式,是综合运输网中干线运输的特殊组成部分。运输管道按照介质可分为输油管道(一般管径为200~1700mm)、输气管道(一般管径为150~1100mm)和固体料浆管道(一般管径为1900mm);按照制造材料可分为竹制管道、铁质管道和钢制管道;而按照动力驱动机械可分为蒸汽机驱动管道、内燃机驱动管道、电动机驱动管道和燃气轮机驱动管道。

1.1.2　我国交通基础设施规划及现状

我国交通基础设施建设实现了从改革开放之初的"瓶颈制约"到20世纪末的"初步缓解",再到目前的"基本适应"经济社会发展需求的阶段跨越。多种交通运输方式快速发展,公路、铁路、水路、航空、管道等交通基础设施多项指标位居世界第一,已经走在从"交通大国"向"交通强国"迈进的征途中。

1)公路运输规划及现状

在不同历史时期,我国分别制定了相应的公路网规划。

"五纵七横"国道主干线系统规划:我国公路运输系统(也称国道主干线)规划最早开始于20世纪80年代。1981年,原国家计划委员会、国家经济委员会和交通部印发的《国家干线公路网(试行方案)》明确指出,国家干线由"12射、28纵、30横"共70条路线组成,总规模约11万km。随着公路交通的快速发展,交通部编制了《"五纵七横"国道主干线系统规划》,并于1993年正式发布实施。该规划由5条南北纵线和7条东西横线组成,简称"五纵七横",总里程约为3.5万km。

"7918网"国家高速公路网规划:随着我国进入全面建设小康社会阶段,社会经济发展对高速公路建设提出了更高要求。交通部编制了《国家高速公路网规划》,并于2004年12月17日由国务院发布实施,这标志着我国高速公路建设发展进入了一个新的历史时期。《国家高速公路网规划》采用放射线与纵横网格相结合的布局方案，形成由中心城市向外辐射以及横贯东西、纵贯南北的大通道，由7条首都放射线、9条南北纵向线和18条东西横向线组成，简称为"7918网"，包括1993年的"五纵七横"在内，总规模约8.5万km。国家高速公路网的布局目标是连接所有当时城镇人口超过20万的中等及以上城市，形成高效运输网络。

"71118网"国家高速公路网规划：随着经济社会快速发展和公路网络结构规模的不断发展变化，既有的国家干线路网出现了覆盖范围不足、通行能力不够、网络效率不高等适应性问题。2013年6月20日，中华人民共和国国务院新闻办公室发布《国家公路网规划(2013年—2030年)》，国家高速公路网由7条首都放射线、11条南北纵向线和18条东西横向线组成，简称"71118网"。国家公路网规划总规模约40万km，其中国家高速公路共36条，计11.8万km；普通国道网由12条首都放射线、47条北南纵线、60条东西横线和81条联络线组成，共计26.5万km。到2030年将建成布局合理、功能完善、覆盖广泛、安全可靠的国家干线公路网线，实现首都辐射省会、省际多线连通、地市高速通达、县县国道覆盖。

2024年末全国公路里程549.04万km，比上年末增加5.35万km。

2024年末全国四级及以上等级公路里程534.47万km，比上年末增加7.46万km，占公路里程比重为97.3%、提高0.4个百分点。其中，二级及以上等级公路里程77.75万km、增加1.53万km，占公路里程比重为14.2%、提高0.1个百分点；高速公路里程19.07万km、增加0.70万km，国家高速公路里程12.41万km、增加0.18万km。

2024年末全国国道里程38.67万km，省道里程41.01万km。农村公路里程464.37万km，其中县道里程69.88万km、乡道里程124.34万km、村道里程270.14万km。

2024年末全国公路桥梁110.81万座、10197.58万延米，比上年末分别增加2.87万座、668.76万延米，其中特大桥11329座、2060.47万延米，大桥19.14万座、5397.05万延米。全国公路隧道28724处、3259.66万延米，增加1427处、236.48万延米，其中特长隧道2261处、1032.87万延米，长隧道8047处、1410.18万延米。

2）铁路运输规划及现状

我国自1876年建成第一条铁路至1949年中华人民共和国成立，铁路方面未有总体性规划。1953至1980年间，我国实行计划经济制度，铁路发展有了统筹规划和统一标准。在20世纪80年代后，我国对铁路发展的规划进行了相应改进和完善，铁路发展以计划指令性方式发展为主，一直未能形成有效的铁路规划文件。这一时期的铁路多从项目规划出发，而较少从路网角度进行总体铁路规划。

2004年《中长期铁路网规划》：为适应全面建设小康社会的目标要求，铁路网要扩大规模，实现里程和速度上的跨越。计划到2020年，全国铁路营业里程达到10万km，复线率、电化率均达到50%。同时，铁路进一步大提速，并兴建"四纵四横"快速客运专线，形成快速客运网络。完善铁路网全国布局，主要繁忙干线实现客货分线，运输能力满足国民经济和社会发展需要，主要技术装备达到或接近国际先进水平。

2008年《中长期铁路网规划》：到2020年全国铁路营业里程达到12万km以上。其中，客运专线达到1.6万km以上，复线率和电化率分别达到50%和60%以上。结合客运专线，进一步完善路网布局和西部开发性新线的建设，基本形成布局合理、衔接顺畅的铁路网络。2004

年和2008年修编《中长期铁路网规划》以来,我国铁路发展成效显著。截至2015年底,全国铁路营业里程已达12.1万km,其中高速铁路1.9万km,提前实现原规划目标。

2016年《中长期铁路网规划》:规划期限为2016—2025年,远期展望到2030年。到2020年,铁路网规模预计达15万km,其中,高速铁路3万km,覆盖80%以上的大城市。到2025年,铁路网规模达到17.5万km。其中,高速铁路3.8万km,网络覆盖进一步扩大。在原规划"四纵四横"的基础上,发展形成以"八纵八横"主通道为骨架、区域连接线衔接、城际铁路补充的高速铁路网。针对普速铁路网,重点是扩大中西部路网覆盖,完善东部网络布局。其次,进一步优化铁路客、货运枢纽布局,形成系统配套的现代化综合交通枢纽。上述路网方案实现后,远期铁路网规模将达到20万km左右,其中高速铁路4.5万km左右。

2017年《铁路标准化"十三五"发展规划》:为贯彻落实修订后的《中长期铁路网规划》及铁路改革发展的要求,2017年交通运输部发布了我国《铁路标准化"十三五"发展规划》。规划目标与2016年修订《中长期铁路网规划》相似,到2020年全国铁路营业里程达到15万km,其中高速铁路3万km,进一步推进"八纵八横"建设,基本形成高速铁路网络;干线路网优化完善,其中中西部路网规模继续扩大,规模达到9万km左右。全国铁路网基本覆盖城区常住人口20万以上城市,高速铁路网覆盖80%以上的大城市。

2024年末全国铁路营业里程16.2万km,其中高铁营业里程4.8万km。投产新线3113km,其中高铁2457km。铁路复线率为60.8%,电化率为76.2%。2019—2024年全国铁路营业里程如图1-4所示。

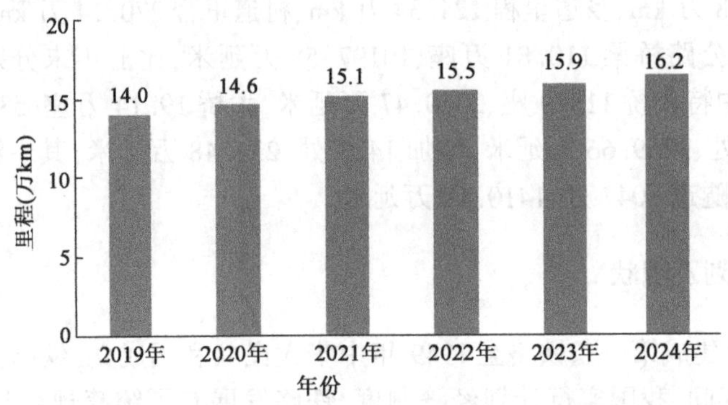

图1-4 2019—2024年全国铁路营业里程

3)航空运输规划及现状

2008年,国务院批准实施《全国民用机场布局规划》,明确了依据已形成的机场布局,结合区域经济发展实际和民航区域管理体制现状,按照"加强资源整合、完善功能定位、扩大服务范围、优化体系结构"的布局思路,重点培育国际枢纽、区域中心和门户机场,完善干线机场功能,适度增加支线机场布点,构筑规模适当、结构合理、功能完善的北方(华北、东北)、华东、中南、西南、西北五大区域机场群。通过新增布点机场的分期建设、既有机场的改扩建以及各区域内航空资源的有效整合,机场群整体功能实现枢纽、干线和支线有机衔接,客、货航空运输全面协调,大、中、小规模合理的发展格局,并与铁路、公路、水路以及相关城市交通相衔接,共同构成现代综合交通运输体系。

随着国家重大战略的实施和广大人民群众对便捷出行需求的日益增长，原有民用机场布局规划难以满足综合交通运输体系建设和经济社会发展的需要。因此，2017 年，我国制定了新一轮的《全国民用运输机场布局规划》，提出了一体化衔接、绿色集约发展等政策措施，形成与高速铁路优势互补、协同发展的格局。规划目标年为 2025 年，展望到 2030 年。

目前我国已形成了以各省、区、市行政中心为中心伸展线路的铁路网骨架。全国铁路网基本覆盖城区常住人口 20 万以上城市，高速铁路网覆盖 80% 以上的大城市。截至 2024 年末，我国颁证民用航空运输机场数量达 263 个，比上年末增加 4 个，其中定期航班国内通航运输机场 262 个，定期航班国内通航城市（或地区）258 个。全年旅客吞吐量达到 100 万人次以上的运输机场 107 个，其中达到 1000 万人次及以上的运输机场 40 个。全年货邮吞吐量达到 10000 吨以上的运输机场 67 个。北京大兴国际机场、成都天府国际机场等一批重大项目建成运营，枢纽机场设施能力进一步提升，一批支线机场投入使用。2025 年，我国将建成覆盖广泛、分布合理、功能完善、集约环保的现代化机场体系，形成 3 大世界级机场群、10 个国际枢纽和 29 个区域枢纽。

4）水路运输规划及现状

2007 年 6 月 26 日，国家发展改革委和交通部联合编制的《全国内河航道与港口布局规划》被国务院批准发布。规划针对我国水资源较为丰富的长江水系、珠江水系、京杭运河与淮河水系、黑龙江和松辽水系及其他水系，拟定至 2020 年形成长江干线、西江航运干线、京杭运河、长江三角洲高等级航道网、珠江三角洲高等级航道网、18 条主要干支流高等级航道（两横一纵两网十八线）和 28 个主要港口的布局，遍及全国 20 个省区市，这是我国第一个独立的、系统性的全国航道和港口布局纲领性文件。

该规划将全国内河航道划分为两个层次：高等级航道和其他等级航道。其中，高等级航道是全国内河航道的核心和骨干，主要指可通航千吨级船舶的三级及以上航道或个别地区受条件限制可通航 500 吨级船舶的四级航道。而全国内河港口划分为三个层次：主要港口、地区重要港口和一般港口。其中，内河主要港口是指地理位置重要、吞吐量较大、对经济发展影响较广的港口。该规划的重点是内河高等级航道和主要港口，而内河其他等级航道以及地区重要港口和一般港口由各省（自治区、直辖市）内河水运规划明确。规划内河高等级航道约 1.9 万 km，约占全国内河航道里程的 15%，其中，三级及以上航道 1.43 万 km，四级航道 4800km。

2024 年末全国内河航道通航里程 12.87 万 km，比上年末增加 528km。等级航道通航里程 6.84 万 km，占内河航道通航里程比重为 53.2%，其中三级及以上航道通航里程 1.60 万 km、占内河航道通航里程比重为 12.4%。年末各等级内河航道通航里程分别为：一级航道 2192km，二级航道 4470km，三级航道 9304km，四级航道 11811km，五级航道 7380km，六级航道 16248km，七级航道 16992km。等外航道 6.03 万 km。

2024 年末全国港口万吨级及以上泊位 2971 个，比上年末增加 93 个。从分布结构看，内河港口万吨级及以上泊位 487 个、增加 18 个，沿海港口万吨级及以上泊位 2484 个、增加 75 个。从用途结构看，专业化万吨级及以上泊位 1579 个、增加 35 个，通用散货万吨级及以上泊位 698 个、增加 34 个，通用件杂货万吨级及以上泊位 463 个、增加 16 个，客货万吨级及以上泊位 3 个、与去年持平，多用途万吨级及以上泊位 193 个、增加 10 个。

5)管道运输规划及现状

油气能源战略通道一直是我国交通基础设施建设的重点。至2016年,我国管道运输基本形成了6个地区管道(东北、华北、华东、中南、西北地区原油运输管道及西南地区油气运输管道)、3个原油枢纽(铁岭、临邑、东营)、4个输出港口(大连、秦皇岛、青岛、南京)及若干原油输入港口(上海、杭州、广州、湛江等沿海港口及南京、安庆、九江、武汉、岳阳等长江港口)的格局。其中,中哈、中俄、中缅、兰成、长呼等原油管道在我国东北、西北、华北、华东、中部和西南地区形成区域性原油输油管网,而兰成渝、兰郑长、呼包鄂等成品油管道在我国西北、西南和珠三角地区建成了骨干输油管道,初步形成"西油东送、北油南下"的格局。

2017年5月,根据《中共中央 国务院关于深化石油天然气体制改革的若干意见》和《能源生产和消费革命战略(2016—2030)》精神,制定了《中长期油气管网规划》。规划期为2016—2025年,远期展望到2030年。发展目标为:至2020年,全国油气管网规模达到16.9万km,其中原油、成品油、天然气管道里程分别为3.2万km、3.3万km及10.4万km,储运能力明显增强。到2025年,全国油气管网规模达到24万km,网络覆盖进一步扩大,结构更加优化,储运能力大幅提升。全国省区市成品油、天然气主干管网全部连通,100万人口以上的城市成品油管道基本接入,50万人口以上的城市天然气管道基本接入。

截至2024年底,我国长输油气管网总里程约为19万km。

1.2 交通基础设施发展机遇与挑战

交通基础设施的发展与国家战略紧密相关,"一带一路""交通强国""北极政策"及"新基建"等战略和政策的实施,为交通基础设施建设带来了重大机遇与挑战。

1.2.1 "一带一路"倡议

"一带一路"(The Belt and Road,B&R)是"丝绸之路经济带"和"21世纪海上丝绸之路"的简称,是国家级顶层合作倡议。2013年9月和10月,中国国家主席习近平分别提出建设"丝绸之路经济带"和"21世纪海上丝绸之路"的合作倡议。"丝绸之路经济带"倡议涵盖东南亚经济整合及东北亚经济整合,并最终融合在一起通向欧洲,形成欧亚大陆经济整合的大趋势;"21世纪海上丝绸之路"倡议从海上联通亚欧非大陆,并与"丝绸之路经济带"倡议形成一个海上—陆地的闭环。

该倡议目的是依靠中国与有关国家既有的双多边机制,借助既有的、行之有效的区域合作平台,积极发展与共建国家的经济合作伙伴关系,共同打造政治互信、经济融合、文化包容的利益共同体、命运共同体和责任共同体。

1)国内背景及路线

"一带一路"倡议提出的背景主要包括:①根植历史,弘扬丝路精神;②因应现实,破解发展难题;③开创未来,让世界更美好。

“一带一路”倡议包括六大经济走廊：①新亚欧大陆桥经济走廊。新亚欧大陆桥经济走廊由中国东部沿海向西延伸，经中国西北地区和中亚、俄罗斯抵达中东欧。②中蒙俄经济走廊。中蒙俄经济走廊将中国的环渤海经济圈通过中蒙俄经济走廊与欧洲经济圈连接起来，形成一条从亚洲到欧洲的北方通道。③中国—中亚—西亚经济走廊。中国—中亚—西亚经济走廊由中国西北地区出境，向西经中亚至波斯湾、阿拉伯半岛和地中海沿岸，辐射中亚、西亚和北非有关国家。④中国—中南半岛经济走廊。中国—中南半岛经济走廊以中国西南为起点，连接中国和中南半岛各国，是中国与东盟扩大合作领域、提升合作层次的重要载体。⑤中巴经济走廊。中巴经济走廊是共建“一带一路”的旗舰项目，中巴两国政府高度重视，积极开展远景规划的联合编制工作。⑥孟中印缅经济走廊。孟中印缅经济走廊连接东亚、南亚、东南亚三大次区域，沟通太平洋、印度洋两大海域。

2）建设原则

共建“一带一路”以共商、共建、共享为原则，积极倡导合作共赢理念与正确义利观，坚持各国都是平等的参与者、贡献者、受益者，推动实现经济大融合、发展大联动、成果大共享。

共建“一带一路”坚持共商原则，不是中国一家的独奏，而是各方的大合唱，倡导并践行真正的多边主义，坚持大家的事由大家商量着办，充分尊重各国发展水平、经济结构、法律制度和文化传统的差异，强调平等参与、沟通协商、集思广益，不附带任何政治或经济条件，以自愿为基础，最大限度地凝聚共识。各国无论大小、强弱、贫富，都是平等参与，都可以在双多边合作中积极建言献策。各方加强双边或多边沟通和磋商，共同探索、开创性设立诸多合作机制，为不同发展阶段的经济体开展对话合作、参与全球治理提供共商合作平台。

共建“一带一路”坚持共建原则，不是中国的对外援助计划和地缘政治工具，而是联动发展的行动纲领；不是现有地区机制的替代，而是与其相互对接、优势互补。坚持各方共同参与，深度对接有关国家和区域发展战略，充分发掘和发挥各方发展潜力和比较优势，共同开创发展新机遇、谋求发展新动力、拓展发展新空间，实现各施所长、各尽所能，优势互补、联动发展。通过双边合作、第三方市场合作、多边合作等多种形式，鼓励更多国家和企业深入参与，形成发展合力。遵循市场规律，通过市场化运作实现参与各方的利益诉求，企业是主体，政府主要发挥构建平台、创立机制、政策引导的作用。中国发挥经济体量和市场规模巨大，基础设施建设经验丰富，装备制造能力强、质量好、性价比高以及产业、资金、技术、人才、管理等方面的综合优势，在共建“一带一路”中发挥了引领作用。

共建“一带一路”坚持共享原则，秉持互利共赢的合作观，寻求各方利益交汇点和合作最大公约数，对接各方发展需求，回应人民现实诉求，实现各方共享发展机遇和成果，不让任何一个国家掉队。共建国家大多属于发展中国家，各方聚力解决发展中国家基础设施落后、产业发展滞后、工业化程度低、资金和技术缺乏、人才储备不足等短板问题，促进经济社会发展。中国坚持道义为先、义利并举，向共建国家提供力所能及的帮助，真心实意帮助发展中国家加快发展，同时，以共建“一带一路”推动形成陆海内外联动、东西双向互济的全面开放新格局，建设更高水平开放型经济新体制，加快构建以国内大循环为主体、国内国际双循环相互促进的新发展格局。

3）交通的先导作用

交通运输是国民经济中基础性、先导性、战略性产业，构建“一带一路”现代综合交通运输体系，既是发挥交通运输引领功能的时代要求，也是服务“一带一路”建设的现实需要。而构建“一带一路”现代综合交通运输体系，要遵循安全、便捷、高效、绿色、经济的交通理念，定位世界一流，服务“一带一路”建设，构建以国际化为着眼点、以现代化为特征、以立体化为表现的洲际综合交通运输网络。“国际化”要求坚持共商、共建、共享原则，积极推进合作伙伴发展战略、项目和要素的对接，加快形成内畅外通的国际交通运输网络，促进国际、国内要素有序流动、资源高效配置、市场深度融合，推动我国与世界的互联互通；“现代化”要求深化“交通＋”战略，构建“一带一路”合作伙伴共同参与和遵守的交通发展规则，打造高标准、人性化、大品牌的交通命运共同体；“立体化”要求结合“一带一路”发展与行动指南，发展公路、铁路、水路、航空等多种交通运输方式，重在建成衔接高效、陆海空互联互通的交通衔接机制。

截至2023年10月，构建“一带一路”现代综合交通运输体系的重要成果如下。

(1)陆上运输通道建设

中巴经济走廊方向，重点项目稳步推进，白沙瓦—卡拉奇高速公路（苏库尔至木尔坦段）、喀喇昆仑公路二期（赫韦利扬—塔科特段）、拉合尔轨道交通橙线项目竣工通车，萨希瓦尔、卡西姆港、塔尔、胡布等电站保持安全稳定运营，默拉直流输电项目投入商业运营，卡洛特水电站并网发电，拉沙卡伊特别经济区进入全面建设阶段。新亚欧大陆桥经济走廊方向，匈塞铁路塞尔维亚贝尔格莱德—诺维萨德段于2022年3月开通运营，匈牙利布达佩斯—克莱比奥段启动轨道铺设工作；克罗地亚佩列沙茨跨海大桥迎来通车一周年；双西公路全线贯通；黑山南北高速公路顺利建成并投入运营。中国—中南半岛经济走廊方向，中老铁路全线建成通车且运营成效良好，黄金运输通道作用日益彰显；作为中印尼共建“一带一路”的旗舰项目，设计速度350km/h的雅万高铁开通运行；中泰铁路一期（曼谷—呵叻）签署线上工程合同，土建工程已开工11个标段（其中1个标段已完工）。中蒙俄经济走廊方向，中俄黑河公路桥（图1-5）、同江铁路桥通车运营，中俄东线天然气管道正式通气，中蒙俄中线铁路升级改造和发展可行性研究正式启动。中国—中亚—西亚经济走廊方向，中吉乌公路运输线路实现常态化运行，中国—中亚天然气管道运行稳定，哈萨克斯坦北哈州粮油专线与中欧班列并网运行。孟中印缅经济走廊方向，中缅原油和天然气管道建成投产，中缅铁路木姐—曼德勒铁路完成可行性研究，曼德勒—皎漂铁路启动可行性研究，中孟友谊大桥、多哈扎里至科克斯巴扎尔铁路等项目建设取得积极进展。在非洲，蒙内铁路、亚吉铁路（图1-6）等先后通车运营，成为拉动东非乃至整个非洲国家纵深发展的重要通道。

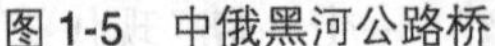

图1-5　中俄黑河公路桥

图1-6　亚吉铁路

(2)海上运输通道建设

共建国家港口航运合作不断深化,货物运输效率大幅提升。希腊比雷埃夫斯港(图1-7)年货物吞吐量增至500万标箱以上,跃升为欧洲第四大集装箱港口、地中海领先集装箱大港;巴基斯坦瓜达尔港共建取得重大进展,正朝着物流枢纽和产业基地的目标稳步迈进;缅甸皎漂深水港项目正在开展地勘、环境评估和社会评估等前期工作;斯里兰卡汉班托塔港(图1-8)散杂货年吞吐量增至120.5万t;意大利瓦多集装箱码头开港运营,成为意大利第一个半自动化码头;尼日利亚莱基深水港项目建成并投入运营,成为中西非地区重要的现代化深水港。"丝路海运"网络持续拓展,截至2023年6月底,"丝路海运"航线已通达全球43个国家的117个港口,300多家国内外知名航运公司、港口企业、智库等加入"丝路海运"联盟。"海上丝绸之路海洋环境预报保障系统"持续业务化运行,范围覆盖共建国家100多个城市。

图1-7　比雷埃夫斯港

图1-8　斯里兰卡汉班托塔港

(3)空中运输通道建设

中国已与104个共建国家签署双边航空运输协定,与57个共建国家实现空中直航,跨境运输便利化水平不断提高。中国企业积极参与巴基斯坦、尼泊尔、多哥等共建国家民航基础设施领域合作,助力当地民航事业发展。中国民航"一带一路"合作平台于2020年8月正式成立,共建国家民航交流合作机制和平台。新冠疫情期间,以中国郑州—卢森堡为代表的"空中丝绸之路"(图1-9)不停飞、不断航,运送大量抗疫物资,在中欧间发挥了"空中生命线"的作用,为维护国际产业链供应链的稳定作出了积极贡献。

图1-9　郑州—卢森堡"空中丝绸之路"

1.2.2 “交通强国”战略

2017 年 10 月 18 日，中国共产党第十九次全国代表大会首次提出“交通强国”战略，报告中指出：加强应用基础研究，拓展实施国家重大科技项目，突出关键共性技术、前沿引领技术、现代工程技术、颠覆性技术创新，为建设科技强国、质量强国、航天强国、网络强国、交通强国、数字中国、智慧社会提供有力支撑。2019 年 9 月 19 日，中共中央、国务院印发《交通强国建设纲要》，明确从 2021 年到 21 世纪中叶，我国将分两个阶段推进“交通强国”建设。到 2035 年，基本建成交通强国，形成三张交通网、两个交通圈，到 21 世纪中叶，全面建成人民满意、保障有力、世界前列的“交通强国”。

1）发展目标

到 2020 年，完成决胜全面建成小康社会交通建设任务和“十三五”现代综合交通运输体系发展规划各项任务，为交通强国建设奠定坚实基础。从 2021 年到 21 世纪中叶，分两个阶段推进“交通强国”建设：

第一阶段：到 2035 年，基本建成交通强国。现代化综合交通体系基本形成，人民满意度明显提高，支撑国家现代化建设能力显著增强；拥有发达的快速网、完善的干线网、广泛的基础网，城乡区域交通协调发展达到新高度；基本形成“全国 123 出行交通圈”（都市区 1 小时通勤、城市群 2 小时通达、全国主要城市 3 小时覆盖）和“全球 123 快货物流圈”（国内 1 天送达、周边国家 2 天送达、全球主要城市 3 天送达），旅客联程运输便捷顺畅，货物多式联运高效经济；智能、平安、绿色、共享交通发展水平明显提高，城市交通拥堵基本缓解，无障碍出行服务体系基本完善；交通科技创新体系基本建成，交通关键装备先进安全，人才队伍精良，市场环境优良；基本实现交通治理体系和治理能力现代化；交通国际竞争力和影响力显著提升。

第二阶段：到 21 世纪中叶，全面建成人民满意、保障有力、世界前列的交通强国。基础设施规模质量、技术装备、科技创新能力、智能化与绿色化水平位居世界前列，交通安全水平、治理能力、文明程度、国际竞争力及影响力达到国际先进水平，全面服务和保障社会主义现代化强国建设，人民享有美好交通服务。

2）建设重点

（1）基础设施布局完善、立体互联

①建设现代化高质量综合立体交通网络。以国家发展规划为依据，发挥国土空间规划的指导和约束作用，统筹铁路、公路、水运、民航、管道、邮政等基础设施规划建设，以多中心、网络化为主形态，完善多层次网络布局，优化存量资源配置，扩大优质增量供给，实现立体互联，增强系统弹性。强化西部地区补短板，推进东北地区提质改造，推动中部地区大通道大枢纽建设，加速东部地区优化升级，形成区域交通协调发展新格局。

②构建便捷顺畅的城市（群）交通网。建设城市群一体化交通网，推进干线铁路、城际铁路、市域（郊）铁路、城市轨道交通融合发展，完善城市群快速公路网络，加强公路与城市道路

衔接。尊重城市发展规律,立足促进城市的整体性、系统性、生长性,统筹安排城市功能和用地布局,科学制定和实施城市综合交通体系规划。推进城市公共交通设施建设,强化城市轨道交通与其他交通方式的衔接,完善快速路、主次干路、支路级配和结构合理的城市道路网,打通道路微循环,提高道路通达性,完善城市步行和非机动车交通系统,提升步行、自行车等出行品质,完善无障碍设施。科学规划建设城市停车设施,加强充电、加氢、加气和公交站点等设施建设。全面提升城市交通基础设施智能化水平。

③形成广覆盖的农村交通基础设施网。全面推进"四好农村路"建设,加快实施通村组硬化路建设,建立规范化可持续管护机制。促进交通建设与农村地区资源开发、产业发展有机融合,加强特色农产品优势区与旅游资源富集区交通建设。大力推进革命老区、民族地区、边疆地区、贫困地区、垦区林区交通发展,实现以交通便利带动脱贫减贫,深度贫困地区交通建设项目尽量向进村入户倾斜。推动资源丰富和人口相对密集贫困地区开发性铁路建设,在有条件的地区推进具备旅游、农业作业、应急救援等功能的通用机场建设,加强农村邮政等基础设施建设。

④构筑多层级、一体化的综合交通枢纽体系。依托京津冀、长三角、粤港澳大湾区等世界级城市群,打造具有全球竞争力的国际海港枢纽、航空枢纽和邮政快递核心枢纽,建设一批全国性、区域性交通枢纽,推进综合交通枢纽一体化规划建设,提高换乘换装水平,完善集疏运体系。大力发展枢纽经济。

(2)交通装备先进适用、完备可控

①加强新型载运工具研发。实现3万t级重载列车、250km/h级高速轮轨货运列车等方面的重大突破。加强智能网联汽车(智能汽车、自动驾驶、车路协同)研发,形成自主可控完整的产业链。强化大中型邮轮、大型液化天然气船、极地航行船舶、智能船舶、新能源船舶等自主设计建造能力。完善民用飞机产品谱系,在大型民用飞机、重型直升机、通用航空器等方面取得显著进展。

②加强特种装备研发。推进隧道工程、整跨吊运安装设备等工程机械装备研发。研发水下机器人、深潜水装备、大型溢油回收船、大型深远海多功能救助船等新型装备。

③推进装备技术升级。推广新能源、清洁能源、智能化、数字化、轻量化、环保型交通装备及成套技术装备。广泛应用智能高铁、智能道路、智能航运、自动化码头、数字管网、智能仓储和分拣系统等新型装备设施,开发新一代智能交通管理系统。提升国产飞机和发动机技术水平,加强民用航空器、发动机研发制造和适航审定体系建设。推广应用交通装备的智能检测监测和运维技术。加速淘汰落后技术和高耗低效交通装备。

(3)运输服务便捷舒适、经济高效

①推进出行服务快速化、便捷化。构筑以高铁、航空为主体的大容量、高效率区际快速客运服务,提升主要通道旅客运输能力。完善航空服务网络,逐步加密机场网建设,大力发展支线航空,推进干支有效衔接,提高航空服务能力和品质。提高城市群内轨道交通通勤化水平,推广城际道路客运公交化运行模式,打造旅客联程运输系统。加强城市交通拥堵综合治理,优先发展城市公共交通,鼓励引导绿色公交出行,合理引导个体机动化出行。推进城乡客运服务一体化,提升公共服务均等化水平,保障城乡居民行有所乘。

②打造绿色高效的现代物流系统。优化运输结构,加快推进港口集疏运铁路、物流园区及

大型工矿企业铁路专用线等“公转铁”重点项目建设，推进大宗货物及中长距离货物运输向铁路和水运有序转移。推动铁水、公铁、公水、空陆等联运发展，推广跨方式快速换装转运标准化设施设备，形成统一的多式联运标准和规则。发挥公路货运“门到门”优势。完善航空物流网络，提升航空货运效率。推进电商物流、冷链物流、大件运输、危险品物流等专业化物流发展，促进城际干线运输和城市末端配送有机衔接，鼓励发展集约化配送模式。综合利用多种资源，完善农村配送网络，促进城乡双向流通。落实减税降费政策，优化物流组织模式，提高物流效率，降低物流成本。

③加速新业态、新模式发展。深化交通运输与旅游融合发展，推动旅游专列、旅游风景道、旅游航道、自驾车房车营地、游艇旅游、低空飞行旅游等发展，完善客运枢纽、高速公路服务区等交通设施旅游服务功能。大力发展共享交通，打造基于移动智能终端技术的服务系统，实现出行即服务。发展“互联网 +”高效物流，创新智慧物流营运模式。培育充满活力的通用航空及市域（郊）铁路市场，完善政府购买服务政策，稳步扩大短途运输、公益服务、航空消费等市场规模。建立通达全球的寄递服务体系，推动邮政普遍服务升级换代。加快快递扩容增效和数字化转型，壮大供应链服务、冷链快递、即时直递等新业态新模式，推进智能收投终端和末端公共服务平台建设。积极发展无人机（车）物流递送、城市地下物流配送等。

（4）科技创新富有活力、智慧引领

①强化前沿关键科技研发。瞄准新一代信息技术、人工智能、智能制造、新材料、新能源等世界科技前沿，加强对可能引发交通产业变革的前瞻性、颠覆性技术的研究。强化汽车、民用飞行器、船舶等装备动力传动系统研发，突破高效率、大推力/大功率发动机装备设备关键技术。加强区域综合交通网络协调运营与服务技术、城市综合交通协同管控技术、基于船岸协同的内河航运安全管控与应急搜救技术等研发。合理统筹安排 600km/h 级高速磁悬浮系统、400km/h 级高速轮轨（含可变轨距）客运列车系统、低真空管（隧）道高速列车等技术储备研发。

②大力发展智慧交通。推动大数据、互联网、人工智能、区块链、超级计算等新技术与交通行业深度融合。推进数据资源赋能交通发展，加速交通基础设施网、运输服务网、能源网与信息网络融合发展，构建泛在先进的交通信息基础设施。构建综合交通大数据中心体系，深化交通公共服务和电子政务发展。推进北斗卫星导航系统应用。

③完善科技创新机制。建立以企业为主体、产学研用深度融合的技术创新机制，鼓励交通行业各类创新主体建立创新联盟，建立关键核心技术攻关机制。建设一批具有国际影响力的实验室、试验基地、技术创新中心等创新平台，加大资源开放共享力度，优化科研资金投入机制。构建适应交通高质量发展的标准体系，加强重点领域标准有效供给。

1.2.3 “北极政策”白皮书

我国国务院新闻办公室于 2018 年 1 月 26 日发表《中国的北极政策》白皮书。地理上的北极通常指北极圈（约北纬 66°34′）以北的陆海兼备的区域，总面积约 2100 万 m^2。在国际法语境下，北极包括欧洲、亚洲和北美洲毗邻北冰洋的北方大陆和相关岛屿，以及北冰洋中国家管辖范围内海域、公海和国际海底区域。北极大陆和岛屿面积约800万 m^2,有关大陆和岛屿领土主权分别属于加拿大、丹麦、芬兰、冰岛、挪威、俄罗斯、瑞典、美国八个国家。北冰洋海域的面积超过1200万 m^2,相关海洋权益根据国际法由沿岸国和各国分享。

北极域外国家在北极不享有领土主权,但依据《联合国海洋法公约》等国际条约和一般国际法,北极域外国家在北冰洋公海等海域享有科研、航行、飞越、捕鱼、铺设海底电缆和管道等权利,在国际海底区域享有资源勘探和开发等权利。

1)北极航道

北极航道包括西伯利亚沿岸的“东北航道”、加拿大沿岸的“西北航道”和理论上穿越北极点的“中央航道”。

东北航道也称为“北方海航道”,大部分航段位于俄罗斯北部沿海的北冰洋离岸海域。从北欧出发,向东穿过北冰洋巴伦支海、喀拉海、拉普捷夫海、新西伯利亚海和楚科奇海五大海域直到白令海峡。在东北航道上,连接五大海域的海峡多达58个,其中最主要的为10个。

西北航道大部分航段位于加拿大北极群岛水域,以白令海峡为起点,向东沿美国阿拉斯加北部离岸海域,穿过加拿大北极群岛,直到戴维斯海峡。这条航线在波弗特海进入加拿大北极群岛时,分成2条主要支线:一条穿过阿蒙森湾、多芬联合海峡、维多利亚海峡到兰开斯特海峡,一条穿过麦克卢尔海峡、梅尔维尔子爵海峡、巴罗海峡到兰开斯特海峡。

中央航道从白令海峡出发,不走俄罗斯或北美沿岸,直接穿过北冰洋中心区域到达格陵兰海或挪威海。由于北冰洋中心区域被多年累积的海冰所覆盖,海冰最为密集和厚实,这条航线预计将是最后开通和利用的。

目前,从欧洲到亚洲的传统航线有三条:一条是经苏伊士运河,航程总计19931km及35天;一条是经巴拿马运河,航程总计26186km及40天;一条是经非洲好望角,航程总计22356km及46天。而经北冰洋,从欧洲到亚洲的航线只有12456km及22天。随着北极气温的上升,海冰的加速融化,北极航道有望完全开通。北极航道的开辟将缩减绕行马六甲海峡、苏伊士运河的航程,有望成为国际贸易重要运输干线。

2)“冰上丝绸之路”

“冰上丝绸之路”是指穿越北极圈,连接北美、东亚和西欧三大经济中心的海运航道。《中国的北极政策》白皮书的发表,标志着“冰上丝绸之路”的建设从理念阶段正式进入行动阶段。中国东北地区可通过陆海联运进入“冰上丝绸之路”,向东通往日韩、向西穿越北冰洋驶向北欧。

“冰上丝绸之路”重要建设成果如下:

亚马尔液化天然气项目:由中、俄、法三国共建,是中俄首个“冰上丝绸之路”合作项目,也是全球最大的液化天然气项目。项目位于俄罗斯境内的北极圈内,是全球在北极地区开展的最大型液化天然气工程,被誉为“镶嵌在北极圈上的一颗能源明珠”。

帕亚哈油气田项目:由中、俄两国共建,是中俄“冰上丝绸之路”凝聚北极航道合作共识以来,携手的第二个北极油气田项目。俄罗斯帕亚哈油气田项目成功实施,不仅将带动俄罗斯能源产业发展和北极地区发展，还将对丰富中国清洁能源供应、加快推进中国能源结构优化起到促进作用。

扎鲁比诺港项目：由中、俄两国共建，扎鲁比诺港是俄罗斯远东的一个天然不冻港，位于中国吉林省长吉图区域的图们江入海口以北，距吉林省珲春口岸仅60km。项目建成后港口年吞吐能力将达到6000万t，该口岸不仅将成为中国东北地区对外联通的大港，与俄罗斯远东开发形成联动，也将成为通过北极东北航道与欧洲通航通商的重要节点。

1.2.4 “新基建”

“新基建”是智慧经济时代贯彻新发展理念，吸收新科技革命成果，实现国家生态化、数字化、智能化、高速化、新旧动能转换与经济结构对称态，建立现代化经济体系的国家基本建设与基础设施建设，包括绿色环保防灾公共卫生服务效能体系建设、5G-互联网-云计算-区块链-物联网基础设施建设、人工智能大数据中心基础设施建设、以大健康产业为中心的产业网基础设施建设、新型城镇化基础设施建设、高新技术产业孵化升级基础设施建设等，具有创新性、整体性、综合性、系统性、基础性、动态性的特征。

新型基础设施主要包括三方面：一是信息基础设施，主要指基于新一代信息技术演化生成的基础设施，如以5G、物联网、工业互联网、卫星互联网为代表的通信网络基础设施，以人工智能、云计算、区块链等为代表的新技术基础设施，以数据中心、智能计算中心为代表的算力基础设施等。二是融合基础设施，主要指深度应用互联网、大数据、人工智能等技术，支撑传统基础设施转型升级，进而形成的融合基础设施，如智能交通基础设施、智慧能源基础设施等。三是创新基础设施，主要指支撑科学研究、技术开发、产品研制的具有公益属性的基础设施，如重大科技基础设施、科教基础设施、产业技术创新基础设施等。伴随技术革命和产业变革，新型基础设施的内涵和外延也不是一成不变的，而是动态调整与更新的。

1.3 交通基础设施智能化

1.3.1 智能化发展历程

交通基础设施智能化概念最初源于结构健康监测。19世纪70年代后期，基于振动信息获取的健康监测方法开始应用于土木工程领域的大跨桥梁和大型建筑中。而后，基于监测信息的主动控制技术以及其他交通基础设施的健康监测开始兴起，交通基础设施智能化的概念逐渐萌生。

1) 美国智能化发展历程

最早开展道路基础设施智能化研究的是美国。早在1939年，在纽约的世界博览会上，通用汽车公司就提出了有关“无人驾驶”汽车的未来展望。在20世纪50年代,通用汽车的工程师提出了一种新型汽车的概念,并进行了初步试验。这种汽车主要采用无线电控制和其他机械系统来控制转向和速度。通用汽车公司早期的设想是为了提高驾驶的便捷性和舒适性,设计出完全自动化、无须手动操作的交通系统。1956年,美国国会通过了联邦公路资助法案,开始了大规模的州际公路建设。到20世纪60年代,自动化概念不仅被视为提高驾驶舒适性和便利性的手段,还被考虑到其他更实际的应用。例如,俄亥俄州立大学研究人员基于新兴的现代高速公路网络、晶体管以及其他无线电和通信技术的进步,研究了车辆和路边的通信设备,使其协助驾驶员执行一些驾驶任务,并提供实时交通和导航信息。1966年,美国交通部成立,开始加强综合交通管理。到20世纪70年代,地图匹配算法开始出现,1971年Robert L. French基于该算法开发了自动路径导航系统,实现实时路径导航。基于导航和定位技术发展,北美公交机构研究了第一个早期的公交车辆定位系统,该系统能够提供车辆位置信息。该研究利用了基于陆侧信标的地图匹配算法、地磁等早期技术。同时,建立了公交、高速公路等交通管理中心,收集和处理天气、速度、拥堵、事故等信息。为解决交通拥堵难题,美国从20世纪80年代开始开展智能交通系统的研究与规划,如洛杉矶自动交通监控和控制系统、军方自动陆上驾驶车辆和国家联合公路研究项目(NCHRP 03-38)等。20世纪80年代,美国联邦公路管理局(Federal Highway Administration,FHWA)开展有关自动公路系统(Automated Highway Systems,AHS)的研究。随着技术的发展,AHS逐步朝着智能化的方向发展,智慧公路的概念也从其中演化而来。

1990年,美国智能车辆-公路系统(Intelligent Vehicle-Highway System,IVHS)项目成立。同年,智能运输系统(Intelligent Transportation System,ITS)的概念由美国智能车辆-公路系统正式提出,并在世界各国大力推广。1991年,美国国会通过“综合地面运输效率方案”,鼓励通过应用先进技术提升安全性和效率,极大地提升了美国交通运输部在ITS研发方面的作用。该方案呼吁美国交通运输部研发一种自动公路和汽车原型,从而开发出未来的全自动智能车辆-公路系统。因而,1992年,美国交通部实行了国家自动公路系统研究计划,并于1994年10月成立了国家自动公路系统联盟。1994年,“IVHS”正式更名为“ITS”,即美国智能交通协会。次年,美国交通部正式出版了《国家智能交通系统项目规划》,明确规定了ITS的7大领域和29个用户服务功能。

进入21世纪,在已有的规划下,美国ITS建设不断完善,一定程度上缓解了日益恶化的交通拥挤和无力继续扩展交通基础设施所形成的突出矛盾。2001年,美国交通部和ITS America联合编制了《美国国家智能交通系统十年发展规划》,该规划展望了ITS的发展蓝图,制定了美国ITS的确切发展目标,其终稿于2002年1月发布。在21世纪初的10年中,美国调整了ITS开发和应用的重点,智能交通越来越重视车与车、车与基础设施间的通信,开始强调交通技术及服务功能的整合提升。美国政府组织研发并实施了车辆与道路设施集成系统(Vehicle-Infrastructure Integration,VII)、511出行信息系统、辅助驾驶系统等。美国政府通过实施这些计划,整合解决交通管理、事故管理、收费、出行信息服务等问题,促进智能基础设施、车辆和控制技术的整合等。

2010年后,人工智能、大数据等新兴技术进一步发展,美国智能交通更加聚焦于自动驾驶和互联车辆领域。美国政府与交通部研究部署联网车辆安全试验等,使得智能交通应用进一步完善和提升。目前,美国 ITS 的应用已覆盖了 80% 以上的交通基础设施,ITS 体系结构较为完善,有 7 个基本系统,如图 1-10 所示。每个基本系统还包括 29 个用户服务功能(子系统),共同构成了美国 ITS 的研究领域(表 1-1)。

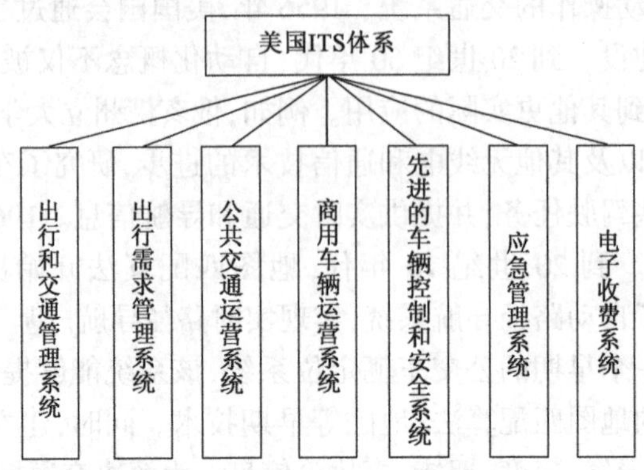

图 1-10　美国 ITS 体系的 7 个基本系统

美国 ITS 相关研究及项目简介　　表 1-1

研究和项目部署	开始时间	主要内容介绍
公交车辆自动定位系统(AVI)	20 世纪 70 年代	基于地图匹配算法开发自动路径导航系统。基于导航和定位技术发展,研究出 AVI 系统,提供车辆位置信息,收集和处理天气、速度、拥堵、事故等信息
洛杉矶自动交通监控和控制系统(ATSAC)	1984 年	监控全市的交通状况和系统性能。道路上埋设的感应圈可以监测车辆的通过、车速、流量,并且每秒钟修改数据
军方自动陆上驾驶车辆(ALV)	1985 年	在 1985 年的项目中,自动车辆仅能实现 3km/h 的直线移动,两年后项目自动车辆能够适应变化曲线和坡度,同时对障碍物实现一定程度避让
国家联合公路研究项目 03-38(NCHRP03-38)	1987 年	研究和评估新技术对交通运行的改善作用,寻找最有前景的技术。该项目评估当时的出行信息、交通控制、自动车辆控制系统,开发先进交通技术
美国智能交通系统(ITS)	1990 年	美国 IVHS 成立,ITS 的概念随之提出并在各国大力推广。1994 年,"IVHS"正式更名为"ITS",即美国智能交通协会
综合地面运输效率方案(ISTEA)	1991 年	鼓励通过先进技术去提升安全性和效率,极大地扩大了美国交通部在 ITS 研发方面的作用
国家智能交通系统项目规划	1995 年	美国交通部正式出版了"国家智能交通系统项目规划",明确规定了 ITS 的 7 大领域和 29 个用户服务功能
美国国家智能交通系统 10 年发展规划	2001 年	展望了 ITS 的发展蓝图,制定了美国 ITS 的确切目标。终稿于 2002 年 1 月发布
511 出行信息系统	2001 年	联邦通信委员会指定 511 作为全国统一的出行信息提供号码,2001 年第一个 511 出行信息系统在辛辛那提肯塔基大都会发起,随后向全州和全国推广

续上表

研究和项目部署	开始时间	主要内容介绍
车辆与道路设施集成系统（VII）	2003 年	美国交通部发起车辆基础设施整合项目，指导公私部门围绕这一概念开展了系列研究与测试，发展到今天即车联网系统
辅助驾驶系统（DAS）	2005 年	在 IVI 技术基础上，与车辆制造企业合作开展基于车辆的安全系统测试，对追尾、车道变换、驶出路外等问题展开研究。2007 年，现在已扩展至大众车型
联网车辆安全试验（Safety Pilot）	2012 年	在密歇根州安阿伯部署联网车辆安全试验项目，利用 DSRC 通信技术开展避让和驾驶测试

2）欧洲智能化发展历程

欧洲大部分国家国土面积小，其 ITS 研究采取整个欧洲一体化的方针。1973 年分离式周期相位优化技术（Split，Cycle and Offset Optimization Technique，SCOOT）系统由英国运输研究所开始研发，1975 年研制成功，1979 年正式投入使用。该系统根据检测器得到的实时数据计算交通量、占用时间、占有率及拥挤程度。同时，它结合检测数据和预先存储的交通参数对各路口进行车队预测，由此利用交通环境对子区和路网的信号配时进行优化。1986 年，为了促进 ITS 的发展，并有效地协调整个欧洲的国际合作，ITS 被纳入"尤里卡"联合研究与开发计划，旨在建立跨欧的智能化道路网。1991 年，欧洲智慧运输系统协会（European Road Transport Telematics Implementation Coordination Organization，ERTICO）成立，目的是协调和支持全欧洲的 ITS 活动。1996 年，欧盟正式通过了《跨欧交通网络（TEN-T）开发指南》，标志着欧盟开始致力于通过交通信息促进信息社会的发展。次年制订了《欧盟道路交通信息行动计划》，该行动计划作为欧洲 ITS 总体实施战略的一部分，涉及研究开发、技术融合、协调合作、融资和立法等多个方面。2000 年制订了《电子欧洲行动计划》，目的是在交通等关键领域推动欧洲向信息社会发展。2001 年 9 月，欧盟制订了《2001—2006 各年指示性计划》，用以加大实现跨欧交通网络的投资力度，将道路交通 ITS 和大型基础设施项目、空中交通管理、伽利略卫星导航定位系统计划均纳入优先投资部分，其中的跨欧洲智能交通系统项目（Trans-European Intelligent Transport Systems Projects，TEMPO）计划的部分内容用于协调道路交通 ITS。同年，欧盟在其未来 10 年的交通政策白皮书《欧洲 2010 交通政策：决策的时刻》中纳入了 ITS 计划，提出了实现 ITS 一体化市场的建议。2002 年 3 月 26 日，伽利略计划由欧盟 15 国交通部长会议正式启动。同年，约克市成为第一个成功使用城市交通管理和控制系统（Urban Traffic Management and Control，UTMC）的城市。UTMC 为了满足经济有效的城市交通管理的需求，使得 ITS 系统在功能体系上成为一种标准组件模式。2009 年，欧洲提出了永久开放道路（也称为第五代道路）概念，提出新一代道路应该具有自适应、自动和环境影响韧性等三大特性，并较为系统地描述了未来道路的特征（表 1-2）。

欧洲交通基础设施智能化发展脉络　　表 1-2

研究和相关项目	开始时间	主要内容简介
SCOOT 系统	1973 年	1975 年研制成功，1979 年正式投入使用。该系统根据检测器得到的实时数据计算交通量、占用时间、占有率及拥挤程度

续上表

研究和相关项目	开始时间	主要内容简介
尤里卡联合研究与开发计划	1986 年	推动欧洲各国在技术研究发展方面的合作,建立跨欧的智能化道路网
《欧洲 2010 交通政策:决策的时刻》	2001 年	制定了未来 10 年的交通政策,提出了实现 ITS 一体化市场的建议
第五代道路	2009 年	提出新一代道路应该具有自适应、自动和环境影响韧性等三大特性,并较为系统地描述了未来道路的特征

3)日本智能化发展历程

日本也是世界上率先开展 ITS 研究的国家之一。1973 年,日本提出了综合汽车交通控制系统(Comprehensive Automobile Control System,CACS),研制出一套道路导航系统并进行了试验。20 世纪 80 年代,日本实施了道路-汽车通信系统及先进机动车交通信息和通信系统,后经改进,这两个系统合并为车辆信息和通信系统。20 世纪 80 年代末到 90 年代,日本建立了"先进道路运输系统",在该项目的建设中形成了以道路-车辆一体化来改善道路交通的概念。同期研发的其他项目包括:超级智能车辆系统、先进安全车辆系统、通用交通管理系统等。1994 年 1 月,日本成立了道路-交通-车辆智能化推进协会,该协会进行了一系列与 ITS 有关的活动,其使命是推进 ITS 的研究、开发和利用。1995 年,日本设立了道路交通情报通信系统,用于提高道路交通的安全性和通畅性。同年 2 月,由日本首相直接领导的"具有先进通信与信息的社会筹划组"提出了《促进先进通信与信息社会的基本指导方案》。同年 8 月,日本政府提出在道路、交通、车辆领域实现先进通信与信息技术的政府指导方针,并开始进行 ITS 的研究与实际应用。1996 年 7 月,日本由四省一厅联合制定《推进 ITS 总体构想》,对日本 ITS 的推动具有划时代的重大意义。同年开始试行道路交通情报通信系统,至 1998 年,计划实施扩展至东京圈、大阪地区等所有高速公路。1998 年,横滨冬季奥运会实际验证了基于 UTMS(Universal Traffic Management System)的车辆运行管理系统。在 2000 年的《高度情报通信网络社会形成基本法》、2001 年的《E-MPAN 战略》以及《E-JAPAN 优先政策计划》中,智能交通系统都被放在了 IT 社会中的关键要素位置。《智能交通系统手册(2006)》把日本智能交通系统建设提升到国家战略的高度,全面促进智能交通系统建设发展,并积极向国际标准靠拢(表 1-3)。

日本交通基础设施智能化发展关键点 表 1-3

研究和相关项目	开始时间	主要内容简介
综合汽车交通控制系统(CACS)	1973 年	研制出一套道路导航系统并进行了试验
车辆信息和通信系统	20 世纪 80 年代	由道路-汽车通信系统和先进机动车交通信息和通信系统两个系统合并而成。该系统可以向驾驶员提供必要的最新道路交通信息
先进道路运输系统	20 世纪 80 年代	在该项目的建设中形成了以道路-车辆一体化来改善道路交通的概念
道路-交通-车辆智能化推进协会	1994 年	该协会进行了一系列与 ITS 有关的活动,其使命是推进 ITS 的研究、开发和利用
道路交通情报通信系统(VICS)	1995 年	该系统用于提高道路交通的安全性和通畅性。1996 年开始试行该系统,至 1998 年,计划实施扩展至东京圈、大阪地区等所有高速公路
《智能交通系统手册(2006)》	2006 年	该手册将日本智能交通系统建设提升到国家战略的高度,全面促进智能交通系统建设发展,并积极向国际标准靠拢

4)中国智能化发展历程

我国ITS的起源可追溯到20世纪70年代末的城市交通信号控制试验研究,其在20世纪90年代中后期开始迅速发展,后又逐渐发展为智能运输系统。1995年,交通部ITS工程研究中心进行了“全球导航卫星系统(Global Navigation Satellite System,GNSS)与导驾系统”和“基于GNSS的路政车辆管理系统”等项目的研究,此外,交通部与各省厅联合开展了“网络环境下不停车收费系统”的攻关工作。我国ITS发展初期,具有重要节点意义的两本著作是1999年出版的《智能运输系统发展战略研究》和2002年出版的《中国智能交通系统体系框架》,前者是1996年交通部公路科学研究所开展的交通部重点项目“智能运输系统发展战略研究”的总结,后者是由交通部公路科学研究所牵头、全国数百名专家学者参加的“九五”国家科技攻关重点项目“中国智能交通系统体系框架研究”的总结。

2001年,科技部正式推出《中国智能交通系统体系框架(第一版)》。在此基础上,进一步推进中国ITS体系框架的相关工作。2002年,科技部全面修订和完善国家ITS体系框架,形成《中国智能交通系统体系框架(第二版)》。同年正式启动的国家“十五”科技攻关计划专项中,设立了“智能交通系统体系框架及支持系统开发”项目。同时,国家计划委员会(现更名为国家发展和改革委员会)制定了《“十五”综合交通体系发展规划》,规划中明确提出以市场经济为导向,以可持续发展为前提,建立客运快速化和货运物流化的智能型综合交通运输体系的发展目标,这是ITS首次以国家文件的形式列入我国政府的发展规划。同年4月,科技部正式批复“十五”国家科技攻关“智能交通系统关键技术开发和示范工程”重大项目正式实施,将北京、上海等十个城市作为试点,这些城市陆续制定并出台了ITS发展规划。总体来讲,我国早期的智能交通系统研究更多地关注交通运输管理,目的是解决城市交通低效、拥堵、安全、环保等问题,对于交通基础设施的智能化认识还未形成体系。

“十一五”期间(2006—2010年),国家高技术研究发展计划(863计划)设立了“现代交通技术领域”,并针对智能交通系统技术部署了一批前沿和前瞻性项目,以提高原始性创新能力和获取自主知识产权为目标,突破产品和系统的关键核心技术,实现重点目标的技术集成。2007年10月,第十四届智能交通世界大会在北京举行,大会展示了中国近年来各部门、各地区在ITS领域所取得的成就,并加强了中国在ITS领域与国外的交流与合作。此外,城市和城间道路交通管理的ITS关键技术研究更加深入,交通信息采集设备、专用短程通信设备、车载信息装置等硬件设施也都取得了不同程度的发展和应用。

“十二五”期间(2011—2015年),交通领域863计划瞄准国家智能交通技术发展热点问题,对智能车路协同、区域交通协同联动控制等技术进行了部署。国家科技项目的实施,推动和提升了我国智能交通行业的总体水平,培养形成了我国智能交通专业研究队伍和基地。

智能交通系统作为交通现代化建设的重要内容,在“十三五”期间仍是我国交通科技领域重点支持和发展的战略方向。2017年,国务院印发了《“十三五”现代综合交通运输体系发展规划》(简称《规划》)。《规划》第五部分《提升交通发展智能化水平》详细阐述了“十三五”智能交通发展任务和目标以及下一步如何提高交通智能化水平。《规划》的发布标志着智能交通发展迈上了新台阶。

近年来，智慧公路（Smart Road）概念开始出现，它应该是对过去的智能公路（Intelligent Road）的进一步的提升。智慧公路是以5G、物联网、高精度导航定位技术为基础，由感知和收集、网络通信、决策和处理以及服务提供等系统构成，具有道路信息高效采集、泛在控制诱导、智慧决策以及个性化服务等功能的新一代公路基础设施。2018年2月，交通运输部提出在江苏、浙江等共九省（市）加快推进新一代国家交通控制网和智慧公路试点，项目将基础设施数字化、路运一体化车路协同、北斗高精度定位综合应用、基于大数据的路网综合管理、“互联网＋”路网综合服务、新一代国家交通控制网等6个方向作为重点，在9个省（市）分别开展重点实施。同年11月6日，世界首条“三合一”无线充电智慧公路亮相苏州同里，实现路面光伏发电、动态无线充电、无人驾驶三种技术的融合以及电力流、交通流和信息流的融合。2019年9月，我国在《交通强国建设纲要》中提出了大力发展智慧交通，推动大数据、互联网、人工智能等新技术与交通行业深度融合，提出智能公路系统以智能公路为载体，全面提高管理的精细化水平，向服务智能化、决策智能化、管控智能化进一步发展。该纲要对智能高铁也进行了系统规划，列车利用北斗卫星导航技术、5G通信技术等构成空天地一体化的“超级大脑”，建设智能高效铁路网。目前，交通基础设施智能化已成为我国的国家战略及交通领域的主要发展方向，智能交通基础设施和指挥智慧已经深入渗透到我们日常生活中。中国交通基础设施智能化发展脉络如图1-11所示。

图1-11　中国交通基础设施智能化发展脉络

1.3.2 智能化解读

智慧交通系统(包括智能的交通基础设施和智慧的载运工具及交通管理)是将先进的科学技术(信息技术、计算机技术、数据通信技术、传感器技术、电子控制技术、自动控制理论、运筹学、人工智能等)有效地综合运用于设施建造、交通运输、服务控制和车辆制造,加强载运工具、基础设施、使用者三者之间的联系,从而形成一种保障安全、提高效率、改善环境、节约能源的综合运输系统。智能交通基础设施应是在传统交通基础设施的基础上借助人工智能技术发展而来的,因此,它也是通过运用多种先进技术,模拟智慧生物机体的基本构成和功能特征,实现整个交通基础设施中各类信息的获取、处理和控制。下面以人体为参考,进行交通基础设施智能化的仿生解读。

人体是通过各种器官及系统的协调来快速应对外界的突发状况,并正确做出处理。若交通基础设施实现智能化,也必须构建一个相似的仿生系统,对应于人体的各种器官,并实现其功能。这里对比人体的基本组成及其功能特征,对交通基础设施智能化的概念进行详细解读。

(1)具有与人体的感官和神经系统、大脑、肌体、四肢、心脏等相似的、不可或缺的信息感知、信息传递、信息处理、功能发挥、主动调控和能量供给等基本元素及功能。

按照人体基本组成来看,人体的感官主要用于主动和被动感知人体内部状态和外部环境信息;神经系统主要用于部分信息的主动和被动感知及所有信息的传输;大脑主要用于接收、存储和处理神经系统传递过来的各类信息,是整个人体的中枢;肌体及四肢是人体形态的主要外在表现,具有维持人体活动、功能发挥的基本生存能力以及生长、修复、调节等自主适应能力;心脏及循环系统主要为人体生存持续提供能量。与人体基本组成相似,智能的交通基础设施需要具备的基本元素应该包括:感知网络、传输网络、分析中心、主体结构、调控系统和能量系统等。两者对比见交通基础设施智能化元素类比表(表1-4)及智能交通基础设施元素对应图(图1-12)。

交通基础设施智能化元素类比表 表1-4

人体组成	能力属性	智能系统	交通基础设施
各类感官	感知能力	感知网络	内置元件/外部检测
神经系统	获取能力	传输网络	通信网络
大脑	处理能力	分析中心	计算平台
肌体	基础功能	主体结构	设施结构/材料
四肢	调控能力	调控系统	主动/被动调控系统
心脏	生存能力	能量系统	能量主动收集/外部供给系统

对应的智能交通基础设施基本组成包括:①感知网络。通过内置的各类传感元件监测或者设备组成多源多种类动态信息感知网络,监测结构本身健康状态或者外部实时环境及

交通状况。②传输网络。借助交通通信网络的光纤传输以及各类无线通信等技术将传感元件获取的信息高效、快速地传输到交通系统计算平台。③分析中心。依托交通系统中的计算平台,对海量、繁杂的交通信息进行数据压缩、储存、分析及决策支持。④主体结构。是交通基础设施本身结构与材料,不仅要发挥持续稳定的基础承载功能,还需要为其他组成部分的功能完成提供搭载平台。⑤调控系统。通过实时的交通状况分析,结合交通基础设施服役状态,主动或被动地对交通状况进行实时的宏观调控,以及对交通基础设施进行适时的功能恢复。⑥能量系统。借助交通基础设施的空间布局或外部荷载的能量转化主动收集部分能源,或者借助外部能源供给,为各个交通基础设施的运行提供持续的能量补给。

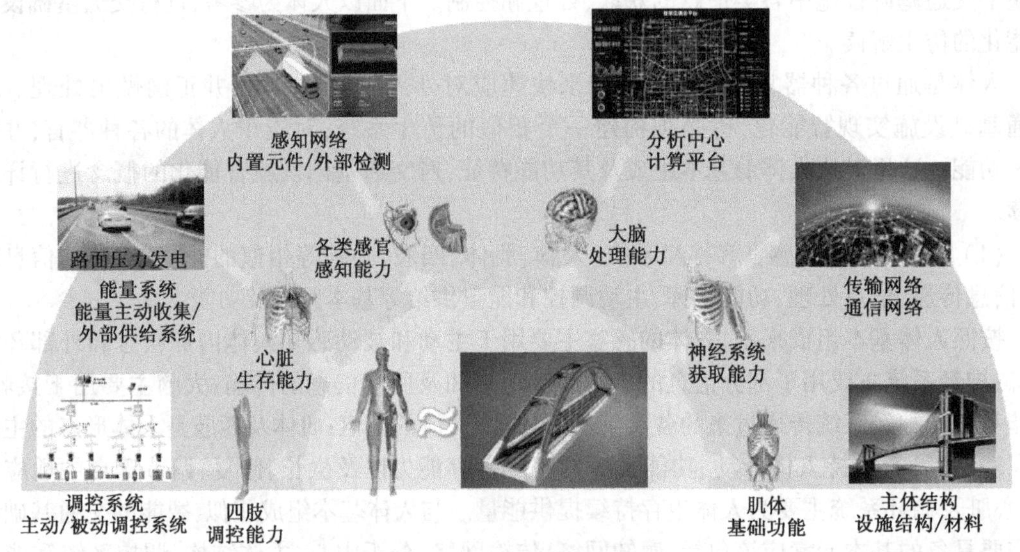

图1-12　智能交通基础设施元素对应图

(2)具有与人体生老病死等相似的成长与发展过程,并能在一定程度上实现资源的再生及循环利用。

人体会经过成长期、成年期和老年期等各个阶段,包括胚胎发育、青少年、成年和老年等,且各个阶段具有各自独有的特征。在人体成长的各个阶段,总会不可避免地发生一些疾病,对人体健康产生危害。为此,人体需定期进行健康检查,并进行适当的治疗和各类疾病的预防。同时,发生疾病时,人体的免疫系统会发挥作用,识别和排除抗原性异物,调控人体其他系统协同工作,维持肌体内环境稳定和生理平衡。而对应人体生命周期的各个阶段,交通基础设施本身(包括各类智能交通系统)整个寿命周期可分为设计阶段、施工阶段、运营阶段和维修阶段等。类似的关系决定了交通基础设施与人体的健康状况具有相似的工作架构,在整个寿命周期需要定期的检测和实时的监测来评估和发现健康问题,从而进行有效的诊断和处理。智能交通基础设施系统的监测不仅可通过外界被动的监测、评估和调控完成,还像人体的免疫系统一样,有系统结构本身的自评估、自诊断和自调控功能。当智能交通基础设施结构内部出现早期病害时,往往从外部很难发现,这时可发挥结构内部仿生的自诊断、自愈合系统作用,实现系统的自动诊断、实时评估和主动修复。人体结构和智能交通基础设施在全寿命周期内都包括预防性监(检)测和事后性病害诊断,后者还有一个重要改进在于交通基础设施在寿命末期可以通过一定的技术实现本身资源的再生及循环利用。交通基础设施与人体的全寿命周期对应关系如图 1-13 所示。

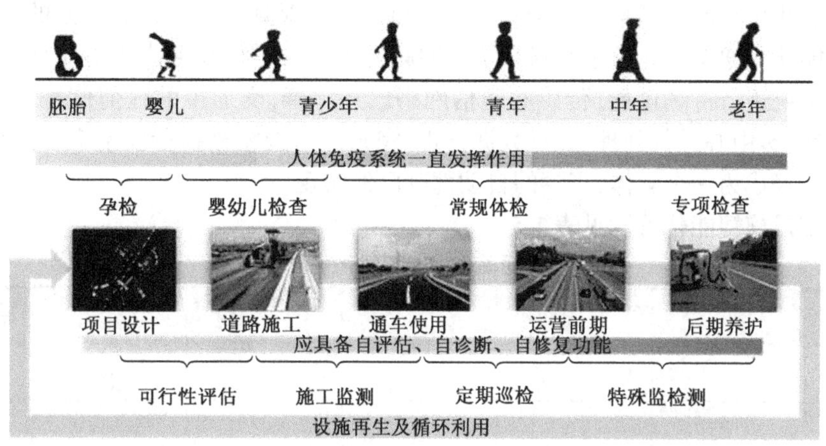

图 1-13 交通基础设施与人体的全寿命周期对应

(3)具有与人类语言沟通相似的信息交流能力以及主动感知、自动辨析、自主适应、主动调控、自主供给等学习、进化及创造能力。

人类区别于其他生物的最大特征在于具有语言沟通能力和知识迭代能力,从而实现不断进化,而交通基础设施的智能化发展在一定程度上也应与人类的发展阶段及特征类似,各种智能一直在进化和发展,最终形成真正意义上的交通系统智能化。借鉴人工智能发展阶段,从传统的交通系统到全面智能的新型交通系统,交通基础设施可划分为以下五级:

0 级为传统的交通系统,即交通基础设施与单个车辆系统之间无信息交互,交通基础设施无检测、传感以及调控功能,完全由人工获取道路信息对车辆进行控制。

Ⅰ级实现了初步的智能化,但仍为传统交通信息管理方式,交通系统能够采集一些静态基本信息,能够自动处理非结构化数据。但数据之间无法有效融合也无法做出预测,对外界适应能力需进一步提高,并且系统依赖外界能源供应,此外也无法进行数据分析和做出智能化的实时调控。

Ⅱ级在Ⅰ级的基础上进一步实现了部分网联化及自动化,交通基础设施具备一定的感知和预测功能,并且可以与车辆进行初步的信息交互,进行自动化驾驶辅助和智能的交通组织管理。静态数据可以进行连续监测和更新,数据实现初步融合,并且可进行一定的分析和预测。但智能化仅限于理想情况,难以从系统层面进行自动实时调控。

Ⅲ级的智能化开始显著提高,交通基础设施高度网联化、自动化,传感和辨析功能已经趋于完善,感知设备能实时获取车辆和环境的动态数据,可以与车辆、交通环境等进行更好的信息交互,实现有条件的自动驾驶。交通设施本身的自主适应能力初步形成,并且在能量收集利用上可以实现初步供应。

Ⅳ级基本已经实现交通基础设施智能化的要求,高度信息化、智能化,传感网络和交通通信网络基本形成。信息交互系统趋于成熟,可为单个行驶车辆提供周围车辆和环境信息甚至控制指令,可以在特定场景实现高度自动化驾驶。具备一定的自主适应修复能力;处理平台可实现实时数据分析以及一定的主动和被动调控。此外,Ⅳ级智能系统已经具备持续自主供能的能力。

Ⅴ级智能化可在所有场景下完全实现从感知、辨析、预测直至决策和控制的能力,是真正意义上的智能化交通系统。整个交通系统在问题处理上仅需要少量人工的定期参与,系统具备多源能源系统进行持续供能,传感和通信网络已经完善,交通中的任何信息均可被实时感知,并传输给云雾中心进行处理,经过数据分析,完善的措施将被执行。整个智能化交通系统和人体一样已经成为一个整体,车辆的自动驾驶已经实现。

交通基础设施智能化阶段见表1-5。

交通基础设施智能化阶段 表1-5

智能分级	主动感知	自动辨析	信息交互	自主适应	主动调控	自主供给
0						
Ⅰ	□	□				
Ⅱ	□	□	□	□		
Ⅲ	■	■	□	□		□
Ⅳ	■	■	■	■	□	■
Ⅴ	■	■	■	■	■	■

注:□初步具备;■已经成熟。

1.3.3 智能化内容

根据前述章节交通基础设施智能化发展阶段,结合目前交通领域技术发展基础,总结交通基础设施智能化内容如下。

1)总体架构

通过上节中智能交通系统的仿生解读可以看出,交通基础设施系统若要实现完全的智能化,基础设施除了需要保证传统的承载力和耐久性以外,还要对交通状态和设施性能等信息具有感知和辨析能力,使交通系统全部参与者实现信息交互,并对外界环境变化主动适应、主动调控,实现能量自主供给,图1-14给出智能交通基础设施系统基本构成。

智能交通系统应包括:具有适应能力和调控能力的设施主体、具有感知能力的感知系统、具有信息交互能力的交互系统、具有辨析能力的决策系统以及具有生存能力的供能系统。其中,各种能力对应智能化内容具体见表1-6。

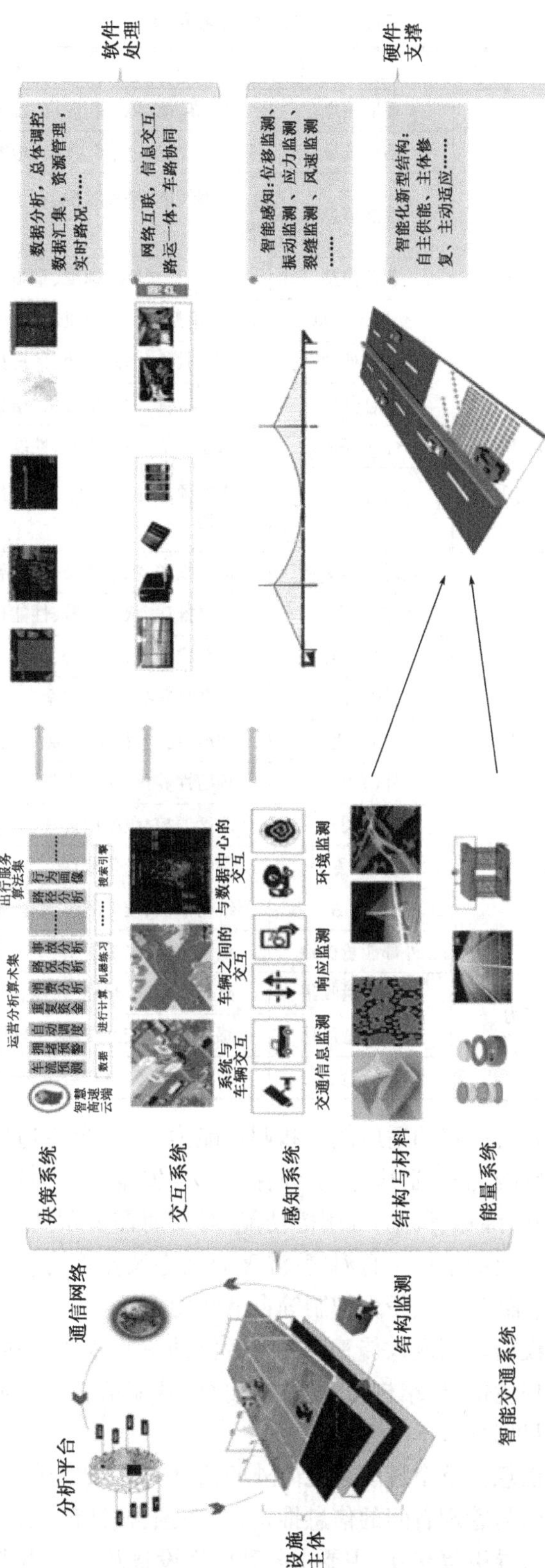

图1-14　智慧交通基础设施系统构成图

交通基础设施智能化内容　　　　表 1-6

系统构成	属性分类	对应智能化内容	
感知系统	感知能力	环境信息	雨、雾、冰、风、雪、温度、湿度、紫外线、红外线
		结构信息	应力、应变、位移、冲击、地震、温度、湿度、冻融
		性能信息	摩擦性能、平整状况、行驶轨迹、损坏状况、强度、模量、寿命
		载荷信息	车/机型、轴型、速度、重量
		交通流信息	车/机型、行人、非机动车、速度、分布
决策系统	辨析能力	信息处理	信息收集、信息过滤、信息集成、数据管理
		信息分析	信息融合、大数据分析、信息建模
		性能评估	状态评估、损伤诊断、性能预测
		预警决策	事故预警、损伤预警、破坏预警、灾害预警、养护决策、管理决策
交互系统	交互能力	载运工具交互	信息推送、状态预警、位置导引
		管理者交互	信息推送、状态预警、性能预估
		用户交互	信息推送、状态预警、出行导引
设施主体	适应能力	高性能	绿色、环保、耐久、安全
		功能化	除冰、化雪、排水、降噪、调温、导引
		外部干预	预防性养护、功能恢复
	调控能力	状态调控	温度调控、湿度调控
		自修复	裂缝修复、老化恢复
		自清洁	结构清洁、废气降解、粉尘抑制
供能系统	生存能力	外部能量供给	油气消耗、电能供给
		主动能量收集	路域太阳能、热能、风能、机械能、地热能等收集
		主动能量消化	感知元件、交互终端、传输网络、充电设备等电能消耗
		可持续发展	装配式建造、材料再生、循环利用

智能设施本身应该具有一定的适应能力和调控能力，可以自主适应或通过外部干预适应外界对设施结构的各种影响，需要适应绿色、环保、耐久、安全等方面的高性能要求，同时需要融合各种除冰、化雪、排水、降噪、调温、导引等功能，必要时需要预防性养护、功能恢复等外部干预手段。而调控能力则包括结构本身温度、湿度等状态调控能力，裂缝修复、老化恢复等自修复能力以及结构清洁、尾气降解、粉尘抑制等自清洁能力。

感知系统是指智能设施内部嵌入传感元件或者借助一些智能材料本体组成感知网络，对整个交通系统环境中的环境信息、结构信息、性能信息、载荷信息及交通流信息进行主动或被动感知，并且加以采集以供分析。

交互系统完成各类信息在整个智能系统内外的信息交流，如与载运工具间的信息推送、状态预警、位置导引等交互，与管理者间的信息推送、状态预警、性能预估等交互，与外界用户的信息推送、状态预警、出行导引等交互，主要由各种网络设备及终端构成。

决策系统是整个智能设施的大脑,多为计算中心平台,需要完成信息处理、信息分析、性能评估、预警决策等。其中,信息处理包括信息收集、信息过滤、信息集成、数据管理等,信息分析包括信息融合、大数据分析、信息建模等,性能评估包括状态评估、损伤诊断、性能预测等,而预警决策包括事故预警、损伤预警、破坏预警、灾害预警、养护决策、管理决策等。智能系统根据信息分析做出决策,并主动或被动采取各类合理调控措施,使系统可协同工作。

供能系统起到保证整个智能系统正常运行的作用,是整个系统生存能力的体现,包括油气消耗、电能供给等外部能量输入,也可进行路域太阳能、热能、风能、机械能、地热能等系统内能量的主动收集。同时,整个系统内部感知元件、交互终端、传输网络、充电设备等能量主动消耗也是其重要组成部分。装配式建造、材料再生、循环利用等也是其可持续发展的重要体现。

2)信息交流

各个信息源终端之间的信息交互以及系统的信息组织是智能交通系统区别于传统交通系统的一个重要特征。智能交通设施中分布着由传感元件组成的传感网络,可以对系统内部结构状态、外部环境、载运工具信息等进行感知和传递,而各个终端(例如智慧机/车、监控中心、电子设备等)可以实时收到这些信息并可以相互进行反馈,这就形成了信息交互。在信息交互的同时,车联网(Vehicle to Everything,V2X)、路联网(Road to Everything,R2X)以及基础设施联网(Infrastructure to X,I2X)系统相互组织形成,并且相互融合,形成了一个整体的智能交通运输系统,整个系统是一个以智能基础设施和智慧载运工具为中心,面向运营环境、驾驶者、管控中心等多个信息源的智能信息交互平台,如图1-15所示。

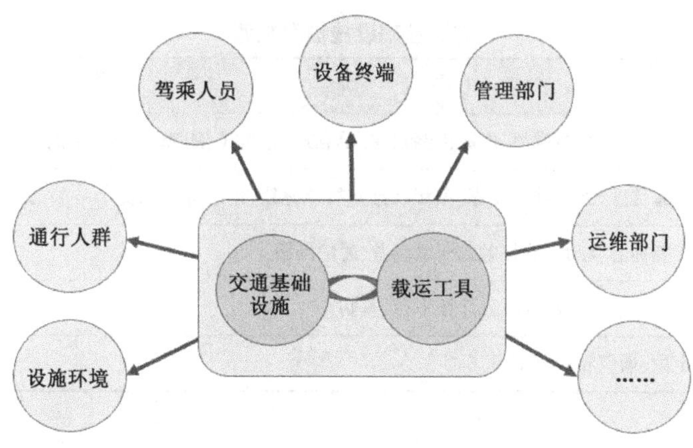

图1-15 VRI2X概念示意图

根据产生和使用的实效性,智能交通设施感知的信息可以分为动态信息、准动态信息、准静态信息和静态信息,如图1-16所示。动态信息是与运行安全紧密关联且实时变化的行为信息,需要实时为各个智能终端提供这些信息,比如机/车的位置、交通量的变化、行驶的速度等;准动态信息是交通系统中正在变化的状态信息,如下雨时水膜厚度、路面结冰情况、桥梁侧风情况等;准静态主要为一些变化比较缓慢的交通信息,如设施损坏状况信息、交通设施施工信息、交通管制信息等;静态信息一般是交通基础设施的物理特性,如道路线形、桥梁高程、路面材料类型等。不同类型的信息，需要采用不同的通信方式（DSRC、5G、IoT、Wi-Fi、光纤、电缆等）实现各个交通要素之间的信息交互，而智能交通系统正是通过这些信息之间的传递来对行驶的车辆、驾乘人员、行人、管理部门等做出调整、供能、导引和预警等调控措施。

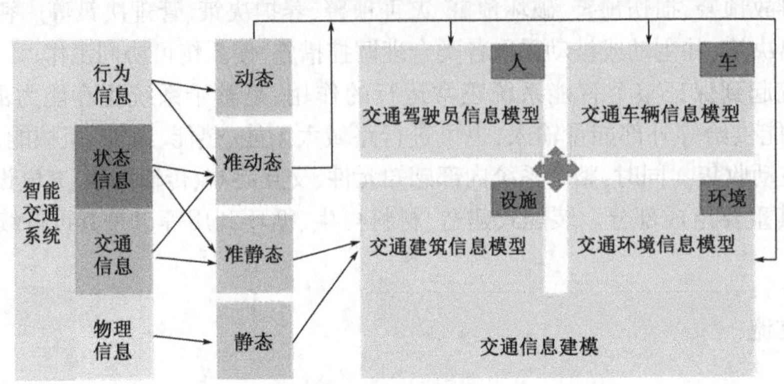

图1-16 智能交通系统信息模型概念

此外，智能交通系统的信息交互与组织需要有一个基础的数字平台和可视化平台，比如地理信息系统和动态地图，都是其不可或缺的组成部分。智能交通系统的信息可以通过驾驶员信息模型（Transportation Driver Information Model，TDIM）、车辆信息模型（Transportation Vehicle Information Model，TVIM）、设施信息模型（Transportation Building Information Model，TBIM）和环境信息模型（Transportation Environmental Information Model，TEIM）予以有效组织。

表1-7给出了智能交通系统中各类智能化信息的来源及其位置，涵盖整个交通系统不同的空间层次。

交通基础设施信息来源　　表1-7

位置	来源
结构内部	智能结构、智能材料、内嵌传感元件（单点式、分布式、MEMS）、通信网络
结构表面	暴露传感元件（冰雪状态、温湿状态）、智能标线、动态称重系统
结构侧向	智能标志/标牌、非接触式测试设备、通信网络
远端/云上	数据中心、云数据库、云计算平台、基站
太空	定位、通信和探测卫星

1.3.4 智能化发展趋势

智能交通系统涵盖的技术领域众多，包括交通、土木、电子、信息、能源、物联网、人工智能、大数据、云计算等，这些领域技术的发展往往是不同步的，因此，智能交通系统的发展也是一个循序渐进的过程，经过一段时间的积累才会有较大的突破。

智能交通系统的发展趋势，大致可以概括为从部分设施的功能化到系统整体协同化的逐步发展，如图1-17所示。

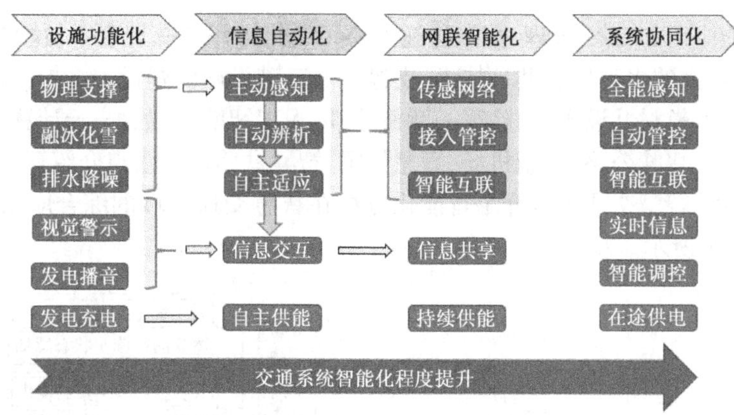

图1-17 智能交通系统的发展趋势

设施功能化是为了满足特定需求而形成的,交通基础设施借此可以实现特定功能(单一的智能能力)。例如,寒冷地区的自融雪公路、南方透水沥青混合料铺筑的排水和低噪声路面、大跨桥梁的智能消震结构等。虽然这一阶段交通基础设施并不具备完整的智能能力,但是总体上而言,从现在到未来很长的一段时间内,功能化仍然是交通基础设施需要关注的重点。

在功能化发展的同时,以信息交互为导向的设施功能化进一步发展,交通设施的特定功能可以通过信息的自动处理(主动感知、自动辨析、自主适应、动态交互)来实现,单个或多个智能交通技术得到综合应用。设施通过感知系统收集信息,进而自动预测设施性能,进行自主适应和调整。此外,交通系统具备初步自主供能能力,基本实现信息自动化。

当系统整体达到一定的智能化水平,在感知方面,传感器件测量结果精确化、仪器使用寿命耐久化、数据采集和传输实时化是这方面的发展趋势。而网联化也是智能交通系统的一大进步,随着智能互联技术的发展,可以实现交通系统中的信息实时共享。基础设施内部的传感系统进一步构成网络,自动化调控能力进一步增强。此外,其自主适应能力大幅提高,整个系统还可以实现能量的持续供给。研发高性能材料、新型工艺以及智能结构来提高交通设施的适应能力是未来智能交通适应能力发展的重要方向。而在能量供给方面,智能交通系统中能量的供应需要连续并且高效。因此寻求长效、稳定、清洁以及可持续的能量来源,研发能量转换效率高的换能装置或材料是这方面的发展重点,此时达到智能交通系统的网联智能化。

在信息交互共享方面,基于移动互联的综合信息交互进一步加强,各种感知方式的相互校核和融合,获取精确、高效的感知数据是智能交通感知技术的发展方向。此外,行驶车辆智能化得到大幅提升,人、车和交通设施可以更好地协同控制。在未来,智能交通设施和车辆的协同研究将是这个方面的研究重点。随着自动驾驶技术的逐步投入使用,智能交通设施可以全方位地支持并实现第五级无人驾驶,包括超视距范围感知、全局路线优化、风险预警、在途充电,达到整个智能交通系统的协同化。

1.4 本教材主要内容

交通基础设施智能化的实现主要依赖人工智能、物联网、大数据、云计算等信息技术。通过现代信息技术与现实交互,交通基础设施的建造、运营等领域正迎来全新的发展机遇。例如，它与其他智能应用如BIM管理、数字化施工和无纸化操作有密切联系，这些应用通过包括云计算和大数据在内的多种信息共享技术，支撑交通基础设施的建设和维护，形成一个协同的智能系统。因此，本教材共设十章，除第一章概述外，人工智能、大数据、云计算、物联网四章重点介绍智能化方法，智慧公路、智慧机场、智慧桥梁、智慧铁路四章重点介绍智能化技术在交通基础设施中的应用，智慧交通重点介绍智能化方法在智慧交通领域的综合应用。各章节的作用和结构如图1-18所示。

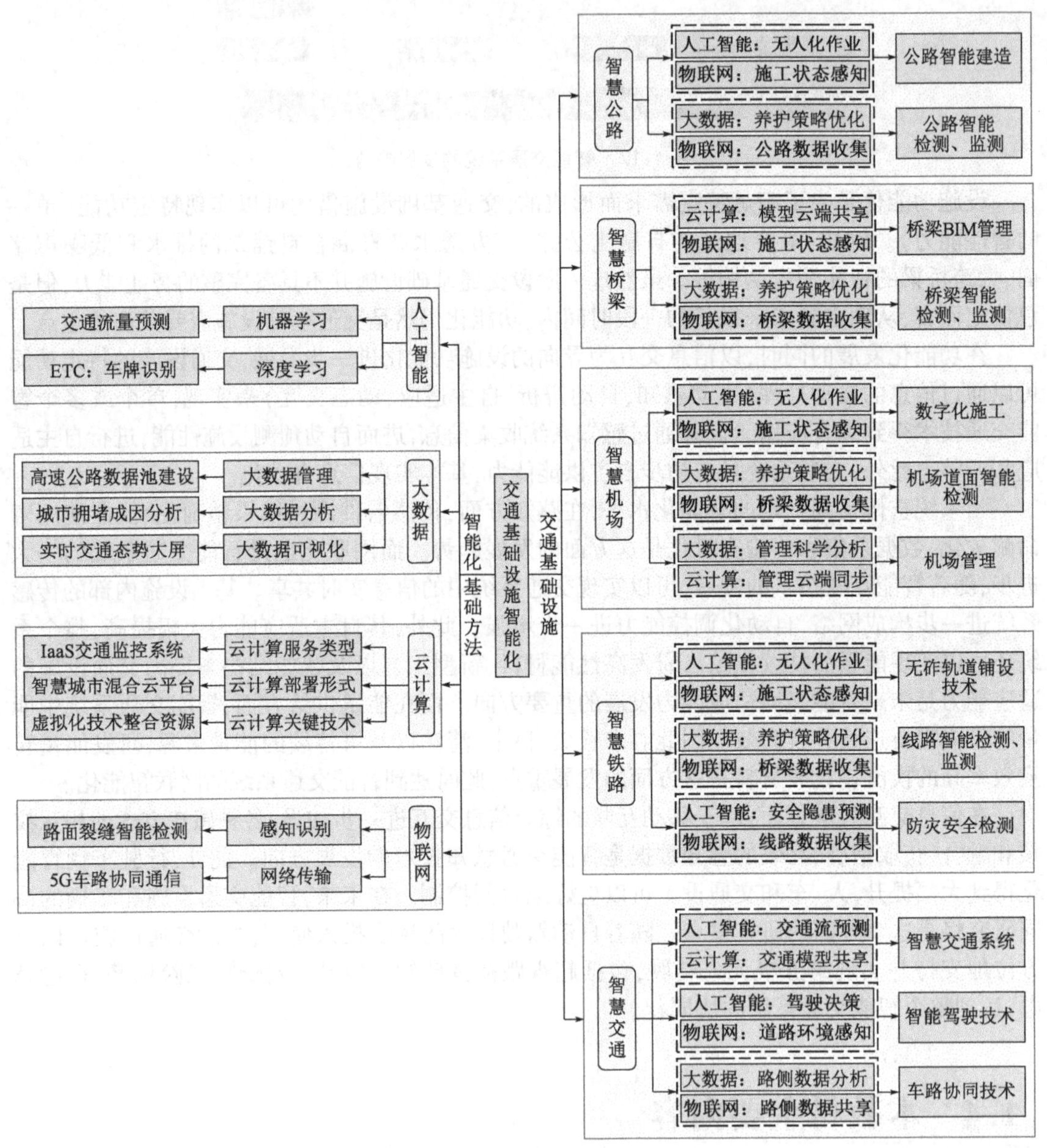

图1-18 本书各章节的作用和结构

第2章人工智能概述系统阐述了人工智能的基本概念、发展历程及其在我国的发展现状，深入分析了人工智能、机器学习与深度学习的关系与区别，形成了支撑交通基础设施智能化的理论依据与算法框架。

第3章大数据概述介绍了大数据的基础知识、大数据管理中的关键技术、大数据处理与分析的核心内容以及可视化技术，探讨了大数据在交通基础设施中的典型应用。

第4章云计算概述介绍了云计算的基本概念、发展历程及其与传统IT建设的区别，介绍了云计算的服务类型、多种部署形式及关键技术，讨论了云计算在园区、交通、高性能计算和人工智能等领域的具体应用。

第5章物联网概述介绍了物联网的起源、发展及其体系构成，讨论了感知识别技术、网络传输方式和典型应用场景。

第6章智慧公路介绍了智慧公路的概念、发展现状及其关键技术，阐述了公路智能建造、智能检测和智能监测技术。这些技术的集成与应用，不仅提高了公路建设和养护的效率，也为公路的安全性和可持续性提供了有力保障。

第7章智慧机场介绍了智慧机场的概念、发展现状及其关键技术，探讨了机场数字化施工的关键技术、机场道面智能检测技术、智能检测技术和智能管理技术，为全面提升机场的运营效率和安全性奠定坚实的理论基础。

第8章智慧桥梁介绍了智慧桥梁的概念、目标和架构，阐述了桥梁BIM管理、桥梁健康监测和智能检测技术，为桥梁的长期稳定性和养护管理提供了可靠保障。

第9章智慧铁路介绍了智慧铁路的发展模式及RITS（铁路信息化技术系统）的定义和框架，讨论了智慧铁路的关键技术、无砟轨道的智能化铺设技术、线路检测与监测技术以及防灾安全监测技术，为铁路的灾害预警与防范提供了强有力的技术保障。

第10章智慧交通介绍了智慧交通的定义、发展及其技术特点，阐述了智慧交通系统的各类关键应用、无人驾驶技术以及车路协同技术的关键技术和应用，揭示了智能化交通基础设施如何推动未来交通的智能化与协同化发展。

CHAPTER 2 第2章

人工智能概述

学习目的与要求

通过本章的学习，了解人工智能的基本概念、发展历程和现状、机器学习与深度学习的基础知识和应用，掌握人工智能的实现途径、人工智能的发展现状及人工智能对交通基础设施的作用。

习近平总书记在十九届中央政治局第九次集体学习时指出："人工智能是新一轮科技革命和产业变革的战略性技术，具有溢出带动性很强的'头雁'效应。""加快发展新一代人工智能是我们赢得全球科技竞争主动权的重要战略抓手，是推动我国科技跨越发展、产业优化升级、生产力整体跃升的重要战略资源。"

交通基础设施是经济发展的基础，在中国现代化进程中发挥着先行引领作用。我国交通基础设施体量庞大，其智能化转型升级是其发展的必由之路。人工智能作为产业变革的重要力量，是推动交通基础设施向智能化转型的主要动力，为交通基础设施智能化领域提供了必要的知识背景，是推动交通基础设施从数字化到智能化的有效途径。

2.1 人工智能

2.1.1 什么是人工智能

人工智能，是指由人制造出来的机器所表现出来的智能。通常人工智能是指通过普通计算机程序的手段实现的类人智能技术，亦指研究这样的智能系统能否实现以及如何实现的科学领域。

1）人工智能的实现途径

人工智能的实现包含四类途径，如图2-1所示。其中，顶部关注思维过程与推理，而底部强调行为；左侧根据与人类表现的逼真度来衡量成功与否，而右侧依靠合理性的表现量来衡量。历史上，这四类途径都有人关注，不同的人用不同的方法来追寻不同的途径。

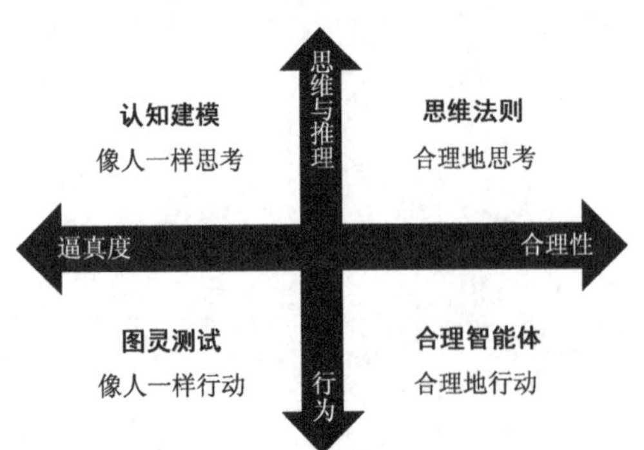

图2-1 人工智能的四类实现途径

（1）图灵测试：像人一样行动

由艾伦·图灵提出的图灵测试旨在为人工智能提供一个令人满意的可操作的定义，即如果一位人类询问者在提出一些书面问题以后不能区分书面回答来自人还是来自计算机，那么作出书面回答的这台计算机就通过测试。实际上，为使计算机编程通过严格的测试，仍有大量的工作有待完成。其中，计算机尚需具有以下能力：

①自然语言处理：成功地进行语言交流。

②知识表示：存储它知道的或听到的信息。

③自动推理：运用存储的信息来回答问题，并得出新结论。

④机器学习：能够适应新情况，并检测和预测。

⑤计算机视觉：感知物体。

⑥机器人学：操纵和移动对象。

这 6 个领域构成了人工智能的大部分内容。然而，人工智能研究者们并未致力于通过图灵测试，他们认为研究智能的基本原理比复制更重要。

(2) 认知建模：像人一样思考

有些研究者并不满足于仅让程序正确地解决问题，他们更关心比较程序推理步骤的轨迹与求解相同问题的人类个体的思维轨迹。如果我们说某个程序能像人一样思考，那么我们必须具有某种办法来确定人是如何思考的。我们需要领会人脑的实际运用过程。有三种办法来完成这项任务：通过内省——试图捕获我们自身的思维过程；通过心理实验——观察工作中的人；通过脑成像——观察工作中的人脑。只有具备人脑的足够精确的理论，我们才能把这样的理论表示成计算机程序。如果该程序的输入输出行为符合相应的人类行为，这就是程序的某些机制可能也在人脑中运行的证据。

(3) 思维法则：合理地思考

思维法则起源于希腊哲学家亚里士多德有关于“正确思考”的严格定义。他将其定义为不可反驳的推理过程。其“三段论”为在给定正确前提时总产生正确结论的论证结构提供了模式。这些思维法则被视为支配人脑运作的基础；该研究也开创了逻辑学这一学科领域。

19 世纪的逻辑学家为关于世上各种对象及对象之间关系的陈述制定了一种精确的表示法。到了 1965 年，已有程序原则上可以求解用逻辑表示法描述的任何可解问题。人工智能中所谓的逻辑主义流派希望依靠这样的程序来创建智能系统。

但这条途径存在两个主要障碍。首先，获取非形式的知识并用逻辑表示法要求的形式术语来陈述是不容易的，特别是在知识不是百分之百肯定时。其次，在“原则上”可解一个问题与实际上解决该问题之间存在巨大的差别；有时求解只有几百条事实的问题就可能耗尽计算机的计算资源。虽然这两个障碍对建造计算推理系统的任何尝试都适用，但是它们最先出现在逻辑主义流派中。

(4) 合理智能体：合理地行动

智能体指能够自主活动的软件或者硬件实体。我们期望计算机智能体做更多的事，包括自主操作、感知环境、长期持续、适应变化并能创建与追求目标等。合理智能体是一个为了实现最佳结果，或者，当存在不确定性时，为了实现最佳期望结果而行动的智能体。

合理智能体的途径与其他途径相比有两个优点。首先，它比思维法则的途径更一般，因为正确的推理只是实现合理性的几种可能的机制之一。其次，它比其他基于行为或人类思维的途径更经得起科学发展的检验。

2) 强人工智能与弱人工智能

随着人工智能研究的发展，逐渐形成了两个学派，即弱人工智能与强人工智能。其中“机器能够智能地行动(其行动看起来如同它们是有智能的)"被称为弱人工智能,而"能够如此行事的机器确实是在思考(不只是模拟思考)"的断言则被称为强人工智能。

(1)弱人工智能

弱人工智能学派将任何表现出智能行为的系统都视为人工智能的例子,认为人工智能研究的存在理由是解决困难问题,不必理会实际解决问题的方式;人造物是否使用与人类相同的方式执行任务无关紧要,唯一的标准就是程序能够正确执行,人工智能主要关注的是得到令人满意的执行结果。

(2)强人工智能

强人工智能学派主要关注他们所构建系统的结构,关注其是否具备生物可行性。也就是说,当人造物展现智能行为时,它的表现基于人类所使用的相同方法。强人工智能学派坚持认为,单单凭借人工智能程序的启发式算法和知识,计算机就可以获得意识和智能。

2.1.2 人工智能发展历程及现状

1)人工智能发展历程

从20世纪50年代开始,许多科学家、程序员、逻辑学家和理论家帮助和巩固了当代人对人工智能思想的整体理解。创新和发现改变了人们对人工智能领域的基本认识,历史的进步推动着人工智能从一个无法实现的幻想到当代和后代切实可以实现的现实。

(1)起步发展期:1956年—20世纪60年代初

1950年艾伦·图灵发表的文章《计算机器和智能》(*Computing Machinery and Intelligence*),提出了模仿游戏这一概念,旨在探讨机器是否具备思考能力的问题。其中,他提出了图灵测试、机器学习、遗传算法和强化学习的概念。图灵测试已成为人工智能哲学的重要组成部分。

1956年,麦卡锡、明斯基等在美国达特茅斯学院开会研讨"如何用机器模拟人的智能",首次提出"人工智能"这一概念,标志着人工智能学科的诞生。人工智能概念被提出后,相关领域取得了一系列重要成果,如机器定理证明、跳棋程序和Lisp语言,掀起了人工智能发展的首个高潮。

(2)反思发展期:20世纪60年代—70年代初

人工智能领域的创新在20世纪60年代迅速发展,主要体现在新的编程语言、机器人和自动机、研究以及描绘人工智能生物的电影的出现,这极大地体现了人工智能在20世纪下半叶的重要性。

人工智能发展初期的突破性进展大大提升了人们对人工智能的期望,人们开始尝试更具挑战性的任务,并提出了一些不切实际的研发目标。然而,接二连三的失败和预期目标的落空(例如,无法用机器证明两个连续函数之和还是连续函数、机器翻译闹出笑话等)使人工智能的发展走入低谷。

人们开始反思人工智能失败的原因。其一是大多数早期程序对其主题一无所知,以为依靠简单的句法处理就可以获得成功。其二是人工智能试图求解的许多问题具有难解性,程序原则上能够找到解并不意味着程序中一定含有找到解所需的机制。其三是用来产生智能行为的基本结构具有某些根本局限。

(3)应用发展期:20 世纪 70 年代初—80 年代中

20 世纪 70 年代出现的专家系统模拟人类专家的知识和经验,解决了特定领域的问题,实现了人工智能从理论研究走向实际应用、从一般推理策略探讨转向运用专门知识的重大突破。专家系统在医疗、化学、地质等领域取得成功,推动人工智能走入应用发展的新高潮。

(4)低迷发展期:20 世纪 80 年代中—90 年代中

随着人工智能的应用规模不断扩大,专家系统存在的应用领域狭窄、缺乏常识性知识、知识获取困难、推理方法单一、缺乏分布式功能、难以与现有数据库兼容等问题逐渐暴露出来,人工智能发展进入低迷期。

(5)稳步发展期:20 世纪 90 年代中—2010 年

网络技术特别是互联网技术的发展,加速了人工智能的创新研究,促使人工智能技术进一步走向实用化,在这一时期,人工智能得到了稳步发展。具有代表性的是:1997 年国际商业机器公司(IBM)深蓝超级计算机战胜了国际象棋世界冠军卡斯帕罗夫,2008 年 IBM 提出“智慧地球”的概念。

(6)蓬勃发展期:2011 年至今

随着大数据、云计算、互联网、物联网等信息技术的发展,泛在感知数据和图形处理器等计算平台推动以深度神经网络为代表的人工智能技术飞速发展,大幅跨越了科学与应用之间的“技术鸿沟”,诸如图像分类、语音识别、知识问答、人机对弈、无人驾驶等人工智能技术实现了从“不能用、不好用”到“可以用”的技术突破,迎来爆发式增长的新高潮。

人工智能的发展历程如图 2-2 所示。

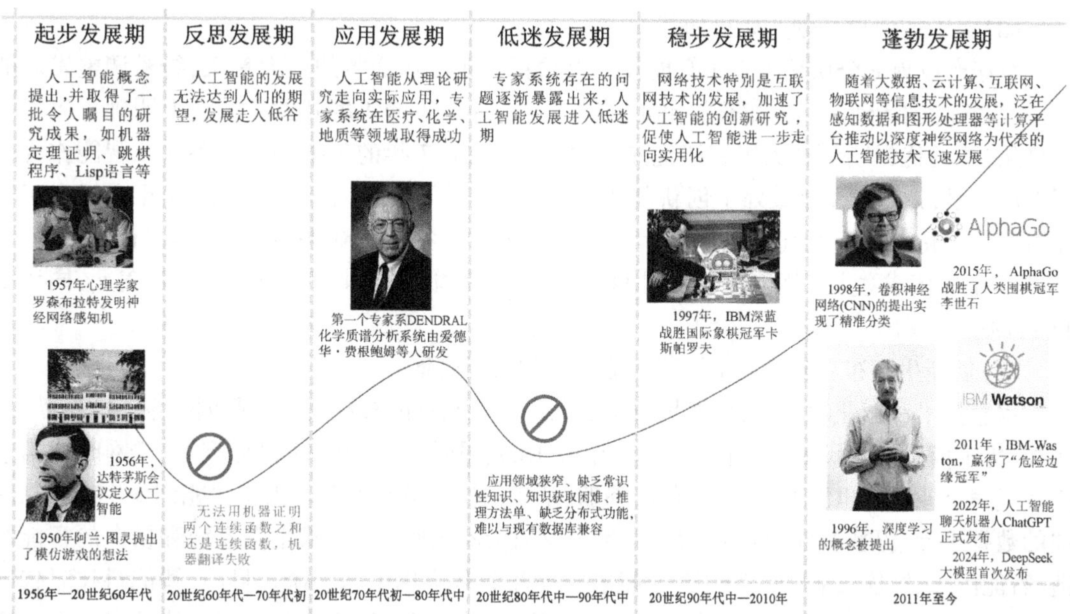

图 2-2　人工智能的发展历程

2)人工智能发展现状

经过60多年的发展,人工智能在算法、算力(计算能力)和算料(数据)等“三算”方面取得了重要突破,正处于从“不能用”到“可以用”的技术拐点,但是距离“很好用”还有诸多瓶颈。人工智能技术和产业发展现状体现在以下几个方面。

(1)专用人工智能取得重要突破

从可应用性看,人工智能大体可分为专用人工智能和通用人工智能。面向特定任务(比如下围棋)的专用人工智能系统由于任务单一、需求明确、应用边界清晰、领域知识丰富、建模相对简单,形成了人工智能领域的单点突破,在局部智能水平的单项测试中可以超越人类智能。人工智能的近期进展主要集中在专用智能领域。例如,AlphaGo在围棋比赛中战胜人类冠军,人工智能程序在大规模图像识别和人脸识别中达到了超越人类的水平,人工智能系统诊断皮肤癌达到专业医生水平。

(2)通用人工智能尚处于起步阶段

人的大脑是一个通用的智能系统,能举一反三、融会贯通,可处理视觉、听觉、判断、推理、学习、思考、规划、设计等各类问题,可谓“一脑万用”。真正意义上完备的人工智能系统应该是一个通用的智能系统。目前,虽然专用人工智能领域已取得突破性进展,但是通用人工智能领域的研究与应用仍然任重而道远,人工智能总体发展水平仍处于起步阶段。当前的人工智能系统在信息感知、机器学习等“浅层智能”方面进步显著,但是在概念抽象和推理决策等“深层智能”方面的能力还很薄弱。总体来看,目前的人工智能系统可谓有智能没智慧,有智商没情商,会计算不会“算计”,有专才而无通才。因此,人工智能依旧存在明显的局限性,依然还有很多“不能”,与人类智慧还相差甚远。

(3)人工智能创新创业如火如荼

全球产业界充分认识到人工智能技术引领新一轮产业变革的重大意义,纷纷调整发展战略,人工智能创新创业如火如荼。比如,谷歌在其2017年的年度开发者大会上明确提出发展战略从“移动优先”转向“人工智能优先”,微软在其2017年的年报中首次将人工智能作为公司发展愿景,人工智能领域处于创新创业的前沿。麦肯锡公司报告指出,2016年全球人工智能研发投入超300亿美元并处于高速增长阶段;全球知名风投调研机构CB Insights报告显示,2017年全球新成立人工智能创业公司1100家,人工智能领域共获得投资152亿美元,同比增长141%。

(4)创新生态布局成为人工智能产业发展的战略高地

信息技术和产业的发展史,就是新老信息产业巨头抢滩布局信息产业创新生态的更替史。例如,传统信息产业代表企业有微软、英特尔、IBM、甲骨文等,互联网和移动互联网时代信息产业代表企业有阿里巴巴、腾讯、百度、谷歌、苹果、脸书、亚马逊等。人工智能创新生态包括纵向的数据平台、开源算法、计算芯片、基础软件、图形处理器等技术生态系统和横向的智能制造、智能医疗、智能安防、智能零售、智能家居等商业和应用生态系统。目前,智能科技时代的信息产业格局还没有形成垄断,因此全球科技产业巨头都在积极推动人工智能技术生态的研发布局,全力抢占人工智能相关产业的制高点。

(5)人工智能的社会影响日益凸显

一方面,人工智能作为新一轮科技革命和产业变革的核心力量,正在推动传统产业升级换代,驱动“无人经济”快速发展,在智能交通、智能家居、智能医疗等民生领域产生积极正面影响。另一方面,个人信息和隐私保护、人工智能创作内容的知识产权、人工智能系统可能存在的歧视和偏见、无人驾驶系统的交通法规、脑机接口和人机共生的科技伦理等问题已经显现出来,需要抓紧提供解决方案。

2.1.3　我国人工智能发展现状

1)我国人工智能发展态势

当前,我国人工智能发展的总体态势良好,但是,也存在过热和泡沫化风险,特别是在基础研究、技术体系、应用生态、创新人才、法律规范等方面仍然存在不少值得重视的问题。总体而言,我国人工智能发展趋势可以用“高度重视,态势喜人,差距不小,前景看好”来概括。

(1)高度重视

党中央、国务院高度重视并大力支持发展人工智能。习近平总书记在党的十九大、2018年两院院士大会、全国网络安全和信息化工作会议、十九届中央政治局第九次集体学习等场合多次强调要加快推进新一代人工智能的发展。2017年7月,国务院发布《新一代人工智能发展规划》,将新一代人工智能放在国家战略层面进行部署,描绘了面向2030年的我国人工智能发展路线图,旨在构筑人工智能先发优势,把握新一轮科技革命战略主动。国家发展改革委、工信部、科技部、教育部等国家部委和北京、上海、广东、江苏、浙江等地方政府都推出了发展人工智能的鼓励政策。

(2)态势喜人

清华大学发布的《中国人工智能发展报告2018》统计,我国已成为全球人工智能投融资规模最大的国家,我国人工智能企业在人脸识别、语音识别、安防监控、智能音箱、智能家居等人工智能应用领域处于国际前列。2017年爱思唯尔文献数据库统计结果显示,我国在人工智能领域发表的论文数量已居世界第一。近两年,中国科学院大学、清华大学、北京大学等高校纷纷成立人工智能学院,2015年开始的中国人工智能大会已连续成功召开四届并且规模不断扩大。总体来说,我国人工智能领域的创新创业、教育科研活动非常活跃。

(3)差距不小

目前,我国在人工智能前沿理论创新方面总体上尚处于“跟跑”地位,大部分创新偏重技术应用,在基础研究、原创成果、顶尖人才、技术生态、基础平台、标准规范等方面距离世界领先水平还存在明显差距。在全球人工智能人才700强中,我国虽然入选人数名列第二,但远远低于约占总量一半的美国。2018年,市场研究顾问公司Compass Intelligence对全球100多家人工智能计算芯片企业进行了排名,我国没有一家企业进入前十。另外,我国人工智能开源社区和技术生态布局相对滞后，技术平台建设力度有待加强，国际影响力有待提高。我国参与制定人工智能国际标准的积极性和力度不够，国内标准制定和实施也较为滞后。我国对人工智能可能产生的社会影响还缺少深度分析，制定完善人工智能相关法律法规的进程需要加快。

(4)前景看好

我国发展人工智能具有市场规模、应用场景、数据资源、人力资源、智能手机普及、资金投入、国家政策支持等多方面的综合优势，人工智能发展前景看好。全球顶尖管理咨询公司埃森哲于2017年发布的《人工智能：助力中国经济增长》报告显示，到2035年，人工智能有望推动中国劳动生产率提高27%。我国发布的《新一代人工智能发展规划》提出，到2030年，人工智能核心产业规模超过1万亿元，带动相关产业规模超过10万亿元。在我国未来的发展征程中，“智能红利”将有望弥补人口红利的不足。

当前是我国加强人工智能布局、收获人工智能红利、引领智能时代的重大历史机遇期，如何在人工智能蓬勃发展的浪潮中选择好中国路径、抢抓中国机遇、展现中国智慧等，需要深入思考。

2)我国人工智能标准体系

人工智能的长足发展，需要有标准体系的支撑。2020年7月27日，国家标准化管理委员会、中央网信办、国家发展改革委、科技部、工业和信息化部联合印发了《国家新一代人工智能标准体系建设指南》，提出了人工智能标准体系，将人工智能有关的研究进行整合、划分，明确每一部分的具体内容，使人工智能体系更加清晰，具体包括：“A基础共性”“B支撑技术与产品”“C基础软硬件平台”“D关键通用技术”“E关键领域技术”“F产品与服务”“G行业应用”“H安全/伦理”等八个部分，如下文所述。

A基础共性：术语、参考架构、测试评估三大类，位于人工智能标准体系结构的最左侧，支撑标准体系结构中其他部分。

B支撑技术与产品：对人工智能软硬件平台建设、算法模型开发、人工智能应用提供基础支撑。

C基础软硬件平台：主要围绕智能芯片、系统软件、开发框架等方面，为人工智能提供基础设施支撑。

D关键通用技术：主要围绕机器学习、知识图谱、类脑智能计算、量子智能计算、模式识别等方面，为人工智能应用提供通用技术支撑。

E关键领域技术：主要围绕自然语言处理、智能语音、计算机视觉、生物特征识别、虚拟现实/增强现实、人机交互等方面，为人工智能应用提供领域技术支撑。

F产品与服务：在人工智能技术领域中形成的智能化产品及新服务模式的相关标准。

G行业应用：位于人工智能标准体系结构的最顶层，面向行业具体需求，对其他部分标准进行细化，支撑各行业发展。

H安全/伦理：位于人工智能标准体系结构的最右侧，贯穿于其他部分，为人工智能建立合规体系。

人工智能标准研制方向明细表见表2-1。

人工智能标准研制方向明细　表 2-1

序号	类型	二级类型	三级类型	情况说明
1	A 基础共性	AA 术语		人工智能术语相关定义、范畴、实例等
2		AB 参考架构		规范人工智能相关技术、应用及价值链的逻辑关系和相互作用
3		AC 测试评估		人工智能相关的服务能力成熟度评估、人工智能通用性测试指南、评估原则以及等级要求、企业能力框架及测评要求等
4	B 支撑技术与产品	BA 大数据		大数据系统产品、数据共享开放、数据管理机制、数据治理等
5		BB 物联网		智能感知设备、感知设备与人工智能平台的接口和互操作等智能网络接口、感知与执行一体化模型、多模态和态势感知等
6		BC 云计算		虚拟和物理资源池化、调度,智能运算平台架构,智能运算资源定义和接口、应用服务部署等
7		BD 边缘计算		数据传输接口协议、智能数据存储,端端协同、端云协同等
8		BE 智能传感器		传感器接口、性能评定、试验方法等
9		BF 数据存储及传输设备		数据存储、传输设备相关技术、数据接口
10	C 基础软硬件平台	CA 智能芯片		指令集和虚拟指令集、芯片性能、功耗测试要求、数据交换格式、芯片操作系统的设计及检测等
11		CB 系统软件		规格人工智能软硬件优化编译器、人工智能算子库、人工智能软硬件平台计算性能等
12		CC 开发框架		机器学习框架和应用系统之间的开发接口、神经网络模型表达和压缩等
13	D 关键通用技术	DA 机器学习		规范监督学习、无监督学习、半监督学习、集成学习、深度学习和强化学习等不同类型的模型、训练数据、知识库、表达和评价
14		DB 知识图谱		规范知识描述的结构形式、解释过程、知识深度语义的技术要求
15		DC 类脑智能计算		类脑智能计算参考架构、脑特征机制计算模型建模和表达、基于生物机制建模的算法要求及其性能评价、类脑智能计算硬件设备通用技术要求等
16		DD 量子智能计算		量子计算模型与算法、高性能高比特率的量子人工智能处理器、可与外界环境交互信息的实时量子人工智能系统等
17		DE 模式识别		规范自适应或自组织的模式识别系统的特点、模型、技术要求和评价方法

续上表

序号	类型	二级类型	三级类型	情况说明
18	E 关键领域技术	EA 自然语言处理	EAA 语言信息提取	光学字符识别、词干提取、词向量化、词性标注及描述等
19			EAB 文本处理	智能分词、文本语种识别、词法分析、句法分析、语法分析、内容相关度分析、情感分析等
20			EAC 语义处理	大规模智能语义库、语义数据、语义接口、语义标签、语义理解、语义表达的框架和模型、数据格式、形式化表达等
21			EAD 应用扩展	自动问答、机器翻译的系统架构、模型、技术要求和评价等
22		EB 智能语音	EBA 语音设施设备	语音传感设备、芯片、网络设施等
23			EBB 语音处理	语音采集、语音语料库、语音增强、声源定位、语音编码解码、语音端点检测等
24			EBC 语音识别	远场语音识别、语音语种识别、方言识别、命令词识别、语音听写、语音转写等
25		EB 智能语音	EBD 语音合成	在线语音合成、离线语音合成、语音合成鉴别等
26			EBE 语音接口	云接口、本地接口等
27		EC 计算机视觉	ECA 视觉设施设备	图像传感设备、芯片、网络设施等
28			ECB 数据及模型	视觉数据库、数据描述、数据格式、视频接口、形状及空间建模等
29			ECC 图像识别与处理	图像识别、图像语义处理、图像合成鉴别等
30		ED 生物特征识别		规范计算机利用人体所固有的生理特征（指纹、人脸、虹膜、声纹、DNA 等）或行为特征（步态、击键等）进行个人身份鉴定的技术要求
31		EE 虚拟现实/增强现实		提供视觉、触觉、听觉等多感官信息一致性体验的通用技术要求
32		EF 人机交互	EFA 智能感知	融合场景感知、眼动跟踪、三维输入等
33			EFB 动态识别	表情识别、手势识别、手写识别等
34			EFC 多模态交互	语音交互、情感交互、体感交互、脑机交互、全双工交互等
35	F 产品与服务	FA 智能机器人		服务机器人、工业机器人等
36		FB 智能运载工具		高性能协同传感技术、车载互联及通信技术、智能化与网联化安全技术等
37		FC 智能终端		移动智能终端产品图像识别、人脸识别、人工智能芯片等
38		FD 智能服务		人工智能服务能力成熟度评价、智能服务参考架构等
39	G 行业应用	GA 智能制造		规范工业制造中信息感知、自主控制、系统协同、个性化定制、检测维护、过程优化等方面技术要求
40		GB 智能农业		规范在应用环境复杂、应用场景多样的农业环境下专用传感器、网络、预测数据模型等技术要求

续上表

序号	类型	二级类型	三级类型	情况说明
41	G 行业 应用	GC 智能交通		规范交通信息数据平台及综合管理系统
42		GD 智能医疗		规范人工智能在医疗数据获取、数据隐身管理等方面的应用
43		GE 智能教育		规范在新型教育体系中的教学、管理等方面全流程相关的人工智能应用
44		GF 智能商务		规范服务模型的分类和管理、商务数据的智能分析,以及相应推荐引擎系统架构的设计要求
45		GG 智能能源		规范在能源开发利用、生产消费全过程中的融合人工智能应用
46		GH 智能物流		规范物流从规划、进货、加工、存储和运输全流程的技术和管理要求
47		GI 智能金融		规范线上支付、融资信贷、投资顾问、风险管理、大数据分析预测、数据安全等应用技术
48		GJ 智能家居		规范智能家居智能硬件、智能网联、服务平台、智能软件等产品、服务和应用
49		GK 智能政务		规范政务智能化应用
50		GL 智慧城市		规范智慧城市未来模式下人工智能应用的技术要求
51		GM 公共安全		规范涉及公共安全的探测传感、各类信息处理和综合分析相关应用技术
52		GN 智能环保		规范环境监测、自然资源管理、污染物排放预测等相关数据模型、平台和产品
53		GO 智能法庭		规范司法过程中信息的人工智能分析和管理要求
54		GP 智能游戏		规范游戏设计开发、硬件设备、人机交互、游戏体验等相关人工智能技术应用、功能性能和测试
55	H 安全/ 伦理	HA 安全 与隐私保护	HAA 基础安全	人工智能概念和术语、安全参考架构、基本安全要求等
56			HAB 数据、算法 和模型安全	数据安全、隐私保护、算法模型可信赖等
57			HAC 技术 和系统安全	人工智能开源框架安全、人工智能系统安全工程、人工智能计算设施安全、人工智能安全技术等
58			HAD 安全管理 和服务	安全风险管理、供应链安全、人工智能安全运营、人工智能安全服务能力等
59			HAE 安全测试评估	人工智能算法模型、系统和服务平台安全、数据安全、应用风险、测试评估等
60			HAF 产品 和应用安全	保障人工智能技术、服务和产品在具体应用场景下的安全
61		HB 伦理		规范人工智能服务冲击传统道德伦理和法律秩序而产生的要求

2.1.4 人工智能、机器学习与深度学习

1956 年,几个计算机科学家相聚在达特茅斯会议,提出了“人工智能”的概念,梦想着用当时刚刚出现的计算机来制造复杂的、拥有与人类智慧同样本质特性的机器,其后,人工智能就一直萦绕于人们脑海之中,并在实验室中慢慢孵化。

随着研究的开展,人工智能的研究领域也在不断扩大,包括专家系统、机器学习、进化计

算、模糊逻辑、计算机视觉、自然语言处理、推荐系统等。而其中,机器学习作为实现人工智能的主要方法,对人工智能发展起到了重要推动作用;而隶属于机器学习的深度学习近些年也逐渐成为令人工智能蓬勃发展的热门技术。接下来进行具体介绍。

1)机器学习:一种实现人工智能的主要方法

机器学习(Machine Learning,ML),在近30多年已发展为一门多领域交叉学科,涉及概率论、统计学、逼近论、凸分析、计算复杂性理论等多门学科。人工智能的研究是从以"推理"为重点到以"知识"为重点,再到以"学习"为重点,有一条自然、清晰的脉络。显然,机器学习是当前实现人工智能的主要方法,即以机器学习为手段解决人工智能中的问题。

机器学习最基本的做法,是使用算法来解析数据、从中学习,然后对真实世界中的事件做出决策和预测。与传统的为解决特定任务、硬编码的软件程序不同,机器学习是用大量的数据来"训练",通过各种算法从数据中学习如何完成任务。

目前,机器学习算法在指纹识别、基于Haar的人脸检测、基于HoG特征的物体检测等领域的应用基本达到了商业化的要求或者特定场景的商业化水平,但每前进一步都异常艰难,直到深度学习算法的出现。

2)深度学习:一种实现机器学习的热门技术

深度学习(Deep Learning,DL),是机器学习拉出的分支。它是以机器学习中的神经网络算法为核心,试图使用包含复杂结构或由多重非线性变换构成的多个处理层对数据进行高层抽象,是一种对数据进行表征学习的方法。

深度学习相较于传统机器学习的好处在于,它可以用非监督式或半监督式的特征学习和分层特征提取高效算法来替代手工获取特征。目前,人工智能在算法、算力和大数据的驱动下,进入了以数据驱动的深度学习发展阶段。

机器学习是一种实现人工智能的主要方法,深度学习是一种实现机器学习的热门技术,人工智能、机器学习与深度学习三者之间的关系如图2-3所示。其中,机器学习和深度学习将在后续进行详细介绍。

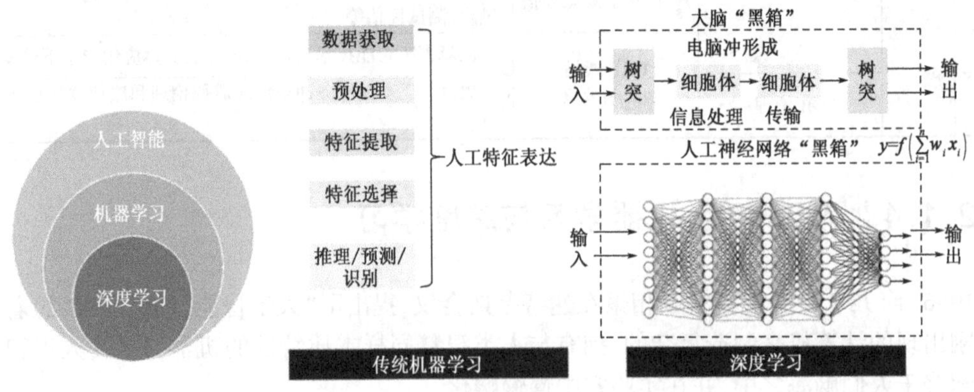

图2-3 人工智能、机器学习与深度学习

2.2 机器学习

2.2.1 机器学习基础

1)机器学习的定义

机器学习算法是一种能够从数据中学习的算法。所谓"学习",Mitchell 给出了一个形式化的说明:"对于某类任务 T 和性能度量 P,一个计算机程序被认为可以从经验 E 中学习,是指通过经验 E 改进后,它在任务 T 上由性能度量 P 衡量的性能有所提升"。

(1)任务 T

学习的目的在于获取解决任务的能力。在机器学习领域,任务被定义为机器学习系统应该如何处理样本。样本是指我们从某些希望机器学习系统处理的对象或者事件中收集到的已经量化的特征的集合。

机器学习中,常见的任务有分类、回归、异常检测、聚类和降维等。

①分类:用于确定输入是属于 k 类中的哪一类。

②回归:用于计算输入的预测数值。

③异常检测:用于对输入数据进行异常数据寻找。

④聚类:将数据分为 m 个簇,每个簇内的数据可看作一个类,具有高度相似性。

⑤降维:对于高维数据进行特征提取和特征减少,使用较少的特征进行数据表示。

(2)性能度量 P

为了评估机器学习算法的能力,必须设计其性能的定量度量。通常性能度量 P 是特定于系统执行的任务 T 而言的。例如分类任务,通常度量模型的准确率。准确率是指该模型输出正确结果的样本比率,也可以通过错误率得到相同的信息。错误率是指该模型输出错误结果的样本比率。

通常,我们会更加关注机器学习算法在观测数据上的性能如何,因为这将决定其在实际应用中的性能。因此,我们使用测试集数据来评估系统性能,将其与训练机器学习系统的训练集数据分开。

(3)经验 E

在机器学习中,经验可以被认为是从训练数据获取经验。机器学习根据学习过程中不同的经验,可分为监督学习、无监督学习、半监督学习、强化学习。

2)机器学习的三要素

机器学习的三要素包括模型、策略和优化算法。

(1)模型

机器学习的第一要素的就是模型,学习的目的就是在模型的假设空间中选择一个最佳的模型,即最接近真实映射的映射函数或者条件概率分布,然后再利用该模型去完成相应的任务。其中,假设空间是指学习算法可以选择的为了解决问题的函数集合。

(2)策略

在确定了模型的假设空间后,接下来便是如何从假设空间中选择最优模型的问题,即学习策略的问题。往往选择的模型不一定是最优的,对于选择的模型的预测值与样本真实值之间的差异,通常用损失函数或者代价函数来衡量。

(3)优化算法

在给定了数据集,确定了假设空间以及选择了合适的策略之后,最后一步便是解决一个最优化问题。机器学习的训练和学习的过程,便是一个不断求解最优化问题的过程。若一个最优化问题存在一个显式的解析解,那么我们可以很容易求取它的闭式解。若不存在闭式解,则只能通过数值方法不断逼近。最常见的优化算法是梯度下降法。

3)机器学习的学习方式

(1)监督学习

监督学习是目前最常见的机器学习类型。在给定一组样本(通常由人工标记)时,它可以学会将输入数据映射到已知目标。监督学习主要包括分类和回归等。

(2)无监督学习

无监督学习是指在没有目标的情况下寻找输入数据的变换,其目的在于数据可视化、数据压缩、数据去噪或更好地理解数据中的相关性。无监督学习是数据分析的必备技能,在解决监督学习问题之前,为了更好地了解数据集,它通常是一个必要步骤。降维和聚类都是众所周知的无监督学习方法。

(3)半监督学习

半监督学习的特点是将未标记数据与少量标记数据结合使用,能够同时利用监督学习的低歧义性与无监督学习对数据结构性特征的捕捉能力。与监督学习相比,半监督学习准确率更高、训练成本更低。半监督学习包含两种学习模式:一种是将未标记数据和有标记数据同等对待进行训练,另一种是将未标记数据作为需要被预测的数据对待。

(4)强化学习

强化学习类似人类与环境交互的方式,一方面要不断探索以发现新的可能性,另一方面要在现有条件下做到极致。正确的决定会带来奖励,错误的决定会带来惩罚,直到最终彻底掌握问题的答案。强化学习是靠这种奖惩机制,而不是告诉强化学习系统如何去产生正确的动作。

2.2.2 机器学习算法

本节主要介绍几类常见的机器学习算法。根据算法的功能和形式的类似性,我们可以把算法分类,如基于树的算法、基于神经网络的算法等。当然,机器学习的范围非常庞大,有些算法很难明确归类到某一类。然而对于有些分类来说,同一分类的算法可以针对不同类型的问题。这里,我们尽量把常用的算法按照最容易理解的方式进行分类。

1)回归算法

回归算法(图2-4)是试图采用对误差的衡量来探索变量之间的关系的一类算法。回归算法是统计机器学习的利器。在机器学习领域,人们说起回归,有时候是指一类问题,有时候是指一类算法,这一点常常会使初学者感到困惑。

常见的回归算法包括:最小二乘法(Ordinary Least Square)、逻辑回归(Logistic Regression)、逐步式回归(Stepwise Regression)、多元自适应回归样条(Multivariate Adaptive Regression Splines)以及本地散点平滑估计(Locally Estimated Scatterplot Smoothing)。

2)基于实例的算法

基于实例的算法(图2-5)常常用来对决策问题建立模型,这样的模型常常先选取一批样本数据,然后根据某些近似性把新数据与样本数据进行比较。通过这种方式来寻找最佳的匹配。因此,基于实例的算法常常被称为"赢家通吃学习"或者"基于记忆的学习"。

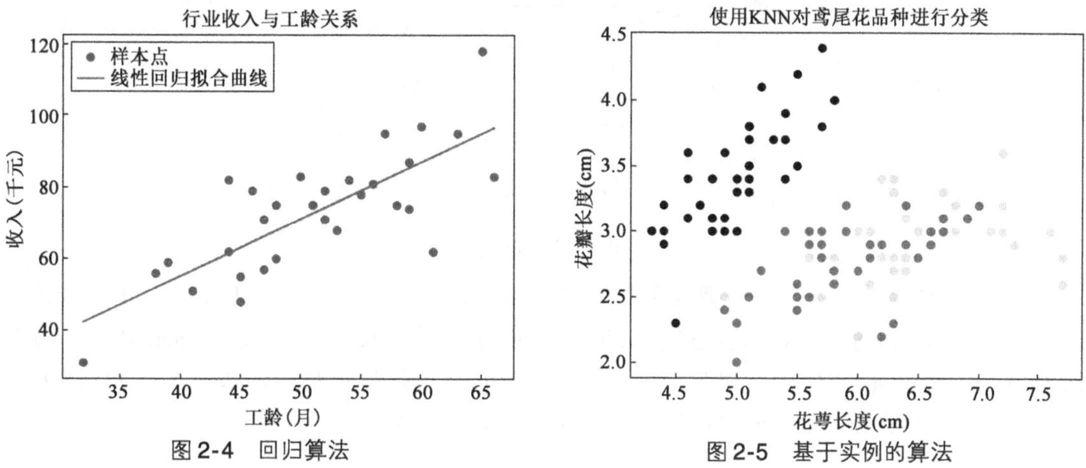

图2-4　回归算法　　　图2-5　基于实例的算法

常见的基于实例的算法包括k近邻算法(k-Nearest Neighbor,KNN)、学习矢量量化(Learning Vector Quantization,LVQ)以及自组织映射算法(Self-Organizing Map,SOM)。

3)正则化方法

正则化方法(图2-6)是其他算法(通常是回归算法)的延伸,根据算法的复杂度对算法进行调整。正则化方法通常对简单模型予以奖励而对复杂算法予以惩罚。

常见的正则化算法包括:岭回归(Ridge Regression)、最小绝对收缩与选择算子(Least Absolute Shrinkage and Selection Operator,LASSO)以及弹性网络(Elastic Net)。

4)决策树算法

决策树算法(图2-7)根据数据的属性采用树状结构建立决策模型,其常用于解决分类和回归问题。

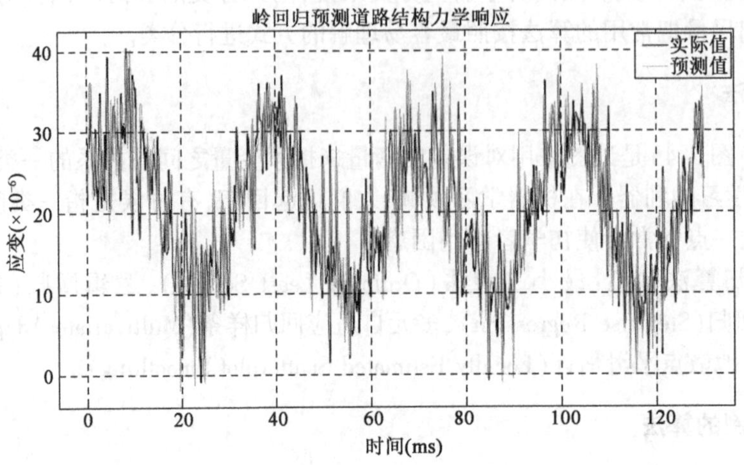

图2-6 正则化方法

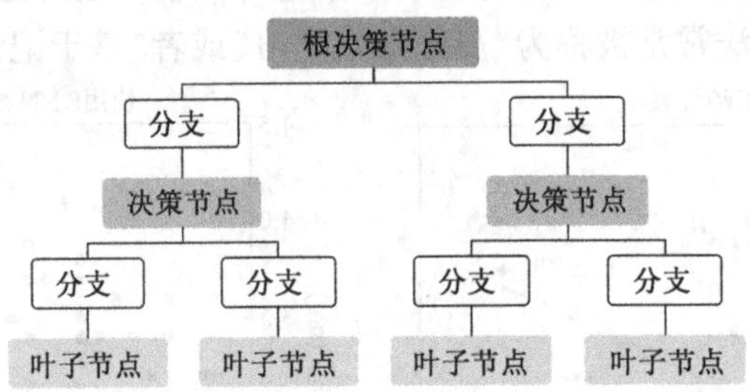

图2-7 决策树算法

常见的决策树算法包括:分类及回归树(Classification and Regression Tree,CART)、迭代二分机3(Iterative Dichotomiser 3,ID3)、C4.5决策树、卡方自动交互检测(Chi-squared Automatic Interaction Detection,CHAID)、决策树桩(Decision Stump)、随机森林(Random Forest)、多元自适应回归样条(MARS)以及梯度推进机(Gradient Boosting Machine,GBM)。

5)贝叶斯算法

贝叶斯算法(图2-8)是基于贝叶斯定理的一类算法,主要用来解决分类和回归问题。

常见的贝叶斯算法包括:朴素贝叶斯算法、平均单依赖估计(Averaged One-Dependence Estimators,AODE)以及贝叶斯信念网络(Bayesian Belief Network,BBN)。

6)基于核的算法

基于核的算法中最著名的莫过于支持向量机(Support Vector Machine,SVM)算法(图2-9)。基于核的算法把输入数据映射到一个高阶的向量空间,在这些高阶向量空间里,有些分类或者回归问题能够更容易地解决。

常见的基于核的算法包括:支持向量机、径向基函数(Radial Basis Function,RBF)以及线性判别分析(Linear Discriminate Analysis,LDA)等。

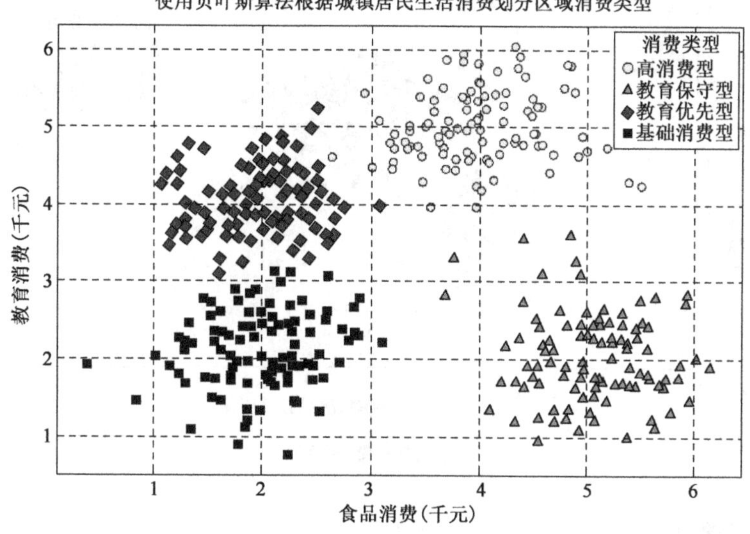

图2-8　贝叶斯算法

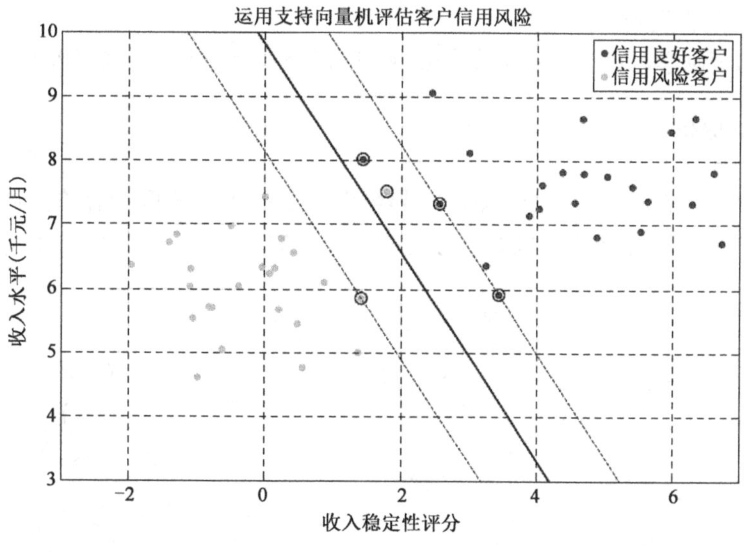

图2-9　支持向量机算法

7)聚类算法

聚类,就像回归一样,有时候描述的是一类问题,有时候描述的是一类算法。聚类算法(图2-10)通常按照中心点或者分层的方式对输入数据进行归并。所有的聚类算法都试图找到数据的内在结构,以便按照最大的共同点将数据进行归类。

常见的聚类算法包括k-均值聚类算法(k-Means算法)以及期望最大化算法(Expectation Maximization,EM)。

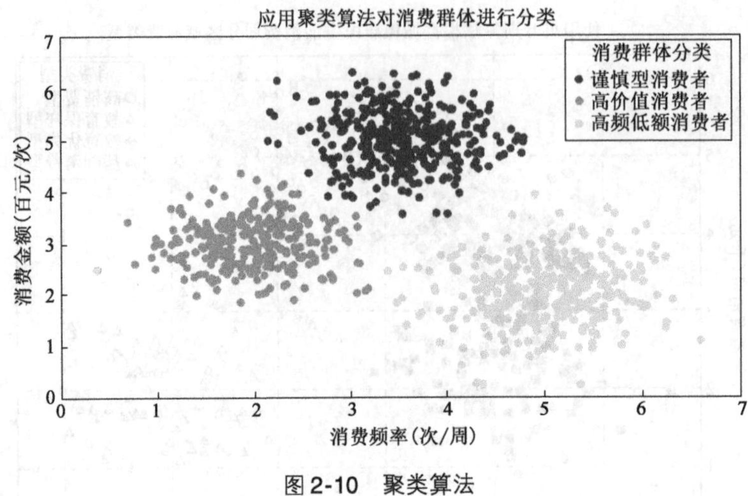

图 2-10 聚类算法

8)关联规则学习

关联规则学习(图 2-11)通过寻找最能够解释数据变量之间关系的规则,来找出大量多元数据集中有用的关联规则。

常见的关联规则学习算法包括先验算法(Apriori 算法)和等价类聚类算法(Eclat 算法)等。

9)人工神经网络

人工神经网络算法(图 2-12)模拟生物神经网络,是一类模式匹配算法。通常用于解决分类和回归问题。人工神经网络是机器学习的一个庞大的分支,有几百种不同的算法。

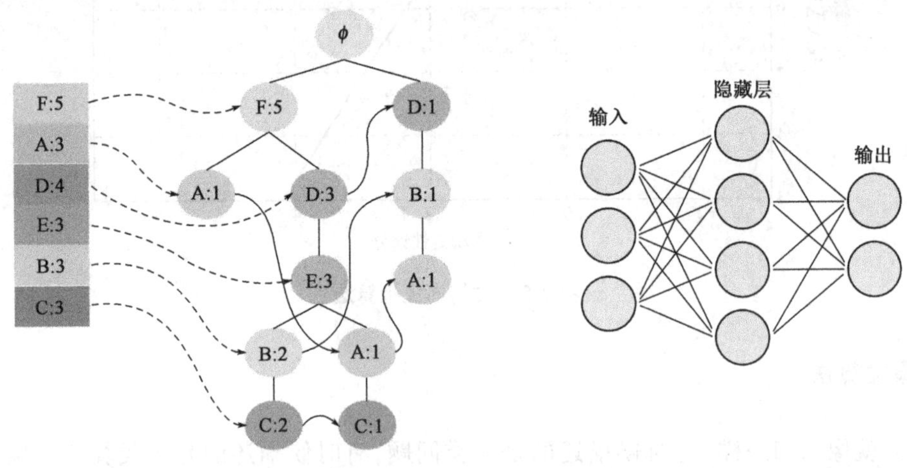

图 2-11 关联规则学习　　图 2-12 人工神经网络算法

重要的人工神经网络算法包括:感知器神经网络(Perceptron Neural Network)、反向传递(Back Propagation)、Hopfield 网络、自组织映射(Self-Organizing Map,SOM)、学习矢量量化(Learning Vector Quantization,LVQ)。

10) 降低维度算法

像聚类算法一样,降低维度算法试图分析数据的内在结构,不过降低维度算法是以非监督学习的方式试图利用较少的信息来归纳或者解释数据。这类算法可以用于高维数据的可视化或者用来简化数据以便监督式学习使用。

常见的降低维度算法包括:主成分分析(Principle Component Analysis,PCA)、偏最小二乘回归(Partial Least Square Regression,PLS)、Sammon 映射、多维尺度(Multi-Dimensional Scaling,MDS)、投影追踪(Projection Pursuit)等。

11) 集成算法

集成算法(图 2-13)用一些相对较弱的学习模型独立地就同样的样本进行训练,然后把结果整合起来进行整体预测。集成算法的主要难点在于究竟集成哪些独立的较弱的学习模型以及如何把学习结果整合起来。这是一类非常强大的算法,同时非常流行。

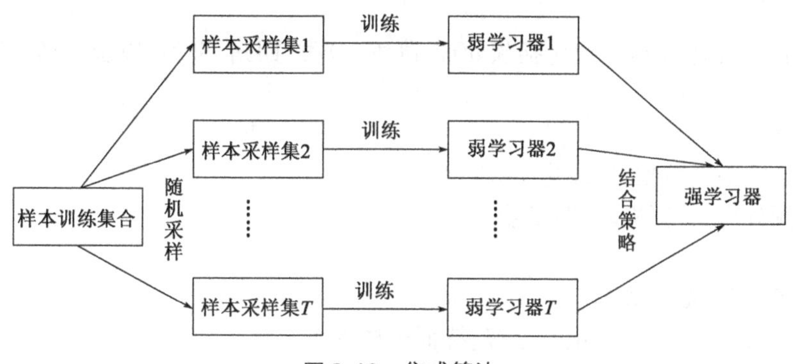

图 2-13　集成算法

常见的集成算法包括:提升算法(Boosting)、自助聚合算法[Bootstrapped Aggregation(Bagging)]、自适应提升算法(AdaBoost)、堆叠泛化(Stacked Generalization,Blending)、梯度推进机(Gradient Boosting Machine,GBM)、随机森林(Random Forest)。

2.2.3　机器学习工具库

1) 简介

对 Python 语言有所了解的科研人员可能都知道科学 Python 库(SciPy)——一个开源的基于 Python 的科学计算工具包。基于 SciPy,目前开发者们针对不同的应用领域已经发展出了众多的分支版本,它们被统一称为 Scikits,即 SciPy 工具包。而在这些分支版本中,最有名、也是专门面向机器学习的一个就是科学工具包-学习(Scikit-learn)。

Scikit-learn 项目最早由数据科学家在 2007 年发起,需要数值 Python 工具包(NumPy)和 SciPy 等其他工具包的支持,是 Python 语言中专门针对机器学习应用而发展起来的一款开源框架。它的维护也主要依靠开源社区。

2)特点

作为专门面向机器学习的Python开源框架,Scikit-learn可以在一定范围内为开发者提供非常好的帮助。它内部实现了各种各样成熟的算法,容易安装和使用,样例丰富,教程和文档也非常详细。

另一方面,Scikit-learn也有缺点。例如,它不支持深度学习和强化学习,而这两项技术在当代人工智能领域已实现广泛应用。此外,它也不支持图模型和序列预测、Python之外的语言、PyPy以及GPU加速。

看到这里可能会有人担心Scikit-learn的性能表现,这里需要指出的是:如果不考虑多层神经网络的相关应用,Scikit-learn的性能表现是非常不错的。究其原因,一方面是其内部算法的实现十分高效,另一方面或许可以归功于Cython编译器——通过Cython在Scikit-learn框架内部生成C语言代码的运行方式,使得Scikit-learn消除了大部分的性能瓶颈。

3)基本功能

Scikit-learn的基本功能主要包括预处理、降维、分类、回归、聚类、模型选择、模型融合和辅助工具。

(1)预处理

①应用:转换输入数据、规范化、编码化。

②模块:预处理、特征提取、转换器。

(2)降维

①应用:可视化、提高效率。

②算法:主成分分析、非负矩阵分解、特征选择等。

(3)分类

①应用:二元分类问题、多分类问题、图像识别等。

②算法:逻辑回归、支持向量机、最近邻、随机森林、朴素贝叶斯、神经网络等。

(4)回归

①应用:药物反应、股票价格。

②算法:线性回归、支持向量回归、岭回归、套索回归等。

(5)聚类

①应用:客户细分、分组实验结果。

②算法:k-均值聚类算法、谱聚类、均值漂移等。

(6)模型选择

①目标:通过参数调整提高精度。

②模块:流水线、网格搜索、交叉验证、度量、学习曲线。

(7)模型融合

模块:集成学习。

(8)辅助工具

模块:异常和警告、自带数据集、工具包、scikit-learn基础模块。

Scikit-learn算法架构如图2-14所示。

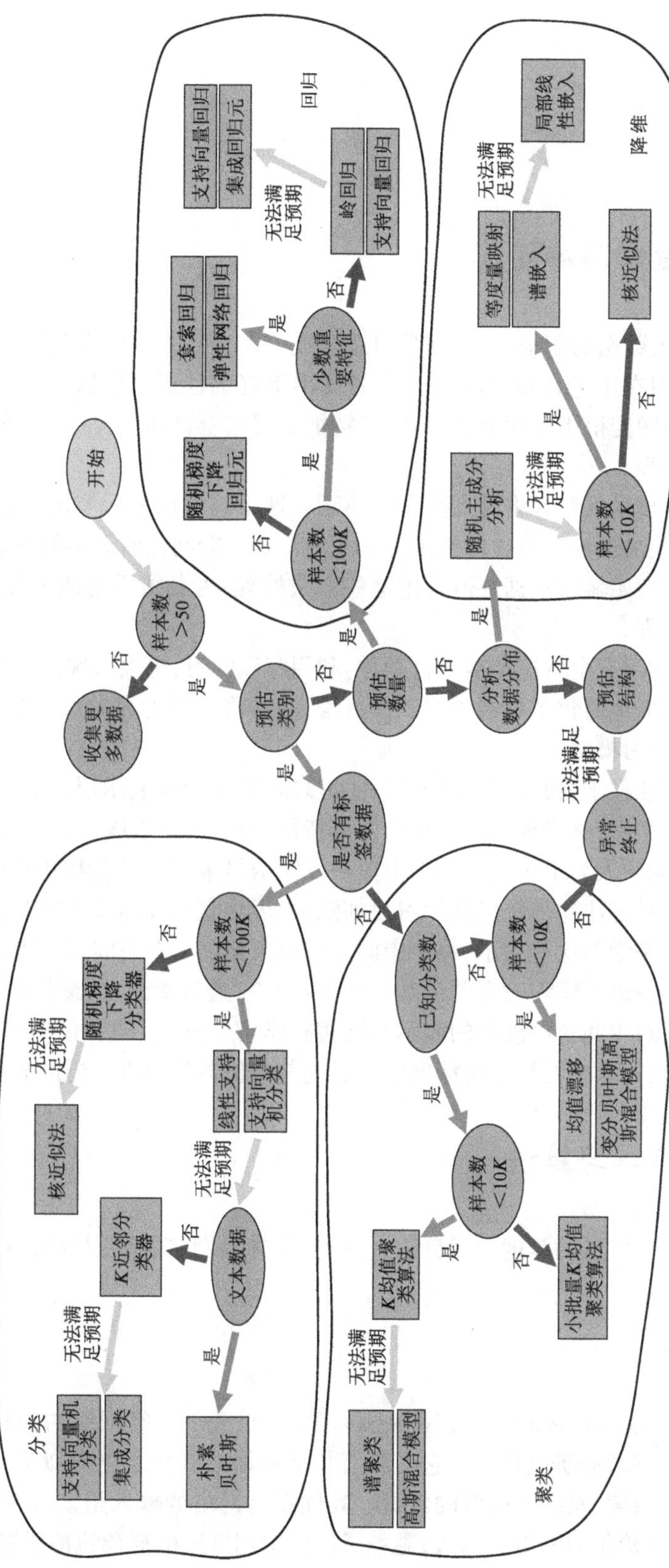

图 2-14　Scikit-learn 算法架构

2.3 深度学习

2.3.1 深度学习特征

在算法、算力和大数据的驱动下,深度学习逐渐成为人工智能领域的主角。深度学习发展得如此迅速,主要原因在于它在很多问题上都表现出更好的性能。但这并不是唯一的原因。深度学习还让解决问题变得更加简单,因为它将特征工程完全自动化,而这曾经是机器学习工作流程中最关键的一步。

先前的机器学习技术仅包含将输入数据变换到一两个连续的表示空间,通常使用简单的变换,如支持向量机或决策树。但这些技术通常无法得到复杂问题所需要的精确表示。因此,人们必须竭尽全力让初始输入数据更适合用这些方法处理,也必须手动地为数据设计好的表示层。这叫作特征工程。

与此相反,深度学习完全将这个步骤自动化:利用深度学习,可以一次性学习所有特征,而无须手动设计。这极大地简化了机器学习工作流程,通常将复杂的多阶段流程替换为一个简单的、端到端的深度学习模型。

深度学习的变革性在于,模型可以在同一时间共同学习所有表示层,而不是依次连续学习。通过共同的特征学习,一旦模型修改某个内部特征,所有依赖于该特征的其他特征都会相应地自动调节适应,无须人为干预。一切都由单一反馈信号来监督,模型中的每一处变化都是为最终目标服务。这种方法比传统机器学习更加强大,因为它可以通过将复杂、抽象的表示拆解为很多个中间空间来学习这些表示,每个中间空间仅仅是前一个空间的简单变换。

深度学习从数据中进行学习时有两个基本特征:第一,通过渐进的、逐层的方式形成越来越复杂的表示;第二,对中间这些渐进的表示共同进行学习,每一层的变化都需要同时考虑上下两层的需要。总之,这两个特征使得深度学习比先前的机器学习方法更加成功。

2.3.2 深度学习算法

本节主要介绍几个常见的深度学习算法,包括卷积神经网络、循环神经网络、生成式对抗网络。

1)卷积神经网络

卷积神经网络(Convolutional Neural Networks,CNN)是人工神经网络的一种,已成为当前语音分析和图像识别领域的研究热点。它的权值共享网络结构使之更类似于生物神经网络,降低了网络模型的复杂度,减少了权值的数量。其优点是网络的输入是多维图像时表现得更为明显,使图像可以直接作为网络的输入,避免了传统识别算法中复杂的特征提取和数据重建过程。卷积神经网络是为识别二维形状而特殊设计的一个多层感知器，这种网络结构对平移、比例缩放、倾斜或者其他形式的变形具有高度不变性。

(1)网络结构

卷积神经网络(图2-15)是一个多层的神经网络，其基本运算单元包括：卷积运算、池化运算、全连接运算和识别运算。

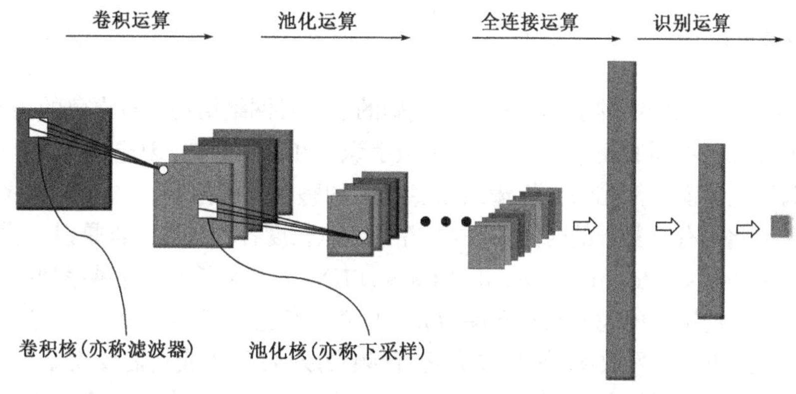

图2-15　卷积神经网络结构

①卷积运算：前一层的特征图与一个可学习的卷积核进行卷积运算，卷积的结果经激活函数处理后输出，形成这一层的神经元，从而构成该层特征图，也称特征提取层，每个神经元的输入与前一层的局部感受野相连接，并提取该局部的特征，一旦该局部特征被提取，它与其他特征之间的位置关系就被确定。

②池化运算：它把输入信号分割成不重叠的区域，对于每个区域通过池化(下采样)运算来降低网络的空间分辨率，比如最大值池化是选择区域内的最大值，均值池化是计算区域内的平均值。通过该运算来消除信号的偏移和扭曲。

③全连接运算：输入信号经过多次卷积核池化运算后，输出为多组信号，经过全连接运算，将多组信号依次组合为一组信号。

④识别运算：上述运算过程为特征学习运算，需在上述运算基础上根据业务需求(分类或回归问题)增加一层网络用于分类或回归计算。

(2)训练过程

卷积神经网络在本质上是一种输入到输出的映射，它能够学习大量输入与输出之间的映射关系，而不需要任何输入和输出之间的精确数学表达式，只要用已知的模式对卷积网络加以训练，网络就具有输入输出对之间的映射能力。卷积神经网络执行的是有监督训练，所以其样本集是由(形如输入信号、标签值的)向量对构成的。

(3)典型改进

卷积神经网络因为在各个领域中取得了好的效果，是近几年来研究和应用最为广泛的深度神经网络。比较有名的卷积神经网络模型主要包括1986年的Lenet，2012年的Alexnet，2014年的GoogleNet，2014年的VGG，2015年的Deep Residual Learning。这些卷积神经网络的改进版本，在模型的深度或者模型的组织结构方面有一定的差异，但是组成模型的机构构建是相同的，基本都包含了卷积运算、池化运算、全连接运算和识别运算。

(4)模型优缺点

优点:权重共享策略减少了需要训练的参数,相同的权重可以让滤波器不受信号位置的影响来检测信号,使得训练出来的模型的泛化能力更强;池化运算可以降低网络的空间分辨率,从而消除信号的微小偏移和扭曲,从而对输入数据的平移不变性要求不高。

缺点:深度模型容易出现梯度消散问题。

2)循环神经网络

在深度学习领域,以传统的多层感知机为基础的上述各网络结构具有出色的表现,取得了许多成功,它们曾在许多不同的任务上(包括手写数字识别和目标分类)创造了纪录。但是,它们也存在一定的问题:上述模型都无法分析输入信息之间的整体逻辑序列。这些信息序列富含有大量的内容,信息彼此间有着复杂的时间关联性,并且信息长度各种各样。这是以上模型所无法解决的问题,循环神经网络(Recurrent Neural Network,RNN)正是为了解决这种序列问题应运而生,其关键之处在于,当前网络的隐藏状态会保留先前的输入信息,作为当前网络的输出。

许多任务需要处理序列数据,如图像描述、音频合成、音乐生成均需要模型生成序列数据;其他领域,如时间序列预测、语音分析、音乐信息检索等要求模型的输入为序列数据;其他任务,如机器翻译、人机对话、机器人控制的模型要求输入输出均为序列数据。

(1)网络结构

图2-16是循环神经网络的原始结构,如果先抛弃中间那个令人生畏的闭环,那其实就是简单的"输入层=>隐藏层=>输出层"的三层结构,但是图中多了一个非常陌生的闭环,也就是说,输入到隐藏层之后,隐藏层还会输入给自己,使得该网络可以拥有记忆能力。我们说循环神经网络拥有记忆能力,而这种能力就是通过 W 将以往的输入状态进行总结,并作为下次输入的辅助。可以这样理解隐藏状态:$h=f$(现有的输入+过去记忆总结)。

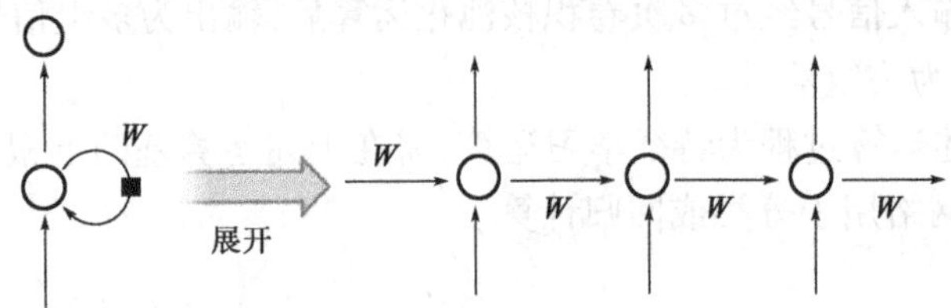

图2-16 循环神经网络的原始结构

(2)训练过程

循环神经网络中由于输入时叠加了之前的信号,反向传导时不同于传统的神经网络,因为对于时刻 t 的输入层,其残差不仅来自输出,还来自之后的隐藏层。通过反向传递算法,利用输出层的误差,求解各个权重的梯度,然后利用梯度下降法更新各个权重。

(3)典型改进

循环神经网络模型可以用来处理序列数据,但其包含了大量参数,且难于训练(时间维度的梯度消散或梯度爆炸),所以出现一系列方法对RNN进行优化,如网络结构、求解算法与并行化。近年来BRNN(bidirectional RNN)与LSTM在图像描述、语言翻译、手写识别这几个方向上有了突破性进展。

(4)模型优缺点

优点:模型是时间维度上的深度模型,可以对序列内容建模。

缺点:需要训练的参数较多,容易出现梯度消散或梯度爆炸问题;不具有特征学习能力。

3)生成式对抗网络

生成式对抗网络(Generative Adversarial Networks,GAN)是一种深度学习模型,是近年来无监督学习中最具前景的方法之一,其结构如图2-17所示。

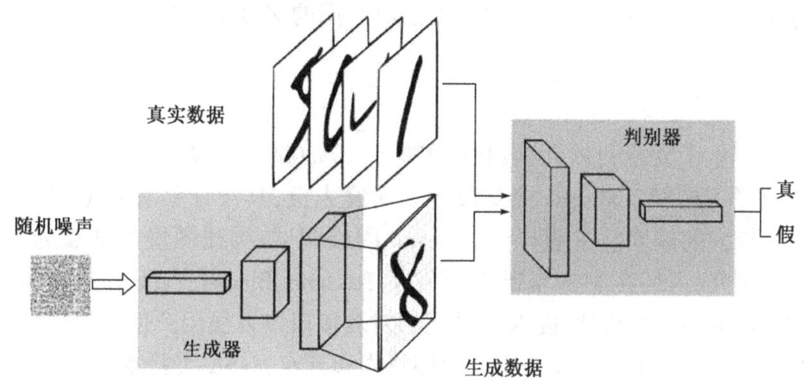

图2-17　生成式对抗网络结构

(1)网络结构

生成式对抗网络的基本原理其实非常简单,这里以生成图片为例进行说明。假设我们有两个网络,G(Generator,生成器)和D(Discriminator,判别器)。如其名称所示,它们的功能分别是:

①G是一个生成图片的网络,它接收一个随机的噪声z,通过这个噪声生成图片,记做$G(z)$。

②D是一个判别网络,判别一张图片是不是"真实的"。它的输入参数是x,x代表一张图片,输出$D(x)$代表x为真实图片的概率,如果为1,就代表判别对象100%是真实的图片,而输出为0,就代表判别对象不可能是真实的图片。

(2)训练过程

在训练过程中,生成网络G的目标就是尽量生成真实的图片去欺骗判别网络D。而D的目标就是尽量把G生成的图片与真实的图片区分开来。这样,G和D构成了一个动态的"博弈过程"。

最后博弈的结果是什么?在最理想的状态下,G可以生成足以"以假乱真"的图片$G(z)$。对于D来说,它难以判定G生成的图片究竟是不是真实的,因此$D(G(z))=0.5$。这样我们的目的就达成了,即我们得到了一个生成式的模型G,它可以用来生成图片。

(3)常见应用

GAN是一种生成式模型,所以在数据生成上应用得最为普遍,最常见的是图片生成,常用的有DCGAN WGAN,BEGAN。GAN也是一种无监督学习的典范,因此它在无监督学习、半监督学习领域都有广泛的应用。GAN不仅在生成领域,在分类领域也占有一席之地。简单来说,就是替换判别器为一个分类器,做多分类任务,而生成器仍然做生成任务,辅助分类器训练。此外,GAN 用在图像风格迁移、图像降噪修复、图像超分辨率等方面,都有比较好的效果。

2.3.3 深度学习框架

随着深度学习的大发展,各种深度学习框架也在快速被高校和研究公司发布和开源。尤其近几年,很多科技公司如 Google、Facebook、Microsoft 等都开源了自己的深度学习框架,供使用者进行学习研究。

目前虽然已经提出了各种各样的深度学习框架,但是它们的流行程度和易用性都不相同。图 2-20 给出了几种常用的深度学习框架。下面对常用的深度学习框架进行简单的介绍。

1) Theano

Theano 最初诞生于蒙特利尔大学 LISA 实验室,于 2008 年开始开发,是第一个有较大影响力的 Python 深度学习框架。Theano 主要服务于研究人员,其设计具有较浓厚的学术气息,但在工程设计上有较大的缺陷。一直以来,Theano 因难调试、构建图慢等缺点为人所诟病。为了加速深度学习研究,人们在它的基础上开发了 Lasagne、Blocks、PyLearn2 和 Keras 等第三方框架,这些框架以 Theano 为基础,提供了更好的封装接口以方便用户使用。

2017 年 9 月 28 日,在 Theano 1.0 正式版即将发布前夕,LISA 实验室负责人、深度学习三巨头之一的 Yoshua Bengio 宣布 Theano 即将停止开发:"Theano is Dead。"尽管 Theano 即将退出历史舞台,但作为第一个 Python 深度学习框架,它很好地完成了自己的使命,为深度学习研究人员的早期拓荒提供了极大的帮助,也为之后深度学习框架的开发指明了基本设计方向:以计算图为框架的核心,采用 GPU 加速计算。由于 Theano 已经停止开发,不建议作为研究工具继续学习。

2) TensorFlow

2015 年 11 月 10 日,Google 宣布推出全新的机器学习开源工具 TensorFlow。TensorFlow 最初是由 Google 机器智能研究部门的 Google Brain 团队开发,基于 Google2011 年开发的深度学习基础架构 DistBelief 构建起来的。TensorFlow 主要用于进行机器学习和深度神经网络研究,但它是一个非常基础的系统,因此也可以应用于众多领域。由于 Google 在深度学习领域的巨大影响力和强大的推广能力,TensorFlow 一经推出就获得了极大的关注,并迅速成为如今用户最多的深度学习框架。TensorFlow 在很大程度上可以看作 Theano 的后继者,因为它们不仅有很大一批共同的开发者,而且拥有相近的设计理念,都是基于计算图实现自动微分的系统。

TensorFlow 编程接口支持 Python 和 C + +。随着 1.0 版本的公布,Java、Go、R 和 Haskell API 的 alpha 版本也被支持。此外,TensorFlow 还可在 Google Cloud 和 AWS 中运行。TensorFlow 还支持 Windows 7、Windows 10 和 Windows Server 2016。因为 TensorFlow 使用 C + + Eigen 库,所以库可在 ARM 架构上编译和优化。这也就意味着用户可以在各种服务器和移动设备上部署自己的训练模型,无须执行单独的模型解码器或者加载 Python 解释器。

作为当前最流行的深度学习框架,TensorFlow 获得了极大的成功,但对它的批评也不绝于耳,总结起来主要有以下四点。

(1)过于复杂的系统设计。TensorFlow 在 GitHub 代码仓库的总代码量超过 100 万行。巨大的代码仓库使得维护对于项目维护者来说成为一个难以完成的任务,而对读者来说,学习 TensorFlow 底层运行机制更是一个极其痛苦的过程,并且大多数时候这种尝试以放弃告终。

(2)频繁变动的接口。TensorFlow 的接口一直处于快速迭代之中,并且没有很好地考虑向后兼容性,这导致现在许多开源代码已经无法在新版的 TensorFlow 上运行,同时间接导致了许多基于 TensorFlow 的第三方框架出现 BUG。

(3)接口设计过于晦涩难懂。在设计 TensorFlow 时,创造了图、会话、命名空间、PlaceHolder 等诸多抽象概念,对普通用户来说难以理解。同一个功能,TensorFlow 提供了多种实现方式,这些实现方式良莠不齐,使用中还有细微的区别,很容易给用户带来麻烦。

(4)文档混乱脱节。TensorFlow 作为一个复杂的系统,文档和教程众多,但缺乏明显的条理和层次,虽然查找很方便,但用户却很难找到一个真正循序渐进的入门教程。

由于直接使用 TensorFlow 的生产力过于低下,包括 Google 官方等众多开发者尝试基于 TensorFlow 构建一个更易用的接口,包括 Keras、Sonnet、TFLearn、TensorLayer、Slim、Fold、PrettyLayer 等。数不胜数的第三方框架每隔几个月就会在新闻中出现一次,但是又大多归于沉寂,TensorFlow 至今仍没有一个统一易用的接口。

虽然凭借着 Google 强大的推广能力,TensorFlow 已经成为当今热门的深度学习框架,但是由于自身的缺陷,TensorFlow 离最初的设计目标还很遥远。另外,由于 Google 对 TensorFlow 略显严格的把控,目前各大公司都在开发自己的深度学习框架。

3) Keras

Keras 是一个高层神经网络 API,由纯 Python 编写而成,并使用 TensorFlow、Theano 及 CNTK 作为后端。Keras 为支持快速实验而生,能够把想法迅速转换为结果。Keras 应该是深度学习框架之中最容易上手的一个,它提供了一致而简洁的 API,能够极大地减少一般应用下用户的工作量,避免用户重复“造轮子”。

严格意义上讲,Keras 并不能称为一个深度学习框架,它更像一个深度学习接口,它构建于第三方框架之上。Keras 的缺点很明显:过度封装导致丧失灵活性。Keras 最初作为 Theano 的高级 API 而诞生,后来增加了 TensorFlow 和 CNTK 作为后端。为了屏蔽后端的差异性,提供一致的用户接口,Keras 做了层层封装,导致用户在新增操作或是获取底层的数据信息时过于困难。同时,过度封装也使得 Keras 的程序过于缓慢,许多 BUG 都隐藏于封装之中,在绝大多数场景下,Keras 是本节介绍的所有框架中最慢的一个。

4) MXNet

MXNet 是一个深度学习库,支持 C + +、Python、R、Scala、Julia、MATLAB 及 JavaScript 等语言;支持命令和符号编程;可以在 CPU、GPU、集群、服务器、台式机或者移动设备上运行。MXNet 是 CXXNet 的下一代,CXXNet 借鉴了 Caffe 的思想,但是在实现上更干净。在 2014 年的神经信息处理系统大会上,同为上海交大校友的陈天奇与李沐碰头,讨论到各自在做深度学习 Toolkits 的项目组,发现大家普遍在做很多重复性的工作,如文件 loading 等。于是他们决定组建DMLC(Distributied Machine Learning Community),号召大家一起合作开发MXNet,发挥各自的特长,避免重复"造轮子"。

MXNet以其超强的分布式支持,明显的内存、显存优化为人所称道。同样的模型,MXNet往往占用更小的内存和显存,并且在分布式环境下,MXNet展现出了明显优于其他框架的扩展性能。

由于MXNet最初由一群学生开发,缺乏商业应用,极大地限制了MXNet的使用。2016年11月,MXNet被AWS正式选择为其云计算的官方深度学习平台。2017年1月,MXNet项目进入Apache基金会,成为Apache的孵化器项目。

尽管MXNet拥有最多的接口,也获得了不少人的支持,但其始终处于一种不瘟不火的状态。这在很大程度上归结于推广不力及接口文档不够完善。MXNet长期处于快速迭代的状态,其文档却长时间未更新,导致新手用户难以掌握,老用户常常需要查阅源码才能真正理解MXNet接口的用法。

5)CNTK

2014年,在微软公司内部,黄学东博士和他的团队正在对计算机理解语音的能力进行改进,但当时使用的工具显然拖慢了他们的进度。于是,一个由志愿者组成的开发团队构想并设计了他们自己的解决方案,最终CNTK诞生了。2015年8月,微软公司在CodePlex上宣布由微软研究院开发的计算网络工具集CNTK将开源。5个月后,2016年1月25日,微软公司在他们的GitHub仓库上正式开源了CNTK。

根据微软开发者的描述,CNTK的性能比Caffe、Theano、TensoFlow等主流工具都要强。CNTK支持CPU和GPU模式,和TensorFlow/Theano一样,它把神经网络描述成一个计算图的结构,叶子节点代表输入或者网络参数,其他节点代表计算步骤。CNTK是一个非常强大的命令行系统,可以创建神经网络预测系统。

但是由于CNTK最初是出于在Microsoft内部使用的目的而开发的,一开始甚至没有Python接口,而是使用了一种几乎没人用的语言开发的,而且文档有些晦涩难懂,推广不够有力,导致现在用户比较少。但就框架本身的质量而言,CNTK表现得比较均衡,没有明显的短板,并且在语音领域效果比较突出。

6)Caffe/Caffe2

Caffe的全称是Convolutional Architecture for Fast Feature Embedding,它是一个清晰、高效的深度学习框架,核心语言是C++,它支持命令行、Python和MATLAB接口,既可以在CPU上运行,也可以在GPU上运行。

Caffe的优点是简洁快速,缺点是缺少灵活性。不同于Keras因为太多的封装导致灵活性缺失,Caffe灵活性的缺失主要是因为它的设计。Caffe中最主要的抽象对象是层,每实现一个新层,必须利用C++实现它的前向传播和反向传播,而如果想要新层运行在GPU上,还需要同时利用CUDA实现这一层的前向传播和反向传播。这种限制使得不熟悉C++和CUDA的用户扩展Caffe十分困难。

Caffe的作者从加州大学伯克利分校毕业后加入了Google,参与过TensorFlow的开发,后来离开Google加入FAIR,担任工程主管,并开发了Caffe2。Caffe2是一个兼具表现力、速度和模块性的开源深度学习框架。它沿袭了大量的Caffe设计,可解决多年来在Caffe的使用和部署中发现的瓶颈问题。Caffe2的设计追求轻量级,在保有扩展性和高性能的同时,强调了便携性。Caffe2从一开始就以性能、扩展、移动端部署作为主要设计目标。Caffe2的核心C++库能提供速度和便携性,而其Python和C++ API使用户可以轻松地在Linux、Windows、iOS、Android,甚至Raspberry Pi和NVIDIA Tegra上进行原型设计、训练和部署。

Caffe2继承了Caffe的优点,在速度上令人印象深刻。Facebook人工智能实验室与应用机器学习团队合作,利用Caffe2大幅加速机器视觉任务的模型训练过程,仅需1h就完成了ImageNet这样超大规模的数据集的训练。然而目前Caffe2仍然是一个不太成熟的框架,官网至今没提供完整的文档,安装也比较麻烦,编译过程经常出现异常,在GitHub上也很少找到相应的代码。

7) Pytorch

2017年1月,Facebook人工智能研究院团队在GitHub上开源了PyTorch,并迅速占领GitHub热度榜榜首。

PyTorch的历史可追溯到2002年就诞生于纽约大学的Torch。Torch使用了一种并不大众的语言Lua作为接口。Lua简洁高效,但由于其过于小众,用的人不多。2017年,Torch的幕后团队推出了PyTorch。PyTorch不是简单地封装Lua Torch提供Python接口,而是对Tensor之上的所有模块进行了重构,并新增了最先进的自动求导系统,成为当时最流行的动态图框架。PyTorch具有如下优点:

(1)简洁:PyTorch的设计追求最少的封装,尽量避免重复“造轮子”。不像TensorFlow中充斥着session、graph、operation、name_scope、variable、tensor、layer等全新的概念,PyTorch的设计遵循tensor→variable(autograd)→nn.Module三个由低到高的抽象层次,分别代表高维数组(张量)、自动求导(变量)和神经网络(层/模块),而且这三个抽象之间联系紧密,可以同时进行修改和操作。简洁的设计带来的另外一个好处就是代码易于理解。PyTorch的源码只有TensorFlow的十分之一左右,更少的抽象、更直观的设计使得PyTorch的源码十分易于阅读。

(2)速度:PyTorch的灵活性不以牺牲速度为代价,在许多评测中,PyTorch的速度表现胜过TensorFlow和Keras等框架。虽然框架的运行速度和程序员的编码水平有极大关系,但是同样的算法,使用PyTorch一般更有可能快过使用其他框架。

(3)易用:PyTorch是所有的框架中面向对象设计得最优雅的一个。PyTorch的面向对象的接口设计来源于Torch,而Torch的接口设计以灵活易用而著称,Keras的作者最初就是受Torch的启发才开发了Keras。PyTorch继承了Torch的衣钵,尤其是API的设计和模块的接口都与Torch高度一致。PyTorch的设计最符合人的思维,它让用户尽可能地专注于实现自己的想法,即所思即所得,不需要考虑太多关于框架本身的束缚。

(4)活跃的社区:PyTorch提供了完整的文档、循序渐进的指南,同时作者亲自维护论坛供用户交流和求教问题。Facebook人工智能研究院(FAIR)对PyTorch提供了强力支持。作为当今排名前三的深度学习研究机构,FAIR的支持足以确保PyTorch获得持续的开发更新,不至于像许多由个人开发的框架那样昙花一现。

8) 其他框架

除了上述的几个框架，还有不少的框架有一定的影响力和用户。比如百度开源的 PaddlePaddle，CMU 开发的 DyNet，简洁无依赖符合 C++11 标准的 tiny-dnn，使用 Java 开发并且文档极其优秀的 Deeplearning4J，还有 Intel 开源的 Nervana，Amazon 开源的 DSSTNE。这些框架各有优缺点，但是大多流行度和关注度不够，或者局限于一定的领域。此外，还有许多专门针对移动设备开发的框架，如 CoreML、MDL，这些框架纯粹为部署而诞生，不具有通用性，也不适合作为研究工具。

深度学习框架的比较见表 2-2。

深度学习框架的比较　表 2-2

名　称	使用语言	硬件支持	开　发　者	发布时间(年)
Theano	Python	CPU、GPU	蒙特利尔大学	2010
TensorFlow	C++、Python	CPU、GPU	Google	2015
Keras	Python	CPU、GPU	Francois Chollet	2015
MXNet	C++、Python	CPU、GPU	李沐等	2014
CNTK	C++、Python	CPU、GPU	Microsoft	2016
Caffe/Caffe2	C++、Python	CPU、GPU	贾扬清	2013
PyTorch	Lua、Python	CPU、GPU	Facebook	2017

复习思考题

1. 下列各项不适合作为 k-Means 模型迭代终止条件的是(　　)。
   A. 前后两次迭代，每个聚类中成员不变
   B. 前后两次迭代，每个聚类中样本个数不变
   C. 前后两次迭代，每个聚类中心点不变
2. 在数据预处理过程中，常对数值特征进行归一化处理，这种处理方式不会对下列(　　)产生很大影响?
   A. k-Means 模型
   B. kNN 模型
   C. 决策树模型
3. 如何将交通领域的普遍规律以知识的形式表示出来?
4. 机器学习中的分类方法在交通基础设施智能化建设中有哪些应用场景?
5. 深度学习思想如何应用到交通基础设施智能化施工过程中?

部分思考题答案

1. B
2. C

CHAPTER 3 第3章

大数据概述

学习目的与要求

通过本章学习，了解大数据在交通基础设施中的应用，掌握大数据管理与处理技术、大数据分析与可视化技术及大数据在交通领域中的成熟应用。

随着大数据、物联网、云计算、人工智能的应用格局日趋成熟，信息技术已经明显呈现人-机-物三元融合的态势，一场声势浩大的数据革命正在席卷全球。人人都是数据的生产者和消费者，数据驱动、数据创新应用渗透并改变着经济发展、社会治理、国家管理和人民生活方式，数据已然成为国家基础性战略资源，正日益对全球生产、流通、分配、消费活动、经济运行机制、社会生活方式和国家治理能力产生重要影响。交通基础设施中的很多问题，如交通拥堵、出行效率等，都需要用大数据的方法来解决，这就为大数据在交通基础设施领域的应用提供了基础。交通大数据是交通基础设施智能化发展的基石，是发展智能交通的重要基础。掌握大数据相关的知识与技术，能够快速推进交通基础设施智能化发展。

3.1 大数据概念

由于信息化建设的深入，各行各业迫切需要对积累的海量数据资源进行处理、分析和挖掘，树立数据思维，用数据说话、管理、决策和创新。大数据是指无法在一定时间范围内用常规软件工具进行捕捉、管理和处理的数据集合，是需要新的处理模式才能具有更强的决策力、洞察力和流程优化能力的海量、高增长率和多样化的信息资产。

3.1.1 历史背景

大数据这个概念是在2008年9月美国的《自然》(*Nature*)杂志的 *The Next Google* 专刊上，以“数据爆炸性增长的新术语——大数据”形式首次提出的，并迅速成为科学和创新领域的前沿话题。此后，《科学》(*Science*)杂志在2011年2月1日的 *Dealing with data* 专刊上首次综合分析了大数据对人们生活造成的影响，详细描述了人类面临的“数据困境”。同年5月，全球知名咨询公司麦肯锡研究院发布了报告 *Big data: The next frontier for innovation, competition and productivity*，首次对大数据作出了相对清晰的定义，即大数据是一种规模大到在获取、存储、管理、分析方面远远超出了传统数据库软件工具能力范围的数据集合。

大数据的概念从问世开始就在全球引起了一次又一次的研究热潮。除了人类社会在发展过程中对信息的渴望自然推动其发展以外，新信息技术的产生和融合也起到了重要作用。首先，由于商业模式的更新，数据中心的集中建设在大大降低了储存成本的同时，提高了储存能力，为大数据的发展夯实了基础。其次，随着物联网和互联网技术的不断发展，数据生成能力持续提升，为大数据的形成提供了丰富的来源。最后，云计算的诞生和发展，为提升大数据处理能力提供可能。

3.1.2 大数据来源

随着数字化转型的快速发展,新的数据源和数据采集技术相继问世,数据呈现出海量、多元、实时、多云等趋势。根据数据所刻画的过程、状态和结果特点,可将数据划分为不同类型。其中,按照数据是否具有强的结构模式,可将数据划分为结构化数据、半结构化数据和非结构化数据,不同的数据类型要选择不同的数据管理方法和处理技术。结构化数据是指具有较强结构模式,可使用关系型数据库表示和储存的数据;半结构化数据是一种弱化的结构化数据形式,虽然不符合关系型数据模型的要求,但仍有明确的数据大纲,包括相关的标记,用以分割实体及其属性;非结构化数据是指没有预定义的数据模型,不方便用数据库二维逻辑表来表现的数据,这类数据最常见,包括所有格式的办公文档、图片、系统日志、HTML、各类报表、图像和音频/视频等。因此,大数据在产生方式、存储架构、访问形式等方面均有别于传统数据,其主要来源包括机器产生和人类活动。

1)机器产生

随着物联网技术的日益成熟,越来越多的物联网设备源源不断地生成并存储与人相关的衣食住行等信息,这部分数据又可以细分为感知测量数据和计算机生成数据两部分。感知测量数据包括各种传感器连续测量数据、科学仪器数据、摄像头监控数据、医疗影像数据、射频识别数据、二维码或条形码扫描数据和智能移动设备数据等,这类数据结构模式复杂、规模极大、更新极快、价值密度较低,数据质量直接由设备运行稳定性决定;计算机生成数据即计算机进行模拟等程序生成数据,如借助计算机动态模拟城市交通,生成噪声、流量等信息,这类数据规模、更新速度及价值密度均可控,且数据模式固定、数据质量较高。此外,在数据的存储、传输和加工过程中,对数据进行压缩、规则适用、智能衍生等操作而自动产生的系统日志数据也属于此范畴。

2)人类活动

人类活动产生的大数据包括两类:一类是由人直接录入计算机生成的数据,具有较高数据质量和数据价值密度,一般以结构化数据形式存在,规模不大、更新速度不快,如企业财务数据、客户关系等;另一类是人类在使用通信软件、电子购物、留言或评论过程中生成的记录数据,如地理位置、天气状况、支付数据、物流运输、兴趣喜好和浏览痕迹等数据,这类数据结构模式复杂、规模较大、更新较快、数据质量和价值密度较低。

3.1.3 基本特征

大数据的核心不在于数量大,而在于数据的多样化和全面性;其难点和重点在于通过对多源数据、多类数据、多结构数据的整合,实现全方位、多维度的分析挖掘。高德纳首次提出大数据具有3V特征:数据规模大(volume)、处理速度快(velocity)、数据类型多(variety)。互联网数据中心（Internet Data Center，IDC）提出在3V特征的基础上，加入价值密度低（value）形成4V特征。还有一些机构将真实性（veracity）纳入大数据的特征描述，形成5V特征。本书也将从数据规模（volume）、速度（velocity）、多样性（variety）、价值（value）以及真实性（veracity）等方面进行讨论。

1）规模

通过各种设备产生的海量数据规模相对于现有的计算和存储能力而言是极为庞大的，PB级的数据集已成为常态。此外，有些数据集虽然没有达到PB级，但在其他特征方面可能具有很强的大数据特点。2019年，互联网数据中心（Internet Data Center，IDC）公布的数据及存储发展研究报告显示，全球存储新装机容量从EB级达到ZB级，预计2025年全球新创建的数据将达到175ZB。

2）速度

数据是对现实世界和人类行为的持续记录，因此数据的增长速率迅速，大约每20个月数据量就会翻一倍。同时，对数据的处理速度和时效性要求也高，否则离开了特定时间和空间的数据将毫无意义。比如搜索引擎要求几分钟前的新闻能够尽早被用户查询到，个性化推销尽可能要求实时完成，这也是大数据分析区别于传统数据挖掘的显著特征之一。

3）多样性

大数据来源广、维度多，不仅包含企业数据、政府数据，还包含气象数据、环境数据、经济数据和交通数据，因此在编码方式、数据格式、应用特征等多个方面存在差异性。例如，城市交通数据既包括结构化的车辆注册数据、驾驶员信息、城市道路信息等，还包括半结构化的各类文档数据，以及非结构化的交通路口摄像头数据等。数据类型多样通常会导致数据的异构性，亟须提高对复杂数据的处理能力。

4）价值

大数据中存在海量的“无用数据”，可以通过数据处理分析在海量“无用数据”中与有价值的数据建立关联，从而获得大量高价值、非显而易见的隐含知识。因此，大数据具有价值巨大但价值密度低的特征。例如，一段24h的连续监控视频中关键数据只有2～3s，这是价值密度低的体现；美国社交网站Facebook有10亿用户信息，广告商根据用户喜好和浏览信息处理分析结果精准投放广告能够赚取上千亿美元的收益，这是价值巨大的体现。因此，快速度量数据的价值密度并对有价值的数据进行定位和挖掘，成为大数据计算的核心问题之一。

5）真实性

来源于互联网和传感器的数据，不可避免会掺杂噪声和误差，或者存在虚假、错误、缺失的数据，从而使数据质量大幅下降。因此，确保数据的真实性和客观性，通过大数据分析真实地还原事件本身、预测事物发展规律，不仅是大数据技术与业务发展的迫切需求，也是发挥大数据价值的关键。

3.1.4　关键技术

大数据处理过程一般包括：大数据采集、大数据管理、大数据分析、大数据可视化和应用（大数据检索、大数据可视化、大数据应用、大数据安全等）等不同环节。此外，大数据技术还包括为大数据处理提供支撑的云计算等基础架构支持。大数据基础框架如图3-1所示。

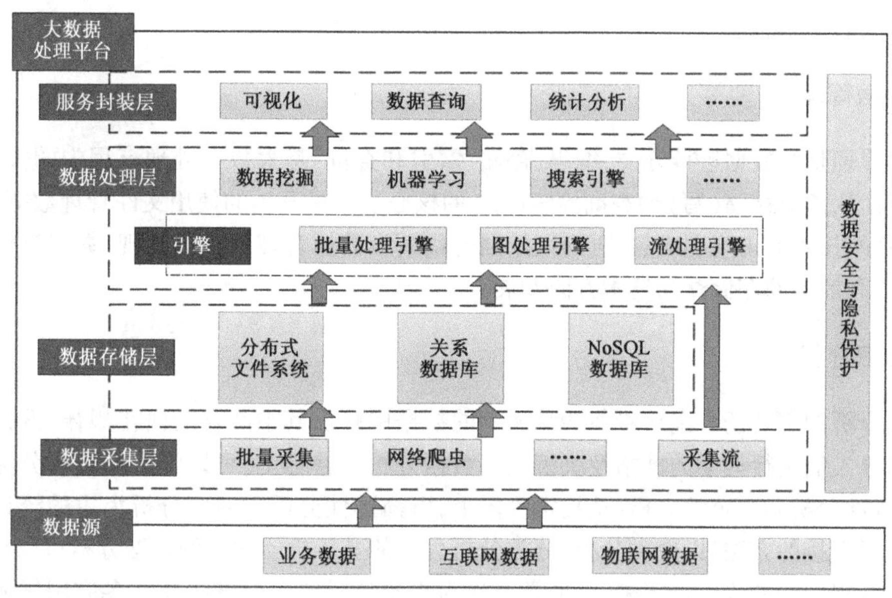

图3-1　大数据基础架构

1）基础架构支持

基础架构支持主要包括支撑大数据处理的基础架构级数据中心管理、云计算平台、云存储设备技术、网络技术、资源监控等。因为大数据处理需要拥有大规模物理资源的云数据中心和具备高效的调度管理功能的云计算平台的支撑，所以云计算是大数据汇聚和分析的计算基础设施，没有计算机的云计算技术，就无法进行大数据分析。

2）数据采集

大数据采集，即从现实世界中采集海量的结构化和非结构化数据，并对信息进行计量和记录。数据采集技术是数据处理的必备条件，主要包括以下三个方面。

(1)数据采集方式

根据采集方式的不同,数据采集大致可分为两种:基于推(Push-based)的方式,它是指数据由源或第三方推向数据汇聚点;基于拉(Pull-based)的方式,它是指数据由集中式或分布式的代理主动获取。通过以上两种方式采集的数据信息包括各类传感设备数据、传统的关系数据、从互联网爬取的公开数据、系统运行的日志数据等。

(2)数据预处理

通过清洗、过滤、校验、转换等各种预处理工作,使残缺的数据完整;对错误或多余的数据纠正或去除,并将有效的数据转换成适合的格式和类型。

(3)数据集成

把不同来源、格式、性质的数据在逻辑或物理上有机地集中,通过一种一致的、精确的、可用的表示法,对同一对象的不同数据进行整合,从而提供全面的数据共享,经过数据分析挖掘产生有价值的信息。

3)数据管理

数据管理是对数据进行分类、编码、存储、索引和查询,是大数据处理流程中的关键技术,是负责数据从落地存储(写)到查询检索(读)的核心。从最开始的使用文件管理数据,到数据库、数据仓库技术的出现和成熟,再到大数据时代新型数据管理系统的涌现,数据管理技术也向低成本、高效率的存储查询技术方向发展。

4)数据分析

数据分析的主要任务是从看似杂乱无章的数据中找出其中隐含的内在规律,发掘有用的知识以指导人们进行科学的推断及决策。从数据分析的目标上,可以将数据分析分为描述性分析、预测性分析和规范性分析;从技术手段上,以描述性分析和回归分析为主的统计学分析是最简单而直接的方法,以聚类分析、分类分析为主的基于机器学习的数据分析可以自动构建解决问题的规则和方法。近年来,深度学习作为机器学习的一个方法在许多应用领域取得较大的进展,客观地推动了大数据技术的应用。数据分析流程如图 3-2 所示。

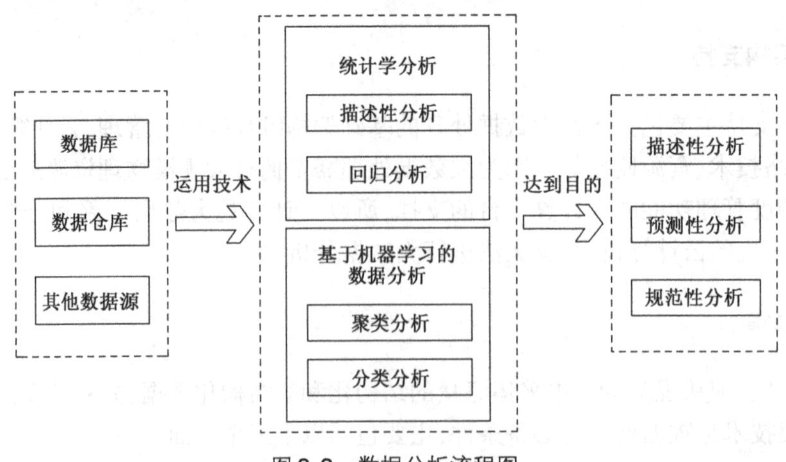

图 3-2 数据分析流程图

5)数据可视化和应用

数据可视化技术的基本思想,是将数据库中每一个数据项作为单个图元元素表示,以大量的数据集构成数据图像,同时将数据的各个属性值以多维数据的形式表示,可以从不同的维度观察数据,从而对数据进行更深入的观察和分析。目前,数据可视化已经提出了许多方法,这些方法根据其可视化原理的不同可以划分为基于几何的技术、面向像素的技术、基于图标的技术、基于层次的技术、基于图像的技术和分布式的技术等。

3.1.5　商业价值

随着信息化技术的快速发展,大数据作为一种新兴的数据财富,不仅能将数据化从自然界延伸到人类世界,成为人类认知世界的新源泉,还能够通过数据资源的开放共享,实现大数据时代的自由、公平与公正。除了本身的符号价值外,大数据还兼备巨大的商业价值,现已广泛应用于企业的研发设计、生产制造、经营管理、项目管理、市场营销、客户服务、科学决策、节能减排等多个环节和领域。国际权威机构 Statista 在 2019 年 8 月发布的报告显示,预计到 2020 年,全球大数据市场的收入规模将达到 560 亿美元,较 2018 年的预期水平增长约 33.33%,较 2016 年的市场收入规模翻一倍。

麦肯锡公司对大数据的商业价值进行了初步总结,可以归为以下几类。

(1)发现客户需求规律

随着企业积累了越来越多数字化的交易数据和实时化的绩效数据,通过对比试验、数据分析可获取用户的职业、年龄、兴趣爱好、消费水平等信息。例如,沃尔玛最早利用大数据分析成为最了解顾客购物习惯的零售商,创造了"啤酒与尿布"的经典案例:沃尔玛通过大数据分析发现,美国的在职父亲们下班后在给孩子买尿布的同时通常会顺手购买自己爱喝的啤酒;百度通过对超过 4 亿用户的搜索请求及交互数据建立用户行为模型进行挖掘分析,最后为用户提供个性化智能搜索和相关内容推荐,这也奠定了其在中国互联网搜索市场的领先地位。

(2)提高科学决策水平

决策风险及决策结果直接依赖于分析方法的好坏,合适的分析方法能很好地预测事件未来的发展趋势。利用大数据技术获取客户的需求规律,可进一步帮助企业制定出更精准的服务推荐、广告投放等决策。例如,阿里巴巴凭借其电子商务平台的大量交易数据,提前 8~9 个月预测出 2008 年的金融危机,及时制订了应对计划;eBay 购物网站根据数据分析平台的分析结果制订其网页广告投放的修改方案,即通过测试选定客户对修改方案的反馈信息精确计算出广告中关键字的投资回报,使 2007 年以后的广告费降低了 99%;华尔街"德温特资本市场"公司分析了 3.4 亿微博账户留言,判断出民众高兴时购入股票、焦虑时抛售股票的规律并以此为依据决定公司股票的买入或卖出。

(3)优化社会资源配置,激发商业模式创新

大数据推动了社会生产要素的网络共享、集约整合、协作开发和高效利用,以数据流带动物质流、资金流、技术流、人才流,改变了传统的社会分工协作模式中的生产方式和经济运行模

式，持续激发产品、服务和商业模式的创新，其中包括共享单车和各类专车等城市出行领域的共享经济和资源合理调度、贵阳的大数据交易所和上海的数据交易中心等。

综上所述，数据已经成为一种重要的战略资产，就像新时代的石油一样，极富开采价值。自2012年起，美国、欧盟、澳大利亚、日本等国家及组织相继投入大量的人力和财力并制定了大数据产业发展的政策法规。我国也积极迎接大数据时代的重大机遇，部署了一系列相关科研计划，如国务院发布的《国家中长期科学和技术发展规划纲要(2006—2020年)》《促进大数据发展行动纲要》、科技部发布的《"十二五"国家科技计划信息技术领域2013年度备选项目征集指南》以及工信部发布的《大数据产业发展规划(2016—2020年)》。

3.2 大数据管理

数据管理技术是指对数据进行分类、编码、存储、索引和查询，是大数据处理流程中的关键技术，负责数据从落地存储(写)到查询检索(读)的整个过程。数据管理技术由早期的人工管理和文件系统阶段，发展到数据库系统阶段，一直是数据领域的研究热点。随着大数据时代的到来，涌现了一批新型的数据管理技术，包括分布式文件系统(如 Google File System)、分布式数据库系统(如 SQL/NoSQL 数据库的分布式部署、BigTable)及分布式数据查询系统(如 Hive、Impala、SpurkSQL)。本节内容主要介绍经典的关系数据库、NoSQL 数据库、分布式文件系统与 SQL on Hadoop。

3.2.1 关系数据库

关系数据库建立在关系数据模型的基础之上，借助集合代数等概念和方法来处理数据库中的数据，主要用来存储结构化数据并支持数据的插入、查询、更新、删除等操作。关系数据库管理系统(Relational Database Management System，RDBMS)是管理关系数据库的系统软件，它以具有国际标准的结构化查询语言(Structured Query Language，SQL)作为关系数据库的基本操作接口。通过标准化的结构化查询语言。关系数据库中的数据能被灵活地组合、拆分、转换，这使得 RDBMS 的用户和应用能够非常方便地处理其中的数据。关系数据库工作流程如图3-3所示。

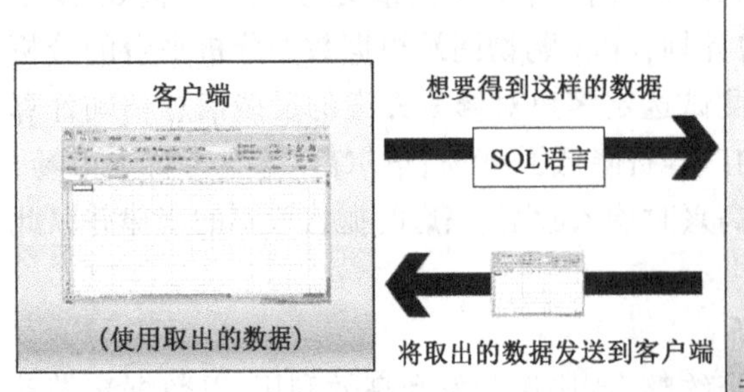

图3-3 关系数据库工作流程图

下面将分别从关系数据模型、结构化查询语言、关系数据库管理系统、数据仓库几个方面进一步介绍关系数据库。

1)关系数据模型

关系数据模型是以集合论中的关系概念为基础发展起来的,其基本数据结构就是关系。一个关系对应着一个二维表(以表3-1为例),二维表的名字就是关系名。从横向看,二维表中的一行被称为关系中的一个元组,关系本质上就是由同类元组构成的集合;从纵向看,二维表由很多列构成,列被称为关系的属性。同一个集合中的元组都由同样的一组属性值组成,属性的取值范围被称为域,它也可以被理解为属性中值的数据类型。

选　课　表　　表3-1

学　号	课　程　号	成　绩
S3001	C1	90
S3002	C2	95
S3003	C1	84
S4001	C3	72

关系所拥有的属性个数被称为关系的元或者度。通过一组属性以及每个属性所属的域,可以定义出一种关系结构,只要在这种结构中填入实际的属性值就可以得到关系,这种关系的结构称为关系模式。为了能在数据库中找到(查询或检索)到具体的数,需要有一种属性能够唯一地标识该数据,该属性被称为主属性。

此外,关系数据模型中还通过实体完整性、参照完整性和自定义完整性来确保数据的完整一致。关系数据模型的数据操作分为更新和查询两类。其中,更新可细分为插入(Insert)、修改(Update)、删除(Delete);查询包括选择(Select)、投影(Project)、并(Union)、差(Except)以及连接(Join)等。关系数据模型的数据操作通常可以由两种关系查询语言来表达:关系代数和关系演算。

2)结构化查询语言

结构化查询语言是一种数据库查询和程序设计语言,用于查询、更新和管理关系数据库系统。结构化查询语言是高级的非过程化编程语言,允许用户在高层数据结构上工作。它不要求用户指定对数据的存放方法,也不需要用户了解具体的数据存放方式,所以具有完全不同的底层结构的不同数据库系统,可以使用相同的结构化查询语言作为数据输入与管理的接口。结构化查询语言语句可以嵌套,这使它具有极大的灵活性和强大的功能。按照不同的用途,结构化查询语言可分为以下三种(图3-4):

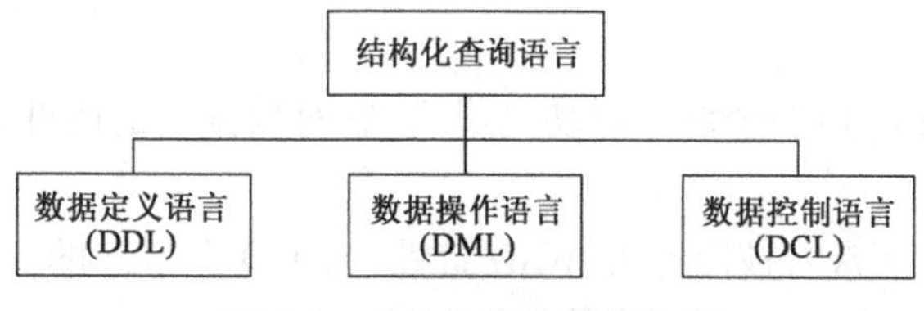

图3-4　结构化查询语言组成

(1)数据定义语言

数据定义语言(Data Definition Language,DDL)用于操纵数据库模式,如数据库对象(表、视图、索引等)的创建和删除。数据定义语言的语句包括 CREATE 和 DROP,之后用数据库对象的类型名区分要定义的数据库对象,例如 TABLE、VIEW、INDEX。

(2)数据操作语言

数据操作语言(Data Manipulation Language,DML)用于对数据库中的数据进行各类操作,包括读取和修改,其语句包括动词 SELECT、INSERT、UPDATE 和 DELETE。它们分别用于查找、增加、修改和删除表中的行。

(3)数据控制语言

数据控制语言(Data Control Language,DCL)包括除 DDL 和 DML 之外的其他杂项语句,这些语句包括对访问权限和安全级别的控制、事务的控制、连接会话的控制等。

3)关系数据库管理系统

关系数据库管理系统(Relational Database Management System,RDBMS)是指包括相互联系的逻辑组织和存取这些数据的一套程序,即管理关系数据库中数据的逻辑组织等。自关系数据模型被提出以来,IBM、Oracle 等企业以及开源社区研发了众多的关系数据库管理系统(Relational Database Management System,RDBMS)。经过几十年的发展,RDBMS 获得了长足的发展,许多机构的在线交易处理系统、内部财务系统、客户管理系统等大多都采用了 RDBMS,TB 级关系数据库在大型企业集团中已是司空见惯。目前,市场上占有份额较大的商业 RDBMS 产品主要有 Oracle、DB2、SQL Server。国产商业 RDBMS 产品有人大金仓的 KingBase、武汉达梦的 DM、南大通用的 GBase 等。同时,RDBMS 的发展也不能忽视开源社区的参与,现在比较流行的开源 RDBMS 产品有 MySQL、PostgreSQL、SQLite。

现代的数据库管理系统都是面向多用户的,在系统运行时会有很多用户同时对数据库中的数据进行查看、插入、修改、删除等各种操作。当不同用户同时操作同一个数据时,全部或者部分用户具有修改权限,数据很容易出错。为此,现代的关系数据库管理系统中引入了事务(Transaction)的概念,即事务由一系列的数据库操作构成,它必须满足以下四个特性:

(1)原子性(Atomicity):事务所包含的所有操作要么全部正确地反映在数据库中,要么全部不反映。

(2)一致性(Consisteney):事务的执行会使数据库从一种一致性的状态达到另一种一致性状态,即事务的执行不会让数据库出现不一致。

(3)隔离性(Isolation):事务之间是隔离的,每个事务都感觉不到系统中有其他事务在并发地执行。

(4)持久性(Durability):一个事务成功完成后,它对数据库的改变是永久的,即使系统出现故障也是如此。

事务的这四项特性通常会被简称为 ACID 特性,为了确保事务的 ACID 特性,数据库管理系统中采用了诸如封锁、日志、事务调度等技术。

4）数据仓库

由"数据仓库之父"比尔·恩门（Bill Inmon）在1991年出版的*Building the Data Warehouse*（《建立数据仓库》）一书可知，数据仓库（Data Warehouse，DW）是一个面向主题的、集成的、相对稳定的、反映历史变化的数据集合，主要用于数据挖掘、数据分析以支持管理决策。

因此，数据仓库是数据库概念的升级，由具体的技术上升到一个结构体系。从逻辑上理解，数据库和数据仓库没有区别，都是通过数据库软件实现存放数据的地方。从数据量来说，数据仓库要比数据库庞大得多。从追求目标上，数据库通常更关注业务交易处理，即操作型处理（On-Line Transaction Processing，OLTP），追求交易的速度、完整性、一致性，减少数据冗余，保证引用完整性；而数据仓库更关注数据分析层面，即分析型处理（On-Line Analytical Processing，OLAP），追求数据分析的效率、复杂查询的速度、数据之间的相关性等。

3.2.2　NoSQL数据库

NoSQL（Not only SQL）数据库是对于非关系型数据库系统的统称。关系数据库在管理键值对、文档、图等类型数据上有所不足，NoSQL则是针对各个类型数据的存储和访问特点而专门设计的数据库管理系统。近年来，随着大数据应用的不断扩展，NoSQL数据库系统得到了广泛应用，各类NoSQL技术已日趋成熟。同时，NoSQL数据库利用大规模计算机集群实现对大数据的有效管理，也采取了新的设计原则：①采用横向扩展的方式，对数据进行划分及对大量节点进行并行处理，获得包括读性能和写性能在内的极高数据处理性能和吞吐能力；②放弃严格的ACID一致性约束，采用宽松的一致性约束条件，允许数据暂时出现不一致的情况，并接受最终一致性；③对数据进行容错处理，一般对数据块进行适当备份，以应对结点失败的状况，保证在普适服务器组成的集群上稳定可靠地运行。

常用的四类NoSQL数据库技术对比见表3-2。

四类NoSQL数据库技术对比　　表3-2

分类	相关产品	典型应用场景	数据模型	优点	缺点
键值对（Key-Value）数据库	Tokyo，Cabinet/Tyrant，Redis，Dynamo，Voldemort，Oracle BDB	内容缓存，主要用于处理大量数据的高访问负载	Key指向Value的键值对，通常用散列表来实现	查找速度快	数据无结构化
文档数据库	CouchDB，MongoDB	Web应用（与Key-Value类似，Value是结构化的）	Key-Value对应的键值对，Value为结构化数据	数据结构要求不严格，表结构可变	查询性能不高，缺乏统一的查询语法
列族数据库	Cassandra，HBase，Riak	分布式的文件系统	以列族式储存，将同一列数据存在一起	查找速度快，可扩展性强，更容易进行分布式扩展	功能相对局限
图数据库	Neo4J，InfoGrid，Infinite Graph	社交网络，推荐系统等，专注于构建关系图谱	图结构	利用图结构相关算法	需对整个图做计算，不容易做分布式集群方案

3.2.3 分布式文件系统

随着大数据时代的到来,数据个体体量变得巨大且增长速度快,传统单台主机提供的文件系统无法提供足够的存储空间并保证数据的安全性,由此分布式文件系统得到迅速发展。

分布式文件系统建立在通过网络联系在一起的多台价格相对低廉的服务器上,将要存储的文件按照特定的策略划分成多个片段分散放置在系统中的多台服务器上。由于服务器之间的联系相对松散,当系统存储和处理能力不足时,可以通过增加其中服务器的数量来实现横向扩容而无须迁移整个系统中的数据。分布式文件系统在响应文件操作时,可以将操作分解成多台服务器的子操作,从而为客户端提供了很好的并行度和性能。同时,分布式文件系统中的多台服务器之间形成了硬件上的冗余,很多分布式文件系统选择将同一数据块在多台服务器上重复存放,即便其中一台服务器失效也不会影响对该数据块的访问,这也使分布式文件系统中的数据具有更强的可靠性。

从分布式文件系统的用途来看,目前主流的分布式文件系统主要有两类。第一类分布式文件系统主要面向以大文件、块数据顺序读写为特点的数据分析业务,其典型代表是 Apache 旗下的 Hadoop 分布式文件系统(Hadoop Distributed File System, HDFS)。另一类主要服务于通用文件系统需求并支持标准的可移植操作系统接口(Portable Operating System Interface of UNIX, POSIX),其代表有 Ceph 和 GlusterFS。表 3-3 为几类典型的分布式文件系统特点对比。本书主要介绍 Hadoop 分布式文件系统。

分布式文件系统特点对比 表 3-3

特　性	HDFS	Ceph	GlusterFS
元数据服务器	单个 存在单点故障风险	多个 不存在单点故障风险	无 不存在单点故障风险
POSIX 兼容	不完全	兼容	兼容
配额限制	支持	支持	不详
文件分割	默认分成 64MB/块	采用 RAID0	不支持
网络支持	仅 TCP/IP	多种网络,包括 TCP/IP、Infiniband	多种网络,包括 TCP/IP、Infiniband
元数据	元数据服务器管理全量元数据	元数据服务器管理少量元数据	客户端管理全量元数据
商业应用	大量,国内用户包括中国移动、百度、网易、淘宝、腾讯、华为等	非常不成熟,尚不适合生产环境	测试和使用案例多为欧美用户,国内用户较少

Hadoop 是一个由 Apache 基金会所开发的开源分布式系统基础架构,其核心组件(文件存储系统)就是 HDFS。HDFS 为数据提供了存储、管理和出错处理功能,主要用于可靠地存储大规模的数据集,并提高用户访问数据的效率。它吸收了很多分布式文件系统的优点,具有较强的错误处理能力,即使安装在廉价设备上也能得到较好的性能。由于能够提供高吞吐量的数

据访问，HDFS 非常适合在大规模数据集上的应用。

HDFS 采用的是单一主服务器的主从结构，一个 HDFS 集群通常由一台主服务器和若干台数据服务器构成。主服务器是整个集群的控制中心，主要用于文件元数据的管理和文件读写流程的控制。在 HDFS 中，数据文件被划分成很多文件块(Block)，然后将这些文件块分散存放在集群中的多台数据服务器上。HDFS 中的文件元数据包括文件的命名空间、文件和块的对应关系、块和数据服务器的映射关系，并将此元数据提供给操作文件。

HDFS 具有以下几方面的特性：①适合大文件存储和处理，它可处理的文件规模可达到数百 MB 乃至数百 TB，就目前的应用来看，HDFS 的存储和处理能力已经达到了 PB 级；②集群规模可动态扩展，存储节点在运行状态下加入集群中，集群仍然可以正常工作；③基于"一次写入，多次读取"的设计思想，HDFS 将文件访问的方式进行简化处理，当一个文件创建、写入并关闭后就不能再修改，通过这种方式有效地保证了数据的一致性；④HDFS 采用数据流式读写的方式，用以增加数据的吞吐量。另外，它还具有很好的跨平台移植性，源代码的开放也给研究者提供了便利。

3.2.4　SQL on Hadoop 系统

2004 年，Google 公司提出了面向大数据分析和处理的并行计算模型 MapReduce，此后，Doug Cutting 等开始尝试实现 MapReduce 计算框架，并将它与 NDFS(Nutch Distributed File System)结合，构建了分布式系统基础架构 Hadoop。Hadoop 技术很快影响了数据库研究领域，催生了面向简单的键值对读写事务型负载的 No-SQL 系统(如 HBase 等)，和面向数据分析任务的 Hive 系统。Hive 系统的出现，一改传统的结构化大数据分析(OLAP)只能在关系数据仓库中运行的局面，可以对 HDFS 中存储的结构化数据，采用基于一种类似 SQL 的 HiveQL 语言开展数据分析。通过对 MPP 数据库与 Hadoop 技术的对比可知，在结构化大数据分析方面，MPP 数据库的性能要远好于以 Hive 为代表的数据分析技术；当然，Hadoop 技术也具有高扩展性和容错性能、对非结构化数据的支持、用户自定义函数的使用等优势。

然而，来自互联网领域和其他领域的很多大数据创新公司，并没有止步于 Hive，相继开发了多个 SQL on Hadop 系统以大幅度提升其系统性能，最具代表性的系统有 Impala、Presto、Drill 和 Spark SQL。

3.3　大数据处理与分析

商业决策、政府决策往往受外部决策和决策者经验的影响，但有时缺乏数据支持，大数据的出现和发展可以助力相关数据的内部价值挖掘，从而为个体、企业、政府提供决策依据。但是，数据本身并不能用来支持决策，需要将其变为信息才能发挥其作用。因此，大数据的价值挖掘和其分析是密不可分的，大数据分析的主要类型包括三种：描述性分析、预测性分析和规范性分析。

(1)描述性分析:数据分析中最基础的一种,通过几个关键词或者容量更小的历史数据去描述当前的状况。据统计,超过80%的业务分析,特别是社会信息的分析均是描述性的。例如,基于生产总值和就业人口行业统计数据可得出的描述性分析结论为"2015年,工业吸纳了全国近30%的就业人口,同时为国家贡献了超过40%的GDP产值"。

(2)预测性分析:通过对现有的数据进行统计、建模、数据挖掘等处理分析,获得能够预测未来事件发展趋势的分析结论。例如,根据公交车GNSS定位系统上提供的车辆位置的历史数据和实时数据,各种智能公交App可以判断当前交通状态并准确估算公交车辆到站时间,为乘客提供实时化、移动化、灵活化的出行体验。

(3)规范性分析:又名时效性数据分析,是在描述性和预测性数据分析的基础上进一步借助机器学习、人工智能等新兴技术发展起来的。预测性分析只是说明了未来可能发生事件的概率,并未提供具体的应对措施和行为,也没有考虑对预测的反馈情况。而规范性数据分析需要一个可操作的数据集、一个预测模型和一个具备跟踪能力的反馈系统,从而实现每个环节都有一定的准则,每个决策结果都有对应的动态指标。由于企业对数据实时性的需求日益增加,对规范性分析的应用案例也越来越多。例如,在旅游网站的订票、酒店住宿或汽车租赁服务中应用规范性分析,通过对旅行要素、购买需求和客户变量进行多次复杂迭代、筛选,优化其定价和销售策略;UPS快递公司通过对数据源进行规范性分析,将旗下所有卡车路线进行每分钟10.0秒的优化,从而为公司节约数百万美元的燃油费用等。

与以描述性和诊断性为主的传统数据分析相比,大数据分析更侧重于预测性分析和规范性分析,并且融合了多类型原始数据、大规模数据集和复杂的数据模型,从而在事件及其起因获取的基础上得到新的规律和知识。

3.3.1 大数据处理引擎

在大数据时代,随着互联网的广泛普及和物联网的迅速发展,通过大数据处理的手段分析和解决各类实际问题逐渐成为业界主流。目前,主要通过分布式计算框架来实现数据的分析与计算,这种方法不仅能提供高效的计算模型和简单的编程接口,而且具备较好的可扩展性、容错能力和可靠的输入输出(I/O),满足大数据处理的需求。此外,针对批量大数据、流式大数据和大规模图数据等不同类型的大数据,还需要一些专用的计算框架。本节将主要介绍批量大数据和流式大数据这两种不同类型的大数据特性及相应的计算框架。

1)批量计算系统MapReduce

基于传统单机模式的数据处理无论在储存容量上还是在处理效率上都逐渐力不从心,而将一个计算问题分配给多台机器进行处理后再汇总计算结果的分布式计算方法逐渐体现出优势。在分布式计算中,用户仅需关心计算逻辑的设计和实现,问题划分、资源管理、作业调度、数据加载、容错控制等计算过程的管理由计算系统来完成。批量处理主要面向离线计算场景,计算的数据是静态数据,数据在计算前已经获取并保存,在计算过程中不会发生变化,其实时性要求也不高。批量大数据计算系统通常由计算请求输入接口、计算管控节点和若干计算执行节点共同组成。

MapReduce 是 Google 公司于 2004 年提出的一种典型的批量计算系统，现已被 Hadoop、Spark 等多种计算平台所支持，成为目前最为成功、最广为接受和最易于使用的大数据批量计算技术和标准，其计算原理如图 3-5 所示。

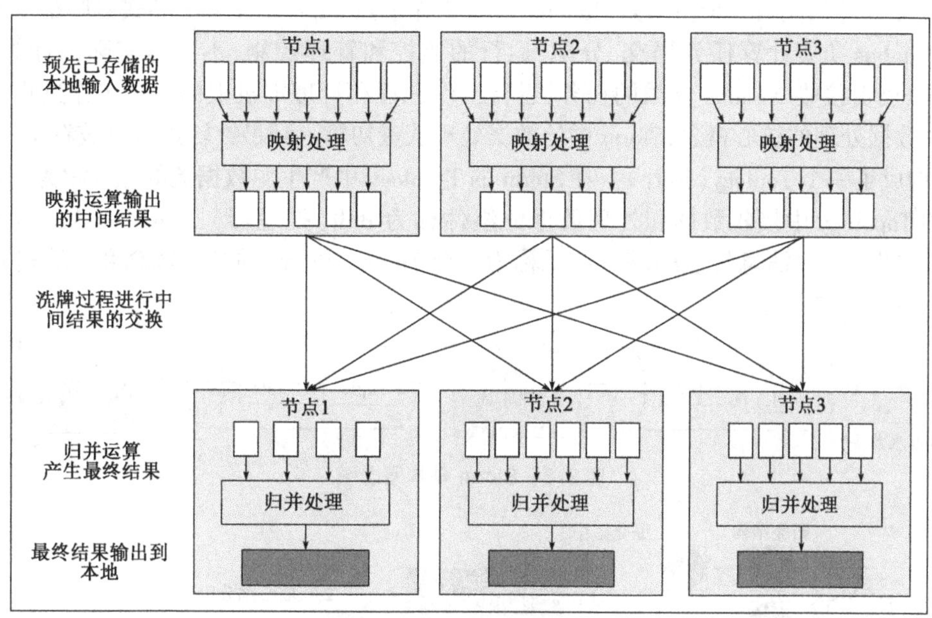

图 3-5　MapReduce 计算原理图

在 MapReduce 中，一次计算主要分为 Map（映射）和 Reduce（规约）两个阶段。当计算作业被提交之后会被划分成若干 Map 任务和若干 Reduce 任务并由计算控制节点负责任务的调度和分配。各节点上的数据首先经过 Map 阶段计算，形成中间结果（通常采用键值对 Key-Value 的方式）保存于负责执行 Map 任务的本地节点。中间结果经过排序后分给各 Reduce 任务，各 Reduce 任务的计算节点从各 Map 任务计算节点处读取各自 Reduce 计算所需的中间结果，然后计算得出最终的结果并输出。此种典型批量计算系统具有数据划分存储、数据/代码互定位、中间结果并发处理、容错和系统优化等特点，广泛应用于词频统计分析。

2）流式计算系统 Storm

流式计算主要面向在线计算场景，计算的数据是动态数据，数据在计算过程中不断导入，计算前无法预知数据的到来时刻和顺序，也无法预先储存数据。流式大数据计算系统通常是一个数据处理拓扑或管道，包括数据源节点、数据处理节点和数据分发逻辑。其中，数据源节点是数据流的产生节点，该节点不断产生新的数据并传递到整个拓扑结构中；数据处理节点是计算逻辑的执行单元；数据分发逻辑定义节点间的数据流向关系。不同于 MapReduce 等批量计算采用一次性处理所有数据并得出统一结果的作业方式，流式计算能够对源源不断导入的数据流进行持续处理，从而随时得出增量计算结果，具有明显的实时性、易失性、突发性、无序性和无限性等特征。现有的大数据流式计算系统有 Twitter 的 Storm 系统、Yahoo 的 S4（Simple

Scalable Streaming System)系统、Hadoop 上的数据分析系统 HStreaming、IBM 的商业流式计算系统 Streaming Base、Berkeley 的交互式实时计算系统 Spark Streaming 等。本书主要以 Storm 系统为例介绍流式大数据计算系统。

Storm 是 Twitter 支持开发的一款分布式的、开源的、实时的、主从式大数据流式计算系统。一个 Storm 计算系统由一个主节点 Nimbus、一群工作节点 Supervisor 和分布式协调器 Zookeeper 组成。Nimbus 负责计算任务提交、分配、运行的监控和管理控制,不参与实际的计算过程;Supervisor负责接收 Nimbus 分派的任务,运行工作进程和管理本机上的各个工作进程。流是 Storm 中数据处理的核心概念,Storm 中的数据处理从最初输入到最终输出可以被看作一个流,每个流构成了一个 Toplogy(拓扑)。在 Storm 的 Topology 中产生源数据流的组件称为 Spout,在 Storm 的 Topology 中接收数据和处理数据的组件称为 Bolt(处理器),Spout 和 Bolt 以及 Bolt 和 Bolt 之间的一次消息传递的基本单元称为一个 Tuple。Storm 的基本概念和计算过程分别如图 3-6 和图 3-7 所示。

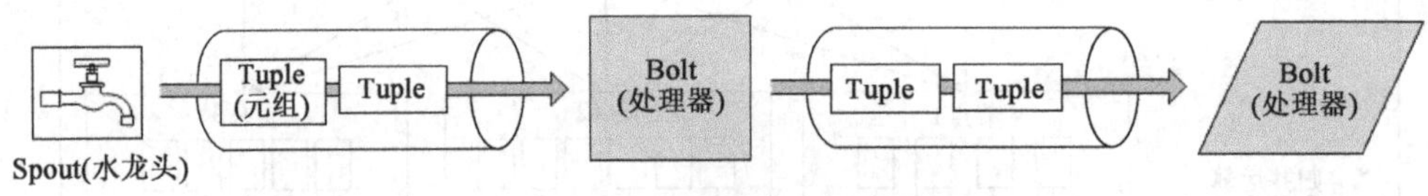

图 3-6 Storm 基本概念图

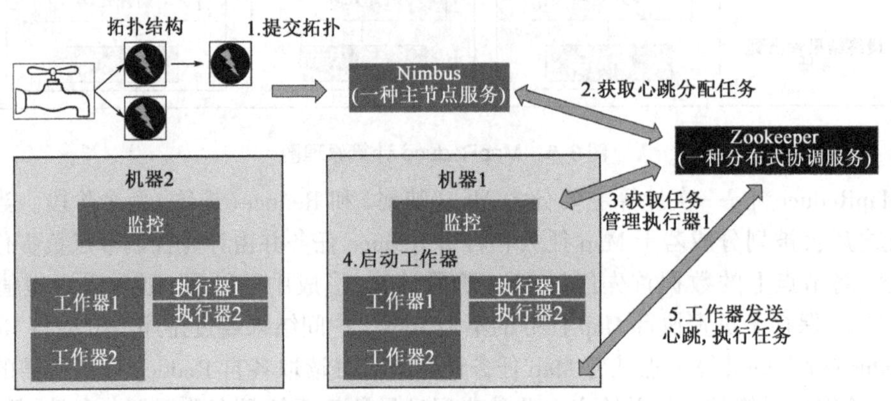

图 3-7 Storm 计算过程图

用户首先定义一个计算应用的 Toplogy,定义好的 Toplogy 通过 Nimbus 进行提交。Nimbus 通过 Zookeeper 协调器获取计算系统中各个 Supervisor 的心跳,得知各 Supervisor 的活跃情况,然后进行任务的分派,为 Toplogy 中的各个节点分配负责执行的 Supervisor,Supervisor 根据任务的分派指定执行的 Worker,并启动 Worker 的 Executor(执行实例)。除非用户关闭或出错,否则 Toplogy 将会一直存在并执行下去,等待数据的流入,然后按照 Toplogy 的计算逻辑依次进行处理和流转。

3.3.2 统计数据分析

在统计数据分析中,最简单直接的方式是对数据进行宏观层面的数据描述性分析,如我们平时用到的均值、中位数、方差、标准差、极差、p 分位数 Mp、概率密度函数及正态分布等。而在含有多个变量的数据分析过程中,对变量之间的作用关系可以用回归分析来判断,本书不再赘述。

3.3.3　数据挖掘技术

数据挖掘是在大型数据存储库中,自动地发现有用信息的过程。数据挖掘技术用来探查大型数据库,发现先前未知的有用模式,还可以预测未来观测结果。数据挖掘是数据库中知识发现(Knowledge Discovery in Database,KDD)不可缺少的部分。而KDD是将未加工的数据转换为有用信息的整个过程,该过程包括一系列转换步骤:从数据的预处理到数据挖掘结果的后处理。

1)基本流程

数据挖掘通常包括信息收集、数据预处理、数据挖掘实施过程、结果分析展示等步骤(图3-8)。

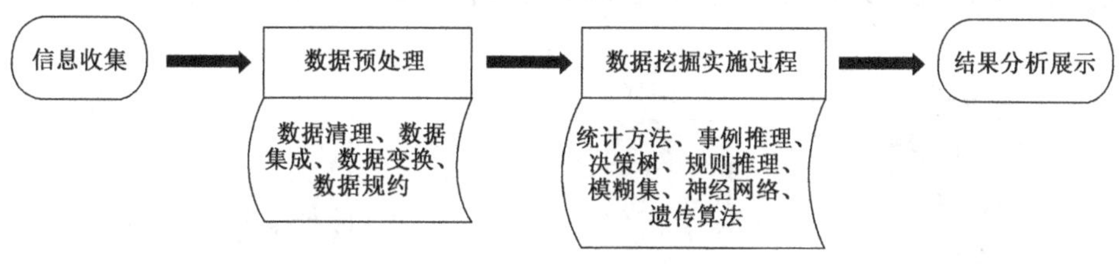

图3-8　数据挖掘流程图

(1)信息收集:首先,清晰地定义业务问题,明确数据挖掘任务的具体要求,根据确定的数据分析对象抽象出在数据分析中需要的特征信息;然后,选择合适的信息收集方法,将收集到的信息存入数据库。对于海量数据,至关重要的是选择一个合适的数据存储和管理的数据仓库。

(2)数据预处理:一般包括数据清理、数据集成、数据变换和数据规约四个处理步骤。数据清理就是检查数据的一致性,处理无效值和缺失值等。数据集成即将完整、正确、一致的数据信息存入数据仓库中。数据变换是通过平滑聚集、数据概化、规范化等方式将数据转换成适用于数据挖掘的形式。对于有些实数型数据,通过概念分层和数据的离散化来转换数据。数据规约技术可以用来对得到的数据集进行规约表示,规约后的数据集比原始数据集小得多,但仍然能够保持原数据的完整性。而且,规约后执行数据挖掘结果与规约前执行结果相同或几乎相同。

(3)数据挖掘实施过程:根据数据仓库中的数据信息选择合适的分析工具,应用统计方法、事例推理、决策树、规则推理、模糊集,甚至神经网络、遗传算法的方法处理信息,得出有用的分析信息。

(4)结果分析展示:将数据挖掘得到的信息以可视化的方式呈现给用户,或作为新的知识存放在知识库中供其他应用程序使用。

2)主要目的

数据挖掘的主要目的是完成数据挖掘任务。通常,数据挖掘任务分为预测任务和描述任务。

(1)预测任务:预测任务的目标是根据其他属性的值,预测特定属性的值。被预测的属性一般称为目标变量(target variable)或因变量(dependent variable),而用来做预测的属性称为说明变量(explanatory variable)或自变量(independent variable)。

(2)描述任务:描述任务的目标是导出概括数据中潜在联系的模式(相关、趋势、聚类、轨迹和异常)。本质上,描述性数据挖掘任务通常是探查性的,并且常常需要后处理技术来验证和解释结果。

3.4 大数据可视化

可视化是指将数据信息转化成图形图像等形式,以帮助用户更有效地完成数据的分析、理解等任务,其主要流程分为数据处理、视觉编码、可视化生成等三个步骤(图3-9)。

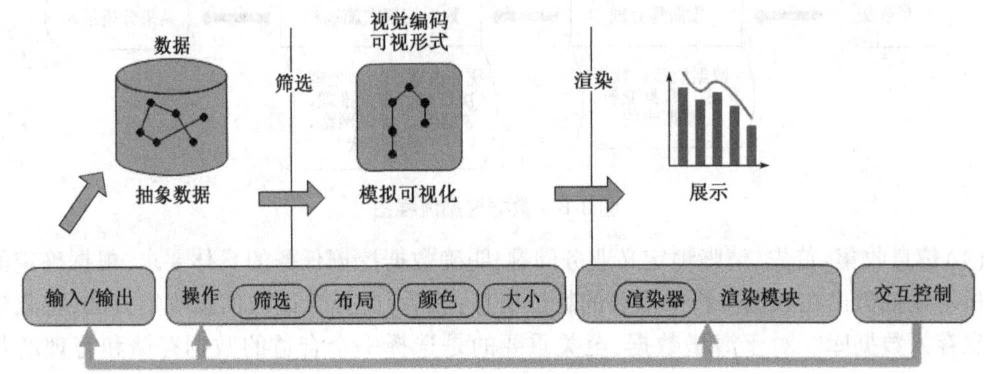

图3-9 可视化流程图

3.4.1 可视化数据类型

传统的数据可视化起源于统计图形学,与信息图形、视觉设计等现代技术相关,其表现形式通常在二维空间。与之相比,大数据可视化往往更关注抽象的、高维的数据,空间属性较弱,与所针对的数据类型密切相关。因此,本书按照数据类型对大数据可视化技术进行分类。

属性或变量是度量某一指标的数据,可分为类别型、序数型和数值型。类别型属性自身没有顺序,只能用来比较相同与否;序数型属性可以比较顺序,但不能进行代数运算;数值型属性可以进行比较和运算。使用者需要根据属性类型选取合适的映射方式。

数据集是数据的集合,依据不同的结构或数学含义可将其基本组成单元分为对象、对象的关系、属性、网络和空间位置。数据集可以是结构化的数据,也可以是非结构化数据。结构化数据包括表格数据、网络数据、场数据和几何数据,非结构化数据包括自然语言文本、图片、视频等。其中,表格数据包括关系型表格数据和多维数据;网络数据也称图数据,包含各自属性的节点和边,没有环的图数据又叫层次结构数据。本书主要讨论高维、时空、网络等主要数据类型。

数据的类型不仅决定了数据内部的依存关系,还决定了其可视化映射方法。可视化映射可理解为在数据项之间画一条线以定义数据项之间的对应关系,分为视觉标记和视觉通道两部分内容。其中,视觉标记是表现数据项或关系的视觉元素,包括点、线、形状以及不常用的三维体之间的连接和包含关系。视觉通道又称为视觉变量,可根据属性值控制视觉元素的外观,如适合映射序数型或数值型数据的大小通道(位置、大小、角度、深度、颜色、亮度、饱和度、曲率等)和适合类别型数据的身份通道(区域、色调、运动、形状等)。根据其重要程度或有效性进行排序的结果见表3-4。

不同通道属性有效性排序(>代表前者更有效)　　表3-4

大小通道	位置(对齐>未对齐)>长度>角度>面积>深度>亮度≈饱和度>曲率≈体积
身份通道	区域>色调>运动>形状

3.4.2 数据可视化技术

随着大数据时代的到来,数据可视化在过去数十年间快速发展,大量可视化工具和软件被开发(如Excel、iCharts、Modest Maps、BO、BIEE等),用户只需要通过数据可视化平台对大量繁杂无序的数据进行可视化分析,并做出相应的决策即可。目前,数据可视化技术已经应用于医学诊断、辐射治疗、气象预报、三维虚拟地图、交通实时路况查询、工业仿真试验等领域。下面主要介绍几种典型的数据可视化技术。

1)文本可视化

书籍、文档、网页、新闻、社交网络上丰富的文本信息是最常见的数据类型,通过聚类、主题模型等文本挖掘手段,结合交互技术对数据进行快速、深入的研究,是提高文本分析效率的一个重要途径。标签云(图3-10)是一种最典型的文本可视化技术,即根据对象文本数据中的关键词出现频率等规则进行统计,然后进行布局排列,利用颜色、大小等视觉属性编码其频率信息。

图3-10　标签云

2)时空数据可视化

随着移动采集技术的发展,人们经常对物体的移动行为进行采样,而时间是自然地存在于记录数据中的,因此产生了大量的时空数据。在交通、气象、生物等领域,研究者通过收集物体的空间位置信息来分析其潜在的运动规律。例如在交通领域,研究者采集车辆的移动轨迹数据来研究道路拥堵问题,社交媒体数据中往往蕴含着人们的社会活动、社会事件与空间位置之间的关联关系等。针对时空数据,按照可视化在分析流程中位置的不同,相关方法可以分为直接可视化、聚集可视化及特征可视化三种。

直接可视化是指直接把时空信息展现出来,包括位置动画、路径可视化、时空立方体、时间轴可视化等方法。其中,时空立方体技术,利用 x 轴和 y 轴表示物体的二维位置,用 z 轴表示时间,方向的斜率则大致表示了移动速度。

聚集可视化是针对大规模的时空数据,根据时空属性在时间和空间上是连续还是离散的情况对数据预先进行抽象和聚集等操作。对于连续的空间聚集,通常使用其产生平滑的表面或区域来展现空间密度,如空间热度图和密度图等;对于离散的空间聚集,可根据行政区间、地域单位、自定义区域进行划分。对于连续的时间聚集,可结合空间聚集结果聚合成密度体积,再以时空立方体的形式表示;对于离散的时间聚集,可将空间聚集结果以动画或者组图的形式进行展示。

特征可视化是先计算出时空分布模式或提取出相关事件,然后通过直接或者聚集的方法绘制这些特征。特征包括事件和某些属性的时空变化模式。特征可视化方法大致可分为事件可视化和模式可视化,前者关注的是满足特定条件的部分轨迹及相关事件,如交通拥堵事件,后者关注的是所有轨迹数据体现出来的某种模式,如道路通行状况随时间和路段的变化。

3)高维数据可视化

高维数据是一种十分常见的数据类型,其数据样本拥有多个属性,如表格中每一列就是数据的一个维度,每一行则构成数据的一个样本。在笛卡尔坐标系下,各维度数轴相互正交形成的便是高维数据空间。高维数据可视化方法包括降维投影图、矩阵、平行坐标系、星型坐标、RadViz 等,在实际应用中需要根据数据与任务进行相应的选择,不同方法之间可以相辅相成、互为补充。适用于不同维度数据的高维可视化形式,见表 3-5。

适用于不同维度数据的高维可视化形式 表 3-5

维度数目	适用的可视化形式
<10	降维投影图、星型坐标、矩阵、平行坐标系、雷达可视化
10~100	降维投影图、平行坐标系
>100	降维投影图

4)网络数据可视化

网络,也称图,由节点和边组成。节点通常表示现实世界中的实体,而边代表实体之间的关联。生活中处处存在网络数据:微信、微博等社交网站中好友关系构成了社交网络;不同学者合作发表论文的关系构成了学术合作网络；城市之间的往来航班构成了航空网络。

大规模网络可视化中的大图通常是指图中包含的节点数量在万级以上，直接布局会产生视觉混淆的情况。可通过以下两种方式进行可视化：一种是对拓扑进行简化，另一种是从原始的图结构中提取骨架。不同大图可视化表现方法对比如图 3-11 所示。

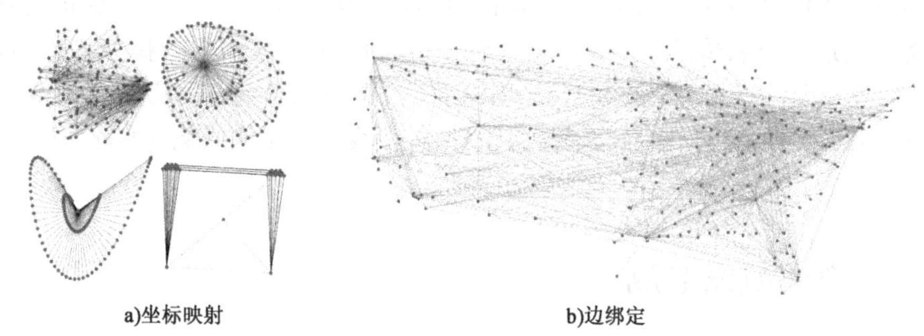

图 3-11　不同大图可视化表现方法对比图

动态图数据是指随时间变化的网络数据，包括网络中节点和边的拓扑关系，以及节点和边的属性变化。大规模动态图一般采用时间-空间映射的方法进行分析，分析流程分为连续事件的离散化、图序列的向量化和归一化、降维和可视化与交互式分析，如图 3-12 所示，M_b、M_i、M_s 为各动态图。

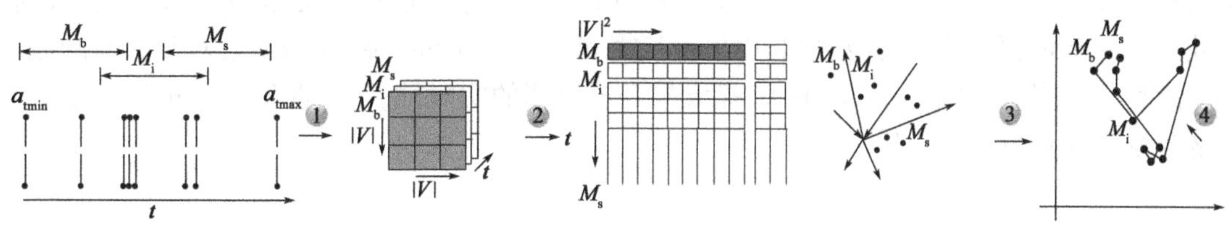

图 3-12　动态图演变可视分析步骤

3.5　大数据在交通基础设施中的典型应用

随着物联网与人工智能在交通基础设施领域应用的不断深入，大数据已成为主导未来交通发展的重要技术手段，可以支持各类交通设施与服务的优化升级，进一步提高运营效率与用户体验。此外，大数据监测代表着交通监测方式新的发展趋势，帮助交通管理部门实现更全面、精细和实时的监管，不仅为交通高效运行提供依据，也将成为今后监测领域重要发展方向的重要组成部分。

3.5.1　线路规划与拥堵预测

大数据在交通基础设施中的应用已经涵盖多个领域，通过对各类交通数据的深入分析和复杂模型建模，可以有效提高交通管理水平。公交线路规划与优化是典型应用之一。传统公交线路设计往往依赖经验决策，难以深入客观反映客流特点，而通过对大量卫星定位和智能卡等实时运营数据的采集与归纳，可以准确掌握不同区域和时间段的客流量变化模式，这为公交公司提供了重要决策参考，即根据数据结果科学识别高客流区域和时段，积极优化线路布局与频率设置，提高公交服务效率。

同样，交通拥堵是目前许多城市共同面临的问题。大数据技术为堵点分析与预测提供了全新思路。通过对车载传感器、路侧监测设备等多源交通数据的挖掘处理，可以自动构建现实交通状况模型。再基于历史数据，运用深度学习等方法对未来情况进行预测。这些预测结果有助于交通管理部门提前对交通进行干预，如调度排队车辆或疏导车流，从而有效缓解拥堵。

3.5.2 交通数据监测

大数据在交通基础设施监测领域的应用，正在成为一种新的变革性趋势。与传统单一数据源的监测方式不同，大数据监测利用物联网技术，整合来自车载设备、路侧设施以及第三方平台等多种传感器的数据，这意味着监测范畴不再局限于少量固定设备，而是形成了全面覆盖的三维监测网络。这一突破性变化解决了传统监测中监测范围和监测盲区的问题。另外，大数据监测还可以对原始监测数据进行深层次的计算与分析。例如，通过人工智能手段识别车辆类型，并产生车辆运行轨迹与消费行为等可观察但前所未有的监测指标，进一步丰富交通管理获得的决策依据。此外，大数据利用集群计算和分布式存储技术，可以实现对庞大监测数据实时采集、传输与计算的"一体"解决，极大提升了监测的实时性，与之前依靠少量设备定点运作的传统模式形成鲜明对比。

复习思考题

1. 下列各项不属于大数据技术的发展历程的是(　　)。

   A. 成熟期　　B. 萌芽期

   C. 大规模应用期　　D. 迷茫期

2. 下列各项不属于 Hadoop 框架特性的是(　　)。

   A. 成本高　　B. 高可靠性

   C. 高容错性　　D. 在 Linux 平台上运行

3. 交通基础设施智能化建设过程中会产生哪些类型的数据?

4. 如何将不同类型的大规模交通基础设施数据进行存储?

5. 分析海量交通基础设施数据有哪些实际价值和社会效益。

部分思考题答案

1. D

2. A

CHAPTER 4 第4章

云计算概述

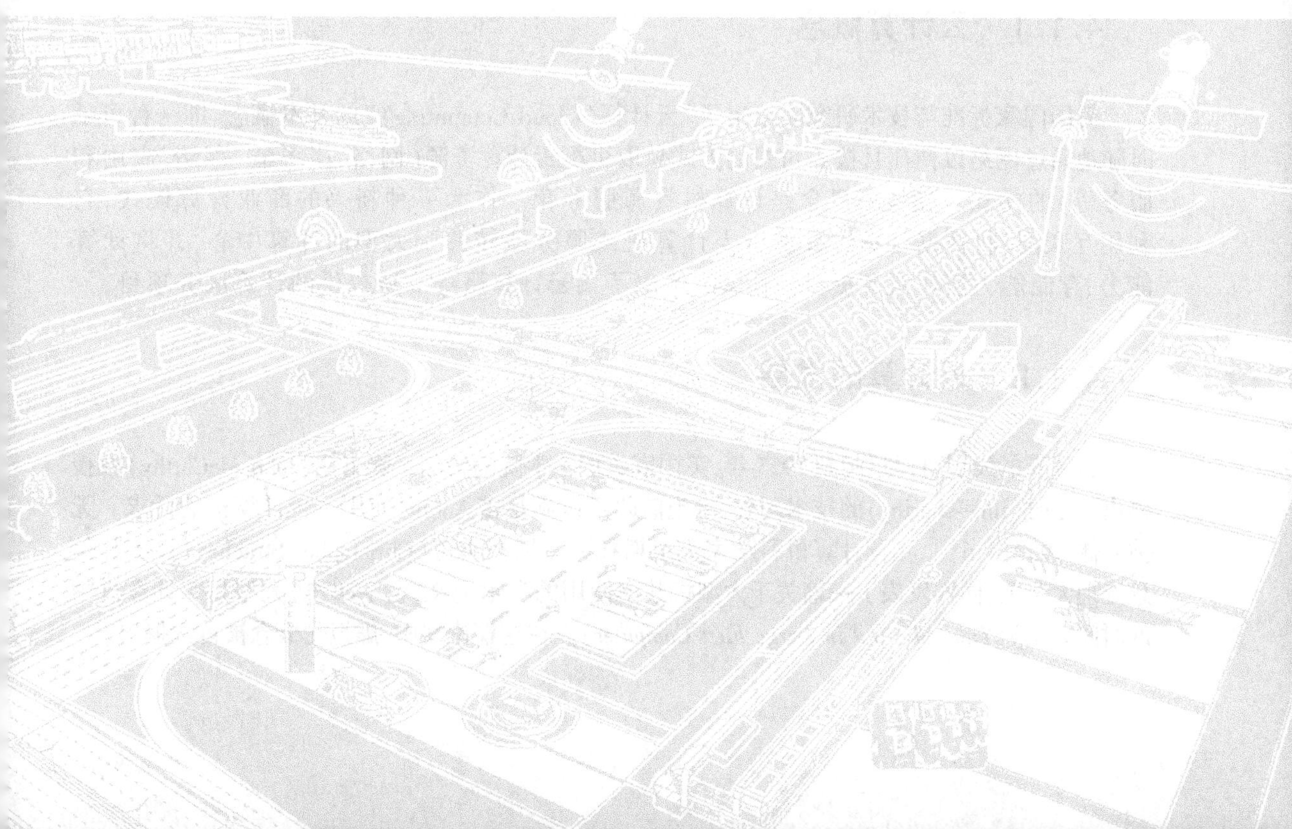

学习的目的与任务

通过本章学习,了解云计算在交通基础设施中的应用,掌握云计算的服务类型、部署形式、关键技术及其在各个领域中的成熟应用。

云计算给人们带来的便利已深入交通运营的各个环节。在硬件方面,车上和基站中广泛部署的传感器、摄像头和其他设备,通过物联网将大量交通数据上传至云平台处理和存储;在软件方面,现代交通基础设施运用的各类监控软件、运营调度软件、养护维修软件均实现了云化升级;在新兴产业方面,近些年来大数据、云计算、人工智能、虚拟现实、增强现实、区块链、机器人等新兴领域的发展,正逐渐成为推动我国软件和信息技术服务业发展的新动能。可见,物联网、大数据分析、人工智能等技术的云化部署,正在掀起交通基础设施数字智能化的新浪潮。随着5G和其他新一代信息技术的发展,交通云计算将成为网络车间、智慧城市乃至智慧交通的关键支撑平台。"软件有云,硬件有云,产业有云",云计算已无处不在。对于实现交通基础设施智能化转型升级,云计算平台的部署将起到举足轻重的作用。由于很多非计算机专业的人员对云计算仍处于一知半解的状态,本章将对云计算的概念、服务类型、部署形式、关键技术、常见应用等进行简单介绍。

4.1 云计算

4.1.1 云计算概念

美国国家标准与技术研究院给出了"云计算(Cloud Computing)"的基本概念,即一种可随时随地通过网络以便捷且按需付费的方式获取可配置计算资源(网络、服务器、存储、应用和服务等)的模式。其核心概念是计算机资源服务化。作为一种新兴的商业计算模式,它利用互联网,将数据处理过程从个人计算机或服务器转移到大型的计算中心,并将计算能力、存储能力当作服务提供。图4-1给出了某云计算服务商所提供的计算服务项目。

4.1.2 云计算的发展

云计算的发展可以追溯到1955年,美国麻省理工学院的约翰·麦卡锡(John McCarthy)教授提出了分时(time-sharing)的技术理念,希望借此可以满足多人同时使用一台计算机的诉求。无独有偶,1959年6月,英国计算机科学家克里斯托弗·斯特雷奇(Christopher Strachey)在国际信息处理大会上,同样发表了一篇关于大型机共享使用的学术论文,名字叫作《大型高速计算机中的时间共享》(*Time Sharing in Large Fast Computer*)。在这篇论文中,虚拟化概念被首次提出。

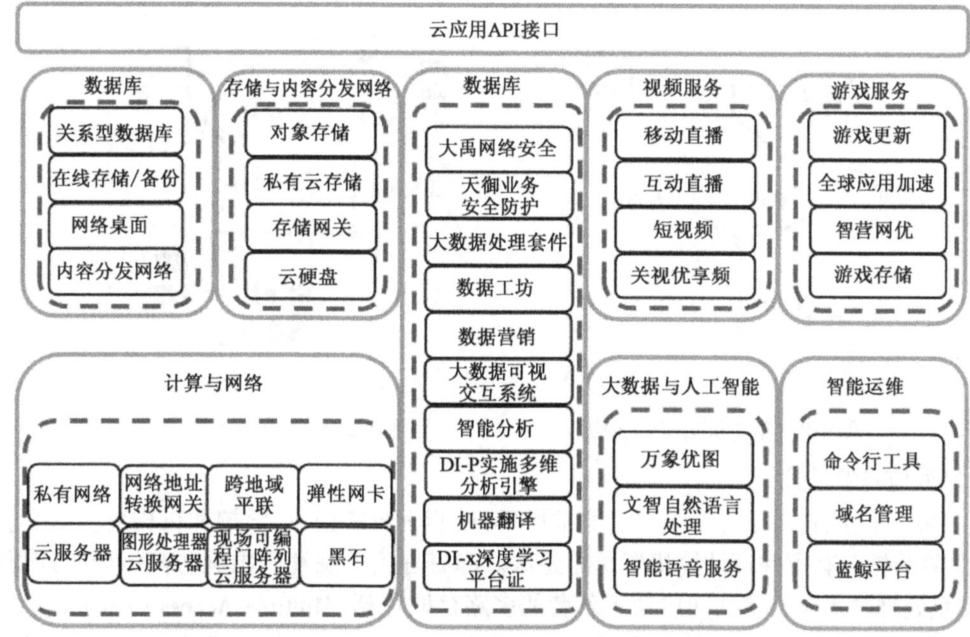

图 4-1　某云计算服务商所提供的服务项目

1984 年,Sun 公司的联合创始人约翰·盖奇(John Gage)说出了“网络就是计算机”的名言,用于描述分布式计算技术带来的新世界,现今的云计算正在将这一理念变成现实。1996 年,网格计算开源网格平台 Globus 起步。

1998 年,威睿(VMware)成立并首次引入 X86 的虚拟技术,开启了虚拟化技术的新纪元,从此云计算技术开始由概念逐渐走向现实。

1999 年,马克·安德森(Marc Andreessen)创建 LoudCloud,这是第一个商业化的基础设施即服务平台(Infrastructure as a Service,IaaS)。2000 年,平台即服务(Platform as a Service,PaaS)兴起。2004 年,Web2.0 会议举行,Web2.0 成为技术流行词。2005 年,亚马逊(Amazon)宣布云计算平台“Amazon Web Services(AWS)”成立并对外提供服务。2006 年,亚马逊相继推出在线存储服务(S3)和弹性计算云(EC2)等云服务。

2006 年,谷歌(Google)总裁埃里克·施密特(Eric Emerson Schmidt)在搜索引擎大会(SES San Jose 2006)上首次提出“云计算”概念,将其带到大众面前,从此,云计算成为 IT 领域最令人关注的话题之一。2007 年 11 月,国际商业机器公司(IBM)首次发布云计算商业解决方案,推出“蓝云(BlueCloud)”计划。2008 年 9 月,谷歌推出浏览器“Google Chrome”,将浏览器彻底融入云计算时代。

基于以上回顾,云计算的发展主要经过了四个阶段,依次是电厂模式阶段、效应计算阶段、网格计算阶段和云计算阶段。

(1)电厂模式阶段

1961 年,约翰·麦卡锡提出“效应计算”这个概念,其核心借鉴了电厂模式,具体的目标是整合分散在各地的服务器、存储系统以及应用程序来共享给多个用户,让人们使用计算机资源就像使用电力资源一样方便,并且根据用户使用量来收费,具体如图 4-2、图 4-3 所示。

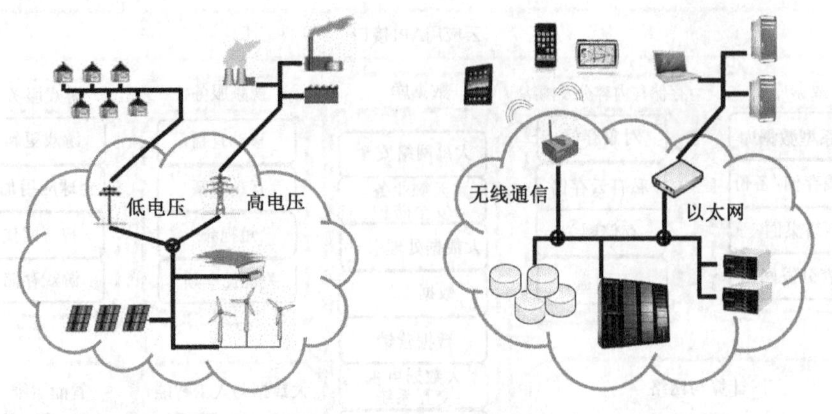

图 4-2　集中供电工作架构　　图 4-3　云计算工作架构

(2)效应计算阶段

在 1960 年左右,由于计算机设备非常昂贵,远非一般的企业、学校和机构所能承受,于是很多 IT 界的精英有了共享计算机资源的想法。麻省理工学院和美国国防高级研究计划局下属的信息处理技术办公室共同启动了著名的多路存取计算(Multiple Access Computing,MAC)项目,目标就是开发"多人可同时使用的电脑系统"。实际上,电厂模式阶段及效应计算阶段就是"云"及"虚拟化"技术的雏形阶段。

(3)网格计算阶段

通俗来讲,网格计算就是化大为小的一种计算,研究如何把一个需要巨大的计算能力才能解决的问题分成许多小部分,然后把这些小部分分配给许多低性能的计算机来处理,最后把这些结果综合起来解决大问题。然而,由于当年网格计算在商业模式、技术和安全性方面存在不足,其并没有在工程界和商业界取得预期的成功。

(4)云计算阶段

云计算的核心与效用计算和网格计算非常类似,目标是使 IT 资源的使用像电力资源一样方便且成本低廉。但与之不同的是,在技术方面,数据中心技术的快速发展、宽带网络的普及,以及大规模分布式系统、虚拟化技术、开源软件的成熟为云计算的发展奠定了基础;在应用方面,互联网的大规模应用,三网融合、人工智能的不断发展,物联网的不断完善等为云计算的发展提供了广阔的市场环境。在以上各种因素的推动下,云计算迎来了前所未有的发展。

4.1.3　传统 IT 建设与云计算 IT 建设的区别

作为一种新兴的 IT(信息技术)模式,云计算的 IT 建设与传统的 IT 建设有一些不同。传统的 IT 建设主要有以下特点:

(1)不开放硬件平台,软件与硬件捆绑。

(2)烟囱式系统建设,IT 成本高(硬件/能耗/管理)。

(3)建设周期长,无法快速提供与部署。

(4)每个系统按峰值规模建设,资源利用率低。

云计算模式下的 IT 建设的特点是：

(1)开放硬件平台,软件与硬件解耦。

(2)分布式设计,软件定义存储。

(3)IT 建设由传统的 IOE 架构逐步转向互联网架构。

(4)集中资源池是共享、虚拟化、分时共享的。

(5)动态调配、弹性伸缩、低成本、标准化硬件。

(6)芯片、新介质取得突破,中央处理器(CPU)、硬盘、网络性能大幅提升等为 IT 架构的水平化演进提供了技术支撑。

4.1.4　云计算的基本特征

云计算具有以下 5 个基本特征。

(1)共享的资源池

云计算资源池化后能够通过多租户形式共享给多个用户,使用户能够根据需求动态分配及再分配各种物理和虚拟资源。用户通常不知道正在使用的计算资源的确切位置,但是在自助申请时允许指定大概区域范围,如国家、省或数据中心等。

(2)快速的伸缩性

用户能方便、快捷地按需获取和释放计算资源,即需要时能快速获取资源,扩展计算能力;不需要时能迅速释放资源,降低计算能力,减少资源的使用费用。用户所需计算资源变化较大时,云端建设方案可采用可伸缩性策略,根据用户数量规模来增减计算资源。

(3)按需的自助服务

用户不需要或极少需要云服务提供商的协助即可单方面按需获取云端的计算资源。

(4)泛在的网络访问

用户可以随时随地使用云终端设备接入网络并使用云端的计算资源。常见的云终端设备包括手机、平板、笔记本电脑、台式电脑等。

(5)可度量的服务

用户使用云计算资源需付费。计量方法有很多,如根据某类资源(存储、CPU、内存、网络带宽等)的用量和时长计费,也可以按照使用次数计费。云服务提供商需要监视和控制资源的使用情况,并及时输出各种资源的使用报表,做到供需双方费用结算清楚明白。

4.2　云计算服务类型

云计算服务,即云服务,指可以拿来作为服务使用的云计算产品。云计算服务商为满足不同用户的需求,将云计算的计算资源分块出租。传统 IT 系统的逻辑组成分为四层,自下而上依次为基础设施层、平台软件层、应用软件层及数据信息层。云计算是一种新的计算资源使用模式,但云端本身还是 IT 系统,所以逻辑上同样可以划分为这四层,其中底部三层为云计算服务的计算资源。目前对于云服务主要按照计算资源划分,分为以下三种:基础设施即服务(Infrastructure as a Service,IaaS)、平台即服务(Platform as a Service,PaaS)和软件应用即服务(Software as a Service,SaaS),如图4-4所示。

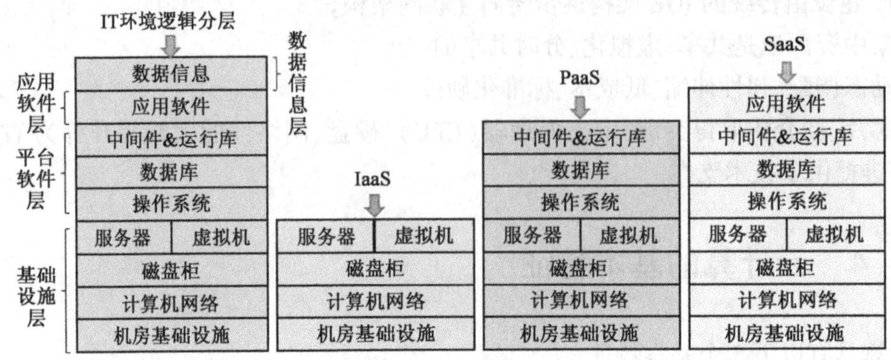

图4-4 云服务的三种模式

4.2.1 基础设施即服务——IaaS

IaaS是指把IT系统的基础设施层作为服务出租出去,如图4-5所示。由云服务提供商把IT系统的基础设施建设好,并对计算设备进行池化,然后直接对外出租硬件服务器、虚拟主机、存储或网络设施(负载均衡器、防火墙、公网IP地址及诸如DNS等基础服务)等。云服务提供商提供机房基础设施、计算机网络、磁盘柜、服务器和虚拟机,租户自己安装和管理操作系统、数据库、中间件、运行库、应用软件和数据信息,所以IaaS云服务的用户一般是掌握一定技术的系统管理员。

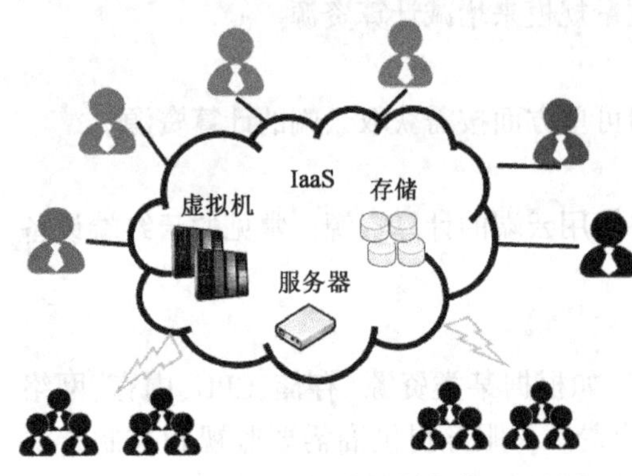

图4-5 IaaS服务模式

(1)IaaS的优势

①低成本。企业不需要购置硬件,省去了前期的资金投入;IaaS按照实际使用量进行收费,不会产生闲置浪费;IaaS可以满足突发性需求,企业不需要提前购买服务。

②免维护。IT资源运行在IaaS服务中心,企业不需要进行维护,维护工作由云计算服务提供商承担。

③伸缩性强。IaaS只需几分钟即可给用户提供一个新的计算资源,而传统的企业数据中心则需要数天甚至更长时间才能完成;IaaS可以根据用户需求来调整资源的大小。

④支持应用广泛。IaaS主要以虚拟机的形式为用户提供IT资源,可以支持各种类型的操作系统。因此,IaaS可以支持的应用的范围非常广泛。

⑤灵活迁移。虽然很多IaaS服务平台都存在一些私有的功能,但是随着云计算技术标准的诞生,IaaS的跨平台性能将得到提高。运行在IaaS上的应用将可以灵活地在IaaS服务平台

间进行迁移,不会被固定在某个企业的数据中心。

(2)IaaS 的应用

①备份和恢复服务。

②计算服务:提供弹性资源。

③内容分发网络(CDN):把内容分发到靠近用户的地方,对于一些基于网页的应用系统,为了提高用户体验,往往在各个地方(人口稠密的地方)设立分支服务器。当用户浏览网页时,被重新定向到本地 Web 服务器,所以数据必须实时分发并保持一致。

④服务管理:管理云端基础设施平台的各种服务。

⑤存储服务:提供用于备份、归档和文件存储的大规模可伸缩存储。

目前,典型的 IaaS 产品或服务包括:Amazon 的 EC2 弹性计算云、Google 公司的 Google Computer Engine、阿里巴巴的阿里云等。可步署 IaaS 平台的软件有:美国国家航空航天局 NASA 与 Rackspace 公司合作的 OpenStack、加州大学 Santa Barbara 分校研发的 Eucalyptus 等。

4.2.2 平台即服务——PaaS

PaaS 是指把 IT 系统的平台软件层作为服务出租,如图 4-6 所示。相较于 IaaS 云服务提供商,PaaS 云服务提供商要做的事情增加了,他们需要准备机房,布好网络,购买设备、安装操作系统、数据库和中间件,即把基础设施层和平台软件层都搭建好,然后在平台软件层上划分"小块"并对外出租。PaaS 云服务提供商也可以从其他 IaaS 云服务提供商那里租赁计算资源,然后自己部署平台软件层。另外,为了让用户能直接在云端开发调试程序,PaaS 云服务提供商还需要安装各种开发和调试软件等。用户不需要管理或控制底层的云基础设施(网络、服务器、操作系统、存储等),但能控制部署的应用程序,也可能控制运行应用程序的托管环境配置。

图 4-6 PaaS 服务模式

(1)PaaS 的优势

①开发环境友好。通过提供集成开发环境(Integrated Development Environment,IDE)和软件开发包(Software Development Kit,SDK)等工具来让用户不仅能够在本地方便地进行应用的开发和测试,而且能够进行过程部署。

②服务丰富。PaaS 平台会以应用程序接口(Application Programming Interface,API)的形式将各种各样的服务提供给上层的应用。系统软件(例如数据库系统)、通用中间件(如认证系统、高可靠消息队列系统)、行业中间件(如 OA 流程、财务管理等)都可以作为服务提供给应用开发者使用。

③管理和控制精细。PaaS 能够提供应用层的管理和监控,能够观察应用运行的情况和具体数值(如吞吐量和响应时间等)来更好地衡量应用的运行状态,还能够通过精确计量应用所消耗的资源进行计费。

④弹性高。PaaS 平台会自动调整资源来帮助运行于其上的应用更好地应对突发流量。

当应用负载突然提升的时候,平台会在很短时间内(1min 左右)自动增加相应的资源来分担负载。当负载高峰期过去以后,平台会自动回收多余的资源,避免资源浪费。

⑤多租户机制。PaaS 平台的多租户机制可以更经济地支撑海量数据规模,还能够提供一定的可定制性以满足用户的特殊需求。

⑥整合率高。一台服务器能够承载成千上万个应用。

(2)PaaS 的应用

①商业智能:用于创建仪表盘、报表系统、数据分析等应用程序的平台。

②数据库:提供关系型数据库或者非关系型数据库服务。

③开发和测试平台。

④软件集成平台。

⑤服务管理:管理云端基础设计平台的各种服务。

⑥应用软件部署:提供软件部署的依赖环境。

典型的 PaaS 平台服务包括 Saleforce 公司的 force. com 平台、Google 的 App Engine、Microsoft 的 Azure 等。

4.2.3 软件即服务——SaaS

SaaS 是指提供给客户的服务,是服务提供商运行在云计算基础设施上的应用程序(如浏览器),用户可以在各种设备上通过客户端界面访问,如图 4-7 所示。SaaS 服务提供商负责 IT 系统的底三层(基础设施层、平台软件层和应用软件层),即整个 T 层,最后直接把应用软件出租。用户不需要管理或控制任何云计算基础设施。

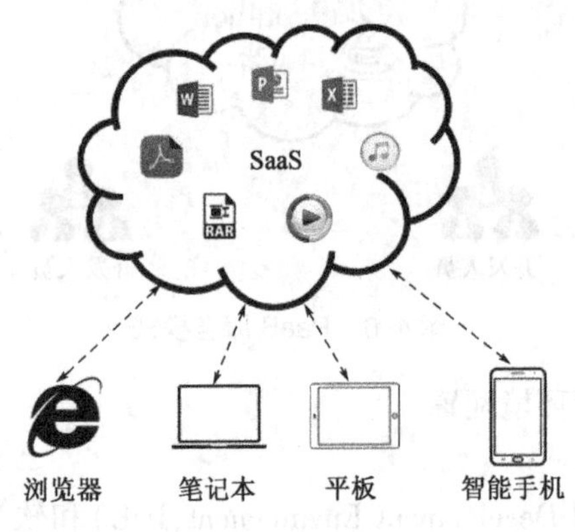

图 4-7 SaaS 服务模式

(1)SaaS 的优势

①使用简单。通过浏览器访问,只要有网络,就可以随时随地通过多种设备使用 SaaS 服务。

②支持公开协议。现有的 SaaS 服务都是基于公开协议的,如 HTTM4 和 HTTM5 等。用户只需要使用常用的浏览器就可以使用 SaaS 服务。

③成本低。使用 SaaS 服务后,用户无须在使用前购买昂贵的许可证,省去了先期投入,只需要在使用过程中按照实际使用付费,成本远远低于桌面版。

④安全保障。SaaS 服务提供商都提供了比较高级的安全机制,不仅为存储在云端的数据提供加密措施,还通过 HTTPS 协议确保用户和云平台之间的通信安全。

(2)SaaS 的应用

①电子邮件和在线办公软件:用于处理邮件、文字排版、电子表格和演示文档的应用软件,如谷歌邮箱、网易邮箱、微软 Office 365 在线办公、谷歌文档等。

②商业智能:用于创建仪表盘、报表系统、数据分析等应用程序的平台。

③计费开票软件:用于处理客户有关使用和订阅产品及服务所产生的账单。

④客户关系管理系统(CRM):功能涵盖从客户呼叫中心到销售自动化的各种应用程序。

⑤协作工具:能够促进企业内部或者跨企业的团队中的成员协作。

⑥内容管理系统(CMS):用于管理数字内容,包括文本、图形图像、Web 页面、业务文档、数据库表单、视频、语音、XML 文件等,引入版本控制、权限管理、生命周期等。

⑦财务软件。

⑧人力资源管理系统。

⑨销售工具。

⑩社交网络:如微信、WhatsApp、LINE 等。

4.3　云计算部署形式及应用

云计算根据服务的用户类型不同分为 4 种部署模型,分别是私有云、社区云、公有云和混合云。

4.3.1　私有云

如果一个云端的所有用户只来自一个特定的单位组织,该云端称为私有云。私有云的核心特征是云端资源只供一个企事业单位内的员工使用,其他人或机构都无权租赁并使用云计算资源,其架构形式如图 4-8 所示。

私有云的部署主要分为两部分,一是本地私有云的部署,二是托管私有云的部署。本地私有云的云端部署在企业内部,私有云的安全及网络安全边界定义都由企业自己实现并管理,一切由企业掌控,所以本地私有云适用于企业关键业务。托管私有云是把云端托管在第三方机房或者其他云端,计算设备可以自己购买也可以租用第三方云端的计算资源,用户所在的企业一般通过专线与托管的云端建立连接,或者利用叠加网络技术在互联网上建立安全通道(VPN),以便降低专线费用。但是,由于云端托管在公司之外,企业自身不能完全控制其安全性,托管私有云适用于企业非关键业务。

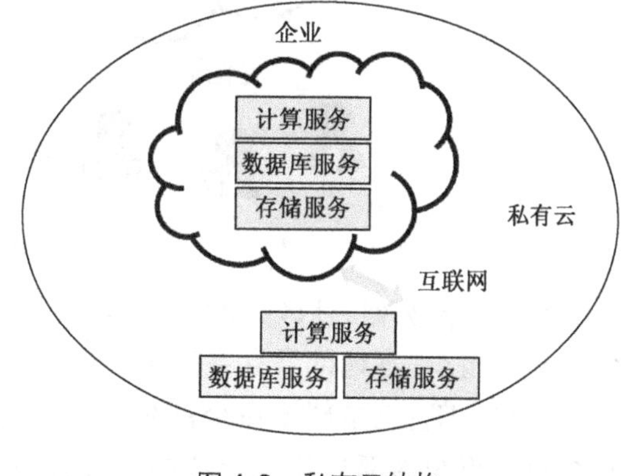

图 4-8　私有云结构

私有云的规模可大可小,小的可能只有几个或者十几个用户,大的会有数万个甚至几十万个用户,但过小的私有云不具备成本优势且计算资源配置的灵活性无法体现。企业私有云办公现在被很多中大型单位组织采用,这些企业用云端替换传统的办公计算机,程序和数据全部放在云端,并为每一个员工创建一个登录云端的账号。相比传统办公,企业私有云的优势如下:

①办公场所自由。员工可在任何云终端登录并工作,实现移动办公。

②数据安全性较高。有利于保护公司文档资料。

③维护方便。终端是纯硬件,不用维护,只要维护好云端即可。

④成本较低。购买费用低,使用成本低,终端使用寿命长,软件许可证费用降低。

⑤稳定性高。对云端集中监控和布防,更容易监控病毒黑客等入侵。

私有云一般用于金融、电信、政府、能源、教育、交通等大中型企业。

4.3.2 社区云

如果一个云端的所有用户来自两个或两个以上特定的单位组织,该云端称为社区云。社区云的核心特征是云端资源只给两个或者两个以上的特定单位组织内的员工使用,除此之外的人和机构都无权租赁和使用云计算资源,其架构如图4-9所示。

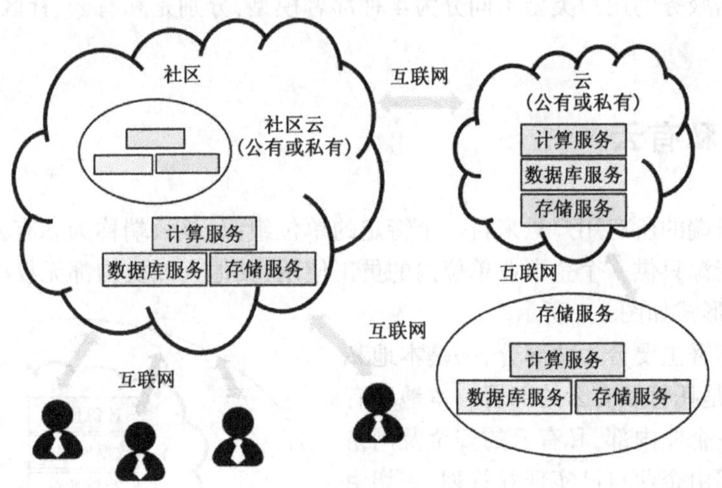

图4-9 社区云结构

与私有云类似,社区云的云端也有两种部署方法,即本地部署和托管部署。由于存在多个单位组织,本地部署存在三种情况:一是只部署在一个单位组织内部;二是部署在部分单位组织内部;三是部署在全部单位组织内部。如果云端部署在多个单位组织内部,那么每个单位组织内部只部署云端的一部分,或者作为灾备。托管部署类似于托管私有云,即将云端部署到第三方,只不过用户来自多个单位组织,所以托管方必须制定切实可行的共享策略。

社区云的优势在于方便统一管理及资源整合。参与社区云的单位组织具有共同的要求,如云服务模式、安全级别等,其中具备业务相关性或者隶属关系的单位组织建设社区云的可能性更大一些,一方面能降低各自的费用,另一方面能共享信息。社区云一般用于一个特定范围的群体。例如,深圳地区的酒店联盟组建酒店社区云,以满足数字化客房建设和酒店结算的需要;上海浦东新区组建社区云,进行统一社区管理;一家大型企业牵头与其提供商共同组建社区云;医院组建区域医疗社区云共享病例和各种检测化验数据;等等。

4.3.3　公有云

如果一个云端的所有用户来自社会公众，该云端称为公有云。公有云的核心特征是云端资源面向社会大众开放，符合条件的任何个人或者单位组织都可以租赁并使用云端资源，其架构如图 4-10 所示。

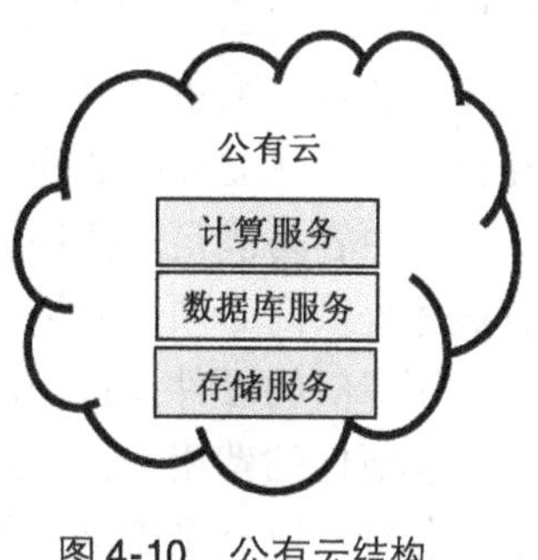

图 4-10　公有云结构

公有云的优势在于成本低、扩展性好，缺点是对于云端的资源比较缺乏控制、保密数据的安全性低、网络性能和匹配性难以保障。深圳超算中心、亚马逊、微软的 Azure、阿里云等均为著名的公有云服务供应商。公有云适用于小微、创新型企业。

4.3.4　混合云

如果一个云端的资源来自两类或两类以上的云，该云端称为混合云。目前绝大多数混合云由企事业单位主导，以私有云为主体，并融合部分公有云资源，也就是说，混合云的用户主要来自一个或几个特定的单位组织，其架构如图 4-11 所示。

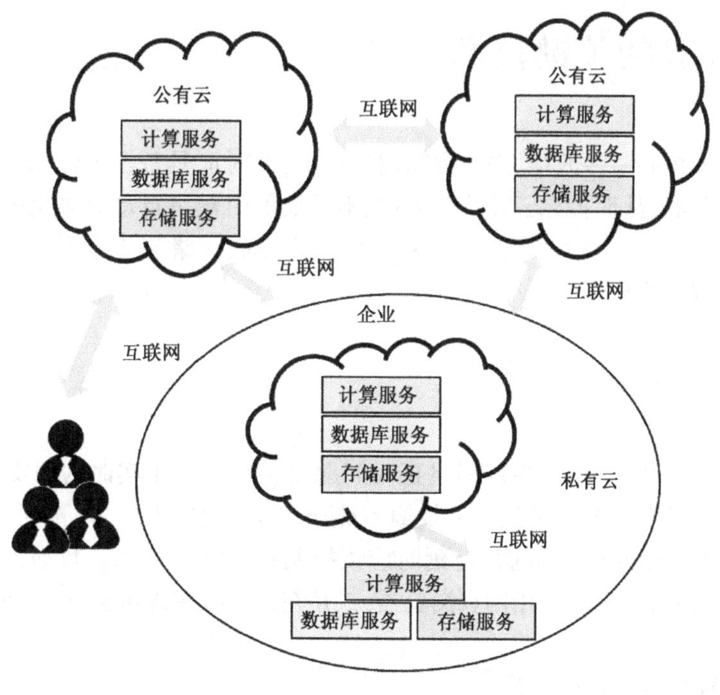

图 4-11　混合云结构

混合云具有多种组合方式，是多云大类中最主要的形式。公/私混合云同时具备公有云的资源规模和私有云的安全特征，是混合云中最主要的形式。目前，私有云和公有云构成的混合云占比达到55%。

混合云的优势在于：

①架构灵活性高。可以根据负载的重要性灵活分配最适合的资源。例如，将内部重要数据保存在本地云端，而把非机密功能移动到公有云区域。

②技术方面更容易掌控、安全性高。具备私有云的保密性，同时具有公有云的抗灾性，可在公有云上建立虚拟的应急灾备中心或者静态数据备份点。

③更容易满足规范性要求。云计算审计员对多用户的审查比较严格，他们往往要求云计算服务提供商必须为云端的某些（或者全部）基础设施提供专门的解决方案。而这种混合云融合了专门的硬件设备，提高了网络安全性，更容易通过审计员的合规性检查。

④更低的费用。租用第三方资源来平抑短时间内的季节性资源需求峰值，相比自己配置最大化资源以满足需求峰值的成本，这种短暂租赁的费用要低得多。

混合云可以做多个层面的事情，基本可以分为数据层面和业务负载层面。在这两个层面，一些典型的应用场景如下：

①数据备份。将私有云的数据备份到更便宜和可靠的公有云上。

②灾备。在私有云出现故障时，由公有云上的灾备环境提供服务。

③负载延伸。当私有云无法提供新增负载所需要的资源时，在公有云上创建虚拟主机来支持新的负载，当负载下降后再删除这些虚拟主机回到纯私有云。

4.4 云计算的关键技术

作为云计算的核心——云端，必须紧贴用户需求，同时应具备水平伸缩性，即在需要的时候可随时增加服务器，从而扩充云计算能力；在不需要的时候可自动让多余的机器睡眠，以达到节能减排的目的。为实现这一目的，云端采用了云布局、存储、虚拟化等技术，接下来对云端的具体技术进行进一步阐述。

4.4.1 云布局

提升云端软件的用户体验，降低网络延时问题是关键。对于实时的强交互软件（强交互软件是指在运行时需要实时实地进行大量输入/输出操作，且输入后马上能看到输出结果的软件，如聊天软件等），云端至终端的往返延时应该控制在100ms之内。目前，云化实时强交互软件的途径主要有两种：一是采用网页浏览器；二是在人口稠密地区建立云端分部。云布局的原则如下。

(1)“让计算离用户最近”原则

降低延时的方法就是减少终端与云端的网络路径上的转发节点数及提高网络设备的转发速度，但直接修改广域网的网络难度较大，唯一能做的就是把云端建在离用户最近的地方，即“让计算离用户最近”原则。这里的“近”不是指地理位置上的近，而是指网络延迟小。例如，美国的国际接入中心与中国的广州,地理位置虽相距很远,但网络延迟却很低,因为连通两地的是太平洋海底光缆,中途转发设备极少,几乎没有延迟,所以相距很“近”。

在国内,一个较完美的布局是:在北京、上海、广州、沈阳、南京、武汉、成都及西安等人口稠密地区部署云端分部。这些云端各自独立,没有从属关系,但它们都与存储云建立联系。在租户登录时,会自动引导其进入最“近”的云端。例如,用户张三平时都是在重庆,工作时登录重庆的云端,而当他出差去北京时,就登录北京的云端。这样,各个计算云与存储云之间的数据传输在后台批量进行,而计算云与终端之间是前台的、批量的或者实时的,对于租户来说,大大降低了网络延迟。

(2)“让内容离用户最近”原则

相比于“让计算离用户最近”原则,内容分发网络(Content Delivery Network,CDN)可以理解为“让内容离用户最近”。用户就近访问网络内容(如网站、媒体等)有两个好处:一是用户体验好,二是传输成本低。阿里云的 CDN 如图 4-12 所示。

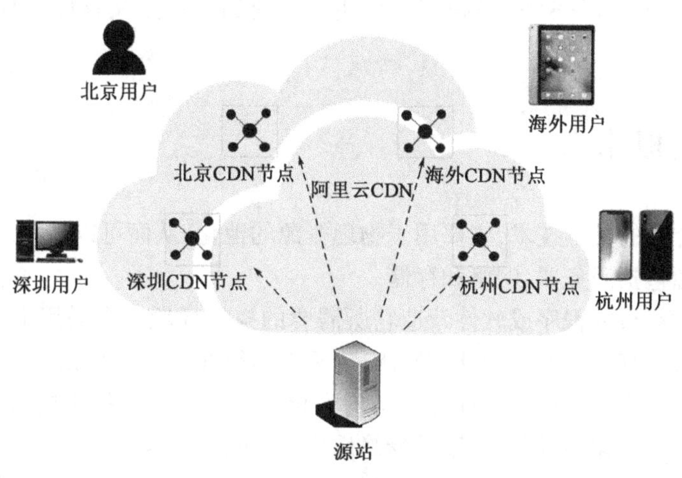

图 4-12　阿里云 CDN

(3)其他原则

考虑到机房的能源消耗,除了“让计算离用户最近”和“让内容离用户最近”的布局原则外,还有“离能源丰富的地方最近”及“离寒冷的地方最近”原则。著名的云计算中心有:位于莫斯科的 CloudDC 数据中心、Facebook 的瑞典吕勒奥数据中心、微软的海底数据中心及谷歌的芬兰数据中心等。

4.4.2　存储

云计算的精髓就是把有形的产品(网络设备、服务器、存储设备、软件等)转化为服务产品,并通过网络让人们远距离在线使用。而计算资源主要指服务器、存储和网络。存储一方面是虚拟内存的组成部分,另一方面也是软件、数据的存放场所。目前的技术已能够做到将存储与 CPU 分离,该技术有很多好处,如可以共享存储、计算机可以无状态、便于计算资源横向伸

缩等。根据存储与CPU分离的程度,存储可以分为以下三种类型:

①外部存储:存储和CPU不在同一台计算机上,它们通过以太网线或者光纤与计算机相连。

②直接存储:存储模板直接插在主板上,通过PATA、SATA、mSATA、SAS、SCSI或者PCI-E接口总线通信。传统的机械硬盘一般采用PATA、SATA、SAS、SCSI接口,相较于外部存储,直接接插主板的机械硬盘的速度优势越来越不明显,但是固态硬盘(如mSATA、PCI-E)的速度优势还是比较明显的,尤其是PCI-E的固态硬盘,代表着业界顶尖的存储技术。

③分布式存储:通过分布式文件系统把各台计算机上的直接存储整合成一个大的存储,对参与存储的每台计算机来说,既有直接存储部分,也有外部存储部分,所以说分布式存储融合了前面两种存储方案。由于需要采用分布式文件系统来整合分散于各台计算机上的直接存储,使之成为单一的名字空间,所涉及的技术、概念和架构非常复杂,而且要消耗额外的计算资源,服务器存储局域网(Server SAN)逐渐被数据中心采用,而且发展很快。Ceph分布式存储系统就属于Server SAN,被很多云使用。目前的软件定义存储(SDS)概念就是分布式存储。

4.4.3 虚拟化

虚拟化是云计算的关键技术,主要用于物理资源的池化,从而可以将物理资源弹性地分配给用户。物理资源包括服务器、网络和存储。

虚拟化是指为运行的程序或软件营造它所需要的执行环境。在采用虚拟化技术后,程序或软件的运行不再独享底层的物理计算资源,它只是运行在一个完全相同的物理计算资源中,而底层的影响可能与之前所运行的计算机结构完全不同。该技术的主要目的是对IT基础设施和资源管理方式的简化,其用户可以是最终用户、应用程序、操作系统、访问资源或与资源交互相关的其他服务。由于虚拟化能降低用户与资源之间的耦合程度,用户不再依赖于资源的特定实现,因此在对用户的管理工作影响最小的基础上,可以通过手工、半自动或者服务级协定(SLA)等来实现对资源的管理。

1)虚拟化的优势

(1)集中化管理

虚拟化使得管理员不用再跑上跑下地处理每个工位上的主机,所有日常操作均远程完成。复制、快照等功能更为管理员的日常维护提供了有力的工具。

(2)提高硬件利用率

虚拟化从两方面提高了硬件的利用率:①一般来说,企业IT的物理资源利用率都是非常低的,因为所有的物理资源必须满足当前甚至几年以后的“峰值”计算需求。而在出现虚拟化以后,可以通过可动态扩展/调整来解决“峰值”的问题,让一台物理机器运行多个虚拟机,在利用这额外的“闲时”容量的同时不必增加大量的物理资源;②在没有虚拟化之前,为了保证应用的可靠性和可用性,避免它们之间的冲突和相互影响,每个物理机一般不会运行多个重要应用,也就是说物理资源一般得不到有效的利用。而虚拟化的隔离特性很好地解决了该问题,从而提高了硬件的利用率。

(3)动态调整机器/资源配置

虚拟化把操作系统和应用程序与服务器硬件分离开来,大大增强了其灵活性;不用关闭及拆卸物理服务器,就可以为虚拟机增加或减少资源。

(4)高可靠性

虚拟化通过部署额外的功能和方案,带来具有透明负载均衡、动态迁移、快速复制等高可靠性服务器的应用环境,减少服务器或应用系统的停机时间,提高可靠性。

(5)降低总体成本

虚拟化无须投资昂贵的设备,就可以让内部的专业人员轻松访问各种软件和服务器。此外,虚拟化的价格也是可以接受的,因为无须直接购买设备,这意味着可以节省更多的开销。用户只需向拥有和维护服务器的第三方支付虚拟化服务费用,无须支付额外的成本。

(6)降低终端设备数量

通过虚拟化技术将多个网管系统整合到一台主机上,依旧可以保证一套系统一台服务器。从而在不影响网管业务使用的基础上,有效减少硬件设备的数量,降低电力资源的消耗,减少设备所需机架位置空间,避免设备数量增长造成的机房环境改造。

(7)其他

除此之外,虚拟化技术在安全性、可用性、可扩展性方面也有不错的改进。

2)虚拟化的应用

(1)服务器虚拟化

服务器虚拟化又称网络虚拟架构,是指将一台物理的计算机软件环境分割为多个独立分区,每个分区均可以按照需求模拟出一台完整计算机的技术。服务器虚拟化分为两个方向:一是将服务器物理资源抽象成逻辑资源,让一台服务器变成几台甚至上百台相互隔离的虚拟服务器,如分区是 IaaS 的基础;二是将若干个分散的物理服务器虚拟成一个大的逻辑服务器,如网络技术。服务器虚拟化分类具体如图 4-13 所示。

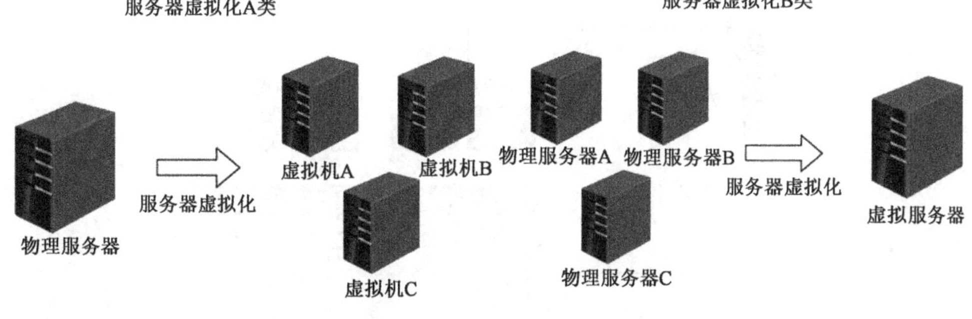

图 4-13　服务器虚拟化分类

(2)存储虚拟化

存储虚拟化是指将多个存储介质模块(如硬盘、RAID)通过一定手段汇总在一个存储池中进行集中管理。从主机和工作站的角度看到的存储模块即一个分区或卷，这样将多种、多个存储设备进行统一管理，实现了为使用者提供大容量、高数据传输性能的存储系统的目的。存储虚拟化具体如图 4-14 所示。

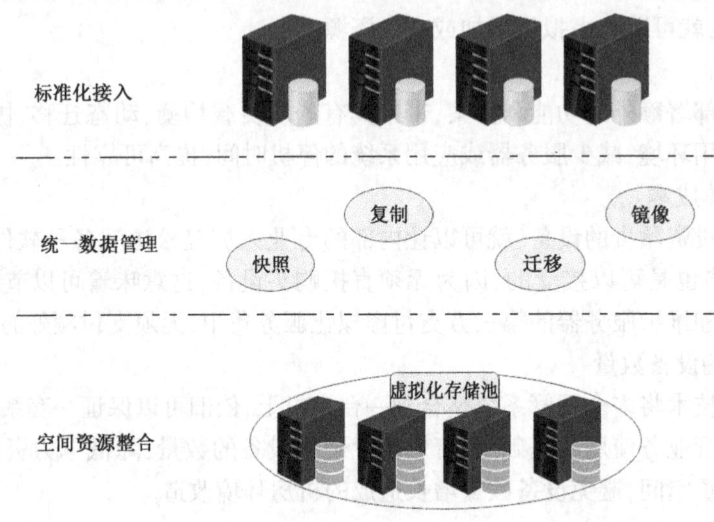

图 4-14 存储虚拟化

(3)桌面虚拟化

桌面虚拟化是指将用户的桌面与使用的终端进行分离及解耦。利用桌面虚拟化技术，所有应用客户端系统一次性地部署在数据中心的一台专用服务器上，该服务器位于应用服务器之前。用户可以随时随地通过网络访问个人的桌面系统。桌面虚拟化具体如图 4-15 所示。

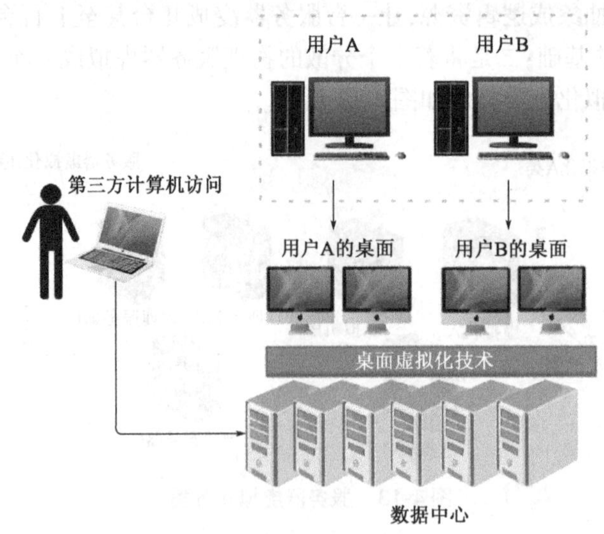

图 4-15 桌面虚拟化

(4)平台虚拟化

平台虚拟化是指集成各种开发资源虚拟出一个面向开发人员的统一接口,如监控视频平台、短信平台、直播平台。平台虚拟化具体如图 4-16 所示。

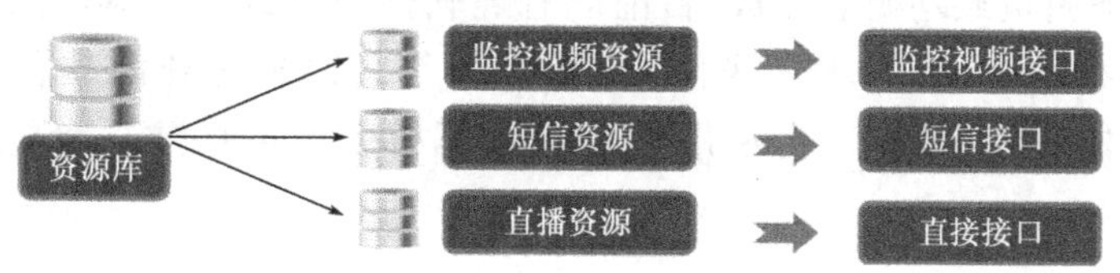

图 4-16　平台虚拟化

(5)应用程序虚拟化

应用程序虚拟化是指将应用程序与操作系统解耦,为应用程序提供一个虚拟的运行环境。这个环境不仅包括应用程序的可执行文件,还包括它所需要的运行环境。从本质上说,应用程序虚拟化是把应用对底层的系统和硬件的依赖抽象出来,可以解决版本不兼容的问题,是 SaaS 的基础,具体如图 4-17 所示。

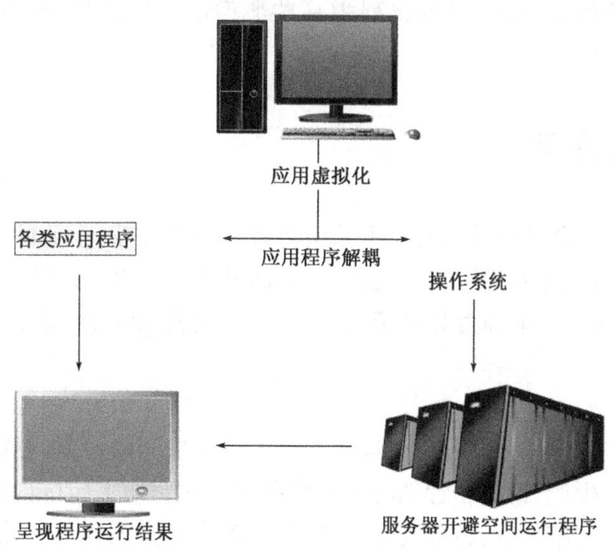

图 4-17　应用程序虚拟化

4.4.4　负载均衡

众多用户通过计算机网络将计算机接入云端,并使用里面的计算资源。在使用过程中有三点需要注意:①租户众多;②云端计算机众多;③进入云端的宽带专线有限。

如何合理地应用云端的各个服务器就是负载均衡技术的关键。常用的负载均衡策略如下:

(1)让唤醒的服务器承担尽可能多的活跃桌面。

(2)使每台服务器消耗的计算资源的占比尽可能相等。

(3)使应用软件相同的用户桌面尽可能地分配到相同的服务器。

(4)使同一个用户每次登录尽可能分配到同一服务器。

负载均衡任务由负载均衡器完成,目前既有纯软件的负载均衡器产品,如 LVS,也有厂家推出的硬件负载均衡器,如 F5、深信服、梭子鱼等。LVS 是开源软件,已经集成到了 Linux 内核,其性能优越,结合一台通用的物理计算机就可以搭建一台能与 F5 媲美的负载均衡器。

4.5 云应用

云应用不同于云产品,云产品一般是由软硬件厂商开发和生产出来的,而云应用是由云计算提供商提供的服务,这些提供商需要事先采用云产品搭建云计算中心,然后才能对外提供云计算服务。在云计算产业链上,云产品是云应用的上游产品。

云计算的目的是云应用,本节将列举一些典型的云应用例子,展示云计算在生活中的应用。

4.5.1 园区云

园区内的企业经营的产品具有竞争关系或者上下游关系,企业的市场营销和经营管理具有很大的共性,且企业相对集中,所以在园区内部最适合构建云计算平台。由园区管委会主导并运营云端,区内各家企业通过光纤接入,企业内部配备云终端,常见的园区云架构一般包含以下部分。

(1)企业应用云

企业资源计划、客户关系管理、供应链管理等企业应用软件是现代企业的必备软件,代表着企业研发、采购、生产、销售和管理的流程化和现代化。如果园区内每家企业单独购买这些软件,则价格昂贵、实施困难、运维复杂,二次开发难度大。但经过云化后部署于云端,企业按需租用,价格低廉,以上问题迎刃而解。

(2)电子商务云

为了覆盖尽可能长的产业链条,园区引入电子商务云。一方面,对内可以打通上下游企业的信息通路,整合产业链条上的相关资源,从而降低交易成本;另一方面,对外形成统一的门户和宣传口径,避免内部恶意竞争,进而形成凝聚力一致对外。这对于营销网络建设、强化市场开拓、整体塑造园区品牌形象具有重大意义。

(3)移动办公云

在园区内部部署移动办公云,可以使园区内企业以低廉的价格便达到以下目的:使用正版软件、企业知识资产得以保全、随时随地办公、企业 IT 投入大幅度下降、应用部署快速、从繁重的 IT 运维工作中解脱出来并专注于自己的核心业务。

(4)数据存储云

如果关键数据丢失,80% 的企业会倒闭,这已经是业界的共识。在园区部署数据存储云(必要时建立异地灾备中心),以数据块或文件的形式通过在线或离线手段存储企业的各种加密或解密的业务数据,并建立数据回溯机制,可以规避如下事故导致的企业数据丢失或泄密风险:存储设备毁坏、计算机被盗、火灾、水灾、房屋倒塌、地震、战争、雷击、误删数据等。

(5)高性能计算云

新产品开发、场景模拟、工艺改进等往往涉及模拟实验、数学建模等需要大量计算的子项目,如果只靠单台计算机,一次计算过程往往耗费很长时间,且失败率较高。因而,园区统一引入高性能计算云和 3D 打印设备,出租给需要的企业,从而加快产品迭代的步伐。

构建园区云能够大幅度提升园区服务管理水平,积极影响入园企业,提高入园企业满意度,促进孵化企业成长步伐,达到“企业进得来、留得住、发展快”的目的。

4.5.2　交通云

交通云将车辆监控、路况监视、驾驶员行为习惯等错综复杂的信息,集中到云计算平台进行处理和分析,并推送到云终端,建立一套信息化、智能化、社会化的交通信息服务系统,使国家交通设施发挥最大效能。

交通云可以建立驾驶员和机动车的全面档案,收集关于车辆位置、车况、车内空气、车辆保养、车辆维修、司机驾驶行为等方面的信息。这些数据经过云计算处理后,可以用于向驾驶员和其家人反馈相关的结果,如交通路况、驾驶提醒、保养提醒等,更重要的是利用大数据分析技术可以预测车辆故障和交通事故的发生。通过提前预警和预测,相关部门能够采取相应的预防措施,从而有效降低交通事故和人员伤亡的风险。

另外,交通云不仅服务于驾驶员和车辆管理者,还为交通管理、汽车厂商、保险公司、维修部门等各个部门提供了便捷的信息共享渠道。这些部门通过交通云能够获得实时的交通路况、车辆信息、驾驶员行为数据等相关信息,从而更好地开展工作。交通管理部门可以根据交通云提供的数据,及时调配交通资源、优化交通流量、提高交通安全管理水平;汽车厂商可以根据交通云反馈的车辆使用数据,对车辆进行改进和优化,提供更加安全、智能的汽车产品;保险公司可以通过交通云预测事故发生概率,制定更加精准的保险政策;维修部门可以根据交通云提供的车辆故障预测数据,提前准备所需零部件,提高维修效率。

交通云的中心思想是通过集中处理和分析车辆监控、路况监控、驾驶员行为习惯等复杂信息,建立一套信息化、智能化、社会化的交通信息服务系统。通过使用大数据分析和云计算技术,交通云能为驾驶员提供个性化的交通信息服务,预测车辆故障和交通事故,减少交通事故和人员伤亡的发生。同时,交通云也为相关部门提供了实时的交通数据,帮助他们更好地管理和运营交通系统,提高交通效能和安全水平,具体如图 4-18 所示。

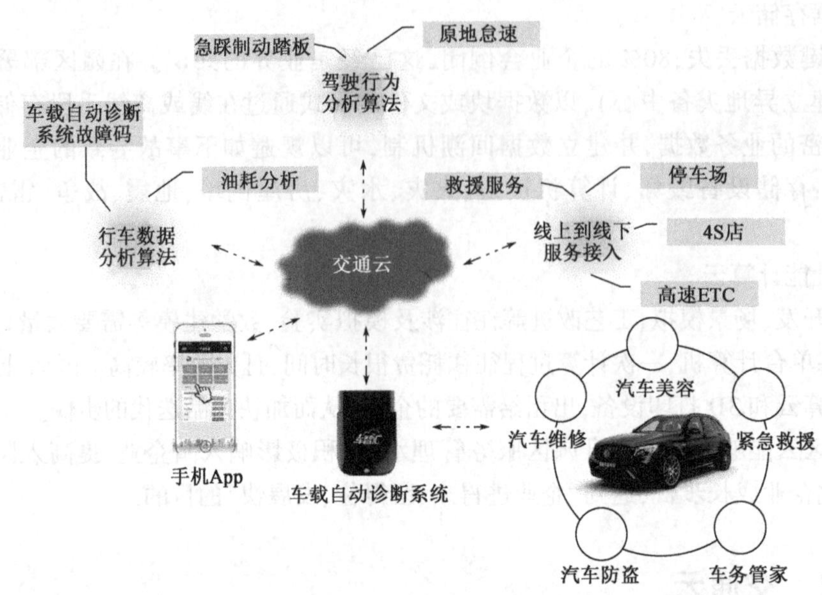

图4-18 交通云系统

4.5.3 高性能计算云

高性能计算云,即把服务器联合起来,组成高性能计算集群,承载中型、大型、特大型计算任务。例如:

①科学计算。解决科学计算和工程技术中所遇到的大规模数学计算问题,可广泛用于数学、物理、天文、气象、化学、材料、生物、流体力学等科学领域。

②建模与仿真。包括自然界的生物建模和仿真、社会群体建模和仿真、进化建模与仿真等。

③工程模拟。如核爆炸模拟、风洞模拟、碰撞模拟等。

④图形渲染。应用领域有3D游戏、电影电视特效、动画制作、建筑设计、室内装潢等可视化设计。

4.5.4 人工智能云

以其他云为基础诞生的人工智能云可以算是人类追求的一大目标,它具备浩如烟海的知识,具备人的智慧、人的情感和超强的运算速度,能学习、能推理、能和人类进行语言互动,它还会做科学研究。人工智能云的触角(各种传感器终端)将深入到人类生活的方方面面,不仅改变并影响每个人的日常生活、学习和工作习惯,还能监测每个人的身心健康、饮食习惯,并做出疾病预测。人工智能云是全球性的公有云,每个国家都应为它贡献自己的力量,不断完善其算法,充实其知识,规范其行为。在人工智能云的笼罩下,地球将真正变成一个村子,交流无障碍。

其他云将成为人工智能云的数据来源,人工智能云则成为人们唯一的交互云平台。将来的人工智能云会为我们自动购买需要的东西,为我们进行行程安排、酒店预订、饮食准备等。人工智能云将会陪我们聊天、下棋,教授知识,是各种机器人的超级大脑。例如:家庭机器人为人工智能云的云终端,机器人本身作为执行部件仅进行一些常规的判断,复杂的推理交给智能云进行。信息传递到云大脑后,计算能力超强的智能云能瞬间做出推理并给机器人反馈结果,然后机器人执行指令,这样的机器人就能表现得极其聪明、反应敏捷。

复习思考题

1. 云计算是对(　　)技术的发展与运用。

　A. 并行计算　　B. 网格计算

　C. 分布式计算　　D. 以上三个都是

2. 下列各项不属于云计算特点的是(　　)。

　A. 超大规模　　B. 虚拟化

　C. 私有化　　D. 高可靠性

3. 交通基础设施智能化建设过程中会产生哪些云计算服务类型?

4. 交通基础设施智能化建设过程中会产生哪些云计算部署形式?

5. 相较于交通基础设施的传统建设,云计算建设有哪些好处?

部分思考题答案

1. D

2. C

3. 基础设施即服务,平台即服务,软件即服务

4. 私有云、社区云、公有云、混合云

CHAPTER 5 第5章

物联网概述

学习目的与要求

通过本章的学习，学生将了解物联网的起源与发展，掌握物联网在交通基础设施智能化中的应用和作用。

物联网即“万物相连的互联网”，是在互联网的基础上延伸和扩展的网络，它将各种信息传感设备与互联网结合起来形成一个的巨大网络，实现在任何时间、任何地点，人、机、物的互联互通。就像我们使用互联网彼此传递信息一样，物联网即“物”之间通过互联网来共享信息并产生有用的信息。这里的“物”是指一切能与网络相连的物品，如手表、家用电器、汽车等，只要能与网络相连，即为“物”。在智能交通基础设施中，物联网已成为核心的数据来源手段。为了便于深入理解物联网在智能交通基础设施所起的作用，本章主要介绍物联网相关的基础知识，如物联网的起源与发展、感知识别技术、识别技术、网络传输技术以及常见的典型应用场景。

5.1 物联网的起源与发展

5.1.1 物联网的体系构成

目前，普遍被接受的物联网的定义为：物联网是通过射频识别、红外感应器、全球定位系统、激光扫描器等信息传感设备，按约定的协议，把任何物品与互联网相连接，进行信息交换和通信，以实现对物品的智能化识别、定位、跟踪、监控和管理的一种网络。物联网的体系可以用三层结构来表示（图 5-1）：感知层、网络层和应用层。

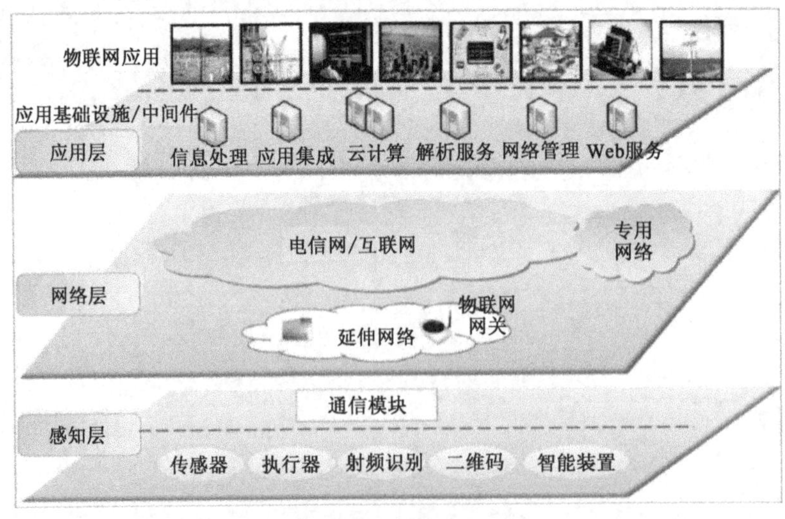

图 5-1 物联网三层结构模型

(1)感知层

感知层相当于人的感官和神经末梢,用来感知和采集应用环境中的各种数据。包括温度、湿度、速度、位置、振动、压力、流量、气体等各类传感器,射频识别(Radio Frequency Identification,RFID)标签和读写器,监控摄像头等。随着感知技术的发展,感知层的发展方向可归结为三个方面:①传感元件小型化和低成本化;②传感器的低功耗技术;③更敏感和更全面的感知手段。

(2)网络层

网络层相当于人的神经系统。它与目前主流的移动通信网、国际互联网、企业内部网等网络一样,发挥着数据传输的功能。网络层的通信方式包括有线传输和无线传输。用户根据通信时使用的协议、通信模块的大小以及耗电量等选择通信方式。有线通信不受电磁干扰,能够保障稳定通信。无线通信可以很好地解决用线及尺寸等问题,包括各种各样的无线通信技术和标准,如 Zigbee、BLE、Wi-Fi、NFC、RFID、LTE 等。随着技术的发展,无线通信技术逐渐占据主流地位,低功耗、广域覆盖、更多连接,是无线网络的发展方向。

(3)应用层

应用层相当于人的大脑指示和反应,通过指令反向控制输出。其核心功能包括两个方面:一是"数据",应用层需要完成数据的管理和处理;二是"应用",需要将数据与各行业应用相结合。应用层致力于解决信息技术与行业的深度融合、信息的共享和安全保障以及基于云计算的整体应用构架实现。

5.1.2 物联网的起源与发展

物联网发展过程如图 5-2 所示。物联网概念最早出现于比尔·盖茨 1995 年出版的《未来之路》一书,书中比尔·盖茨已经提及物联网概念,但当时受限于无线网络、硬件及传感设备的发展,并未引起人们的重视。1998 年,美国麻省理工学院创造性地提出了当时被称作产品电子代码系统的"物联网"的构想。1999 年,美国 Auto-ID 首先提出"物联网"的概念,即物联网是建立在物品编码、RFID 技术和互联网技术的基础上的一种信息技术。

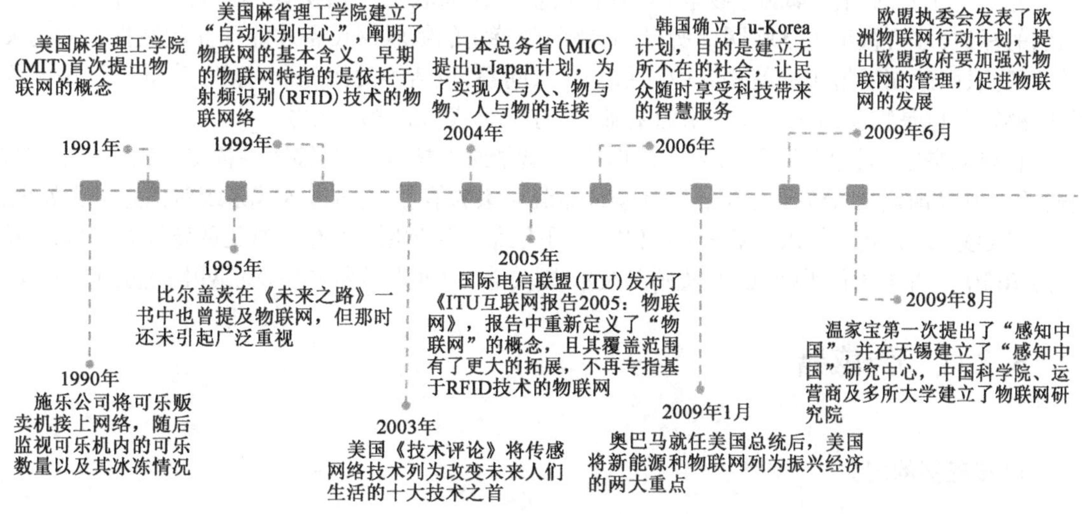

图 5-2　物联网发展过程

国际电信联盟(International Telecommunications Union,ITU)在2005年的互联网报告中指出,无所不在的物联网通信时代即将到来,世界上所有的物体,从轮胎到牙刷,从房屋到纸巾,都可以通过互联网主动进行信息交换。根据ITU的描述,在物联网时代,通过在各种各样的日常用品上嵌入一种短距离的移动收发器,人类将在信息与通信世界里获得一个新的沟通维度:从任何时间、任何地点的人与人之间的沟通连接扩展到人与物和物与物之间的沟通连接。

在中国,物联网起初被称作传感网。中国科学院早在1999年就启动了传感网的研究,并取得了一些科研成果,建立了一些适用的传感网。在之后的15年里,物联网的研究逐渐深入,物联网进入大众视野。在2013—2015年,我国发布物联网专项行动计划,将物联网提高至更高的关注层面。

此外,物联网市场份额也在逐年递增,ICT(Information Communication Technology)市场调查公司的IDC(Internet Data Center,互联网数据中心)调查结果显示,2013年日本国内物联网市场的市场份额约有11万亿日元,同年预测2018年这个数字将翻一倍。2017年,全球物联网市场规模为0.9万亿美元,预计2023年,全球物联网整体市场规模可达2.8万亿美元,年复合增长率可达20%。在我国,2017年物联网产业规模达到1.15万亿元人民币,同比增长23.66%。预计到2021年,整体规模将超过2万亿元人民币。

不仅如此,2013年12月,在美国高通公司的支持下,家电厂商的横向性物联网推进联盟AllSeen Alliance成立。该联盟意在越过厂商,统一规格,让电器能通过互联网实现协作。2014年7月,在英特尔和三星的推动下,物联网联盟(Open Interconnect Consortium,OIC)成立,其为今后物联网相关产品的规格和认证设立标准。

总体来说,物联网凭借其出色的用户服务属性以及市场价值,在全球技术发展中博得一席地位。物联网的发展是一种趋势,其将在未来发展中具有出色的表现,也有望在新型社会基础设施的构建中实现其潜在价值。

5.2 感知识别

并不是所有的"物"都属于物联网的范围,在遵循物联网通信协议的条件下,需要有可被识别的标识,才可被纳入物联网。所以,需要用到特定的物联网设备才能建立起数据之间的关联,而物联网感知层解决的就是其中的数据获取问题,包括各类物理量、标识、音频等。因此物联网感知层也是物联网发展和应用的基础,具有全面感知的核心能力。

感知层综合了传感器技术、嵌入式计算技术、智能组网技术等,能够通过各类集成化的微型传感器的协作实时监测、感知和采集各种环境或监测对象的信息,通过嵌入式系统对信息进行处理,并通过无线自组网传到接入层基站节点和接入网关,最终达到用户终端。常见的感知方法包括:传感器、RFID、产品电子代码(EPC)位置感测技术、网关等。下面将详细介绍物联网中的感知方法。

5.2.1 传感器

1)传感器的定义

国际电工委员会(International Electrotechnical Committee,IEC)对传感器的定义是:传感器

是测量系统中的一种前置部件,它将输入变量转换为可供测量的信号。传感器系统则是传感器与信息处理(模拟或数字)的组合。作为传感器系统的一个组成部分,传感器是被测量信号输入的首要前提条件。我国国家标准《传感器通用术语》(GB/T 7665—2005)对传感器的定义是:能感受被测量并按照一定的规律转换成可用输出信号的器件或装置。

传感器的核心是敏感元件,敏感元件是指传感器中能直接感受或响应被测量的部分。它直接感受被测非电学量,输出与被输出有确定对应关系的、转换元件所能接受的其他物理量,如膜片或膜盒把被测压力变成位移量。其次,传感器也需要应用转换元件将对象特性和状态参数转换成可测定的电学量,然后将电学量分离并送入传感器系统加以评测或标示。传感器中的敏感元件和转换元件有时很难区分,有些传感器(如热电偶)将敏感元件和转换元件合为一体。

2)传感器的分类

按照不同的分类原则,可以将传感器分为不同类型。

(1)按能量供给形式分类

按照能量供给形式可将传感器分为两类:有源传感器和无源传感器。

有源传感器能将一种形式的能量直接转变成另一种,不需外接能源或激励。例如:压电传感器、热电传感器等直接将被测信号转化为电信号。而大多数传感器属于无源传感器,传感器本身不能进行能量转换,但可以从另一输入端输入能量或激励。

(2)按基本效应分类

按照传感器敏感元件所蕴含的基本效应,可以将传感器分为物理传感器、化学传感器和生物传感器。

①物理传感器是指依靠传感器的敏感元件材料本身的物理特性变化或转换元件的结构参数变化来实现信号变换的传感器。按其构成可细分为物性型传感器和结构型传感器。

a.物性型传感器是指依靠敏感元件材料本身物理特性的变化来实现信号转换的传感器,如水银温度计。物性型传感器主要是指近年来出现的半导体类、陶瓷类、光纤类或其他新型材料的传感器。

b.结构型传感器是指依靠传感器转换元件的结构参数变化来实现信号转换的传感器,主要是将机械结构的几何尺寸和形状变化,转化为相应的电阻、电感、电容等物理量的变化,从而检测出被测信号。

②化学传感器是指依靠传感器的敏感元件材料本身的电化学反应来实现信号变换的传感器,用于检测无机或有机化学物质的成分和含量。化学传感器广泛用于化学分析、化学工业的在线检测及环境保护检测。

③生物传感器是利用生物活性物质选择性的识别来实现对生物化学物质的测量,即依靠传感器的敏感元件材料本身的生物效应来实现信号的变换。

(3)按工作原理分类

根据传感器的工作原理(物理定律、物理效应、半导体理论、化学原理等),可以将传感器分为电阻式传感器、电感式传感器、电容式传感器、压电式传感器、磁敏式传感器、热电式传感器、光电式传感器等。

3)传感器的主要特性

传感器的主要特性包括静态特性和动态特性。

传感器的静态特性是指对于静态的输入信号,传感器的输出量与输入量之间具有相互关系。因为这时输入量和输出量都和时间无关,所以它们之间的关系可用一个不含时间变量的代数方程来描述,或以输入量作为横坐标,把与其对应的输出量作为纵坐标,画出的特性曲线来描述。表征传感器静态特性的主要参数有:线性度、灵敏度、迟滞、重复性、漂移分辨力、阈值等。

(1)线性度

线性度指传感器输出量与输入量之间的实际关系曲线偏离拟合直线的程度。定义为:在全量程范围内实际特性曲线与拟合直线之间的最大偏差值与满量程输出值之比。

(2)灵敏度

灵敏度是传感器静态特性的一个重要指标。其定义为:输出量的增量与引起该增量的相应输入量增量之比。

(3)迟滞

传感器在输入量由小到大(正行程)及输入量由大到小(反行程)变化期间其输入输出特性曲线不重合的现象称为迟滞。对于同一大小的输入信号,传感器的正反行程输出信号大小不相等,这个差值称为迟滞差值。

(4)重复性

重复性是指传感器在输入量按同一方向做全量程连续多次变化时,所得特性曲线不一致的程度。

(5)漂移

在输入量不变的情况下,传感器输出量随着时间变化,此现象称为漂移。产生漂移的原因有两个方面:一是传感器自身结构参数;二是周围环境(如温度、湿度等)。

(6)分辨力

当传感器的输入从非零值缓慢增加时,在超过某一增量后输出发生可观测的变化,这个输入增量称传感器的分辨力,即最小输入增量。

(7)阈值

当传感器的输入从零值开始缓慢增加时,在达到某一值后输出发生可观测的变化,这个输入值称传感器的阈值。

传感器动态特性是指传感器对动态激励(输入)的响应(输出)特性,即其输出对随时间变化的输入量的响应特性。传感器的动态特性可以从时域和频域两个方面分别采用瞬态响应法和频率响应法来分析。为了便于比较与评价,常采用阶跃信号和正弦信号作为输入信号,对应的传感器动态特性指标分为两类,即与阶跃响应有关的指标和与频率响应特性有关的指标:①在采用阶跃输入研究传感器的时域动态特性时,常用延迟时间、上升时间、响应时间、超调量等来表征传感器的动态特性。②在采用正弦输入信号研究传感器的频域动态特性时,常用幅频特性和相频特性来描述传感器的动态特性。

4) 传感器的发展方向

传感器正处于由传统型向新型传感器的转型阶段。现代科技水平的不断提高,带动了传感器技术的提高,特别是近几年集成电路(IC)和计算机技术的快速发展,为传感器的发展提供了可靠的技术基础。现阶段,传感器逐渐向高精度、高灵敏度、宽量程,微型化、智能化和数字化,低功耗和无源化的方向发展。

(1)高精度、高灵敏度、宽量程

随着自动化水平的不断加强,对传感器的要求也在不断提升。总体而言,对传感器的要求逐渐向更高精度、高灵敏度以及宽量程方向发展,以满足更加自动化的生产的需求。

(2)微型化

更强的自动检测系统的功能,要求系统各个部件的体积更小,这就要求发展新的材料和加工技术,使制作的传感器更加精细化、制作的材料成本也降低。

(3)智能化和数字化

随着现代科技的发展,传感器的功能不再局限于传统输出单一信号,而是将微处理器与处理电路和传感测量融为一体,同时具有放大、校正、判断等功能,可组成数字智能传感器。

(4)低功耗和无源化

传感器一般都是将非电量向电量的转化,工作时离不开电源,为了节省能源并延长系统寿命,低功耗的传感器及无源传感器是必然的发展方向。目前,低功耗芯片发展迅速,如 T12702 运算放大器,其静态工作电流只有 1.5μA,而工作电压只需 2 ~5V。

5.2.2　RFID 技术

1) RFID 的定义

射频识别技术(Radio Frequency Identification,RFID),是自动识别技术的一种,通过无线射频方式进行非接触双向数据通信,利用无线射频方式对记录媒体(电子标签或射频卡)进行读写,从而达到识别目标和数据交换的目的。不同 RFID 形式如图 5-3 所示。

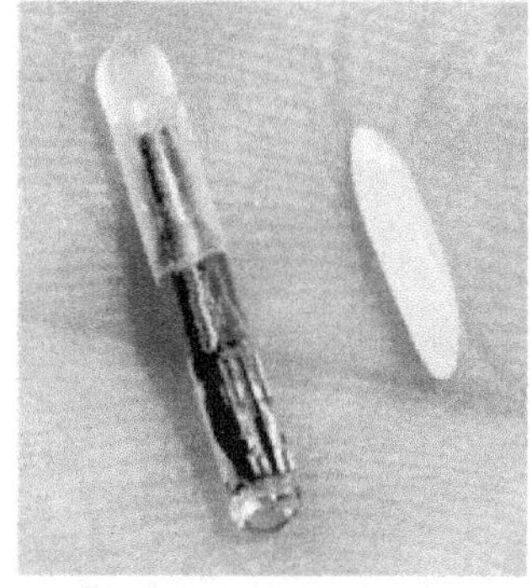

a)玻璃管封装的植入式RFID

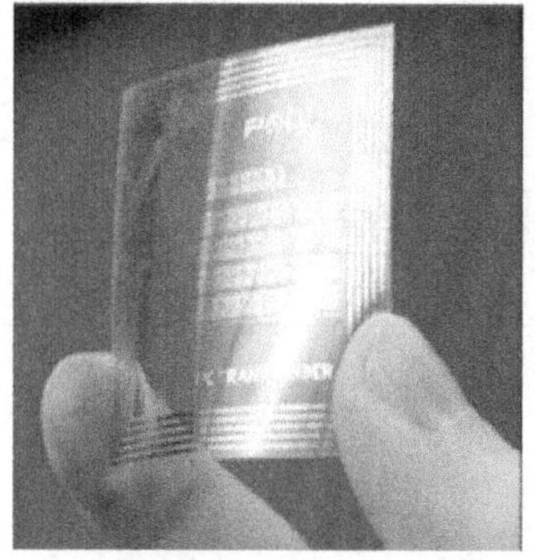

b)透明塑料封装的粘贴式RFID

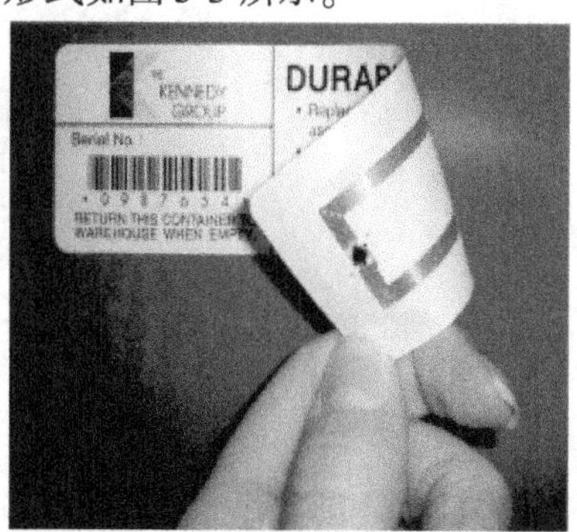

c)纸介质封装的粘贴式RFID

图 5-3　不同 RFID 形式

RFID 具有下述特点：

(1)它是通过电磁耦合方式实现的非接触自动识别技术。

(2)它需要利用无线电频率资源，必须遵守无线电频率使用的众多规范。

(3)它存放的识别信息是数字化的，因此通过编码技术可以方便地实现多种应用，如身份识别、商品货物识别、工业过程监控和收据等。

(4)它可以容易地对多应答器、多阅读器进行组合建网，以完成大范围的系统应用，并构成完善的信息系统。

(5)它涉及计算机、无线数字通信、集成电路、电磁场等众多学科，是一个新兴的融合多种技术的领域。

2)RFID 的工作原理

RFID 的基本工作原理：标签进入磁场后，接收解读器发出的射频信号，凭借感应电流所获得的能量发送出存储在芯片中的产品信息(无源标签或被动标签)，或者由标签主动发送某一频率的信号(有源标签或主动标签)，解读器读取信息并解码后，送至中央信息系统进行有关数据处理。

一套完整的 RFID 系统由阅读器、电子标签及应用软件系统三个部分组成。其工作原理是阅读器发射一特定频率的无线电波能量给应答器，用以驱动应答器电路将内部的数据送出，此时阅读器便依序接收解读数据，送给应用程序做相应的处理。根据 RFID 卡片阅读器及电子标签之间通信及能量感应方式的不同，可将 RFID 的工作方式划分为感应耦合(Inductive Coupling)及后向散射耦合(Backscatter Coupling)。一般低频的 RFID 大都采用第一种工作方式，而较高频的 RFID 大多采用第二种工作方式。

阅读器根据使用的结构和技术不同可以是读或读/写装置，是 RFID 系统信息控制和处理中心。阅读器通常由耦合模块、收发模块、控制模块和接口单元组成。阅读器和应答器之间一般采用半双工通信方式进行信息交换，同时阅读器通过耦合给无源应答器提供能量和时序。在实际应用中，可进一步通过以太网或 WLAN 等实现对物体识别信息的采集、处理及远程传送等管理功能。应答器是 RFID 系统的信息载体，应答器大多是由耦合元件(线圈、微带天线等)和微芯片组成的无源单元(图 5-4)。

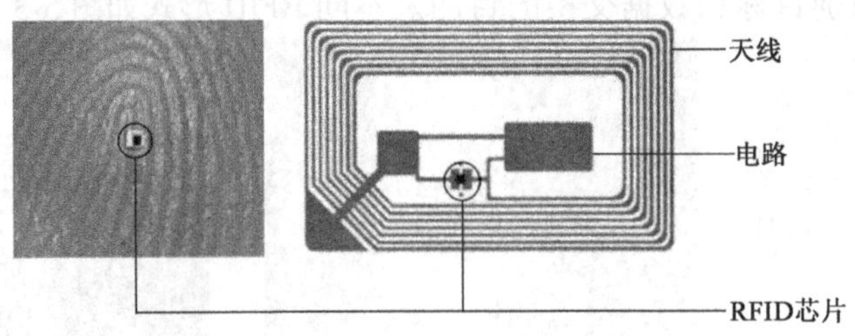

图 5-4 RFID 结构组成单元

3)RFID 的分类

根据数据发送方式的不同，可将 RFID 标签分为下列三类：

①主动式 RFID 标签:依靠自身能量主动向 RFID 读写器发送数据。

②被动式 RFID 标签:从 RFID 读写器发送的电磁波中获取能量,激活后才能够向 RFID 读写器发送数据。

③半主动式 RFID 标签:自身的能量只提供给 RFID 标签中的电路使用,并不主动向 RFID 读写器发送数据;当它接收到 RFID 读写器发送的电磁波激活之后,才向 RFID 读写器发送数据。

(1)主动式 RFID 标签工作原理

主动式 RFID(图 5-5)标签也叫作“有源 RFID 标签”。处于远场的有源 RFID 标签由内部配置的电池供电,当有源标签接收到读写器发送的读写指令时,标签才向读写器发送存储的标识信息。

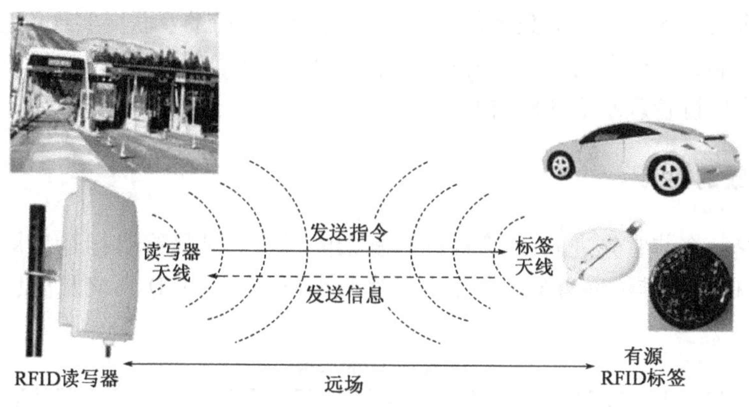

图 5-5　主动式 RFID

(2)被动式 RFID 标签工作原理

当无源 RFID 标签接近读写器时,标签处于读写器天线辐射形成的近场范围内,RFID 标签天线通过电磁感应产生感应电流,驱动 RFID 芯片电路,芯片电路通过 RFID 标签天线将存储在标签中的标识信息发送给读写器,读写器天线再将接收到的标识信息发送给主机(图 5-6)。

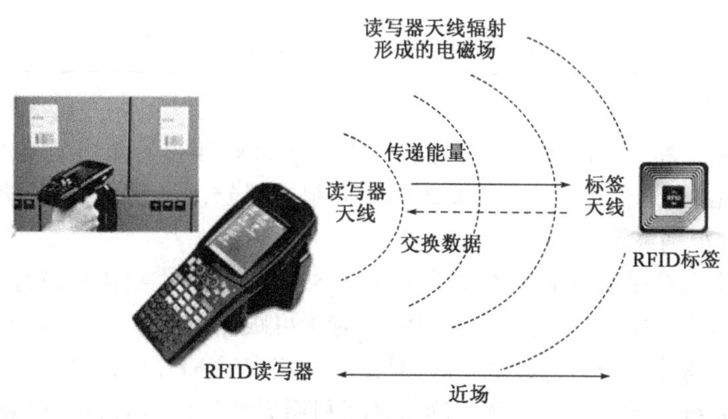

图 5-6　被动式 RFID

(3)半主动式 RFID 标签工作原理

半主动式 RFID 标签继承了无源标签体积小、重量轻、价格低、使用寿命长的优点,内置的电池在没有读写器访问时,只为芯片内少量电路提供电源;在读写器访问时,内置电池向 RFID 芯片供电;半主动式 RFID 标签一般用在可重复使用的集装箱和物品的跟踪上。

5.2.3 EPC 技术

1)EPC 的定义

产品电子代码(Electronic Product Code,EPC)是基于 RFID、无线数据通信,以及互联网的一项物流信息管理新技术。EPC 的载体是 RFID 电子标签,并借助互联网实现信息的传递。EPC 旨在为每一件产品建立全球的、开放的标识标准,实现全球范围内对单件产品的跟踪与追溯,从而有效提高供应链管理水平、降低物流成本。

2)EPC 系统的构成

EPC 系统是一个非常先进的、综合性的和复杂的系统。其最终目标是为每一个单品建立全球的、开放的标识标准。它由全球产品电子代码编码体系、RFID 系统及信息网络系统三部分构成,见表 5-1。

EPC 系统的构成 表 5-1

系统构成	名称	注释
全球产品电子代码编码体系	EPC 编码标准	识别目标的特定代码
射频识别系统	EPC 标签	贴在物品之上或者内嵌在物品中
	识读器	识读 EPC 标签
信息网络系统	EPC 中间件	EPC 系统的软件支持系统
	对象名称解析服务(ONS)	进行物品解析
	EPC 信息服务(EPC IS)	提供产品相关信息接口,采用 XML 进行信息描述

(1)EPC 编码体系

EPC 编码体系是新一代的与全球贸易项目代码(GTIN)兼容的编码标准,它是全球统一标识系统的延伸和拓展,是全球统一标识系统的重要组成部分,是 EPC 系统的核心与关键。

(2)EPC 射频识别系统

EPC 射频识别系统是实现 EPC 代码自动采集的功能模块,主要由射频标签和射频识读器组成。射频标签是产品电子代码的物理载体,附着于可跟踪的物品上,可全球流通并对其进行识别和读写。射频识读器与信息系统相连,是读取标签中的 EPC 代码并将其输入网络信息系统的设备。EPC 系统射频标签与射频识读器之间利用无线感应方式进行信息交换,并具有以下特点:

①非接触识别。

②可以识别快速移动物品。

③可同时识别多个物品等。

(3)EPC信息网络系统

信息网络系统由本地网络和全球互联网组成,是实现信息管理、信息流通的功能模块。EPC系统的信息网络系统是在全球互联网的基础上,通过EPC中间件、对象命名称解析服务(ONS)和EPC信息服务(EPC IS)来实现全球“实物互联”。

①EPC中间件。EPC中间件具有一系列特定属性的“程序模块”或“服务”,并被用户集成以满足他们的特定需求。EPC中间件以前被称为Savant(萨凡特系统),它是用以加工和处理来自识读器的所有信息和事件流的软件,是连接识读器和企业应用程序的纽带,主要任务是在将数据送往企业应用程序之前进行标签数据校对、识读器协调、数据传送、数据存储和任务管理。

②对象名称解析服务。对象名称解析服务是一个自动的网络服务系统,类似于域名解析服务(DNS),ONS(对象名称解析服务)给EPC中间件指明了存储产品相关信息的服务器。ONS服务是联系EPC中间件和EPC信息服务的网络枢纽,并且ONS设计与架构都以互联网域名解析服务DNS为基础。因此,可以使整个EPC网络以互联网为依托,迅速架构并顺利延伸到世界各地。

③EPC信息服务。EPC信息服务提供了一个模块化可扩展的数据和服务的接口,使得EPC的相关数据可以在企业内部或者企业之间共享。

3)EPC系统的工作流程

在由EPC标签、识读器、EPC中间件、互联网、ONS服务器、EPC信息服务以及众多数据库组成的实物互联网中,识读器读出的EPC只是一个信息参考(指针),由这个信息参考从互联网找到IP地址并获取该地址中存放的相关物品信息,并采用分布式的EPC中间件处理由识读器读取的一连串EPC信息。由于在标签上只有一个EPC代码,计算机需要知道与该EPC匹配的其他信息,这就需要ONS来提供一种自动化的网络数据库服务,EPC中间件将EPC代码传给ONS,ONS指示EPC中间件到一个保存着产品文件的服务器,该文件可由EPC中间件复制,因而文件中的产品信息能传到供应链上,EPC系统工作流程图如图5-7所示。

4)EPC与RFID的区别

RFID标签是存储了具体的EPC标准的产品编码信息的产品标签,它会因不同应用场合的具体要求而表现出不同的封装形式,如纽扣类、IC卡类以及条形码形式等。

早期的RFID标签由集成电路板卡制成,由于体积大,成本高,只能应用于托盘、货架和集装箱上,只有极少数的用户使用,人们对其前景并不看好。而EPC采用微型芯片存储信息,并用特殊薄膜封装技术,体积大大缩小,随着技术改进和推广应用,成本不断降低,能够给每个单个消费品一个唯一的身份。

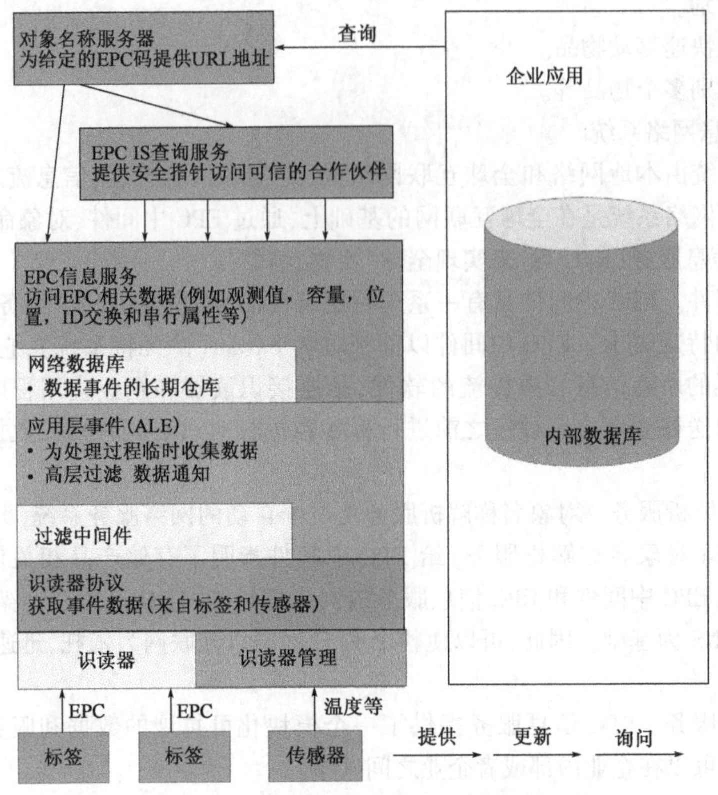

图5-7 EPC系统工作流程图

EPC系统是在计算机互联网和RFID的基础上,利用全球统一标识系统编码技术给每一个实体对象一个唯一的代码,构造了一个实现全球物品信息实时共享的"Internet of things"。EPC是编码标准,它规定了对具体不同商品产品唯一的编码格式,完成RFID产品信息编码。它将成为继条码技术之后,再次变革商品零售结算、物流配送及产品跟踪管理模式的一项新技术。

综上,EPC系统是一个复杂、全面、综合的系统,包括RFID、EPC编码、网络、通信协议等,RFID只是其中的一个组成部分。EPC是RFID技术的应用领域之一,只有特定的低成本的RFID标签才适合EPC系统。

5.2.4 位置感测技术

位置感测技术是物联网感知人和物体位置及其移动,进而研究人与人、人与物在一定环境中的地理位置、相对位置、位置关系的一门重要技术。

1) 室外感测技术

全球导航卫星系统(Global Navigation Satellite System, GNSS)是能在地球表面或近地空间的任何地点为用户提供全天候的三维坐标和速度以及时间信息的空基无线电导航定位系统。

卫星导航定位技术目前已基本取代了地基无线电导航、传统大地测量和天文测量导航定位技术，并推动了大地测量与导航定位领域的全新发展。

卫星定位原理是根据测量出已知位置的卫星到用户接收机之间的距离，综合多颗卫星的数据计算出接收机的具体位置。要达到这一目的，卫星的位置可以根据星载时钟所记录的时间在卫星星历中查出。而用户到卫星的距离则通过记录卫星信号传播到用户所用时间，再将其乘以光速得到。由于卫星时钟与用户接收机时钟难以保持严格同步，所以实际观测的观测站至卫星之间的距离均含有卫星钟和接收机时钟同步差的影响，即伪距：

$$\rho = \gamma + c\Delta t \tag{5-1}$$

式中：ρ——伪距；

γ——车辆与卫星的真实距离；

c——光速；

Δt——时钟同步差。

为了实时求解 4 个未知参数（3 个点位坐标分量 x，y，z 和 1 个钟差参数 Δt），至少需要 4 个同步伪距观测值，即需要同时观测 4 颗卫星。目前，我们熟知的 4 大 GNSS 系统分别为：美国的全球定位系统（Global Positioning System，GPS）、俄罗斯的 GLONASS、欧盟的伽利略（GALILEO）以及中国北斗卫星导航系统（BeiDou Navigation Satellite System，BDS，简称北斗系统）。以 GPS 与北斗系统为例，介绍卫星定位系统现状：

（1）北斗系统

北斗系统是中国自行研制的全球卫星导航系统，也是继 GPS、GLONASS 之后的第三个成熟的卫星导航系统。北斗系统、美国 GPS、俄罗斯 GLONASS 和欧盟 GALILEO，是联合国卫星导航委员会已认定的供应商。

北斗系统按照三步走的总体规划发展：第一步，1994 年启动北斗卫星导航试验系统建设，2000 年形成区域有源服务能力（1 号）；第二步，2004 年启动北斗卫星导航系统建设，2012 年形成区域无源服务能力（2 号）；第三步，2009 年启动，2020 年北斗卫星导航系统形成全球无源服务能力（3 号）。

北斗三号全球卫星导航系统建成开通后，北斗系统全球范围定位精度优于 10m、测速精度优于 0.2m/s、授时精度优于 20ns、服务可用性优于 99%。据全球连续监测评估系统一周测算结果，北斗系统全球实测定位精度均值为 2.34m，比此前公布的精度更高。GPS 与北斗系统对比见表 5-2。

北斗系统相较于其他系统具有以下特色：

①北斗系统空间段采用三种轨道卫星组成的混合星座，与其他卫星导航系统相比，高轨卫星更多，抗遮挡能力强，尤其在低纬度地区性能特点更为明显。

②北斗系统提供多个频点的导航信号，能够通过多频信号组合使用等方式提高服务精度。

③北斗系统创新融合了导航与通信能力，具有实时导航、快速定位、精确授时、位置报告和短报文通信服务五大功能。

（2）GPS

GPS 又称全球卫星定位系统，是一个中距离圆形轨道卫星导航系统。它可以为地球表面绝大部分地区（98%）提供准确的定位、测速和高精度的时间标准。

该系统由空间部分、地面监控系统及用户设备三部分组成。包括太空中的24颗GPS卫星;地面上1个主控站、3个数据注入站和5个监测站及作为用户端的GPS接收机。最少只需其中3颗卫星,就能迅速确定用户端在地球上所处的位置及海拔高度;所能收连接到的卫星数越多,解码出来的位置就越精确。

GPS定位方法分为绝对定位与相对定位。绝对定位是以地球质心为参考点,根据卫星星历确定的瞬时坐标,直接确定用户的绝对位置,协议地球坐标系为WGS-84坐标系。相对定位是根据两台以上接收机的观测数据来确定观测点之间的相对位置的方法,它既可采用伪距观测量也可采用相位观测量,大地测量或工程测量均应采用相位观测值进行相对定位。

美国GPS最早投入使用,系统精度高。美国GPS综合定位,精度可达厘米级和毫米级。但民用领域开放的精度约为10m。

在道路工程中,GPS主要用于建立各种道路工程控制网及测定航测外控点等。高等级公路的迅速发展,对勘测技术提出了更高的要求。由于线路长,已知点少,用常规测量手段不仅布网困难,而且难以满足高精度的要求。国内已逐步采用GNSS技术建立线路首级高精度控制网,然后用常规方法布设导线加密。实践证明,在几十千米范围内的点位误差只有2cm左右,达到了常规方法难以实现的精度,同时大大缩短了工期。

GPS与北斗系统对比 表5-2

项目	GPS	北斗三号
空间组成	24颗卫星	5颗静止卫星和30颗非静止卫星
地面组成	主控站、监测站、注入站	主控站、监测站、注入站
定位精度	民用10m	民用10m
测速精度	0.1m/s	0.2m/s
授时精度	30ns	20ns
用户设备	GPS接收机	与GPS、GLONASS、GALILEO等兼容
功能	定位、导航、测速、授时	定位、导航、测速、授时、短报文通信
覆盖范围	全球	亚太(2012)—全球(2020)
服务时段	全天候	全天候

2)室外感测技术应用——RTK技术

载波相位差分技术又称实时动态定位技术(Real Time Kinematic,RTK)技术,是实时处理两个测站载波相位观测量的差分方法。该技术将基准站采集的载波相位发给用户接收机,进行求差解算坐标,其定位精度可以达到厘米级。

网络RTK技术起源于20世纪90年代中期。该技术通过多个参考站组成的GNSS网络来估计一个地区的GNSS误差模型,并为网络覆盖地区的用户提供校正数据,用一个虚拟参考站的数据,为用户提供距离自己位置较近的某个参考网格的校正数据。因此,网络RTK技术又被称为虚拟参考站技术(Virtual Reference)。

然而,传统 RTK 存在一定缺陷,即 GNSS 误差会随参考站和移动站距离的增加而逐渐失去线性,在较长距离下(单频 > 10km,双频 > 30km),经过差分处理后的用户数据仍然含有很大的观测误差,从而导致定位精度的降低和无法解算载波相位的整周模糊。为了弥补 RTK 技术的不足,人们研制了连续运行参考站系统(Continuous Operation Reference Stations,CORS)。该系统利用现代计算机、数据通信和互联网(LAN/WAN)技术组成的网络,实时地向不同类型、不同需求、不同层次的用户自动提供经过检验的各类 GNSS 的观测值(载波相位、伪距),各种改正数、状态信息,以及其他有关的 GNSS 服务项目的数据。

CORS 系统彻底改变了传统 RTK 测量作业方式,其主要优势体现在以下几个方面:

①改进了初始化时间,扩大了有效工作范围。

②采用连续基站,用户随时可以观测,使用方便,提高了工作效率。

③拥有完善的数据监控系统,可以有效地消除系统误差和周跳,增强差分作业的可靠性。

④用户无须架设参考站,真正实现单机作业,减少了费用。

⑤使用固定可靠的数据链通信方式,减少了噪声干扰。

⑥提供远程网络服务,实现了数据的共享。

⑦扩大了 GNSS 在动态领域的应用范围,更有利于车辆、飞机和船舶的精密导航。

⑧为建设数字化城市提供了新的契机。

3) 室内感测技术

在室内环境无法使用卫星定位时,使用室内定位技术作为卫星定位的辅助定位,解决卫星信号到达地面时较弱、不能穿透建筑物的问题,最终定位物体当前所处的位置。室内感测技术主要采用无线通信、基站定位、惯导定位、动作捕捉等多种技术集成形成一套室内位置定位体系,从而实现人员、物体等在室内空间中的位置监控。

室内定位技术方法有很多,包括 Wi-Fi 定位技术、蓝牙定位技术、红外线技术、RFID 技术及 Zigbee 技术等。本书主要介绍 Wi-Fi 定位和蓝牙定位技术。

(1) Wi-Fi 定位

Wi-Fi 定位技术有两种:一种是通过移动设备和三个无线网络接入点的无线信号强度,来精准地对人和车辆的进行三边定位。另一种是事先记录巨量的已知位置点的信号强度,通过用新加入的设备的信号强度对比拥有巨量数据的数据库来确定位置。

Wi-Fi 定位的原理:每一个无线 AP 都有一个全球唯一的 MAC 地址,并且一般来说无线 AP 在一段时间内是不会移动。设备在开启 Wi-Fi 的情况下,即可扫描并收集周围的 AP 信号,无论是否加密、是否已连接,甚至信号强度不足以显示在无线信号列表中,都可以获取到 AP 广播出来的 MAC 地址。设备将这些能够标示 AP 的数据发送到位置服务器,服务器检索出每一个 AP 的地理位置,并结合每个信号的强弱程度,计算出设备的地理位置并返回到用户设备。最后,位置服务商要不断更新、补充自己的数据库,以保证数据的准确性,毕竟无线 AP 不像基站塔那样基本 100% 不会移动。

(2) 蓝牙定位

BLE(Bluetooh Low Energy)是蓝牙低能耗的简称。BLE 技术是低成本、短距离、可互操作的鲁棒性无线技术,工作在免许可的 2.4GHz 射频频段。蓝牙定位基于信号场强指示(Received Signal Strength Indication,RSSI)定位原理。根据定位端的不同,蓝牙定位方式分为网络侧定位和终端侧定位。

网络侧定位系统由终端(手机等带低功耗蓝牙的终端)、蓝牙 beacon(信标)节点、蓝牙网关、无线局域网及后端数据服务器构成,定位方式以蓝牙网关为主导,而终端侧定位则以蓝牙 beacon 节点为主导。具体定位过程是:首先在区域内铺设 beacon 和蓝牙网关。当终端进入 beacon 信号覆盖范围,终端就能感应到 beacon 的广播信号,然后测算出在某 beacon 下的 RSSI 值通过蓝牙网关经过 Wi-Fi 网络传送到后端数据服务器,通过服务器内置的定位算法测算出终端的具体位置。

4)位置感知与物联网的联系

有很多像 GNSS 和 Wi-Fi 指纹定位这样帮助用户确定自己当前位置的技术,这些技术方便了我们的生活,如导航。智能手机的问世使得很多人能够立即浏览当前位置和周边地图。这些进步在 10 年前都是无法想象的。还有,即使丢失了手机,也能用远程操作锁定手机,并让手机把位置信息发送过来。虽然乍看起来会让人觉得这些事例似乎跟物联网世界之间的联系很微弱。但是,正因为能如此轻松地获取位置信息,物联网世界才会多了几分现实感。

通过设置大量的传感器来采集大量的数据,或者通过设备间的通信力图实现新的服务,这就是物联网和机器对机器通信这些技术的背景。位置信息本身就具有极大价值,如守护濒危物种以及优化运输路线;也有些情况是需要用位置信息来掌握测量点,如监管海水量和监测海啸。位置感测技术中虽然有些部分看似复杂,其应用方法也难以理解,但却是物联网中不可或缺的一环。

5.2.5 网关

网关(图 5-8 和图 5-9)指的是能连接多台设备,并具备直接连接到互联网的功能的机器和软件。如今,市面上有很多种网关。在多数情况下,网关凭借 Linux 操作系统来运行。网关的主要作用是连接无法直接连接网络进行通信的传感器等感知设备网关,使其通过网关与网络层进行信息交互,将感知层数据进行网络传输。

网关设备主要分为以下几个部分。

(1)接口

第一重要的是用于连接网关和设备的接口。网关的接口决定了能连接的设备,因此重点在于选择一个适配设备的接口。

有线连接方式包括串行通信和 USB 连接。串行通信中经常用的是一种叫作 D-SUB 9 针(pin)的连接器,而 USB 连接中用到的 USB 连接器则种类繁多。

无线连接中用的接口是蓝牙和 Wi-Fi(IEEE 802.11)。此外,还有采用 920MHz 频段的 ZigBee(紫蜂协议)标准,以及各制造商们的专属协议。

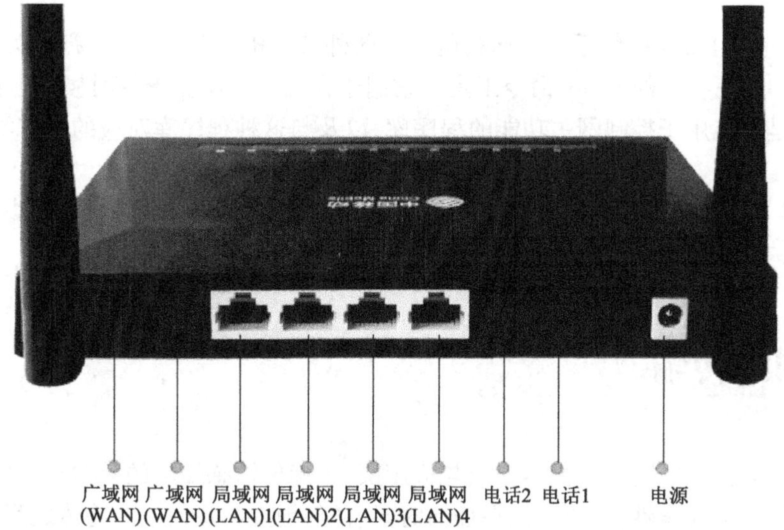

图 5-8　网关结构

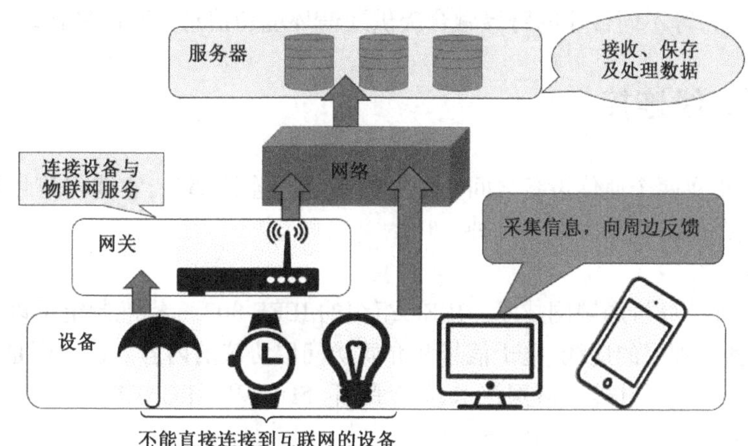

图 5-9　网关在物联网中的作用

(2)网络接口

可以采用以太网、Wi-Fi、4G 或 5G/LTE 等接口来连接外部网络,但各接口适用性有所不同。以太网采用有线连接,通信环境稳定,但必须把 LAN 电缆布线到网关的设置场所。对于 4G/LTE 连接而言,设置场所就比较自由了,但通信的质量会受信号强弱影响,所以通信不如有线连接稳定,因此,有时很难在信号不良的大楼和工厂等封闭环境中设置。不过,4G/LTE 连接有个好处,即只使用网关就能完成和外部的通信,因此操作起来很简单。此外,使用 4G/LTE 时,需要和电信运营商签订协议并获取 SIM 卡,这点就跟使用手机一样。

(3)硬件

相对于一般计算机而言,网关在 CPU 和内存这些硬件的性能方面比较受限,同时需要考虑到它的硬件性能。

(4)软件

目前主要使用Linux操作系统来运行网关。此外,BuyBay软件也可运行网关,它运行起来占用内存少,集成正行准的Linux命令工具。它用于在硬件资源匮乏的时候运行网关,除此之外,还要考虑是否有用于控制网关功能的程序库,以及与这种程序库对应的语言等。

(5)电源

网关基本上都是使用AC适配器作为电源的,因此需要事先在设置网关的场所准备好电源。如果网关本身有搭载电池,则只需进行电源的维护工作即可。

5.3 网络传输

物联网网络层的功能:①连接感知层与应用层,正确传输感知层的数据与应用层的控制指令,保证数据传输的安全性;②要实现在任何时候、任何地点与任何一个物体之间的通信,物联网的通信与网络技术必须从传统的有线、固定节点通信方式为主,向移动、无线通信为主的方向发展;③网络层为物联网与云计算、大数据、智能技术的交叉融合,可为工业、农业、交通、医疗、物流、环保、电力等不同行业的跨界融合提供通信环境和信息交互的平台。

5.3.1 有线连接

有线连接是指在两个通信设备之间实现通信的物理连接部分,它能将信号从一方传输到另一方。有线连接的方式分为以下几种。

(1)以太网

以太网是一种计算机局域网技术。IEEE组织的IEEE 802.3标准制定了以太网的技术标准,它规定了包括物理层的连线、电子信号和介质访问层协议的内容。以太网是目前应用最普遍的局域网技术,取代了其他局域网技术,如令牌环、FDDI和ARCNET。

(2)串行通信

串行通信连接方式是指采用RS-232C等串行通信来连接其他设备。这个方式的优点包括:多数工业产品配备了用于串行通信的端口,容易与现有产品建立连接,等等。使用RS-232C串口时,设备大多使用D-SUB 9针端口。如果网关设备也有串行端口,就能用RS-232C本口线直接连接设备来进行通信。相反,如果网关设备上没有串行端口,就得用USB转串口线来连接了。串行通信时,可采用C、Java、Python等编程语言设定通信速度以及数据发送大小等参数。

(3)USB

USB插头种类较多,连接网关的时候,通常采用Type-A插头,并安装专用的设备驱动。由于USB在普通计算机上非常普及,因此相比于D-SUB 9针等端口,其具有较大的优势。

5.3.2 无线连接

无线连接是指使用Wi-Fi、4G等无线技术建立设备之间的通信链路,为设备之间的数据通信提供基础。下面介绍几种典型的无线网络连接方式。

(1) Wi-Fi

如果采用 Wi-Fi 连接方式,通过 Wi-Fi 接入点就能够连接网络。通过它,可以在不便进行有线连接的环境中,实现移动型设备和个人计算机及智能手机的联动,也就能更加容易地搭建出一个与本地区域内其他设备联动的系统。

为了防止无线电频率干扰,需要注意接入点的设置。以下这些是所有无线连接方式都会面对的情况,那就是需要在安装设备的应用程序时考虑到通信断开的情况,例如先把数据保存在内部,等能连接上的时候再统一发送过去。

此外,因为和蓝牙 4.0(后文再叙述)相比,Wi-Fi 耗电量大,所以不适合那些需要长时间进行通信的设备。

(2) 蓝牙

蓝牙是一种近距离无线通信标准,多数智能手机和笔记本电脑都配备了蓝牙。2009 年,蓝牙 4.0 首次公开,它以内置电池的小型设备为主要应用对象,整合了超低功耗的 BLE 技术。根据设备的结构不同,它甚至可以实现靠一枚纽扣电池连续运行数年。此外,原本的蓝牙和 Wi-Fi 一样采用 2.4GHz 频段,容易产生干扰,但是从 4.0 起,这个问题已经得到了大幅度的改善。

除了一对一通信,BLE 还能实现一对多通信,通信机器只要在物联网设备附近且能使用 BLE,就能通过广播发送任意消息了。从 iOS7 起,iOS 就利用这种通信形式标准配备了 iBeacon 功能,iBeacon 能够测算环境中设置的 BLE 信号发送器,即 Beacon 的大概位置和 ID 信息。这项功能可以给店铺附近的顾客发送最适合他们的广告和优惠券。这种方法也作为一种新的 O2O(Online to Offline)服务而备受瞩目。

除此之外,蓝牙 4.2 还宣布支持 IPv6/6LoWPAN,设备可以通过网关直接连接互联网。从这些特征来看,蓝牙正逐渐占据物联网通信协议中的主要地位。

蓝牙是一种在不断更新换代的通信标准。特别是从 v3.X 更新到 v4.X 时,曾出现非常大规模的兼容性问题。例如,BLE 连接不上支持 v3.0 的机器。蓝牙技术联盟(Bluetooth SGI)负责制定蓝牙的规格并意识到了这些兼容性上的差异问题,于是把那些能跟 v3.X 前面的机器通信的设备称作"蓝牙",把只支持 v4.X 的机器称为 Bluetooth SMART。

(3) IEEE 802.15.4/ZigBee

IEEE 802.15.4/ZigBee 是种使用 2.4GHz 频段的近距离无线通信标准。其特征是虽然传输速度低,但是与 Wi-Fi 相比,耗电量较少。

ZigBee(图 5-10)可以采取多种网络形式。其中,网状网(mesh network)更是 ZigBee 的一大特征,它能在局部信号断开的情况下继续进行通信。只要采用这个办法,就能通过组合大量传感器来简单地搭建传感器网络。

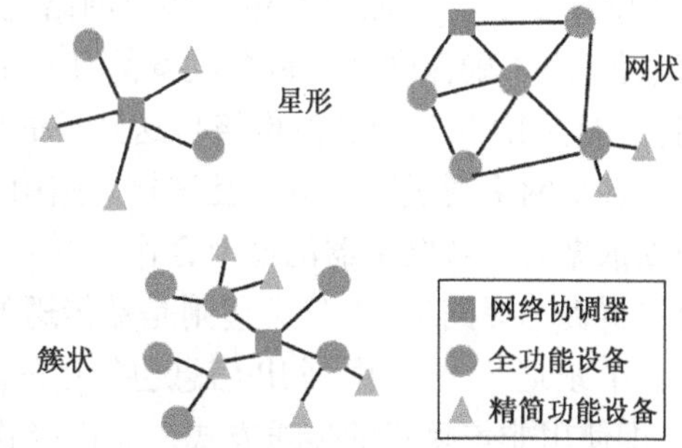

图 5-10　ZigBee 结构拓扑

另外,使把 ZigBee 与个人计算机、智能手机联动,就需要给这些设备连接专用的接收器。跟蓝牙相比,这是 ZigBee 一个非常大的缺点,因为蓝牙上普遍标准安装了接收器。

5.3.3 用户协议

1) IP 用户协议

IP 是 Internet Protocol(网际互连协议)的缩写,是 TCP/IP 体系中的网络层协议。设计 IP 的目的是提高网络的可扩展性:一是解决互联网问题,实现大规模、异构网络的互联互通;二是分割顶层网络应用和底层网络技术之间的耦合关系,以利于两者的独立发展。根据端到端的设计原则,IP 只为主机提供一种无连接的、不可靠的、尽力而为的数据包传输服务。

(1)IP 协议原理

直播信号经过发送端编码设备编码后形成能在通信网络中传输的数据流,并附加了接收端在通信网络中所对应的唯一 IP 地址,数据流到达接收端后,再通过解码设备解码生成所需的视音频信号。IP 编解码设备接入通信网络的技术已经日趋成熟,接入网络的方式也变得越来越丰富,既能通过有线网络和无线 Wi-Fi 接入,又可以使用移动数据 4G 网络接入。可以说,只要有网络覆盖,就能实现电视节目直播信号的 IP 传输。

IP 传输系统具有结构简单、安全高效以及传输成本低等特点,既能很好地作为传统电视直播信号传输方式的补充,又能在一定程度上降低节目制作的成本。同时,在我国通信技术不断发展、通信基础设施不断完善的背景下,电视直播信号基于 IP 网络的传输技术也会越来越成熟和完善。

(2)IP 信息包传送

IP 是网络之间信息传送的协议,可将 IP 信息包从源设备(例如用户的计算机)传送到目的设备(例如某部门的 www 服务器)。为了达到这样的目的,IP 必须依赖 IP 地址与 IP 路由两种机制来实现。

①IP 地址。IP 规定网络上所有的设备都必须有一个独一无二的 IP 地址,像邮件上都必须注明收件人地址,邮递员才能将邮件送到。同理,每个 IP 信息包都必须包含有目的设备的 IP 地址,信息包才可以正确地送到目的地。同一设备不可以拥有多个 IP 地址,所有使用 IP 的网络设备至少有一个唯一的 IP 地址。

②IP 路由。互联网是由许多个网络连接所形成的大型网络。如果要在互联网中传送 IP 信息包,除了确保网络上每个设备都有一个唯一的 IP 地址之外,网络之间还必须有传送的机制,才能将 IP 信息包通过网络传送到目的地。此种传送机制称为 IP 路由。

各个网络通过路由器相互连接。路由器的功能是为 IP 信息包选择传送的路径。换言之,必须依靠沿途各路由器的通力合作,才能将 IP 信息包送到目的地。在 IP 路由的过程中,由路由器负责选择路径,IP 信息包则是被传送的对象。

IP 地址与 IP 路由是 IP 信息包传送的基础。此外,IP 信息包传送时还有一项很重要的特性,即使用非连接式的传送方式。非连接式的传送方式是指 IP 信息包传送时,源设备与目的设备双方不必事先连接,即可将 IP 信息包送达。源设备完全不用理会目的设备,而只是单纯地将 IP 信息包逐一送出。至于目的设备是否收到每个信息包、是否收到正确的信息包等，则由上层的协议(例如 TCP)来负责检查。

③IP 信息传送方式。IP 信息包传送方式分为 3 种：单点传送、多点传送及广播传送。

a. 单点传送是一对一的传递模式。在此模式下，源端所发出的 IP 信息包，其 IP 报头中的目的地址代表单一目的设备，因此只有该目的设备能收到此 IP 信息包。在互联网上传送的信息包，绝大多数都是单点传送的 IP 信息包。

b. 多点传送属于一对多的传送方式，其可以将信息包传送给一群指定的设备。也就是说，多点传送的 IP 信息包，其 IP 报头中的目的地址代表的是一群选定的设备。凡是属于这一群的设备都可收到此多点传送信息包。

c. 广播传送是一对多的传递方式。在此方式下，源设备所发出的 IP 信息包，其 IP 报头中的目的地址代表某一网络，而非单一设备，因此该网络内的所有设备都能收到并处理此类 IP 广播信息包。由于此特性，广播信息包必须小心使用，否则稍有不慎，便会波及该网络内的全部设备。

2) TCP 协议

传输控制协议(Transmission Control Protocol，TCP)是一种面向连接的、可靠的、基于字节流的传输层通信协议，是为了在不可靠的互联网络上提供可靠的端到端字节流而专门设计的一个传输协议。

应用层向 TCP 层发送用于网间传输的、用 8 位字节表示的数据流，然后 TCP 把数据流分区成适当长度的报文段，之后 TCP 把结果包传给 IP 层，由它来通过网络将包传送给接收端实体的 TCP 层。TCP 为了保证不发生丢包，给每个包一个序号，同时，序号也保证了传送到接收端实体的包的按序接收。然后，接收端实体对已成功收到的包发回一个相应的确认(ACK)；如果发送端实体在合理的往返时延(RTT)内未收到确认，对应的数据包就被假设为已丢失，将会被进行重传。TCP 用一个校验和函数来检验数据是否有错误，在发送和接收时都要计算校验。

IP 层并不保证数据包一定被正确地递交到接收方，也不指示数据包的发送速度有多快。TCP 负责既要足够快地发送数据包，以便使用网络容量，但又不能引起网络拥塞，而且，TCP 超时后，要重传没有递交的数据包。即使被正确递交的数据包，也可能存在错序的问题，这也是 TCP 的责任，它必须把接收到的数据包重新装配成正确的顺序。简而言之，TCP 必须提供良好的可靠性，这正是大多数用户所期望而 IP 没有提供的功能。

3) HTTP 协议

HTTP 是一个简单的请求-响应协议，它通常运行在 TCP 之上。它指定了客户端可能发送给服务器什么样的消息以及得到什么样的响应。请求和响应消息的头以 ASCII 码形式给出；而消息内容则具有一个类似 MIME 的格式。这个简单模型是早期 Web 成功的必要条件，因为它使得开发和部署直截了当。

HTTP 协议是基于 C/S 架构进行通信的，而 HTTP 协议的服务器端实现程序有 httpd、nginx

等,其客户端的实现程序主要是 Web 浏览器,如 Firefox、Internet Explorer、Google chrome、Safari、Opera 等,此外,客户端的命令行工具还有 elink、curl 等。Web 服务是基于 TCP 的。因此,为了能够随时响应客户端的请求,Web 服务器需要监听在 80/TCP 端口。此时,客户端浏览器和 Web 服务器之间就可以通过 HTTP 协议进行通信。

HTTP 属于应用层协议,同其他应用层协议一样,是为了实现某一类具体应用的协议,并由某一运行在用户空间的应用程序来实现其功能。HTTP 是一种协议规范,这种规范记录在文档上,为真正通过 HTTP 协议进行通信的 HTTP 的实现程序。

HTTP 同样是一种面向对象的协议,允许传送任意类型的数据对象。它通过数据类型和长度来标识所传送的数据内容和大小,并允许对数据进行压缩传送。当用户在一个 HTML 文档中定义了一个超文本链后,浏览器将通过 TCP/IP 协议与指定的服务器建立连接。从技术上讲是客户在一个特定的 TCP 端口上打开一个套接字。如果服务器一直在这个周知的端口上倾听连接,该连接便会建立起来。

4) MQTT 协议

消息队列遥测传输(MQ Telemetry Transport,MQTT)是近年来出现的一种新型协议,物联网领域会将其作为标准协议。MQTT 是一种能实现一对多通信(人们称之为发布或订阅型)的协议。它由 3 种功能构成,分别是中介(Broker)、发布者(Publisher)和订阅者(Subscriber),如图 5-11 所示。

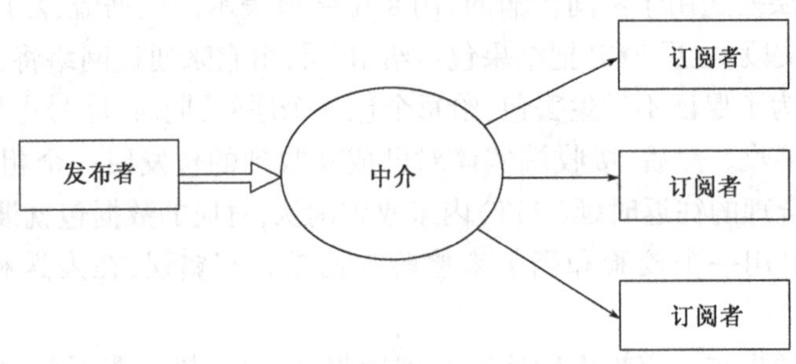

图 5-11 MQTT 协议

中介承担着转发 MQTT 通信的服务器的作用,发布者和订阅者则起着客户端的作用。发布者是负责发送消息的客户端,而订阅者是负责接收消息的客户端。MQTT 交换的消息都附带"主题"地址,各个客户端把这个"主题"视为收信地址,对其执行传输消息的操作。

中介起着转发消息的作用,发布者一发布主题,中介就会把消息传递给订阅了该主题的订阅者,所以各个客户端彼此之间没有必要知道对方的 IP 地址等网络上的收信地址。因为 MQTT 协议的发布者和订阅者是一对多的关系,所以可以实现物联网服务与多台设备之间的通信。另外,MQTT 还实现了轻量型协议,因此它还能在网络带宽低、可靠性低的环境下运行;又因为消息小、协议机制简单,所以在硬件资源(设备、CPU 和内存等)受限的条件下也能运行,可以说是为物联网量身定做的协议。

5.3.4　移动互联网

移动互联网(Mobile Internet,MI)将移动通信和互联网二者结合起来,成为一体(图 5-12)。它是互联网的技术、平台、商业模式和应用与移动通信技术结合并实践的活动的总称。

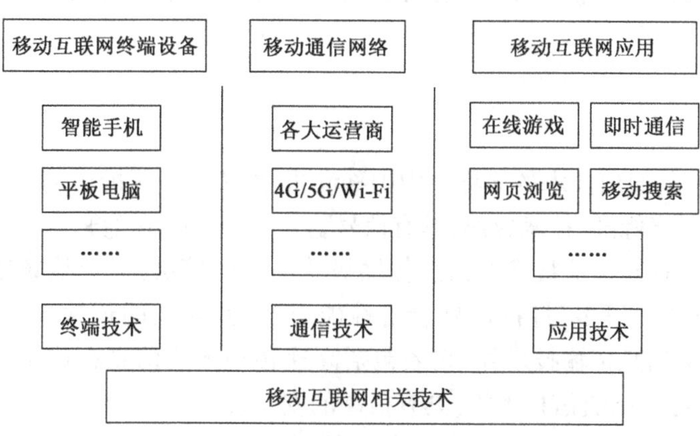

图 5-12　移动互联网相关技术

相对传统互联网而言,移动互联网强调可以随时随地,并且可以在高速移动的状态中接入互联网并使用应用服务。与无线互联网不同,移动互联网强调使用蜂窝移动通信网接入互联网,因此常常特指手机终端采用移动通信网接入互联网并使用互联网业务;而无线互联网强调接入互联网的方式是无线接入,除了蜂窝网外还包括各种无线接入技术。

移动互联网是一种通过智能移动终端,采用移动无线通信方式获取业务和服务的新兴业务,包含终端、软件和应用三个层面。终端层包括智能手机、平板电脑、电子书、MID 等;软件层包括操作系统、中间件、数据库和安全软件等;应用层包括休闲娱乐类、工具媒体类、商务财经类等不同应用与服务。随着技术和产业的发展,LTE(长期演进,5G 通信技术标准之一)和 NFC(近场通信,移动支付的支撑技术)等网络传输层关键技术也将被纳入移动互联网的范畴。

1)3G 时代

3G 时代的移动互联网业务将向用户提供个性化、内容关联和交互作业的应用。其业务范围将涵盖信息、娱乐、旅游和个人信息管理等领域。随着语音处理技术的成熟,语音门户网站使互联网的易用性达到新的水平。举例来说,声音识别和处理技术将帮助实现语音浏览、查询航班时刻表和票务等网上信息。此时,因为大部分指令可以用声音实现人机交流,移动设备的键盘大小就不再是关键问题,用户界面可采用单一模式(应答也可以转化为语音)或多重模式(有些指令和应答是图形化的)。此外,商务模式演变成移动性与互联网合二为一的新模式。3G 针对细分的客户群开发应用和终端,不仅降低了网络开发成本,还使网络投入使用的速度加快。

由于服务质量和反应速度直接影响用户对多媒体体验的满意度，运营商在市场上占据了有利地位。他们不仅能够直接向用户提供丰富的媒体服务，还能为内容提供商提供媒体托管服务。随着内容和语音服务数字化的不断深入，内容的移动性和个性化特征更加突出。业内各方（运营商、内容提供商、应用开发商）只有向最终用户提供高价值的服务，才能使自己占据有利位置。同时，能充分适应不同传输格式（移动终端、电视、PC）的内容才能称得上最佳。3G 时代的移动互联网服务主要包括浏览、Java 客户端应用、多媒体流和下载流媒体等业务。

2)4G 时代

4G 是第四代移动通信技术的简称。中国移动采用 4GLTE 标准中的 TD-LTE。TD-LTE 是由中国主导的 4G 网络标准，技术成熟，具有信号稳定、干扰少等优势。4G 移动通信技术的信息传输级数要比 3G 移动通信技术的信息传输级数高一个等级，对无线频率的使用效率比第二代和第三代系统都高得多，且抗信号衰落性能更好，其最大的传输速度是 I-Mode 服务的 10000 倍。除了高速信息传输技术外，它还包括高速移动无线信息存取系统、移动平台技术、安全密码技术以及终端间通信技术等，具有极高的安全性。

4G 基站天线可以发送更窄的无线电波波束，在用户行动时也可进行跟踪，可处理数量更多的通话。4G 设备下行链路速度为 100mbps，上行链路速度为 30mbps，可用于高清通话，以及高清晰度的图像传输，用途十分广泛。在容量方面，4G 设备可在 FDMA、TDMA、CDMA 的基础上引入空分多址（SDMA），容量达到 3G 的 5 ~ 10 倍。另外，4G 设备可以在任何地址宽带接入互联网并包含卫星通信，以提供信息通信之外的定位定时、数据采集、远程控制等综合功能。

3)5G 时代

5G 网络即第五代移动通信网络（5th Generation Wireless Systems，5G），是最新一代蜂窝移动通信技术。其性能目标是提高数据传输速率、减少延迟、节省能源、降低成本、提高系统容量和大规模设备连接。其主要优势在于，数据传输速率远高于以前的蜂窝网络，最高可达 10Gbit/s，比 4G 快 100 倍。

5G 与 4G 相比的技术创新如下：

①5G 采用 512-QAM 或 1024-QAM 更高的数据压缩密度调制/解调制器，相较于使用 256-QAM 或 64-QAM 数据压缩密度的 4G，数据传输效率更高。

②5G 采用 28GHz 毫米波通信，相较于使用 700MHz、900MHz、1800MHz、2600MHz 等低频段的 4G，其频谱宽度更高，而且更容易找到连续频谱，使空白频谱非常容易获取。

③5G 采用波束指向配合多输入多输出（Multi-input Multi-output，MIMO）相控数组天线，利用电磁波的空分复用和路径不同的多天线系统提高传输速率。

④5G 采用波束自适应和波束成形，能够提高特定方向的波瓣优化传输距离。

⑤5G 使用 GaN 氮化镓或是 GaAs 砷化镓材料的 RF 射频天线和功率放大器，此材料的 RF 射频天线能在更高的频段有更高的能源效率，设备会比较省电。

5.4 应用场景

5.4.1 无线传感器网络

相较于直接应用而言,物联网的“泛在互联”特性最重要的技术就是无线传感器网络。利用物联网技术搭建出无线传感器网络,进而再应用于各个领域之中。

1) 无线传感器网络

无线传感器网络(Wireless Sensor Network,WSN)是由大量的静止或移动的传感器以自组织和多跳的方式构成的无线网络,以协作地感知、采集、处理和传输网络覆盖地理区域内被感知对象的信息,并最终把这些信息发送给网络的所有者。

相较于传统式的网络和其他传感器,无线传感器网络有以下特点:

①组建方式自由。无线网络传感器的组建不受任何外界条件的限制,组建者无论在何时何地,都可以快速地组建起一个功能完善的无线网络传感器网络,组建成功之后的维护管理工作也完全在网络内部进行。

②网络拓扑结构的不确定性。从网络层次的方向来看,无线传感器的网络拓扑结构是变化不定的。例如,构成网络拓扑结构的传感器节点可以随时增加或者减少,网络拓扑结构图可以随时被分开或者合并。

③控制方式不集中。虽然无线传感器网络把基站和传感器的节点集中控制了起来,但是各个传感器节点之间的控制方式还是分散式的,路由器和主机的功能由网络的终端实现各个主机独立运行,互不干涉,因此无线传感器网络的强度很高,很难被破坏。

④安全性不高。无线传感器网络采用无线方式传递信息,因此传感器节点在传递信息的过程中很容易被外界入侵,从而导致信息的泄漏和无线传感器网络的损坏,大部分无线传感器网络的节点都是暴露在外的,这大大降低了无线传感器网络的安全性。

无线传感器网络主要由多种功能节点(图 5-13)组成,主要包含传感器节点和 Sink 节点,两者的定义如下:

传感器节点是具有感知和通信功能的节点,在传感器网络中负责监控目标区域并获取数据,以及完成与其他传感器节点的通信,能够对数据进行简单的处理。

Sink 节点又称为基站节点,负责汇总由传感器节点发送过来的数据,并做进一步数据融合以及其他操作,最终把处理好的数据上传至互联网。

2) 无线传感器网络与智慧建造

(1)无线传感器网络与智慧交通

智慧交通系统主要包括交通信息的采集、交通信息的传输、交通控制和诱导等几个方面。

无线传感器网络可以为智慧交通系统的信息采集和传输提供一种有效手段，用来监测道路各个方向的车流量、车速等，并运用计算方法计算出最佳交通控制方案，同时输出控制信号给执行子系统，以引导和控制车辆的通行（图5-14）。

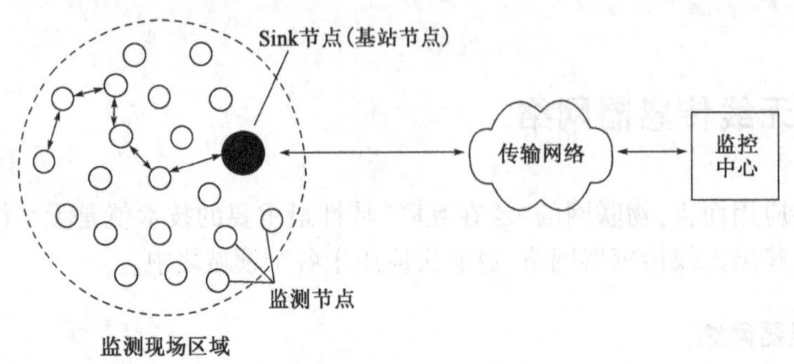

图5-13　传感器节点

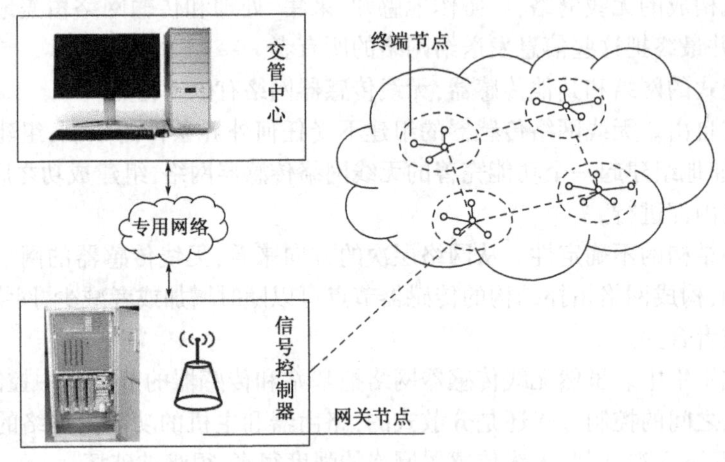

图5-14　无线传感器网络与智慧交通

（2）无线传感器网络与智能家居

在家电中嵌入传感器节点，通过无线网络将家电与互联网连接在一起，利用远程监控系统可实现对家电的远程遥控。无线传感器网络使住户可以在任何可以上网的地方通过浏览器监控家中的水表、电表、煤气表、电热水器、空调、电饭煲等家用电器，并访问各类系统，如安防系统、煤气泄漏报警系统、外人侵入预警系统等（图5-15）。

3）无线传感器网络面临的问题

无线传感器网络面临的主要问题是传感器的能量供给、计算能力、存储容量、自组织能力、自动管理和协同以及安全问题。传感器靠电池提供能量，因为传感器尺寸微小，电池容量受限，且在使用过程中很难更换电池，所以传感器的计算能力和存储能力较低，不适合进行复杂运算和长期的数据存储。传感器可能会随感知对象的移动而移动，这就会引起传感器网络拓扑结构的变化，因此无线传感网络需要具备自组织能力、自配置能力和自管理能力，能够自动适应原传感器失效、新传感器加入等各种结构的变迁。由于传感器之间采用不安全的无线链路进行数据传输，其对各种攻击的抵抗能力极其有限。

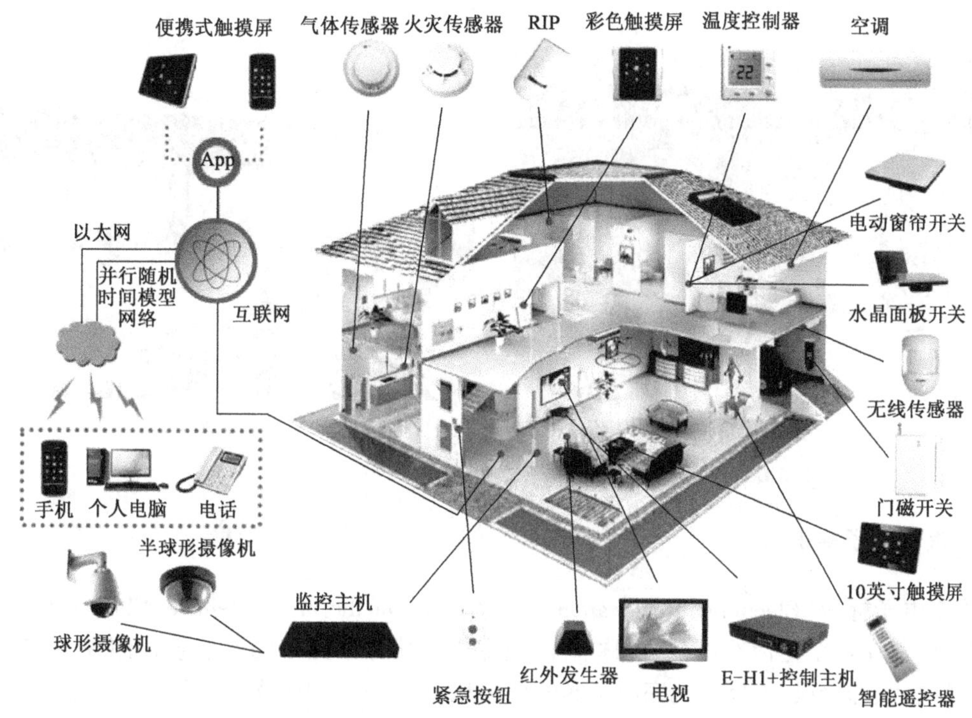

图 5-15　无线传感器网络与智能家居

5.4.2　智慧交通系统

1) 不停车电子收费系统

不停车电子收费系统（Electronic Toll Collection，ETC）是智能交通系统的服务功能之一，它特别适合在高速公路或交通繁忙的桥隧环境中使用。目前，高速公路收费处有专门的 ETC 收费通道。车主只要在车辆前挡风玻璃上安装感应卡并预存费用，通过收费站时便不用人工缴费，也无须停车，高速通行费将从卡中自动扣除。

ETC 收费系统（图 5-16）采用车辆自动识别技术完成车辆与收费站之间的无线数据通信，进行车辆自动感应识别和相关收费数据的交换。其采用计算机网络进行收费数据的处理，实现不停车、不设收费窗口也能实现全自动电子收费。虽然 ETC 具备上述优点，但其推广还面临以下难点：

①单次使用价格高昂。办理 ETC 的费用在 200 元到 350 元之间，但对于一年中高速公路行驶次数有限的车主来说，ETC 使用率很低，车主办理积极性不高。

②办理程序烦琐，便捷程度不如移动支付。目前 ETC 的办理方式，除到高速公路运营单位购买设备外，还可以到银行办理储蓄卡或信用卡，领取与卡绑定的 ETC 设备。

③可使用范围小，功能较为单一。除了高速收费站通行，运营单位也在积极开拓使用领域，如与停车场、加油站开展合作，为 ETC 车主提供便利，但整体来说，可使用范围还不够大。

a)

b)

图 5-16　ETC 收费系统

2）汽车电子标识

汽车电子标识（Electronic Registration Identification of the Motor Vehicle，ERI）也叫汽车电子身份证、汽车数字化标准信源，俗称“电子车牌”。其将车牌号码等信息存储在 RFID 标签中，能够自动、非接触、不停车地完成车辆的识别和监控，是 RFID 技术在智慧交通领域的延伸（图 5-17）。

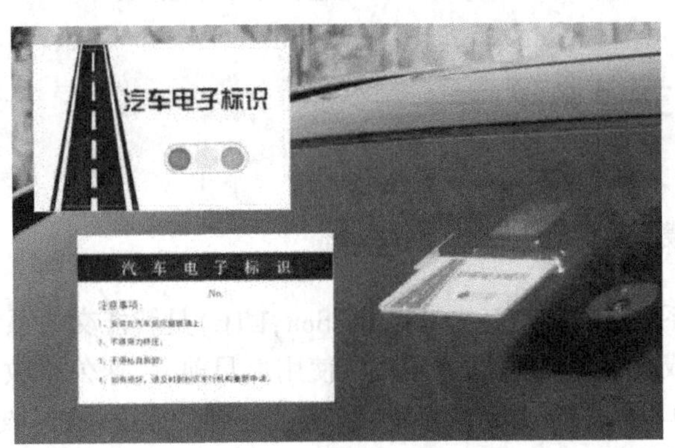

图 5-17　汽车电子标识系统

汽车电子标识系统是在汽车上安装一个芯片，然后实现高速运动状态下对车辆身份的识别、动态的监测，附带实现流量监测，助推城市交通智能化管理。其主要功能和作用可分为四点。

①防伪。每张 RFID 标签都有全球唯一 ID 号码，而且是不可修改的，因此 RFID 技术具有无可比拟的防伪性能。RFID 标签中，除了 ID 号外，还有一部分 DATA 区，若有需要是可以写入一些数据信息的，可以把车辆号牌和车证信息加密写入到这个区域，这一点也体现了其高防伪的特点。通过读写器对过往车辆进行检查，持有假证或不合法车辆是很容易被识别出来的。

②防借用。由于车辆号牌信息可以加密被写入标签中，调用系统数据库内的信息资料，可以辨别出某一车辆是否有权使用这张车证（即RFID标签），从而可以防止车证借用的现象，做到证、车统一或证、车、驾驶员三统一。

③防盗用。如果某车证不慎遗失，不仅可以通过上述手段通过车证号码和车证的统一性判别某车辆是否有权使用该车证，还可以通过失主挂失的方法使该车证失效，一旦某车辆使用挂失车证试图出入时，就可以被识别出来。

④防拆卸。每个RFID标签都附带有防拆卸功能，安装好以后，一旦进行拆卸，RFID标签将无法工作，从而避免了RFID标签被拆卸后重复使用或他用，确保了RFID标签与被识别车辆形成一一对应的关系，真正起到RFID标签的标记作用。

不同于ETC的不停车收费系统，ERI是基于RFID技术，ERI能够对交通违章、违法套牌、不合法车辆上道以及闯红灯等交通管理提供更全面、更数字化和智能化的方法，从而为“科技强警”注入新的生机和活力。

5.4.3　智能家居

各种传统智能电器，无论是冰箱、电灯还是空调，由于标准不同一直以来都是各自独立工作的。而对于家庭管理者来讲，面对各种独立、杂乱无章、无序的家庭设备，需要用大量的时间成本、管理成本和控制成本，这显然并不是真正的“智能”，而在物联网的影响之下，家电设备、照明系统、窗帘、防盗报警等可实现实时控制、设备自动化和网络通信，从而真正实现智能家居。

随着智能家居的迅猛发展，越来越多的家居开始引进智能化系统和设备。智能化系统涵盖的内容也从单纯的方式向多种方式相结合的方向发展。也就是将这些设备集中在智能化系统中，通过智能家居交互平台及系统的通信协议，使各个家居子系统相互连接、信息互通，操作上可以相互控制。

智能家居交互平台是一个具有交互能力平台，并且通过平台能够把各种不同的系统、协议、信息、内容、控制在不同的子系统中进行交互、交换。它具有如下特点：

①每个子系统都可以脱离交互平台独立运行。智能家居交互平台中，各个子系统在脱离交互平台时能够独立运行，如楼寓对讲系统、家庭报警系统、各种电器控制系统、门禁系统、家庭娱乐系统等。个子系统在交互平台管理下运行，平台能采集各子系统的运行数据，系统地联动。

②不同品牌的产品、不同的控制传输协议能通过这个平台进行交互。由于有了交互平台，不同子系统在交互平台的统一管理下，可以协同工作，进行数据交换、共享，给用户最大的选择权，充分体现智能家居的个性化。同时，它还具有网关的功能，通过交互平台，能与广域网连接，实现远程控制、远程管理。交互平台具有多种主流的控制接口，如RS485、RS232、TCP、IP等，同时可以扩充添加国内外流行的控制接口，如EIB、lonwork、CE-bus、Canbus，以及无线网络，如Wi-Fi、GPRS、蓝牙等。根据客户及市场的变化不断增加各种总线、系统的驱动软件和硬件接口，丰富多样的通信、控制接口，为子系统的多样选择提供了基础保障，使智能家居有了极大的包容性，使用户有了更大的选择余地。

③智能终端(触摸屏)仅作为各子系统的显示、操作界面。整个系统在平台的控制、管理下运行,智能终端(触摸屏)仅作为各子系统的显示、操作界面,多智能终端配置容易可行。同时,可以记录各子系统的运行数据,为系统运行优化、自学习提供依据。交互平台可以记录存储各系统的运行数据,对系统的运行可以提供有效的历史数据,同时可以根据历史的运行数据,总结出主人的使用习惯和某种规律,让系统能够自学习。

④控制软件可编程(DIY),提供信息服务。此系统方便用户改变控制逻辑、控制方式、操作界面,用户的控制逻辑、操作界面可以自定义。在现代的智能家居系统中,信息服务是非常重要的不可或缺的部分。有了信息服务,现代的智能家居系统给智能家居更多的"智慧",给我们的生活提供更多的信息和资讯,给智能家居赋予更生动的生命,它是智能家居更高的境界。信息服务内容包括:健康、烹饪、交通信息、生活常识、婴幼儿哺育、儿童教育、日常购物、社区信息、家居控制专家等,智能家居已不仅仅是面向控制的系统而是信息服务与控制有机结合的系统。

⑤多种控制手段。在日常家居生活中,为了使我们对家庭的控制系统能随时掌控,对需要的信息随时获取,操作终端的形式非常重要,多种形式的智能操作终端是必不可少,如智能遥控器、移动触摸屏、电脑、手机、平板电脑等。

随着物联网技术的不断应用,机器与机器之间的通信等关键技术越来越受人们关注。从严格意义上来讲,我们希望通过机器学习、大数据等手段,借助机器之间的通信技术来满足我们的日常生活需求,实现真正的"智能化",而其过程不需要人为参与,从而节省大量的人力、时间等成本,真正达到万物互联。举个例子,在你下班回家路上,手机或手表通过行驶速度来推算你到家的时间,此时将数据传送到家中家电设备,提前将空调打开,家中温度传感器实时监测室内温度情况,再将温度信息反馈给空调,根据机器学习,将温度控制在平时你所适宜温度,等你回到家里,即可享受舒适状态,而此过程不需人为干预,完全靠智能家居帮你实现。

复习思考题

1. 请列举一个传感器在交通设施中的具体应用案例,并简述其工作原理和作用。

2. 结合RFID或EPC技术的工作原理,探讨其在城市公交车运营调度场景中的应用价值。

3. GPS、北斗系统和RTK三种室外定位技术各自具有哪些特点?

4. 移动互联网技术从3G到4G,再从4G到现在的5G,两次技术革新中,新一代相比前一代最典型的优势是什么?

5. 从道路交通的基本要素出发,分析车联网技术的发展可为现代智慧交通系统带来哪些积极的推动作用?

CHAPTER 6 第6章

智慧公路

学习目的与要求

了解智慧公路内涵架构与发展现状；了解公路智能制造(装配、压缩、BIM 等)技术原理；了解公路智能检测中几何参数、结构承载力、路表功能指标、路表破损指标检测的基本原理和方法；了解公路智能监测中传感元件主动感知、性状自感知、自调控、自修复、自供能技术的基本原理和方法。

智慧公路是大数据时代的公路新形态，它基于智慧理念，运用物联网、云计算等先进技术，通过对公路核心系统各项关键信息的感知、分析、挖掘，响应公路使用者和管理者的各类需求，从而实现公路系统的健康、和谐、可持续发展。

智慧公路是一个不断发展、不断完善的概念。基于公路现有基础，借助新一代信息技术的发展，打造智慧公路、加快路网建设、创新发展、提高信息化智能化水平已是大势所趋。现阶段，智慧公路在建造、检测、监测等方面已取得一定的创新性成果，实现了公路结构智能化的跨越式发展。

6.1 智慧公路概述

6.1.1 智慧公路内涵架构

2008 年，欧洲数个国家提出了“第五代道路”计划，又称为永久开放道路(Forever Open Road)。该计划基于前四代道路，提出了第五代道路的设想，旨在达到自适应、自动化和环境韧性三大目标，以保证欧洲未来道路的高效运行，促进欧洲经济的可持续发展。该系统包括公路质量监测、能量收集、信息交互、绿色环保及自动化等相关设施和材料，以及快速、经济的公路设计、建设和维护方法等。该项目提出了一个较为完整的新一代道路框架体系，确定了新一代道路的服务领域及相关功能，也结合了欧洲各国在子功能方向上的研究成果。这也是国际上第一次对“智能道路”的概念做出初步的定义和规划。永久开放道路概念如图 6-1 所示。

智慧公路作为智慧交通的重要组成部分，对国民经济和社会发展都有着至关重要的作用，那么应该如何理解智慧公路的内涵呢？在 2014 年全国交通运输会上，交通运输部提出“四个交通”发展战略，其中智慧交通的要义是坚持面向发展、开发协同、重点突破、全面提升，以信息化、智能化为牵引，推动现代信息技术与交通运输管理和服务全面融合，实现交通运输装备、运输组织的智能化和运营效率、服务质量的提升。

在智慧交通的内涵的基础上，结合道路工程领域创新性成果及未来重点发展方向，可将智慧公路定义为：由先进的结构材料、感知网络、数据中心、通信网络和能源系统组成，借助云计算、物联网、大数据、人工智能等新一代信息技术，引入互联网思维，构建以数据为核心的智能体系，具有主动感知、自动辨析、自主适应、动态交互等能力，能有效延长公路使用寿命、提高道路性能、降低安全风险，提高服务品质的智能化交通基础设施。

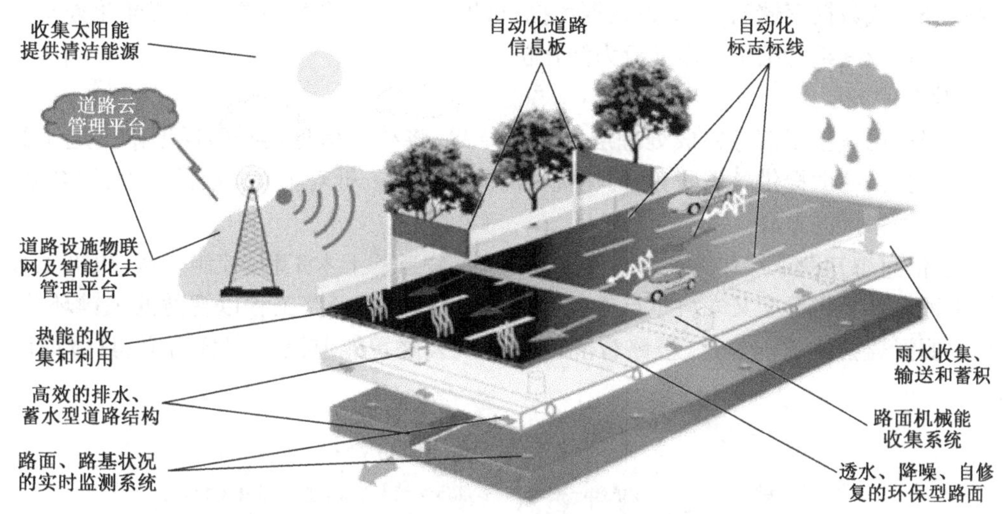

图6-1　永久开放道路

智慧公路的架构涵盖3个层次，分别为信息感知获取层、信息集成处理层、综合服务层，具体如图6-2所示。

图6-2　智慧公路的整体架构

(1)信息感知获取层

公路信息感知获取层是整个智慧公路架构的基础，通过各种智能材料、传感元件、自动化检测设备等对交通轴载、振动加速度、公路内部的温湿度变化、应力-应变响应、路面二维图像和三维地貌以及地理和环境等多元化数据进行实时采集与获取，详细记录公路结构与材料全寿命周期下各种服役性能的演化信息，并通过有线或无线网络传输到下一层进行综合分析处理。

(2)信息集成处理层

从信息感知获取层获取的数据具有多源异构性、海量性、时空相关性和实时性等特点，需要提供一个通用数据管理平台,对数据进行快速的检索和有效的统计、分析和计算,从而为路面性能预测和结构状况评价提供有力的支撑。信息集成处理层由信息集成管理子系统、信息分析处理子系统和路面状况评价子系统组成。通过大数据和云计算管理技术构建高度可用、可扩展的分布式数据存储系统,通过数据挖掘、机器学习和深度学习等方法智能化处理信息,探究路面材料及其组合结构的多元行为演化机理。

(3)综合服务层

综合服务层是基于信息集成处理层的分析结果,将结果信息及时地反馈给交通工具、行人、管理部门等,帮助提供各类服务,构建优良的服务体系。针对不同的公路类型,综合服务层的架构会存在一定的差异。

综上,信息感知获取层作为智慧公路架构基础,是当下土木工程、控制工程、机械工程、交通运输工程和计算机等交叉学科重点研究的问题,也是赋予公路工程以智慧的关键环节。该架构层主要涵盖公路智能建造、公路智能检测以及公路智能监测三部分内容,具体如图6-3所示。

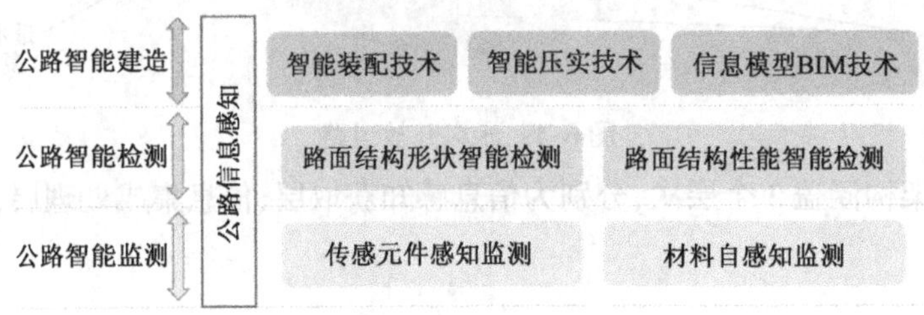

图6-3 智慧公路架构基础

6.1.2 智慧公路发展现状

(1)公路智能建造

物联网、云计算、信息物理系统、大数据、深度学习等新一代信息通信技术的出现和发展,推动着新一轮的产业革命,新工业革命也将对生产模式产生颠覆性影响,导致新型制造模式的诞生。德国提出以信息物理系统(Cyber Physical System,CPS)为主要特征的工业4.0,美国则提出了工业联网,我国也先后发布了以智能制造为主攻方向的《中国制造2025》和以“两化”深度融合为主线的《关于深化“互联网+先进制造业”发展工业互联网的指导意见》,提出了中国智能制造体系架构。

智能建造在智慧公路中主要体现在智能装配技术、智能压实技术以及建筑信息模型BIM技术。我国装配式路面技术起步较早。20世纪80年代末,我国就开展了装配式水泥混凝土路面研究与应用,但是相关研究与应用几乎停滞了近30年,直到近几年在国家和地方政策的引导和鼓励下,装配式路面技术研究与应用才又焕发生机。相较于现场浇筑工艺,装配式工艺具有环保、高效和经济等特点。我国智能压实技术虽起步较晚,但发展迅速。国防科技大学于2000年研制出无人驾驶振动压路机,可以根据施工地面的情况改变振动速率,自主完成点火、起步、变速、转向、倒车、停车等操作，并根据施工路况调整压实参数，保证工程质量与施工效率。西安依恩驰网络技术有限公司通过 RDC 远程设备调试平台、自主创新的高精度北斗定位系统，基于 CMV 的压实监测系统创造出智能化全过程施工方案，已成功应用于公路、机场、高铁等国家基础设施领域。公路数字化施工示意图如图 6-4 所示。

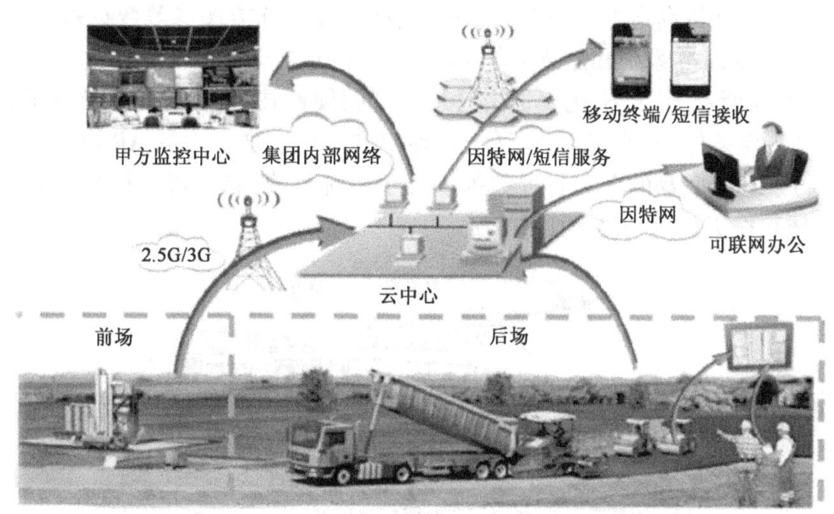

图 6-4　公路数字化施工示意图

2003 年，美国推出了 3D-4D-BIM 方案，标志着 BIM 技术正式被引入工程建设领域。我国交通运输部自 2017 年以来，先后颁发了《推进公路水运工程 BIM 技术应用的指导意见》《开展公路 BIM 技术应用示范工程建设的通知》等系列文件。BIM 技术在公路工程领域得到了飞速发展，在众多实际工程项目中进行了应用探索。利用 BIM 技术，对于复杂的改扩建工程，可实现在可视化环境中推演、模拟、验证改扩建方案和施工工序，对机械调配、材料运输以及交通导改方案进行合理的规划和预演，优化施工组合和交通组织设计方案。基于 BIM 技术 4D 施工组织模拟如图 6-5 所示。

a)

b)

图 6-5　基于 BIM 技术 4D 施工组织模拟

(2)公路智能检测

从 20 世纪 70 年代第一辆路面破损自动检测设备的诞生到现在，智能检测技术大致经历了四代发展。第一代公路智能检测设备源于20世纪60年代末期,由日本的PASCO公司研发,但最早研制成功并投入使用的是法国LCPC道路管理部门开发的GERPHO系统。该系统采用35mm电影胶片、高速摄影机和车辆定位系统来实现同步摄影数据采集。法国GERPHO系统的研制成功,彻底改变了路面现场检测主要以人工为主的状况。第二代多功能检测设备在原功能的基础上,又逐渐增加了路面平整度、路面车辙和前方图像等数据检测功能,最具代表性的有日本的Komatsu系统和加拿大的Roadware公司生产的ARAN系统。日本的Komatsu系统外形如图6-6所示,该系统代表了当时最先进的硬件技术,但是该系统不能识别裂缝类型,且为了控制光照条件,只能在夜间工作,未能得到推广。加拿大的ARAN系统如图6-7所示,它由一辆特别改装底盘的车和各种数据采集子系统组成,路面摄像机分辨率可达1392×1040像素,系统可全天候进行检测工作。

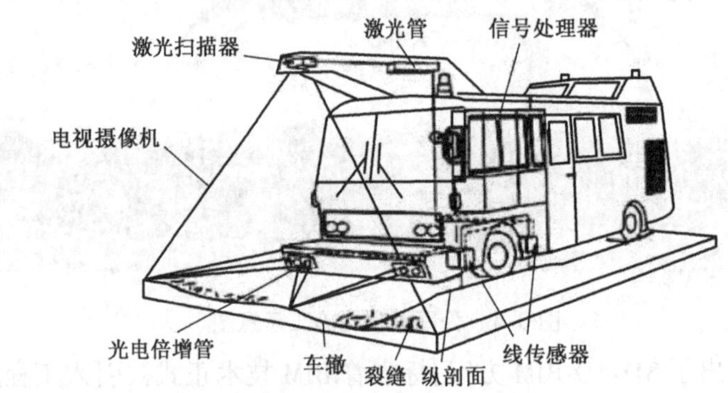

图6-6 Komatsu系统外形

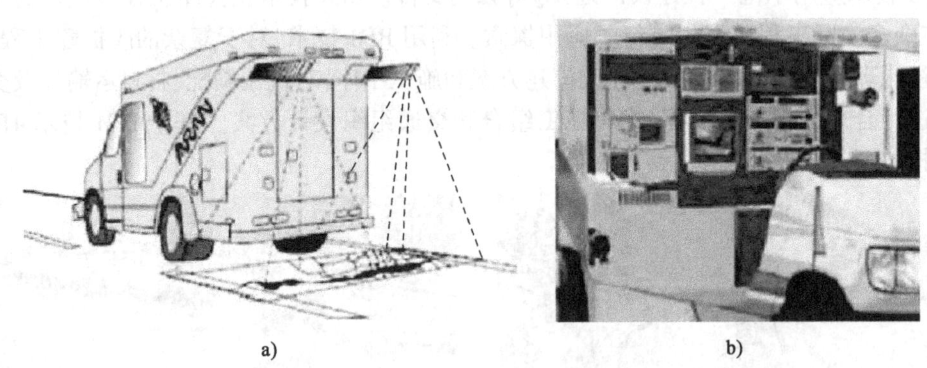

图6-7 加拿大NRAN系统

近年来,CCD(Charge-Coupled Pevice,电荷耦合器件)数字摄像技术和计算机图像处理技术的飞速发展,促进了第三代多功能公路智能检测设备的诞生。与第二代检测技术相比,第三代检测设备采用CCD技术对图像数据进行采集,并通过图像数据采集卡直接将图片数据存储到计算机内存中,在后期数据处理过程中,广泛采用路面图像预处理技术,提高了图像数据的处理速度和准确率。在第三代路面检测设备基础上,第四代检测设备在路面破损检测、车辙检测、路面照明和图像识别等方面取得了巨大突破,使路面检测技术最终走向成熟。其广泛采用了线扫描相机技术和红外激光照明技术,使图像质量更加稳定,同时采用了线激光车辙检测技术,提高了车辙检测精度和检测系统的稳定性。在第四代智能检测设备中,最具代表性的是美国 ICC 公司生产的多功能路况检测系统,该系统由平整度检测系统、车辙检测系统、路面破损检测系统、道路前方图像和道路几何线性检测系统等五大系统组成。

(3)公路结构智能监测

1991 年,美国明尼苏达运输部和明尼苏达大学共同承担建设了明尼苏达试验路 MnRoad,共埋设了 17 个种类的 4572 个传感器,获取了大量路基路面内的水平和垂直方向的应变、土压力、湿度及温度数据。2000 年,美国国家沥青技术中心(National Center For Asphalt Technology,NCAT)环道试验开启,在 2.8km 长的环道上,共铺筑了 46 个试验段,埋设的传感器种类包括沥青应变计、土压力计、温度计、湿度计、轴位置仪等。2003 年,山东滨州永久性路面试验路开始建设,路面结构内部安装了传感器组,在正常通车条件下进行长期路面结构响应数据采集。2005 年,哈尔滨工业大学欧进萍院士自主研发了铺面光纤光栅应变计,以及温度传感器、压电薄膜、应变和裂缝监测传感器等智能器件。2008 年,马奎特大学交通研究中心在马奎特立交路段长寿命沥青路面结构中埋设了应变计、土压力计、温度计、湿度计及环境信息测试等多类传感器,实现了对实际交通荷载下路面结构响应的实时监测。2010 年,东南大学等研究了一种基于多频电容识别道路路面干湿状况的传感系统,旨在识别道路表面干燥、潮湿、结冰和积雪等环境条件。

6.2 公路智能建造

智能建造是基于新一代信息技术,贯穿设计、生产、管理、服务等建造活动各个环节,具有信息深度自感知、智慧优化自决策、精准控制自治性等功能的先进制造过程、系统与模式的总称。公路作为国民经济发展的大动脉,是国家重要的交通基础设施,更是我国综合交通体系的骨干。因此,在政策和需求的推动和引领下,乘全球信息化浪潮机遇,将新一代人工智能建造系统逐步引入公路工程建设领域,发展公路工程智能建造技术,打通信息技术和传统建设接口,实现融合创新,从而推进公路建造和运营过程中的精益、智慧、高效、绿色协同发展,成为未来公路工程建设和运营管理转型升级的发展方向。

为实现公路工程的智能建造,可以从设计、施工和运营管理三个方面改进传统的公路项目运作模式,其中涉及的核心技术包括智能装配技术、智能压实技术以及建筑信息模型(BIM)技术。因此,本节将从以上三个方面,介绍公路智能建造的基本内容。

6.2.1 智能装配技术

1)技术背景及现状

现代智能技术的高速发展,使得公路不是仅仅局限于供车辆通行的传统定位中,而是具备了自我感知、信息交互、交通控制与管理等智能化的功能,成为信息的载体和媒介。智能装配技术更是实现了将传统工程建造方式中的现场作业转移到工厂进行，使得公路路面系统得以依据设计者需求完成预制加工，通过工厂模块化预制，有效克服了传统公路路面现场浇筑、摊铺所导致的生产粗放、精度低、环境难以控制等缺点，从而实现标准化施工、精细化管理。与此同时，智能装配技术使得设置在模块结构内的智能设备得以精准投放，智能设备存活率大幅度提高，工作环境得以控制。工业化智能装配技术使得公路路面系统能够快速安装，维护便利，从而将施工对交通的干扰降到最小，实现了不停航/不停运施工作业。智能装配技术所具备的先天优势，也决定了其将成为实现公路智能化的重要渠道(图6-8)。

a)

b)

图6-8 装配式基块预制及现场施工

智能装配式技术目前是国内外的研究热点，对于智慧公路的路面工业化装配技术，国内外都在积极地探索。美国主要采用的是装配式水泥混凝土路面、装配式预应力水泥混凝土路面，现已处于市场应用阶段，并研发了用于原板破除、钻孔、基层整平的机械设施。密歇根州立大学的学者在预制板内埋入传感器，可检测到板的水平运动和竖直运动。日本基于预制钢筋水泥混凝土和预制高强钢筋水泥混凝土路面，研发了可拆的Cotter传力构件，基本实现预制、置板、注浆等流程机械化。除此之外，还采用预埋管道的标准板，铺设了可融雪融冰的路面，成功应用于城市交叉口路面。荷兰学者研发了可卷曲预制沥青混凝土路面和梁基水泥混凝土路面技术。就国内而言，对于智能装配技术的研究尚处于摸索阶段，与实现工业化装配仍存在一定距离。

2)技术内容

智能装配技术在交通领域的应用主要体现在混凝土路面结构的建造。与普通混凝土路面一样，采用智能装配技术的混凝土路面仍然要根据需要来设置相应的基层、底基层以及垫层等结构组合，并根据实际行车荷载条件、当地的气候与水文、材料与土质、施工技术与实践经验及环境保护等因素，进行合理的路面板厚度设计、接缝构造与配筋设计等。此外，相较于普通混凝土路面设计，采用智能装配技术的混凝土路面设计应考虑路面板的合适平面尺寸及预制板吊点位置的设置等。装配式混凝土路面铺装如图6-9所示。

新工业4.0的国情发展，对于公路工程的智能装配技术提出了以下目标及要求。

图6-9　装配式混凝土路面铺装

(1)机械化和自动化

采用成套的机械化设备,从工厂内公路路面系统的预制到对应不同应用场合的装配作业,(包含原路面破除、基层处置与整平、预制面层铺装等流程)采用现代化的工业解决方案,提高生产效率。

(2)信息化

智慧公路路面结构是涉及多个子系统的复杂系统,这些子系统的设计、预制、现场装配、系统的位置信息、状态信息等应当处于可监控的状态,并且应使多个子系统以及多个施工流程协同,实现对综合信息的整合。

(3)标准化

公路路面系统为预制的标准件,不同的系统板块具有一定的互换性和替代性,这些标准定义了系统的"接口",满足这些标准的公路路面系统能够快速接入,即使它们之间的智能功能不同。

(4)可拆性

智能装配技术实现公路路面系统的可拆性体现在:不仅便于智能设施的维修、养护、更新等作业,而且在路面系统本身性能不满足要求时,可快速实现路面的维护和更换,不仅不会对交通服务产生影响,也不会影响智能功能。

公路路面的智能化装配技术信息流向图如图6-10所示。

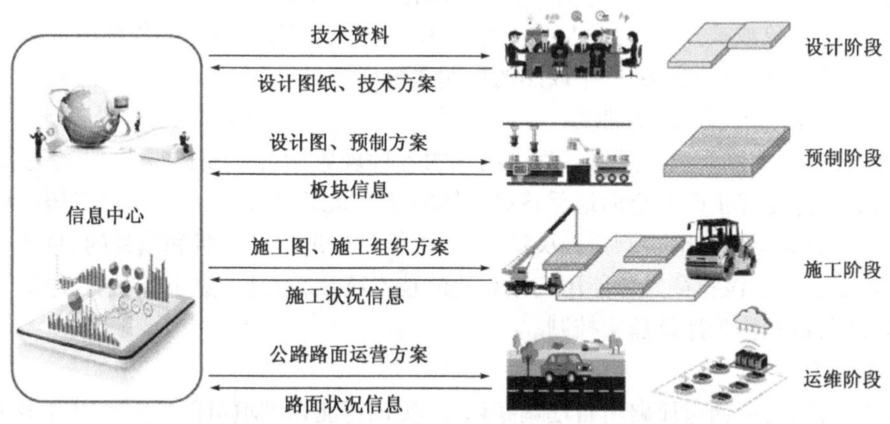

图6-10　公路路面的智能化装配技术信息流向图

6.2.2 智能压实技术

1)技术背景及现状

在公路建造过程中,压实技术决定公路的压实质量,进而直接影响公路的使用寿命。随着信息技术与智能建造工艺的发展,压实技术也逐渐趋于智能化,智能压实技术应需而生。该技术可实时监测施工温度、压实度、压实速度、压实遍数等,通过以上信息,实现施工过程控制的智能化监控,可以有效避免漏压、过压等问题,从而提高施工质量。随着传感技术、微机技术、通信技术的发展,智能压路机在道路施工领域必将发挥更大的作用。智能压实系统的不断完善,节约了大量的人力物力与时间成本。促进道路施工的产业升级是未来的主要方向。

现阶段,智能压实技术已经在公路施工建设中推广应用。在国外研究中,Oloufa 等综合 GNSS 定位技术、传感器自动采集技术和无线通信技术,成功地设计研发出沥青混凝土路面压实施工实时监控系统,从而实现了对沥青混凝土路面压实工艺中碾压遍数、压实轨迹、路面压实温度的监控,从整体保证了压实质量的均匀性。Bhamth 针对公路施工压实质量管理研发出 AutoPave 系统,该系统可以在振动碾压施工中实时监测压实遍数以及碾压区域的碾压行驶轨迹,保证全过程监控整个路基压实工作面。国内对于智能压实的研究,分析了填筑密实的材料时,振动压路机的振动碾压轮产生滑动位移的情况,试验实测振动碾压轮水平加速度与振动碾压轮当中轮缘摆振加速形成的相位差参数,得出相位差振荡压实度,通过实际的工程应用得出相位差与填筑土体压实度存在较强的相关性;分析现行条件下振动压路机智能化控制方案的特点,通过研究得出振动压实控制策略方案的总体化思路和实际路基填筑压实全过程的优化监控管理方案等。

2)技术内容

智能压实技术主要是通过智能压实控制系统(图 6-11)实现的,智能控制是智能压实的关键。所谓的智能控制,即一个系统(或控制器)具有学习、抽象、推理和决策等功能,并能根据环境(包括被控对象或被控过程)信息的变化做出适应性反应,从而完成传统由人来完成的操作任务。根据智能控制的含义,一个成熟的控制系统应该具有如下功能。

(1)学习、抽象、推理和决策能力

这个特征是指控制系统对压实过程中出现的各种现象能够不断进行学习,经过抽象和推理,使输出的信息能够正确而全面地反映填筑体的压实状态,并根据反馈信息对压路机的压实工艺参数和填料状况做出综合判定及决策,这个决策是施加给压路机和填料的,具体实施应根据自动化程度而定。该特征是智能压实最重要的技术特征,不具备这个特征的,原则上都不是智能压实控制,最多称为连续压实控制。

(2)调控能力

根据反馈信息,可通过压路机自动调频调幅,实现智能识别填料的压实性以及该填料达到最佳压实效果的工艺参数,提高了压实的有效性。

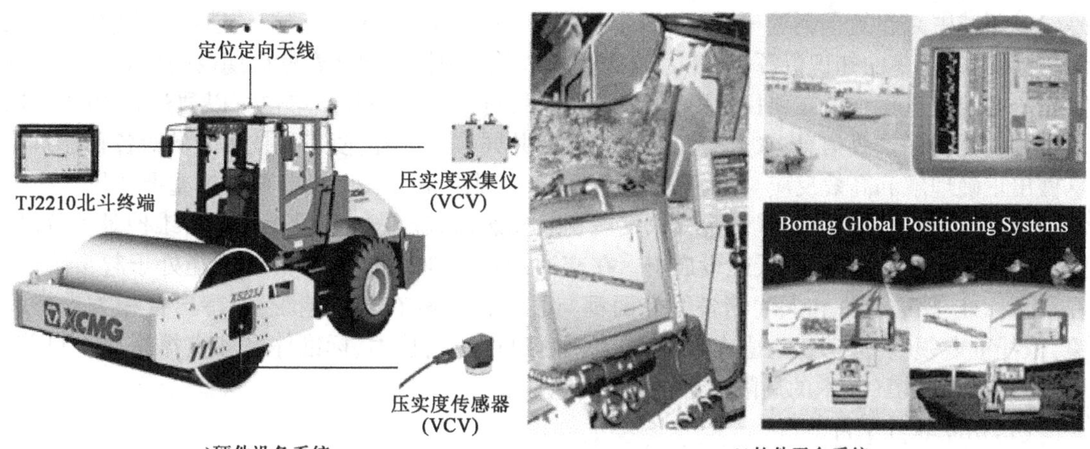

a)硬件设备系统　　b)软件平台系统

图6-11　智能压实控制系统

(3)自适应作业能力

传统意义上的智能压实主要是由压路机自动调频调幅实现的,但是调整到什么程度仍然需要深入研究。如何根据填料特性调控压实工艺是一个复杂的问题,涉及智能识别填料的压实性以及确定该填料达到最佳压实效果的工艺参数等,需要一个长期(机械)学习的过程。目前,这个功能的实现需要与人工智能结合。

(4)自动作业能力

该功能要求控制系统控制的压实机能够自动对填筑体进行压实作业,满足预设的目标要求;在整个碾压过程中最大限度地减少人的参与,最终实现无人操作下的碾压作业。这是一个智慧的专家系统,是我们追求的长期目标。

6.2.3　建筑信息模型技术

1)技术背景及现状

与传统的公路相比,智慧公路在材料、结构和功能等方面要复杂得多,在组成上包括荷载承载系统、供电系统、通信系统、感知系统、智能功能系统等,并构成一个复杂系统。这就需要有一个集设计、建造和养护管理为一体的信息化管理平台,对智慧公路设施进行生命周期协同管理,建筑信息模型(BIM)技术正是解决之道。目前交通运输部对BIM技术非常重视,将其列入"十三五"期间十大重大技术方向和技术政策,BIM协同系统如图6-12所示。

图6-12　BIM协同系统

BIM(Building Information Model)技术不是特定的软件代名词,也不是一个具体工具,而是建设领域中兴起的全新的概念。BIM 不仅是一个工程项目的物理和功能特性的数字化表示,也是一种共享的知识资源,其能为项目从概念形成到拆除的全寿命周期内的所有决策提供可靠依据的信息集合。在项目的不同阶段,与项目有关的不同利益单位可以通过在 BIM 中插入、提取、更新和修改信息,来支持和反映各方的共同作业内容,使工程技术人员对各种建筑信息做出正确理解和高效反应,在提高生产效率、节约成本和缩短工期方面发挥重要作用。

现阶段,BIM 技术在房屋建造领域发展相对成熟,涵盖了建筑、施工和运营维护等各阶段,能够显著提高工作效率,降低建设成本。在交通运输行业,BIM 技术的应用还处于起步阶段,在技术标准、核心软件和人才储备等方面都与发达国家存在较大差距,亟待出台相关支持政策,依托重点领域,推动建立适应国际化要求的 BIM 应用技术、标准体系和支撑平台。目前,国内智能铺面 BIM 技术的局限包含以下几个方面。

(1)BIM 软件平台

成熟的 BIM 软件平台基本被国外的大公司垄断,包括 Autodesk、Dassault 和 Bentley 等。国内尚无较好的基础 BIM,国内尚无较好的基础 BIM 软件平台,相关的应用软件都是在已有基础软件上进行的二次开发。

(2)BIM 技术标准

在三维建模方面,铺面工程起步很早,并已用于设计中。但 BIM 技术在面向道路施工和运维上的应用很不充分,缺乏相应的技术标准,无法赋予构建一些统一的力学、物化属性。

2)技术内容

BIM 技术的应用对于推动工业现代化、智能化、信息化发展起到了关键作用,其具有以下优势特点。

(1)承载和处理海量数据

BIM 技术的基础是工程对象的三维数字化,其核心是信息量和信息流,即数字化的输入和输出。BIM 作为先进的信息处理工具,能使工具项目的各级参与人员直观、充分、便捷地获取项目模型所承载的信息。同时,得益于其基于模型化的数据集成和管理,在整个项目周期内,各单位可通过这些大量、长期、多方的数据,来进行建设管理的运营和决策。

(2)可被用于工程的全寿命周期

结合现有成熟的技术手段,BIM 技术可以在以下几个方面得到应用:①规划阶段,主要用于现状建设、成本预算、阶段规划、环境分析等;②设计阶段,可用于设计方案的论证,包括方案设计、工程分析、可持续性评估、规范验证等;③施工阶段,可用于与设计阶段的三维协调,如场地使用规划、雇工系统设计、数字化加工、材料场地跟踪、三维控制和计划等;④运营维护阶段,对施工阶段进行记录和建模。

(3)可作为与其他技术结合的接口

无人机信息采集系统、传感监测技术、云计算和地理信息系统等新兴技术,能为现有的、在建的和规划中的工程设施提供大量的数字化信息。BIM 技术作为项目的信息集成中心,能提供庞大的数据容量,并搭建有效的沟通渠道,使得信息在流动中产生价值。

在交通基础设施建造领域,BIM 技术的优势特点也使得交通基础设施规划建设更加精准化、高效化、便捷化。在公路建设前期,可利用 BIM 技术开展可视化方案设计、施工计划制订等工作,将三维信息模型与时间信息整合在一起,形成可视的 4D 模型,以直观、精确地反映整个道路的施工过程，让建造人员直观清晰地了解施工细节。另外，通过BIM技术可以对项目的重点或难点部分进行可建性模拟，分析优化施工安装方案，并结合施工组织计划进行预演以提高复杂构造物的可造性，在公路工程中实现数字化建造，提高工作效率和施工质量。

当今及未来一段时间，BIM技术将会进入一个高速发展的阶段，会成为未来智慧公路现代化建设发展中必不可少的亟须力量，能够为交通基础设施建设创造出更多的技术价值和经济效益。为使BIM技术能够在交通领域发挥更大效能，对于BIM技术的功能及配套设施，应从以下几个方面进一步完善及提升。

(1)建立面向智慧公路路面结构的BIM技术标准

与传统公路路面相比，面向智慧公路路面的道路功能和结构要复杂得多。不仅涉及承重层，还涉及电气、通信、机械等方面的材料和设备。真正的BIM不仅提供建设和管理三维信息，还应该针对构件的属性特点进行功能、性能等方面的分析，进行不同构件模块的管理、故障分析和养护决策。这就需要基于智慧公路专业知识，制定面向智慧路面结构的BIM技术标准。

(2)搭建智慧公路BIM基础平台软件系统

现有的BIM软件平台，侧重几何建模，在系统分析方面功能非常有限。为满足智慧公路路面系统的专业化功能分析需要，应搭建面向智能化公路的BIM平台系统(图6-13)，包括智能路面构件库、BIM模型数据导入模块、三维BIM快速生成与显示模块、构件属性数据管理模块、智能化运行仿真分析模块、二次开发库等，实现对智慧公路模型和各构件属性数据的统一管理。

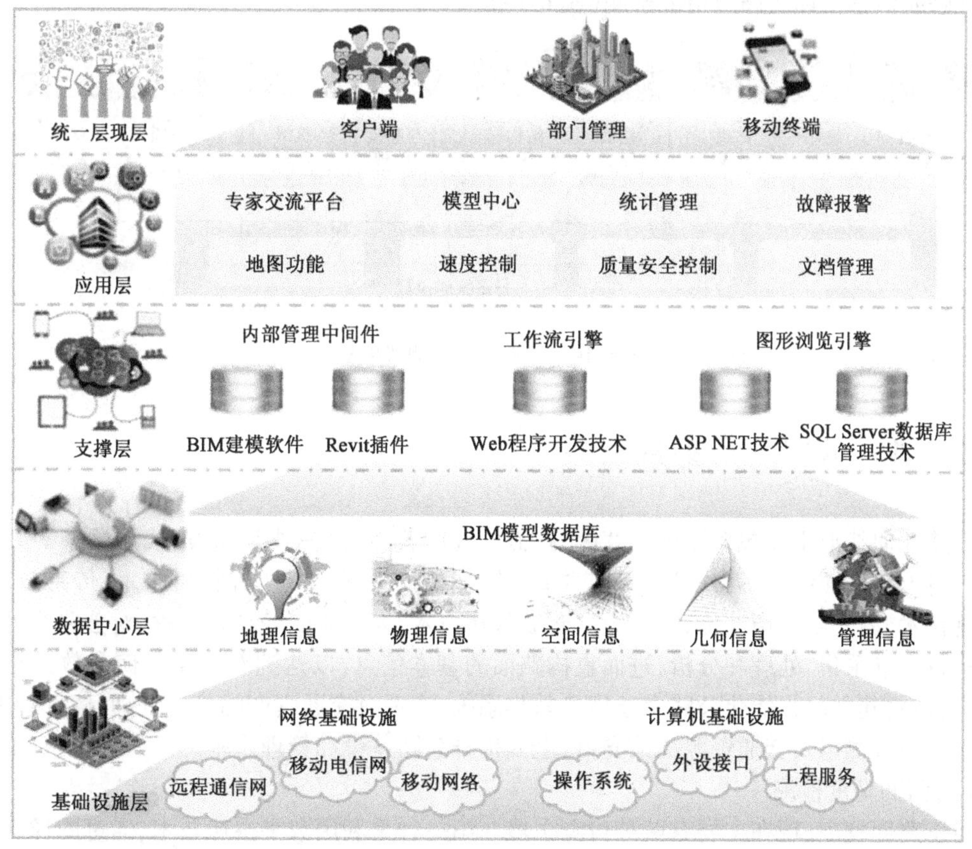

图6-13　基于BIM技术的平台建设系统

(3)搭建基于 BIM 技术的智慧公路设计、施工、运维一体化系统

针对智慧公路的特点,运用 BIM 技术,将设计、施工、运营管理、养护决策等全过程无缝整合在一个系统中。系统可采用云架构,模块化搭建。系统具备智慧公路信息快速建模、智慧公路施工管理、移动终端智能化数据采集、智能化交通运营仿真分析、综合运营评估(包括安全、通行效率、智能化等)、养护科学决策等功能。

6.3 公路智能检测

在公路服役阶段需要对路面结构进行定期检测和维护,使之保持一定的使用性能和水平,以满足车辆使用要求。传统的检测方法为人工按照规定的损坏分类和识别方法,采用目测和简单的工具测量,主观评判性较大,且效率与精度无法保证,也难以满足大规模公路检测要求。因此,为了保证检测质量和提高检测效率,快速智能检测技术在公路建养中发挥了巨大作用。

新型公路智能检测技术通过非接触式三维激光扫描技术、高清摄像技术、落锤式弯沉仪(FWD)、地探雷达(GPR)、红外线、超声波检测以及图像成型等技术获取路面外部特征与表面纹理及结构强度与损伤状态等信息,从而实现对公路几何参数、路面结构承载力、路表功能性指标和路表破损指标的高效精准检测(图 6-14)。

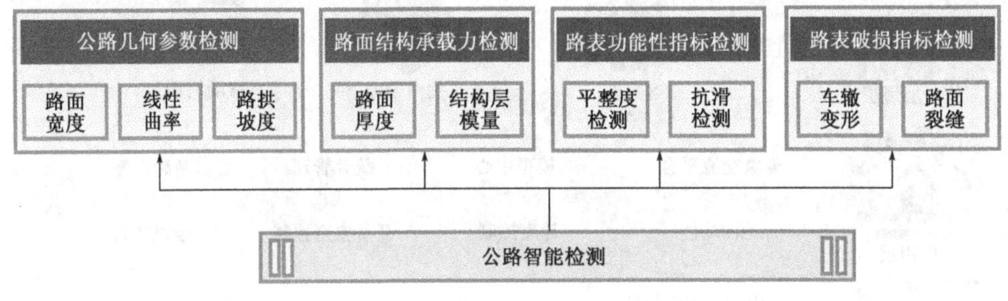

图 6-14 公路智能检测架构图

6.3.1 公路几何参数检测

公路几何线形主要包含路面的宽度、路面标线位置、路拱横坡与纵坡、线形曲率等几何参数。针对公路路面结构形态检测,目前主流的智能检测技术是基于计算机技术、传感技术、图像处理技术、激光或超声波传感技术、电磁波传播技术、人工智能等高新技术,对公路几何线形数据进行自动采集、处理和分析,进而重构路面的基本信息,以达到对公路几何参数进行检测的目的,最终建立起智能化公路交通信息采集系统,实现对交通资产的信息处理、信息管理、交通设施性能预测以及交通资源决策支持,全面提升公路建设和管理水平。

(1)路面宽度检测

对于路面宽度,现在主要有两种检测手段。第一种是利用数字摄像技术,通过图像处理算法,自动获取路面宽度值,其工作原理是将数码相机置于测试车的前端,当车辆驶过时,自动按

下快门,在同一时刻对测试路段进行拍摄,从而获取自动量测的车道宽度的图像。另一种是基于激光测距仪实现对路面宽度的测量,其工作原理是将测距仪固定于检测车上,通过向目标射出一束或一序列短暂的脉冲激光束,由光电元件接收目标反射的激光束,计时器测定激光束从发射到接收的时间,计算出从测距仪到目标的距离。

(2)路拱横坡与纵坡检测

路拱横坡与道路纵坡的坡度检测采用的是激光测距技术(图6-15)。其中,对于路拱横坡(α角)的测量是在检测车上设置左右两个激光测距仪,依据左右激光测距仪测得的距离D与高程,结合由惯性得知的角β,计算路拱横坡γ;对于道路纵坡,只是将激光测距仪的位置安装在前后,原理与路拱横坡一样。

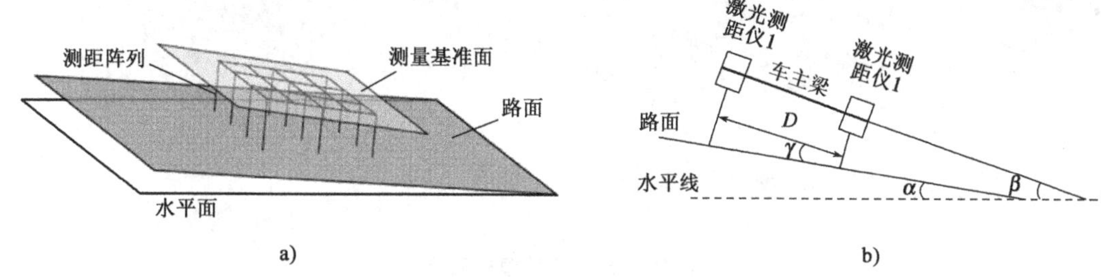

图6-15　激光测距仪路拱横坡检测原理

(3)线形曲率检测

对于公路线形曲率的智能检测,主要是利用编码器(将信号或数据进行编制,转换为可以用于通信、传输和存储的信号形式的设备)、惯性导航单元(利用惯性元件,如加速度计来测量运载体本身的加速度,经过积分和运算得到速度和位置,从而对运载体导航定位的设备)以及全球导航卫星定位传感器,获得用于计算曲率的空间位置坐标、航向角(车在某一时刻车头所指的方向,航向角相对于里程的变化率即此刻的曲率,所以航向角数据也可以用于曲率的计算)等数据,进而基于空间位置坐标,将坐标按顺序在水平平面进行排列,得到检测车在路面水平向的运动轨迹,通过轨迹曲线计算得到路面线形各点的曲率,并基于航向角,获取航向角相对于里程的变化率,最终得到公路路线线形曲率。

6.3.2　路面结构承载力检测

(1)路面厚度

对于路面厚度,主要存在两种智能检测手段。第一种是基于电磁波技术在不同材料中的传播特性,通过探地雷达对路面厚度进行检测,其检测原理是基于电磁波传感技术,通过探地雷达产生高频脉冲信号,并通过天线转化成带宽高频电磁波信号发射到地面,地面内部不同结构材料介电常数的差异会对电磁波传输产生不同程度的反射和散射现象,分析天线接收回波信号的波形相位、周期、幅度等特征值,就可以计算路面厚度。第二种是基于超声波传播机理,利用超声波传播机理,通过布设若干换能器,根据声波在发射换能器与接受换能器之间的传播时间、声速反推路面厚度,检测结果具有较高的精度。

(2)结构层模量

目前,公路工程采用落锤式弯沉仪(图 6-16)测定路面结构模量。落锤式弯沉仪检测系统,其系统硬件和软件主要包括计算机、落锤式弯沉仪测试及分析软件、时域计算模块、运输锁定装置、集成化的 DMI 距离测量仪、温度传感器、四分承载板、配重锤、弯沉盆位移传感器、警示灯等。

a)

b)

图 6-16　拖车式落锤式弯沉仪

其工作原理是:落锤式弯沉仪通过计算机程序控制液压系统将标准荷载重锤提升到一定高度后自由落下,重锤的冲击力作用在事先贴合在路面上的四分承载板上,并传递到路面结构中,从而达到对路面结构施加脉冲荷载的目的。落锤式弯沉仪对路面结构施加脉冲荷载后,路面结构表面产生瞬时变形,此时路面表面的距离荷载中心不同距离的一系列弯沉传感器,会检测到其对应位置路面的位移响应,并由记录系统记录再传送给计算机,最终得到路面表面的弯沉盆,如图 6-17 所示。根据弯沉盆形貌或弯沉时程曲线(D_1 ~ D_4 为弯沉值),基于路面结构力学模型,采用多项式回归、数据库插值、机器学习等算法,即可实现路面模量的反算。

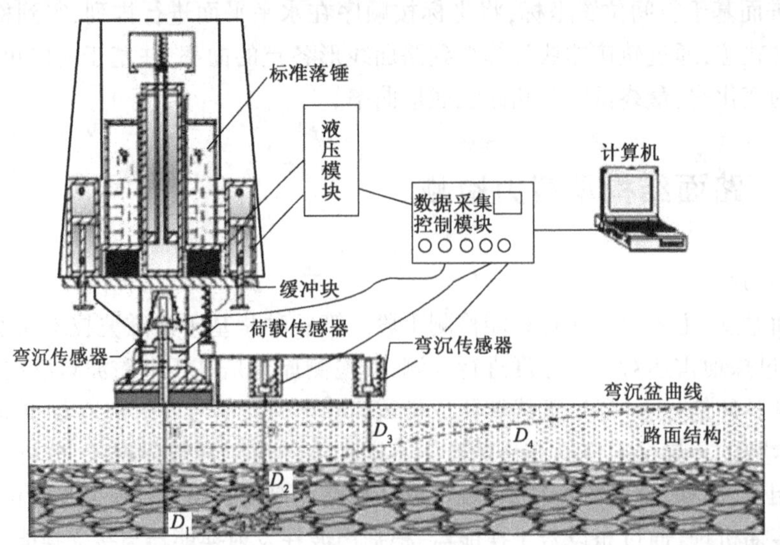

图 6-17　落锤式弯沉仪弯沉盆检测原理

6.3.3　路表功能性指标检测

(1)平整度检测

车载高精度激光测距是目前主流的智能检测技术,基于这一技术,为精确获取公路路面平整度信息,激光平整度检测车也被研发及广泛应用。其中,激光平整度检测系统主要包含刚性检测梁、激光位移传感器、便携式电脑、系统处理器、测试车、距离传感器、警示灯等,具体如图6-18所示。

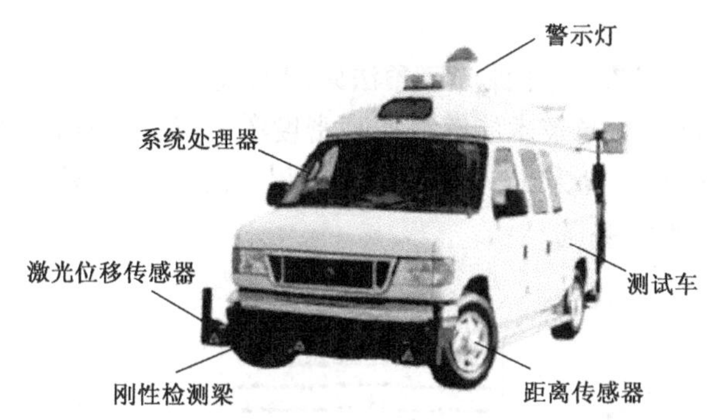

图6-18　激光平整度检测车

激光平整度检测车是利用激光的光时差原理来测定路面的凹凸状态,其工作原理框架图如图6-19所示。首先,在便携式电脑中输入基本路段参数,如待测路段长度、起始位置、数据收集模式等;然后,以某一恒定速度在待测公路路段上行驶,采用距离传感器和激光位移传感器采集车辆行驶轨迹和路表高程数据,经系统软件处理即可得到待测路段国际平整度指标IRI值。

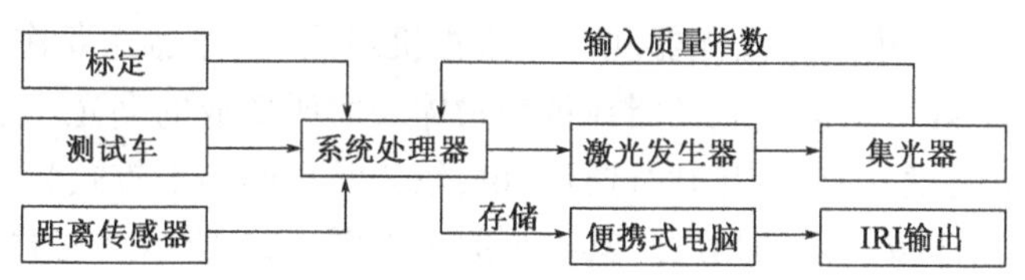

图6-19　激光平整度检测原理框架图

(2)抗滑检测

路面抗滑性能检测技术是研究路面纹理构造特征和路面抗滑性能关系的必要手段,动态摩擦因数测试仪和动态激光断面仪是现阶段使用较广泛的两类检测装置。

动态摩擦因数测试仪是一种通过摩擦力做功,以旋转动能损失反算动态摩擦因数值的设备,该设备能模拟0~80km/h行车速度范围、常规车辆施加路面荷载的路面抗滑性能。动态摩擦因数测试仪具有便于携带、测试速度快和测量结果与路面实际抗滑效果相符合的优点。通过改变动态摩擦因数测试仪的模拟行车速度,能测得不同车速情况下的动摩擦因数值,从而判断微观纹理的优劣,也可判断宏观纹理的优劣。

动态激光断面仪是通过测量路面宏观纹理构造深度间接反映路面抗滑性能的装置。它是在测量车身底面悬挂红外线激光测距装置，以 2mm 间距扫描路表面断面，车辆以36km/h 的速度行驶进行连续测量。动态激光断面仪适用于测量沥青路面干燥表面的宏观纹理构造深度，用于评价路面抗滑及排水能力，但不适用于坑槽较多、显著不平整或裂缝过多的路段。

6.3.4 路表破损指标检测

(1)车辙变形检测

随着激光传感技术的发展，基于激光三角法原理的线激光技术已经逐渐成熟并开始应用于路面车辙变形的检测中，激光技术能够获取高密度激光点云数据（每个车道横断面有 1200至 4000 点），以及横断面解析度为 0.5mm 的路面高程点信息，为构建直观、全面、精准、可靠的路面车辙模型（图 6-20）奠定基础。

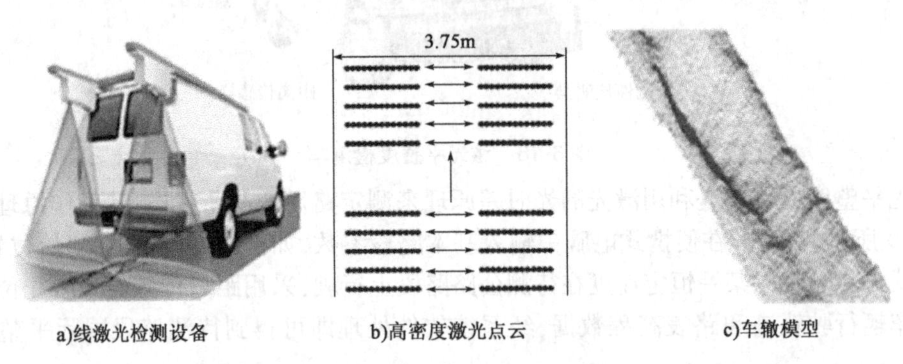

a)线激光检测设备　b)高密度激光点云　c)车辙模型

图 6-20　线激光检测设备、数据点与车辙模型示意图

线激光检测系统一般由一个激光器和一个照相机组成，激光器主要作为光源向被测物体表面发射激光，照相机则用于捕捉激光器在被测物体表面所形成的亮光。激光器和 CCD 照相机通常被放置在一定高度并成一定角度进行布设，较为常见的布设方式为：激光器垂直于被测物体表面，而照相机与之成一定的角度。其检测原理如图 6-21 所示。在对路面结构进行测量的过程中，激光器垂直于路面表面发射激光，该激光面与路面表面相交并在物体表面形成一条相机可见的亮线；CCD 相机从另一方面捕捉到一条变形的激光线条图像，通过图像处理的方法可提取激光线条的中心线；根据中心线图像和设备标定数据，即可计算出道路表面该线条上各点的高程信息（即图 6-21 中 $D_1 \sim D_7$）。

(2)路面裂缝检测

基于二维图像处理技术的路面裂缝检测已经比较成熟，路面裂缝检测 Aigle RN 系统（图 6-22）采用 3 个分辨率的灰度面阵相机获取路面二维图像，每个相机的分辨率为 640×480像素。同时，为了提高路面图像的对比度，实现裂缝的全天候检测，该系统配置了 9 个高能量频闪照明模块。

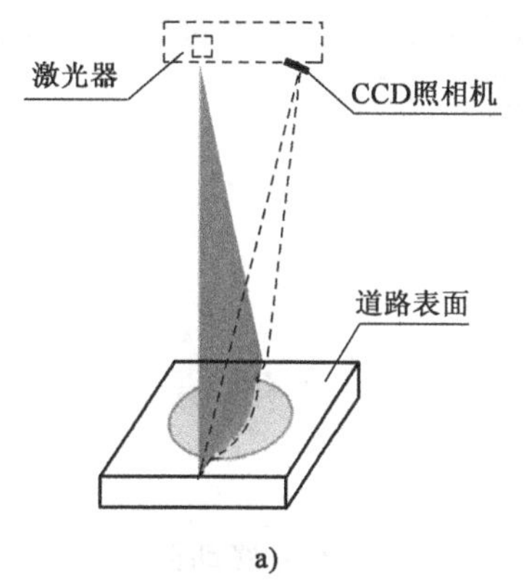

a)

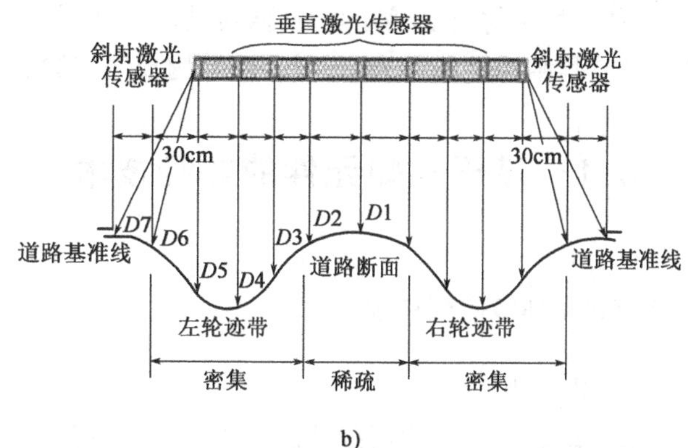

b)

图6-21　三维线激光系统检测原理

交通运输部公路科学研究院在西部交通建设科技项目和国家高技术研究发展计划研究成果的基础上,研究开发了基于线扫技术的路况快速检测系统 CiCS(Cracking image Collection System),如图6-23所示。该系统采用线阵相机和结构光照明,横向检测宽度为2～3.6m,系统分辨率为1mm,检测速度可达100km/h。与系统配套的 CiAS(Cracking image Analysis System)分析软件能够自动识别和处理由 CiCS 采集的路面破损图像,找出裂缝位置,计算路面裂缝特征参数。

图6-22　Aigle RN 系统

图6-23　交通运输部 CiCS 多功能路况检测车

6.4　公路智能监测

在自然因素和交通荷载作用下,路面的使用性能不断衰减,存在许多结构性缺陷、不同程度的损伤及功能性失效的隐患。因此,对路面结构进行长期性智能监测尤为必要。长期以来,人们主要依靠定期检测的方式对公路服役状态进行评估。为了解路面内部的病害发展情况,有时还需钻芯取样。上述方法不仅耗时、费力,获取的数据具有一定的滞后性,有时还会对路面结构造成破坏。基于此,公路行业借助智能传感技术、物联网、云计算及人工智能等技术,实现对公路系统的外部环境状态、路表安全状态以及结构行为等的长期动态监测,以节省人力物力、提高监测效率、促进行业发展。公路智能监测的类型主要包含两类,一类是传感元件的感知监测，另一类是材料自感知监测，两者共同实现对公路结构的物理力学性能进行无损监测，能够实时监测结构整体行为，并对公路结构损伤位置和程度进行诊断。

6.4.1 基于感知元件的监测技术

1）荷载和环境监测技术

（1）荷载监测

①基于动态称重监测荷载信息。传感元件对公路结构上部通过的多种移动荷载的信息进行收集（包括车辆的轴数、轴重、轴距、车速等），对这些参数进行实时监测，了解其变化情况，并基于车辆荷载监测数据的分析结果，完成车辆荷载的校验工作，为公路状态评估及疲劳荷载谱的制定提供参考。

对于车辆荷载的监测，现阶段应用最广泛、发展最成熟的是车辆动态称重技术，该技术可实时监测车辆荷载信息，对于解决车辆超载问题起到重要作用。目前在车辆动态称重系统中比较常用的动态称重传感器主要有弯板传感器、压电传感器以及光纤传感器。

a. 弯板动态称重系统（图 6-24）是利用下方粘有应变传感器的金属板进行测量。当车辆通过弯板时，系统测量出应变传感器产生的应变，由此计算出动态重量值，然后利用测量出的动态重量值预测出车辆的真实轴重。利用弯板进行测量，测量误差一般为 ±5%（整车重量的相对百分比误差）。

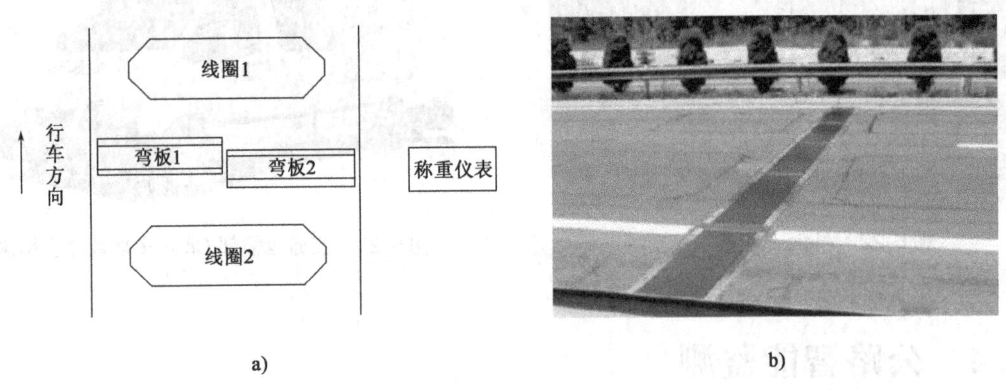

图 6-24 弯板式动态称重系统

b. 压电式动态称重系统（图 6-25）利用监测由车辆轴重引起的压电传感器的电压变化，测量出车辆的轴重值。当车辆通过压电传感器时，系统测量出传感器产生的电荷，由此计算出动态称重值，然后利用测量出的动态称重值预测出车辆的真实轴重，测量误差一般为 ±10%。

c. 光纤传感器动态称重系统（图 6-26）的工作原理是，当车辆通过光纤传感器时，系统测量出光纤内反射光强度的改变，由此计算出动态重量值，然后利用测量出的动态重量值预测出车辆的真实轴重。光纤传感器在车辆动态称重中具有广泛的应用前景。光纤传感器与其他类型的传感器相比具有若干优点:它不受电磁干扰和路面振动的影响、尺寸小、质量轻、低功耗,能够在较为恶劣的环境下使用,并且其响应频率相当高。因此,在动态监测中,光纤传感器是比较理想的传感器。

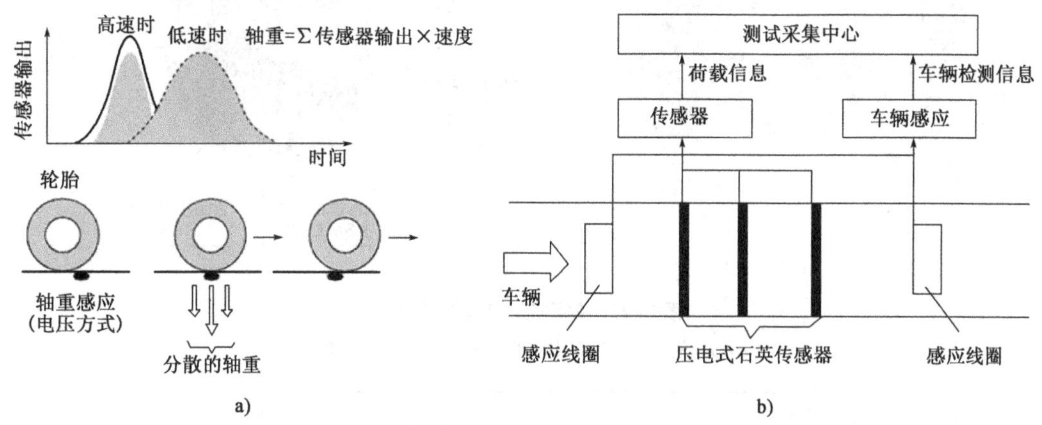

图6-25　压电式动态称重系统

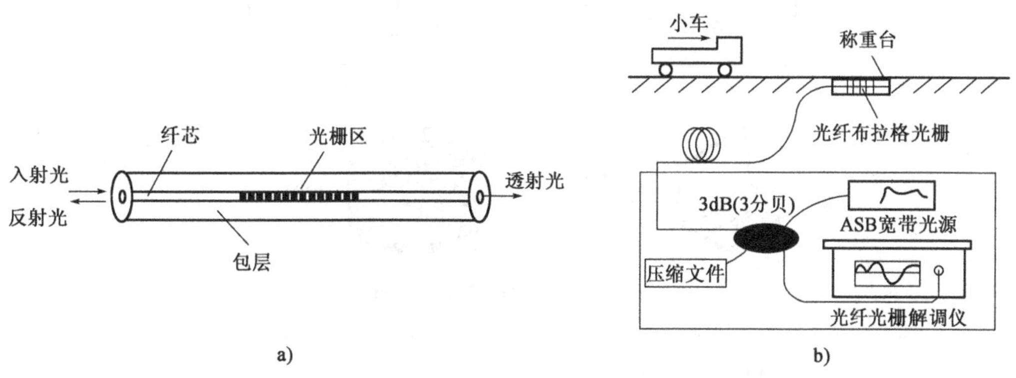

图6-26　光纤传感器动态称重系统

②基于加速度传感器识别荷载信息。在公路工程领域将高精度的单轴压电式加速度计安装在沥青道路旁,记录车辆通过时产生的路面垂向振动信号,进而通过分析振动信号推断路面模量,计算车速、轴重分布。然而,压电式加速度计在实际应用中存在能耗高、集成度低、成本高等缺点,基于此需求,叶周景自主研发了MEMS加速度传感器,并搭建了道路振动监测系统,监测车辆荷载作用下的路面振动,通过对振动原始信号的平滑处理与特征提取,建立数据驱动模型,获取综合交通信息,包括车速、轴距、车型、异常车重、荷载作用位置等(图6-27、图6-28)。

③基于传感元件矩阵识别荷载信息。荷载信息的监测识别,也可通过构建传感元件矩阵的方式来实现。哈尔滨工业大学马宪永曾在机场沥青道面结构中埋设光纤光栅传感器,实时监测沥青道面内部力学响应,根据实际交通状况,将传感器布局分为3个区域,分别是响应监测区、横向偏移判断区以及温度监测区(图6-29)。

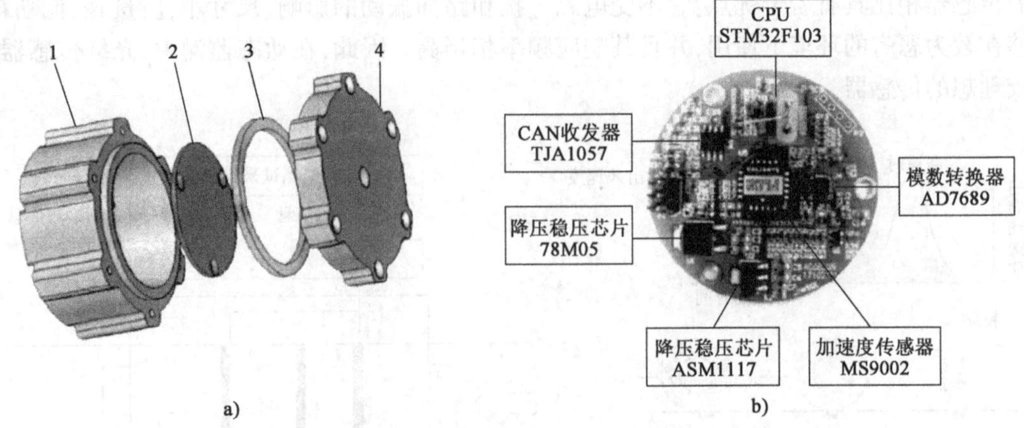

图 6-27 MEMS 加速度传感器

1-尼龙底盖;2-PCB 板;3-防水垫片;4-尼龙顶盖

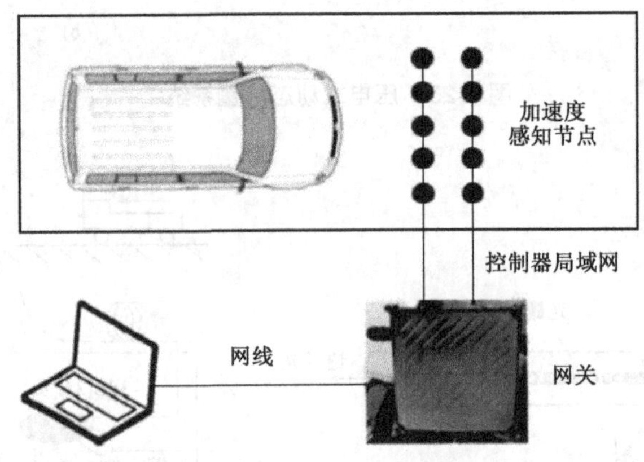

图 6-28 路面振动监测系统

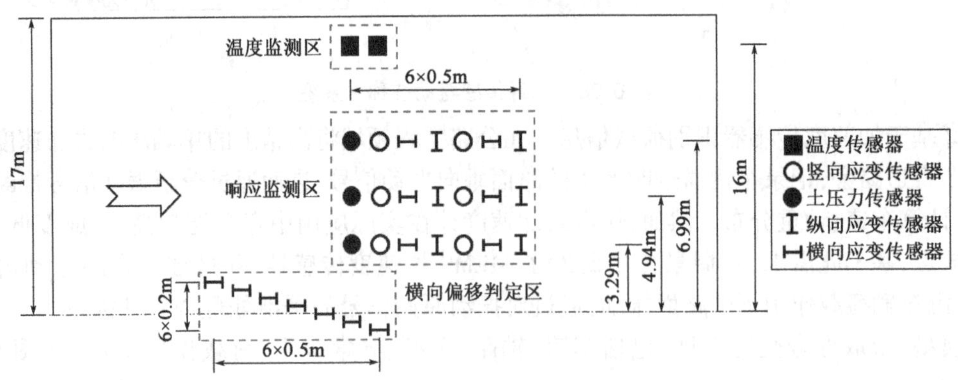

图 6-29 机场沥青道面监测传感元件矩阵布设方案

通过比较传感器布局中的横向偏移判定区 7 个应变传感器的力学响应峰值来识别荷载横向偏移,以出现最大应变响应的传感器位置作为荷载单轮中心作用的位置,并结合数字信号处理中的采样定理对位置判定传感器的间距进行优化设计。

对于荷载的移动速度,可采用时间差方法来感知识别,示意图如图 6-30 所示。根据相同横向位置的2个同类别传感器的纵向距离 m 及这2个传感器力学响应时程曲线出现峰值的时间差 Δt 来确定荷载移动速度。为提高速度识别结果的准确性，可采用多组计算结果取平均值以减小误差。

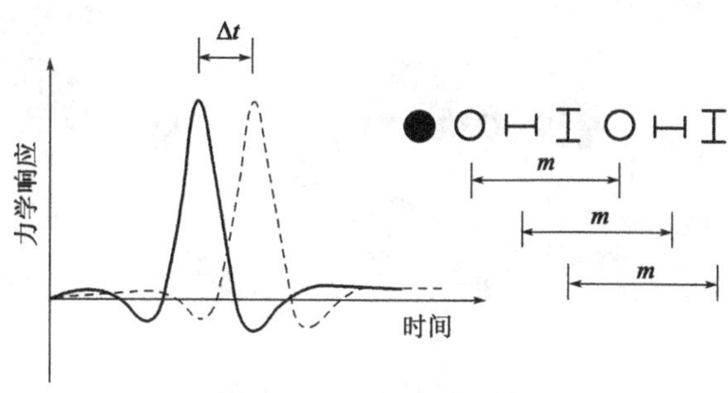

图6-30 时间差方法示意图

(2)环境监测

①外部环境。在影响交通通行的因素中，公路环境气候条件是主要影响因素之一。高温、冰冻、暴雨、降雪等恶劣气候环境经常会导致路面结构出现损伤病害，严重缩短公路使用寿命。此外，极端天气也会严重危害公路安全运营，在大雾、雨、雪等外部环境条件下，高速公路交通事故明显多发。恶劣的气候环境条件对道路交通安全的影响越来越成为人们关注的热点，在智慧公路的建设运营过程中，对公路外部气候环境进行感知和实时监测，提升并完善交通气象分析、预警等技术，对预防极端天气下交通事故的发生，延长公路结构使用寿命，保证公路长期使用性能具有重大意义。

现阶段，对于公路外部环境状态的感知技术主要有三种方式，分别为利用气象传感器进行公路外部气象环境感知，利用雷达系统进行公路路面外部环境监测以及利用能见度仪进行公路雾况监测。

a. 利用气象传感器进行公路外部气象环境感知。气象传感器包括超声波风速风向仪、气压传感器、温度湿度传感器、日照辐射强度传感器等，可测量雨、雪、雾、风速、风向、环境温度、环境湿度、日照强度等路面外部气象特征数据(图6-31)。例如SSI(Surface System Inc)公司的道路/跑道气象信息系统(RWIS)，由多个场站构成，每个场站包含一系列收集气象数据的传感器及向中心站传送数据的处理单元。每个RWIS站包含埋在路面内的路面传感器以及气象传感器。其中，气象传感器可提供空气湿度、相对湿度、风速及风向、降雨量及能见度的监测数据。将所有的传感器连接到一个远端处理单元，安装于高速公路(机场跑道)旁边，可将收集的信息传送到监控中心的服务器。服务器收集、处理并存储由这些远端处理单元传来的数据，并将其传送至用户显示器。监控中心人员可通过办公室的计算机工作站或在办公室之外的任何地方通过互联网来获取这些数据。

b. 利用雷达系统进行公路路面外部环境监测。雷达系统作为路面传感器和气象传感器的补充，对路面外部气象环境进行监测，监测内容包括：结冰状况监测、雾天车辆监测等。例如，瑞士的道路气象信息系统，除了道路传感器和道路气象站可以提供路面2m处空气温度、地表温度、湿度、雾滴、冰冻、风力风向、路面干湿度等信息外，还建立了雷达监测系统，对路面的结冰情况进行监测。

a)

b)

c)

图 6-31 公路气象观测站现场图

c. 利用能见度仪进行公路雾况监测。路面外部雾环境的检测传感器主要使用能见度仪(图 6-32),并辅以温湿度传感器来确定团雾的等级。能见度仪是近几十年被广泛采用的能见度检测设备,而能见度是确定雾等级的重要参数之一。主要的能见度仪有芬兰 Vaisala 公司的 FD12 型、德国 Impulsphysik 公司的 FSM 型和美国 Belfort 公司的 CATN06113 型等。

a)

b)

c)

图 6-32 能见度仪

②内部环境。路面结构内部环境监测主要是针对路面环境状态,通过各种技术手段获取路表湿滑状态、路面温度、湿度等环境状态信息。路面环境因素对于路面使用性能有较大影响。例如,高湿度、高水位将影响路面结构强度,高温容易引起车辙,路面结冰降低路面抗滑性能等。因此必要时应监测路面状态信息。以往受制于硬件技术,无法对路面状态进行监测,但目前随着各式传感技术以及无损检测技术的发展,各种路面状态信息已经可以较为快速地获取,甚至可以实时监测。

路面状态感知监测方式主要可以分为两类:第一类为直接获取,如路面温度、湿度、电阻等,可以通过传感器直接获取路面状态信息;第二类为间接监测,通过对现有传感器进行改造,基于直接获取的基础数据进行分析获得,如路面冰冻、渗水、水污染等状态。

a. 路表湿滑状态。测量路面水膜厚度的最常用方法是基于多普勒雷达原理,通过测量雨滴的密度、速度、体积等,获得降雨量的数据,并且由此推算出路面的水膜厚度。这种方法可以达到0.01mm的测量精度,0～3mm的量程。基于这种原理的水膜厚度传感器有Lufft公司的R2S、IRS31传感器,如图6-33所示;Vaisala公司也生产了基于雷达原理的路面水膜厚度传感器。

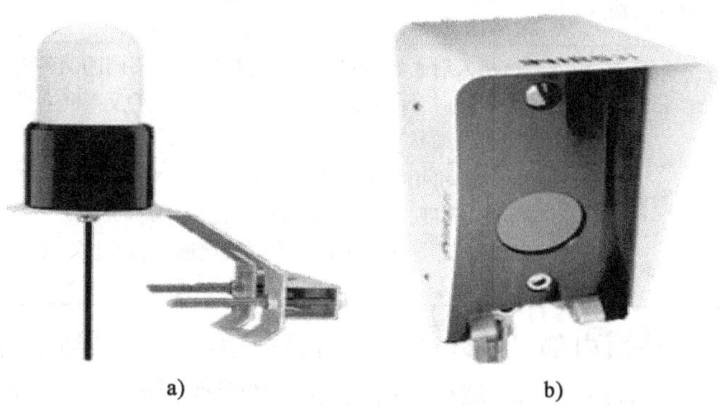

a)　b)

图6-33　路面气象传感器

水膜厚度传感的另一个重要技术路线是光学方法。光学方法可以利用空间光波,也可以利用光纤导光,将发射和接收光纤埋设在路面之下,光纤端面朝向路面,输出光纤向水膜发射光波,水膜的上表面将光波反射,接收光纤收集反射回的能量,由此判断出水膜厚度,如图6-34所示。光学方法另一个重要思路是利用红外光谱法。红外光谱法是一种多功能的方法,可以探测路面的冰雪状况,也可以测量路面的积水和积雪厚度,目前所用的设备大都是红外CCD相机。由于水和冰的红外反射光谱略有不同,通过观察光谱特征,可以判断出路面的结冰状态。通过红外吸收的量值,也可以判断出路面水膜的厚度。红外方法的优点在于:非接触式,应用比较灵活,而且功能比较齐全。缺点在于:一是价格比较昂贵;二是还处于发展的初期,性能可靠性较低。

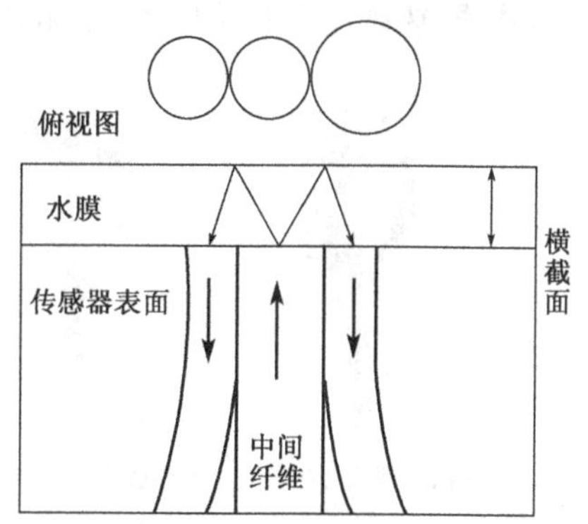

图6-34　基于光纤传感器的路面水膜厚度检测原理图

路面结冰传感器根据监测方式不同可分为接触式和非接触式两大类。接触式路面结冰传感器包括电容式、压电谐振式、光纤式等,非接触式路面结冰传感器测量方法包括光谱强度法、光学偏振法、光学图像法、雷达检测法等。接触式传感器需要安装在路面表面;非接触式传感器安装方式简便,探测面积较大,一般安装于路旁立柱上,或者安装于检测车上。结冰传感器类型及原理见表6-1。

结冰传感器类型及原理　表6-1

监测方式	结冰传感器类型	监测原理
接触式	电容式	由于冰、雪、水、空气的介电常数存在差异,可通过电容值测量电路反映出来
	压电谐振式	压电平膜谐振式结冰传感器表面的平膜对液体和冰具有敏感性,振动片的质量和刚度会发生变化,使谐振频率发生变化,从而获取路表状态信息
	光纤式	光纤式结冰传感器通过光纤对光进行传输,利用光的反射及散射,以散射光强或反射光强的大小,对冰层厚度进行测量

续上表

监测方式	结冰传感器类型	监测原理
非接触式	光谱强度法	通过冰、水、雪在近红外光谱吸收率差异特性对路面状态进行识别，识别出干燥、结冰、积水、积雪等路面状态
	光学偏振法	冰将入射光波分解为正交且传播速度不同的两种偏振光，当光的入射角为某一特定角时，反射光为极化光，路面结冰后反射光会发生极化现象，通过极化光强分辨路面状态
	光学图像法	利用相机拍摄路面照片或者是从道路监控视频中截取图片，从中提取出图片的颜色、亮度、纹理，对路面状态进行分类
	雷达检测法	雷达检测法是通过雷达发射的电磁波，经过水、冰、雪后，强度会下降，从而判断路面状态

b. 路面内部温度。路面内部以及外部环境的温度感知主要是通过温度传感器实现的。温度传感器(Temperature Transducer)是指能感受温度并转换成输出信号的传感器。温度传感器是温度测量仪表的核心部分，品种繁多。按测量方式可分为接触式和非接触式两大类，按照传感器材料及电子元件特性分为热电阻和热电偶两类。温度传感器有 4 种主要类型：热电偶式传感器、热敏电阻式传感器、电阻式传感器、集成电路式传感器，如图 6-35 所示。

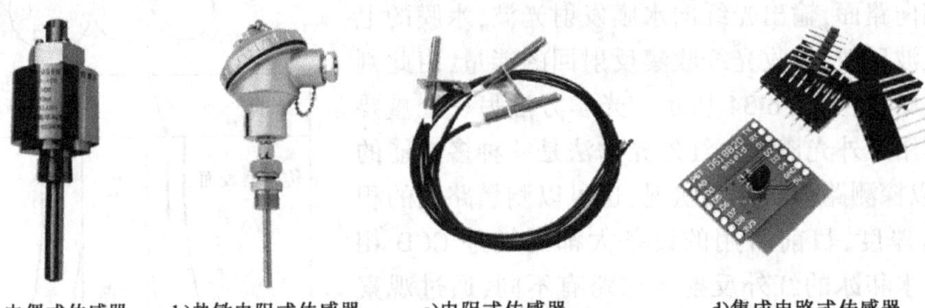

a)热电偶式传感器　b)热敏电阻式传感器　c)电阻式传感器　d)集成电路式传感器

图 6-35　温度传感器

c. 路面内部湿度。道路内部，特别是路基内湿度一般可以依靠湿度计进行测量，采用湿度计可以测得不同断面、不同深度的湿度值。土壤湿度计的工作原理为：通过测量土壤的介电常数，能直接稳定地反映各种土壤的真实水分含量。路基湿度传感器如图 6-36 所示。

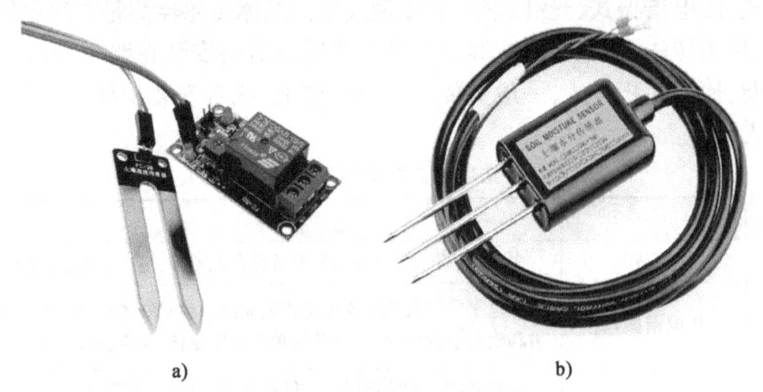

a)　b)

图 6-36　路基湿度传感器

2)力学响应监测技术

路面结构力学响应主要指在荷载和环境等作用下路面内部应力、应变、位移、振动、加速度等物理量的变化。

目前,对于路面结构力学响应感知传感器,按照测量原理的不同,可分为电阻式传感器、振弦式传感器、电容式传感器、压电式传感器和光纤式传感器等(表6-2)。

力学响应感知传感器类型 表6-2

传感器类型	工作原理	优缺点	监测物理量
电阻式传感器	利用金属材料的电阻-应变效应,金属材料在外力作用下产生机械变形时,其电阻会产生变化,从而将被测参量的变化转换为电阻变化	①结构简单,使用方便;②性能稳定可靠,易于实现多点同步测量、远距离测量;③灵敏度高,测量速度快;④长时间使用后,应变片易变形;⑤潮湿和腐蚀环境下寿命短,精度差;⑥易受电磁干扰	应变、位移、温度、压力等
振弦式传感器	利用振弦频率和弦拉力的变化关系来获取测试变量的大小。通过外部激励使振弦起振,再通过内部电感线圈接收振弦的脉冲信号并转换成可测定的电信号,送入传感器测量系统	①适合长距离信号传输;②抗干扰能力强,稳定性好;③工作可靠性高;④体积偏大,不利于现场布设;⑤封装材料模量大,与路面协同性差;⑥难以实现高速动态测量	应变、温度、压力、应力等
电容式传感器	以各种类型的电容器作为传感元件,将被测量参数的变化转换成电容量的变化,然后再通过测量转换电路将电容量的变化转换成电压、电流等信号进行输出	①测量范围大;②精度高、灵敏度高;③动态响应时间短,适用于动态信号的测量;④结构简单,易于制造,适应恶劣环境;⑤可进行非接触式测量;⑥自身发热少,热损失小,绝缘介质损耗小;⑦输出阻抗高,负载能力较差	应变、荷载、湿度等
压电式传感器	当压电材料沿其一定方向受到压力或拉力时,会产生变形,此时这种材料的两个表面将产生符号相反的电荷,当去掉外力后,它又重新回到不带电状态,这种想象称为压电效益	①适用车速范围大,从准静态到高速,适应于高速测量,加减速影响小,横向力影响小;②温度漂移小,受环境因素影响小;③寿命较长,维护工作量小	加速度、荷载等
光纤式传感器	以光纤布拉格光栅为基础发展起来的一种本征波长调制型传感器,外界温度、压力、应变变化引起传感器的布拉格波长移动,通过测量布拉格波长的移动量可实现对外界物理量的测量	①测量精度高,传输距离长;②不受电磁干扰;③耐久性好,体积小	位移、压力、荷载、加速度、倾角、渗流等

智能颗粒也成为近些年公路智能监测领域的重点研究方向。智能颗粒是一种集成多种高精度传感元件,具有实时数据传输功能的超小型耐高温智能传感器。通过蓝牙、Wi-Fi、物联网

等数据传输方式,可以实现对路面材料在施工和运营过程中受力、变形、运动的实时监测以及破坏预警。其设备尺寸小(接近粗集料颗粒),对路面承载力干扰小,外壳可根据需要3D打印成各种形状和表面特性,不受应用环境限制,使用方便、耐久、存活率高。将智能颗粒组网布设,不仅可以采集路面结构应力应变,也可以监测沥青混合料中集料的运动规律,提供更多沥青路面内部结构信息数据。

6.4.2 基于自感知材料的感知技术

交通量的迅速增长导致路面往往在没有达到设计年限时就会出现各种早期破坏,传统的路面性状检测方法通常无法发现内部缺陷,只有当路面外部出现明显缺陷时才开始维修养护,造成养护成本居高不下。基于导电材料的路面自评估技术的发展使得路面能够进行自我感知,当路面结构内部出现小病害和早期损坏时,实时反映其内部状态,有效降低养护成本,避免路面结构大的翻修,减少对交通的影响,具有十分重要的经济效益和社会效益。

目前,国内外对基于导电材料的路面性状自评估与诊断技术的研究处于初步发展阶段,已开展的相关研究和结论有:掺碳纤维的水泥混凝土具有一定的损伤自诊断等特殊功能;研究自诊断沥青混凝土中导电相和沥青混凝土自身结构的优选以及自诊断沥青混凝土的诊断机理,结果表明,掺入碳素类导电相材料的沥青混凝土具有更好的自诊断性能,沥青混凝土级配类型为非连续密级配时有利于填充更多的导电相材料,将不锈钢钢丝网或不锈钢钢片作为导电材料掺入沥青混凝土中可实现对沥青混凝土路面性状的实时监控;研究了结构自诊断沥青混凝土的电极材料及其尺寸优选,结果表明,不锈钢网作为电极比钢铁网作为电极时的电阻率输出更稳定,电极尺寸以测试样品横截面面积的40% ~60%为宜;提出了一种石墨/碳纤维复合改性的自诊断沥青混凝土,其力学性能和电性能都较普通沥青混凝土有较大提高;模仿生物神经网络对创伤的感知和生物组织创伤部位愈合的机能,在混凝土传统组分中复合特殊组分(如仿生物传感器、含黏结剂的液芯纤维等),使混凝土内部形成智能仿生自诊断、自愈合神经网络系统,实现对混凝土材料的自动诊断实时检测和及时修复,确保混凝土结构的安全性,延长混凝土结构的使用寿命。以上研究加入路面材料的导电相材料大多为碳类材料,如图6-37、图6-38所示,经济效益不高。此外,导电相材料在路面结构中的布置方式及耐久性也是一个重要研究方向。

a)高纯度石墨

b)短切碳纤维

c)钢纤维

图6-37 导电相材料

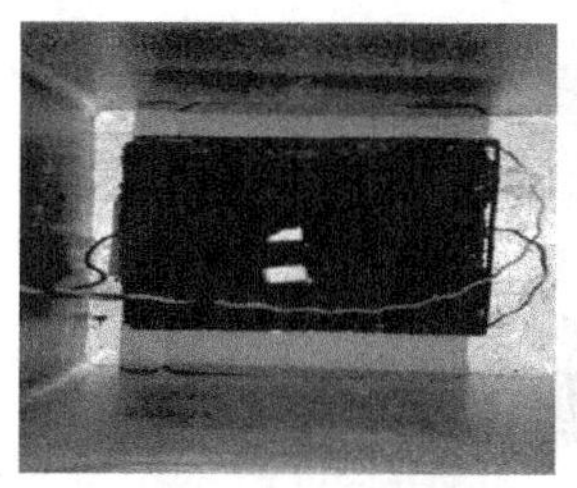
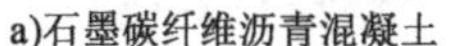
a)石墨碳纤维沥青混凝土

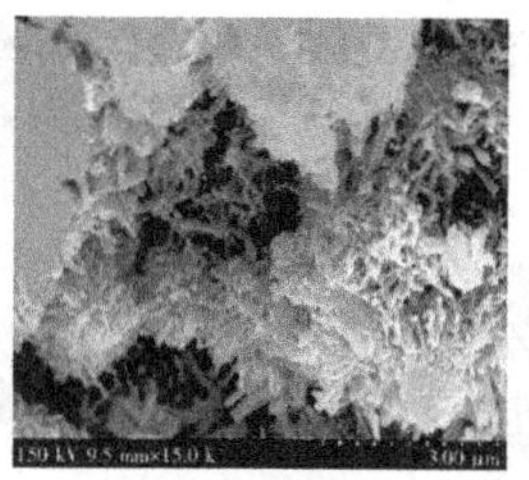
b)石墨掺量0%

c)石墨掺量5%

d)石墨掺量10%

图6-38　石墨碳纤维沥青混凝土及扫描电镜图

6.4.3　路面自调控技术

1)路面温度自调控技术

冬季路面可“供暖”,夏季路面可“制冷”,研发可控制“体温”的智能路面温度主动调控技术,不仅可抑制由温度引发的病害、显著延长路面服务寿命,而且冬季可融冰化雪、夏季可缓解热岛效应。冬暖夏凉的路面温度主动调控技术对于实现长寿命、永久开放道路的目标具有积极的支撑作用,同时对于常年冻土、极端寒热地区公路建设具有重要价值。

路面温度调控基本原理是通过热辐射、相变吸热、热传导等改变路面热能,进而实现对路面温度的控制。其中,路表热反射涂层是通过强化热辐射控制路面温度的,仅适用于控制夏季路面高温;路面材料中掺加高温或低温相变材料,通过固-液相吸收热量实现路面温度控制,但温度调节能力受到相变材料掺量的限制。

基于热传导原理的流体加热或制冷技术,主要利用电能、太阳能、浅层地热等能源,结合地源热泵、热管等较为成熟的热交换技术,实现路面高低温度主动调控。这是“恒温”路面的最具可行性的技术方案。

2)路面自动融雪化冰技术

冬季路面结冰或积雪是影响高速公路交通安全,造成高速公路交通事故的一个重要因素。对路面积雪结冰的处理,各国一直非常重视,并做了大量的研究,探索出多种清除路面积雪结冰的方法。

(1)超薄导电磨耗层技术

以导电环氧沥青作为黏结料,研发可工厂预制,且具有导电、抗滑功能的超薄自融雪沥青地毯(5~10mm),以安全电压(36V)为电源对沥青地毯进行通电加热,以实现安全、低能耗地融化路面冰雪(图6-39、图6-40)。

(2)发热电缆

电热融雪化冰技术的原理是利用电能通过电缆或者导电路面材料加热路面,通过人工控制开启或者雪量监测系统自动控制开启,在降雪期间使路面温度高于0℃,从而防止路面积雪结冰(图6-41)。

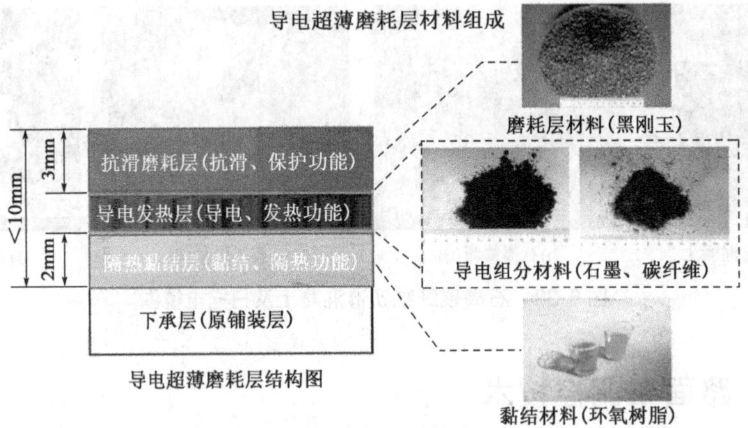

图6-39　超薄导电磨耗层技术

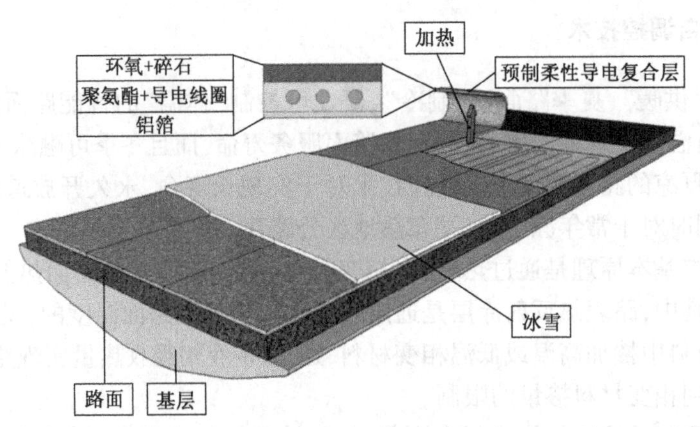

图6-40　预制自融雪沥青地毯

图6-41　发热电缆施工过程

(3)地热管

地热管化冰融雪技术原理是把水作为载体,通过在路面内水平埋管,在夏季时从恒温层及上层土壤中吸收能量,完成热量的积蓄,冬季时借助水泵系统把积蓄的热能传递到路面上,从而消除道路积雪(图6-42)。

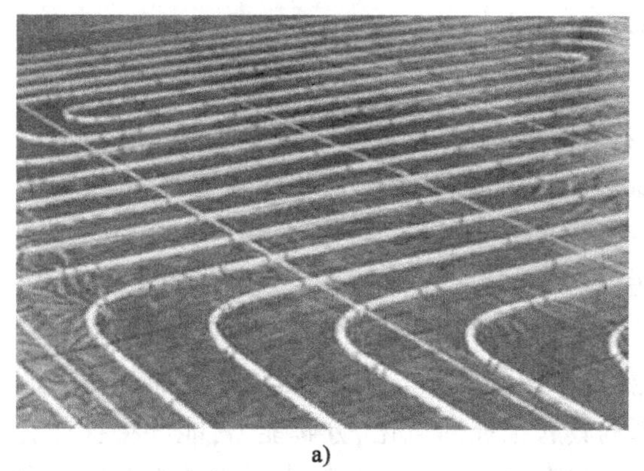
a)

b)

图6-42　地热管融雪技术

(4)太阳能加热

太阳能加热融雪系统一般由集热装置、蓄热装置和融雪装置三部分组成,其原理是集热装置收集阳光的热量并将其输送到蓄热装置中进行积聚保存,在冬季时,融雪装置将储存在蓄热装置中的热量输送至路面,融化路面冰雪(图6-43)。

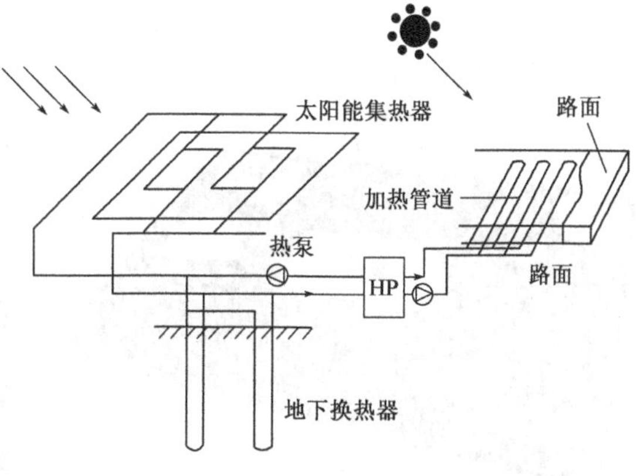

图6-43　太阳能加热融雪技术

(5)低冰点填料

低冰点填料由低表面能憎水材料和低冰点材料组成,其完全或部分代替沥青混合料中的矿粉,与沥青和集料拌和并铺筑成低冰点路面,通过降低冰雪冰点、减弱冰与路面的黏结能力的方式,达到融冰化雪的效果(图6-44)。

a)

b)

图6-44　低冰点路面融冰化雪效果

3)路面自清洁技术

公路在运营几年后,表面会积累大量泥土污物,减小路表抗滑系数,降低行车安全性。传统清洁方式难以将路面的污物完全去除,且费时费力,路面自清洁技术是近年来针对上述现象迅速发展的新兴技术。

路面的自清洁技术是一项可以使路面通过自然现象、无须人为操作即可进行自我清洁的技术。路面上的无机污渍较容易清理,可借助风力和雨水冲刷去除。有机污渍较难去除,目前路面自清洁技术研究较多的是对有机污迹的清洁。路面自清洁技术的核心内容为在原有路面材料中加入光催化材料,通过光催化降解有机污渍。TiO_2(二氧化钛)由于具有催化活性高、稳定性好、价格低廉、对人体无毒害等优点,是目前应用较多的光催化剂。TiO_2在路面材料中的加入方式有直接作为外掺剂掺入和TiO_2水溶液喷涂两种形式。纳米TiO_2经光照射时生成的羟基自由基、超氧离子自由基以及H_2O自由基均具有很强的氧化、分解能力,能够将各种有机物直接氧化为CO_2和H_2O等无机小分子,应用于路面中不仅可以降解大气中的汽车尾气含量,还能够分解附着在路表面的有机污渍,使得铺面结构具备自我清洁的能力(图6-45)。

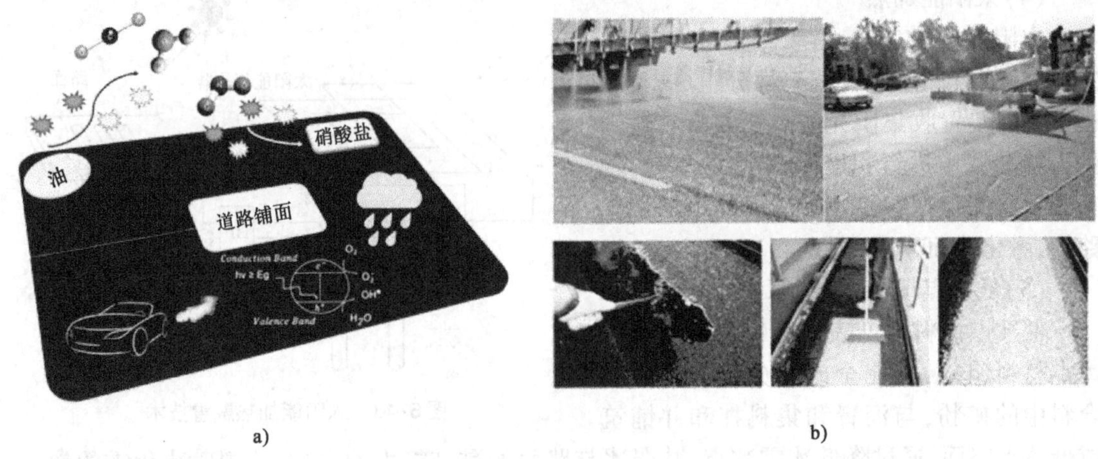

图6-45 自清洁沥青混凝土及现场测试

6.4.4 路面自修复技术

疲劳开裂是沥青路面的典型病害,也是沥青路面面层松散、坑洞以及基层损伤的主要诱因。如果沥青路面的裂缝能够像皮肤伤口那样自愈合,“无缝”沥青路面或许能梦想成真。自1976年研究发现了沥青混凝土具有疲劳损伤自愈合特性以来,国内外围绕增强沥青混凝土疲劳损伤自愈合能力开展了大量研究,形成了以能量供给、物质补充为原理的两大类强化自愈合能力的自修复技术,为实现长寿命、高性能路面提供了全新的研究思路和技术措施。

(1)主动增强技术

沥青混凝土的疲劳寿命受沥青性质和混合料组成等内部因素影响,而这些因素恰恰是影响沥青混凝土疲劳损伤自愈合速率的关键因素。因此,沥青混凝土疲劳损伤自愈合能力主动增强技术原理为:选择自愈合能力强的沥青以及优化沥青混凝土组成设计,以实现沥青混凝土自愈合能力的主动增强。

(2)被动增强技术

能量供给技术主要通过加热路面促进裂缝愈合。沥青混凝土在15℃时的愈合速率是10℃时的3倍以上。研究表明,50℃、20min加热可提高路面寿命1.4倍。为使这种方法具有可行性,可以掺加导电纤维、石墨等填料使沥青混凝土具有导电能力,通过电加热方式实现能量供给,或掺加铁氧体等微波敏感材料,采用微波加热方式提高温度。

物质补充技术是在路面材料中掺加含有黏合剂的中空纤维或胶囊,其原理是裂缝引发中空纤维断裂或胶囊壁开裂,黏合剂流出后封闭裂缝。目前,裂缝自愈合沥青混凝土研究主要借鉴自愈合聚合物的研究成果,并主要采用胶囊技术(图6-46)。

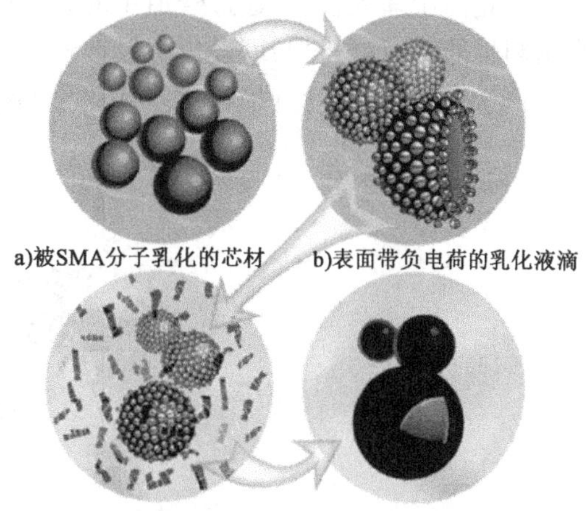

图6-46 石墨烯微胶囊制备过程

6.4.5 路面自供能技术

公路路面内蕴含大量可利用的绿色能源,路面作为交通基础设施,能直接与阳光接触的部分面积较大,因此能够作为太阳光能收集的场所。沥青路面由于自身呈现深色,材料具有极佳的集热性能,在阳光照射下往往能够达到很高的温度。同时,土壤具有较好的蓄热功能,这就为路面内部热能的收集提供了多种可能。车辆在路面行驶时,会向路面传递机械振动。这部分机械能若不加以利用,便会在路面内部耗散。因此,路面内部的机械能收集,不仅可以达到收集能量的目的,还能对路面内部的结构损伤起到改善作用。

(1)太阳能电池板路面铺设技术

直接在路表铺筑太阳能电池板(图6-47),是收集路面光能的最简单途径。掌握太阳能电池板与下部基层、路基的协同工作机理,是保证太阳能公路长期性能和寿命的关键。路面作为行车的支撑物,表面抗滑等性能会极大影响行车安全,因此以太阳能电池板作为路面材料,需要对其表面进行特殊处理。

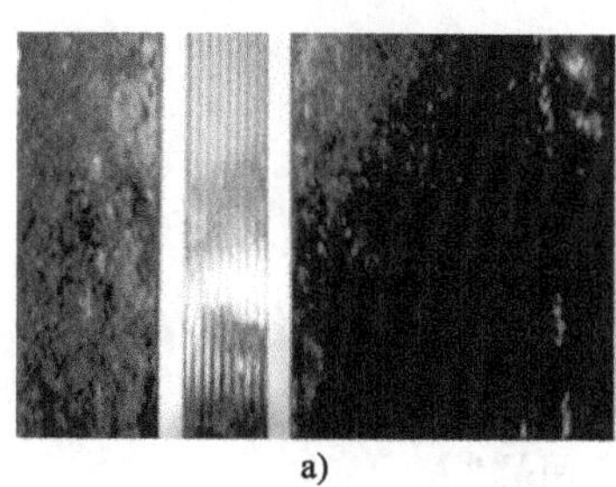
a)

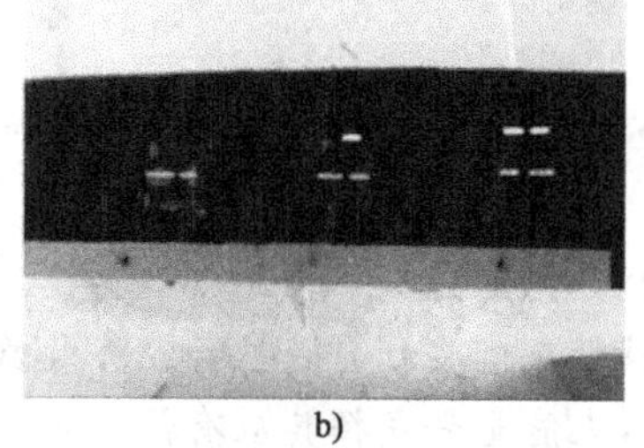
b)

c)

图6-47 太阳能路面示意图

(2)基于路面埋管技术的路面热能收集

在路面中埋入管道,通过管道中的介质进行热能的传递是可行的热能收集方法。路面自身材料性能、管材材料与埋设位置及数量、管道内部介质的材料选择及流速等,均对能量收集效率产生影响,需要对其进行逐一优化与特殊设计。热电发电路面发电原理如图 6-48 所示。

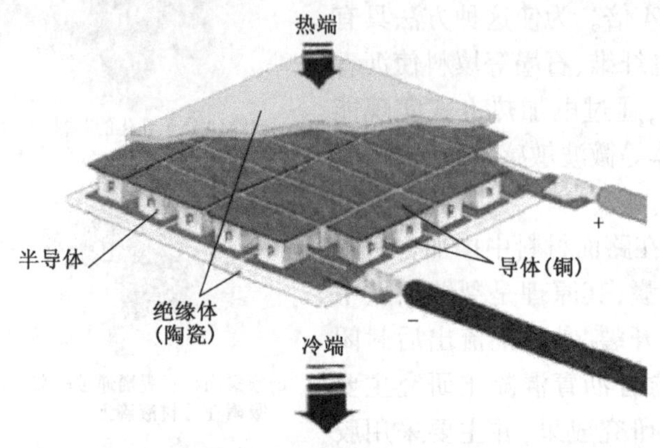

图 6-48 热电发电路面发电原理

(3)基于压电技术的路面机械能收集

车辆行驶在道路结构上所产生的振动能是非常可观的,在路面内部埋设压电转换器,将机械振动产生的机械能转换为电能,继而将产生的电能收集、处理、应用。选择合适的压电转换器结构,是保证压电能量收集效率的重要因素(图 6-49)。

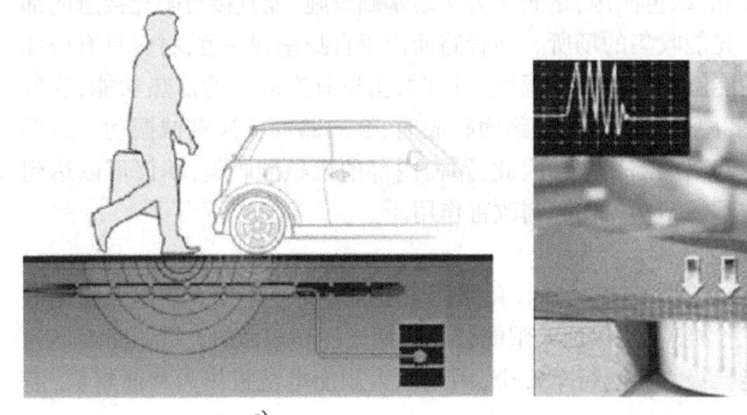
a)

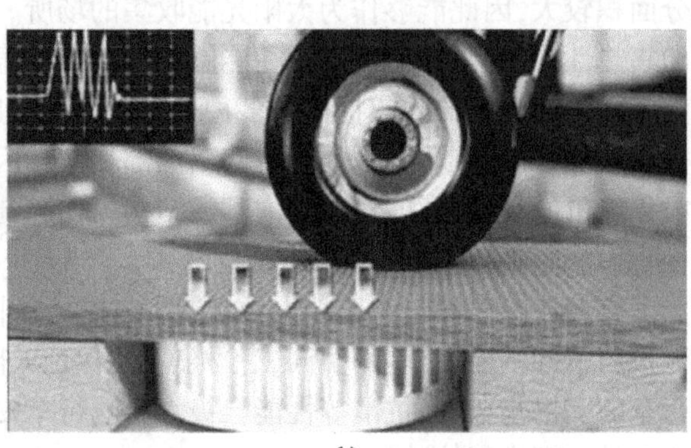
b)

图 6-49 利用压电技术收集路面机械能

复习思考题

1. 智慧公路的内涵是什么?如何定义?
2. 你认为公路智能建造能够带来哪些社会效益和经济效益?
3. 如何看待智慧公路建设后未能充分发挥其应有价值的痛点问题?
4. 如何看待智能装配技术的难点和未来发展趋势?
5. 为丰富智慧公路的架构,你还能想到哪些学科与现有公路工程融合?

CHAPTER 7 第7章

智慧机场

学习目的与要求

熟悉智慧机场整体架构与发展阶段；掌握机场数字化施工的建设内容、作用及关键技术原理和方法；掌握机场道面无损检测技术、机场跑道异物(Foreigh Object Debris,FOD)识别技术、巡检机器人技术的基本原理和方法；掌握机场道面外部环境监测、道面性状监测的基本原理和方法；掌握机场智能管理中围界安防、可视化分析决策系统的基本原理和方法。

随着数字经济的快速发展和人民生活水平的提高，舒适、快捷、安全的飞行体验逐渐成为新时代人们出行方式的首选。根据国家数据网公布数据可知，2019 年我国机场全年旅客吞吐量超过 13 亿人次，飞机起降量达到了 1166.0 万架次，同比增长分别为 6.9% 和 5.2%，年旅客吞吐量千万人次以上的机场高达 39 个。在日益饱和的空域容量和基础设施保障能力的压力与挑战下，我国民航业快速引入各种新兴技术和先进设备对机场空侧、航站楼、路侧区域范围内的航班、旅客、行李、车辆进行精细化、协同化、可视化、智能化的运行与管理，使其具有不同程度的主动感知、自动辨析、自主决策、动态交互和持续供能等能力。本章将主要针对智慧机场的内涵、基本架构、关键技术及其实际应用情况进行介绍。

7.1 智慧机场概述

党的十九大以来，我国民航发展处于由民航大国向民航强国跨越的关键节点，根据建设“平安、绿色、智慧、人文”的四型机场战略部署，具有生产要素全面物联、数据共享、协同高效、智能运行能力的智慧机场无疑成为推进“四型机场”建设的关键支撑和实施路径。

7.1.1 智慧机场概念及特征

智慧机场(图 7-1)是在数字机场的基础上，充分运用新一代信息技术建立的，具有高度感知、互联、决策能力的机场，该机场可以借助物联网技术获取飞行器、车辆、旅客、工作人员等动态信息，通过计算机、互联网、大数据、云计算等技术实现实时信息交互、流程整合及协同决策，从而提升旅客服务、航班生产、空侧运行、综合交通、货运信息、安全、商业、能源、环境信息管理等业务水平，完成由信息到知识的转化，优化资源配置。

智慧机场具有接入多样化、数据整合化、信息产业化的三大特征。其中，接入多样化是智慧机场的基础，即使用多种手段自动接入机场各方面信息；数据整合化是智慧机场的关键环节，即收集的信息能互联互通，将有价值的信息整合到中心数据池中；信息产业化是智慧机场的最终表现，整合的信息要进一步进行加工、分析，最终实现智慧利用。

1) 接入多样化

机场信息接入的新技术包括：智能影像识别系统(人脸、车辆等)、射频识别、全球定位系统、移动设备自动感应、红外感应、自动化能耗数据抄表、智能建筑数据接入等，这些所谓的

“物联网”技术的充分利用能够使机场具备主动识别、自动定位、跟踪、监控和管理等能力。

图7-1　智慧机场概念图

2)数据整合化

智慧机场建设中各信息系统间数据互联和整合应用也是较为关键的,然而在机场的生产、服务和管理过程中包含了几十个技术架构异构化的信息系统,不仅包括各部门内部的生产信息和管理信息,还必然涉及空管局、航空公司和机场等不同单位间的业务变革(组织、体制、流程方面),大大增加了机场互联网技术推广的难度和管理变革阻力。数据融合的实现不仅能够打破机场航班信息、旅客信息、安检信息、行李信息间的信息孤岛,还能通过建立中心数据池系统和协同决策支持系统的方式集成不同机场间的生产、服务、管理等方面的信息,提高机场战略决策能力。

3)信息产业化

信息产业化是智慧机场的最终表现,是对整合后的信息进行进一步加工、分析,最终实现生产与商业优化、主动旅客服务及优化决策支持等。例如,通过生产实况系统和在整合航班、离港、安检、行李的基础上建立综合数据分析模型,合理排班,优化人力成本分配,使用户全面掌控航班实时进度,提升运营效益和效率;通过商业数据分析系统的应用,可以优化机场内商业布局以提高商业服务收益;通过智慧化信息使用,使机场服务从传统的等待旅客问询提供资讯的服务方式,转变为主动感知旅客状态、主动获取机场营运信息、主动向用户推送资讯等。

7.1.2　智慧机场整体架构

机场是一个涉及多方作业人员的庞大复杂基础服务设施,在空间分布上覆盖了机场空侧、航站楼和陆侧三大区域,在建设内容上包括了生产、服务、管理三大体系。本部分内容将主要按照空间分布对智慧机场的整体架构进行划分介绍。

根据机场运行组织特点，通常认为由空侧和陆侧两大区域组成了完整的机场系统。然而，从旅客角度上看，空侧和陆侧的分界线是安检口；从机场规划角度上看，空侧和陆侧的分界线是航站楼与机坪，也就是说，飞机停机位成为两个区域的分界线。因此，本书将智慧机场细分为智慧空侧、智慧航站楼和智慧陆侧，下面将从空侧、航站楼、陆侧三大区域进行智慧机场基本要素的详细介绍。

1）智慧空侧

机场空侧主要是为了保障航空器安全、高效地运行，属于受安全检查和隔离控制的区域，主要包括航站楼隔离区域、机场空域、机务维修区、货运区、飞行区、站坪及必要的服务区域等。其中，机场空域是指飞机进场和离场的航路；飞行区是供飞机起飞、着陆、滑行和停放的地方，包括跑道、滑行道、机坪、机场净空、地面标志、灯光助航设施及排水系统等；此外，一些为飞机维修和空中交通管制服务的设施与场地也属于空侧范围，如特种车辆、机库、塔台、救援中心等。

跑道：跑道由结构道面、道肩、升降带、跑道端安全区、停止道、净空道等构成，与飞机起飞、降落有直接关系（图 7-2）。

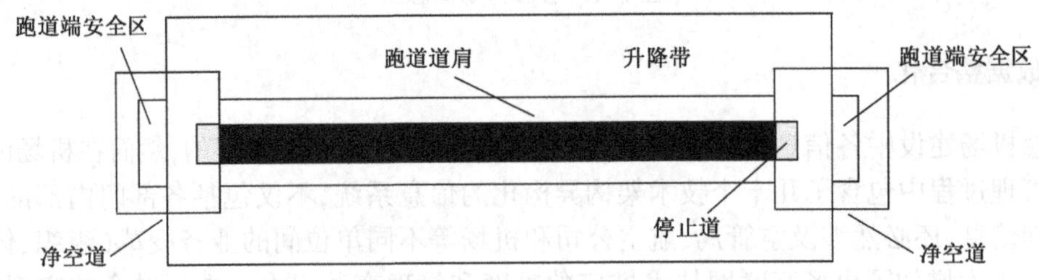

图 7-2　跑道结构示意图

滑行道：滑行道是飞行区内供飞机滑行的通道，连接机场的各个功能区。根据滑行道的作用和位置，滑行道分为进出口滑行道、旁通滑行道、快速出口滑行道、平行滑行道、联络滑行道、辅助滑行道等，图 7-3 所示为飞行区部分滑行道结构。

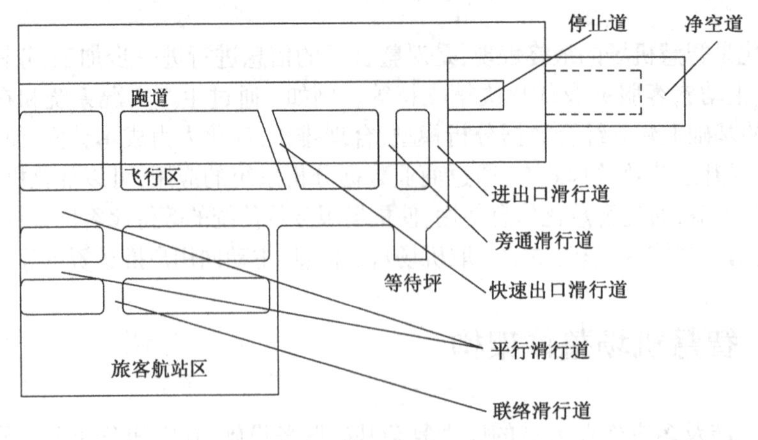

图 7-3　滑行道结构示意图

机坪：机坪是飞行区内供飞机停放和旅客上下飞机的地方，是航站楼与飞行区之间的连接区域。根据使用对象可分为供旅客、货轮上下飞机的登机机坪和供飞机过夜、维修和长时间停放的停放机坪。

目视助航设施：目视助航设施是在机场飞行区内及其附近，为飞机驾驶员昼夜起飞、进近、着陆和滑行的目视引导信号而设置的工程设施，主要包括指示标和信号设施、道面标志、标记牌、助航灯光、标志物等。

塔台：塔台是一种设置在高处用来监看以及控制飞机起降的航空运输管制设施，机场是否设置塔台取决于空中交通密度和可利用的资金。许多国际机场载运量高且航班频繁，因此机场内有自己的空中交通管制系统。

气象观测设备：按照民航局要求，通用机场应当能够实时获取本机场的地面风向、风速、温度、湿度、气压等气象信息，及时为飞行提供所需的气象要素。气象观测设备一般包括风向风速仪、温湿度传感器、气压传感器、百叶箱等必要设备和雨量器、散射仪或大气透射仪等可选设备。

通信导航设备：航空通信包括陆空通信和平面通信，航空导航包括航路导航和着陆导航。陆空通信是机场空中交通管制部门和飞机之间的无线电话、无线电报等通信方式；平面通信是飞机场和飞机场各业务部门之间的通信，早期以人工电报为主，后来出现有线、无线、卫星通信等线路下电报、电话、电传打字、传真、图像、数据传输等多种通信方式。航空导航包括中、长波导航台，全向信标/测距仪台，战术导航设备，远距导航系统以及仪表着陆系统。

特种保障设备：特种保障设备是在机坪、跑道、航站楼、应急救援中所使用的特种车辆和专用设备，主要分为地面服务车辆、机务保障车辆、货物运输服务车辆、机场道面维护检测车辆/设备、相关保障车辆/设备五大类。

其他辅助设备：其他空侧的基础设施还包括储油库、登机室、等候室，以及各类智能监测的传感元件如热电式传感器、压电式传感器、光纤光栅式传感器、MEMS 传感器、图像采集摄像头等智能感知元件和无线网络等。

智慧空侧（图 7-4）的实现是通过对气象数据、空管数据、场面雷达数据、跑道异物监测系统数据、自动泊位与引导数据、特种车辆调度数据、围界安全监控数据等多源异构信息进行实时的获取、整合、分析、挖掘，对跑道滑行道运行能力、车辆调度、跑滑结构进行智能化评估与优化建议，对空侧安全进行监控和预警，以保障空侧安全、高效运行。

2）智慧航站楼

机场航站楼是供飞机乘客转换陆上交通与空中交通的设施，乘客购票后在此处进行值机、行李托运、安检、购物、登机等活动。智慧航站楼（图 7-5）的建设目标是使旅客在航站楼内实现自助化服务，如自助值机、自助行李托运、自助安检等，从而构建面向旅客服务的大数据体系，并进行旅客信息的深度分析和挖掘，为其提供楼内引导、航显提醒、广告推送等个性化、精准化的服务。

自助值机设备：它是一种方便旅客自行查票、订票、选座、获得登机牌、发票等乘机信息的设备。

图7-4 空侧全景视频监测平台

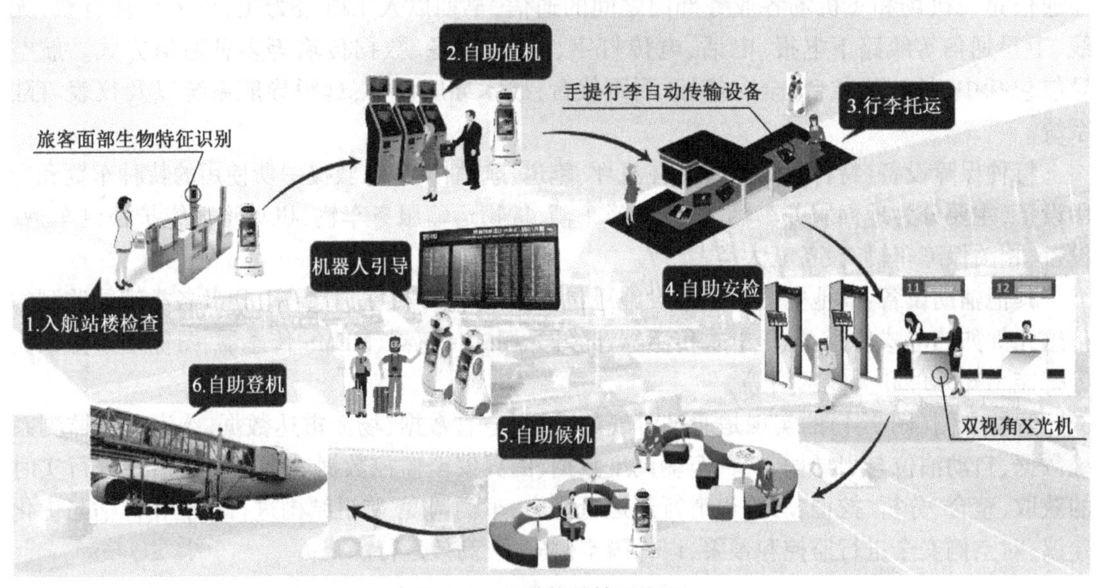

图7-5 智慧航站楼示意图

自助行李托运设备：它是一种集自助选座、登机牌办理、自助行李托运功能于一身，真正实现"一站式"全自助办理乘机手续的设备。行李高速自动分拣技术可实现行李的精准、快速分拣和运输，RFID识别及追踪技术对行李进行全流程节点追踪，防止行李错装、漏装，提高行李装运准确率，并将相关信息实时推送至机场、航空公司和旅客。

自助安检验证闸机：它是一种通过扫描旅客身份证等有效证件或登机牌完成安检验证的设备，平均通行效率为每分钟6~8人次。广州白云机场建设了国内首条自助智能安检通道，通过综合运用人脸识别、人包对应、毫米波安全门及篮筐回传等新技术，实现自助验证、智能检查、畅行通关。

自助登机设备:它是一种通过旅客自行扫描身份证或登机牌,结合人脸识别技术验证身份信息,完成登机手续的设备。

多证件识别仪:它能够快速准确地读出各种符合ICAODoc 9303标准的多种证件(身份证、驾照、护照、港澳通行证、台胞证、行驶证等)的机读码、护照号码、姓名、性别、签发机关以及护照芯片信息等内容,便于SDK对接调取相关数据。目前,其主要用于海关检查、口岸出入境检查、出境游旅行、涉外饭店住宿登记、使领馆签证登录、国际航班旅客资料采集等领域。

引导机器人:它可以在公共场所来回巡视,与人进行实时语音对话,通过语音识别、触摸交互、移动互联等方式,为人提供智能化、人性化的咨询、引导、预约、宣传、迎宾等服务。

自助Wi-Fi取号机:它是一种通过扫描身份证、护照、台胞证、回乡证等进行认证,方便国内外旅客快速获得免费安全Wi-Fi的设施。

航班信息显示系统:它是分布在机场各处(离港大厅、值机柜台岛、值机柜台、候机厅、登机口、到港行李转盘、到港大厅以及其他旅客所能到达的区域)的各种显示屏(LCD、LED、CRT、PDP),为旅客及送接站人员提供涵盖来自机场、空管局、地面交通指挥部的所有计划信息、动态信息、临时信息服务。

视频采集系统(图7-6):它能利用视频智能分析技术对航站楼内的旅客进行全流程跟踪和服务,同时获得航站楼内旅客人流实时分布情况,实现航站楼内旅客密度、排队情况的智能监测、规划和预警。

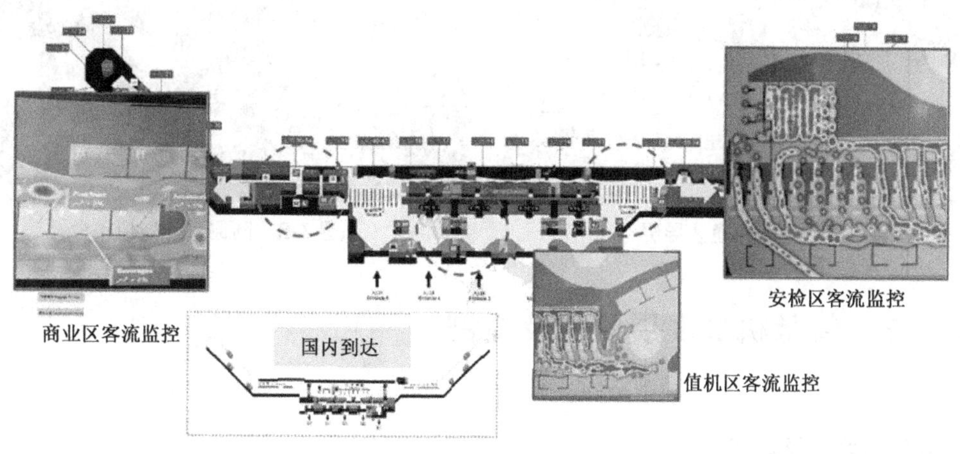

图7-6　航站楼视频采集系统

3)智慧陆侧

机场陆侧是集公交、地铁、高铁、私家车等不同交通方式运行为一体的综合交通枢纽,包括航站楼非隔离区、车道边、航站楼前地面交通系统。智慧陆侧所涉及的业务场景不仅包括旅客和车辆的到达聚集,还包括旅客和车辆的分流以及多交通资源的配置和调度,其建设目标体现在综合交通的智慧监测、智慧调度、智慧服务等方面。

停车场:它是设置于机场周围,用于保管、停放旅客私家车辆,并收取停车费的设施。首都国际机场首次引入机器人自动泊车功能，建造了机器人智能停车场，解决停车痛点、工程量、造价及人工劳动力浪费的问题，有效控制车辆分流。泊车机器人自带感应器，可自动调节行驶速度，能躲避障碍，防止剐蹭。

智能信号灯：通过带有多种感应装置的交通信号灯，实时采集驶向每个路口的车辆型号、车速、行驶方向等信息。经过后台系统的实时计算，设计出路网内各个路口信号配时的最优方案，并即时发送到信号灯上，最大限度地利用每个路口的通行能力。

智能交通诱导屏（图 7-7）：它设置在机场主要进出口上，旅客通过屏幕可以直观了解到机场实时路况信息、城市热点地区旅行时间、天气及机场运行情况。其未来还将纳入停车场实时车位信息与航班变动信息，方便旅客掌握重要交通状况信息，合理安排行程。

视频采集系统：基于公共区域旅客人流监测技术、综合交通运行状态检测技术和动态推演预警技术，感知综合交通的运行态势及交叉口的实时状态，进而通过旅客疏解与交通运力匹配技术、交通运力柔性调度与应急调度技术、旅客应急疏散技术，实现陆侧交通的协同运行与管理。通过在机场陆侧的综合交通区域增设多交通方式一体化智慧安检系统、智能导乘导航和多交通方式换乘自助设备，为旅客提供智能化的便捷服务。陆侧视频监控平台如图 7-8 所示。

图 7-7　智能交通诱导屏

图 7-8　陆侧视频监控平台

7.1.3　智慧机场发展阶段及案例

1）智慧机场发展阶段

纵观我国机场的发展史，从人工售卖纸质客票到线上预订电子客票，从人工检票到自助值机、自助安检、自助登机等，从智能机械平面横移立体停车场到机器人智能停车场，每一次改变都彰显着人类智慧的伟大，体现着科学技术的进步。我国机场的发展历经了五个阶段。

（1）传统机场

20 世纪 70 年代以前，随着民用航空局成立，出现了第一批规模较小、功能简单、仅能满足少数人出行要求的航站楼。此阶段乘客购买纸质客票进行安检、步行登机，行李采取人工处理方式，没有专门的候机厅，主要解决最基本的旅客空陆换乘问题。

(2)电子机场

2005年,广州白云机场首次提出并实现了“电子机场”的发展规划,打破以往电子客票以航空公司为单位,与机场、空管部门等部门各自为政的“信息孤岛”局面,极大地促进了网上航班信息、机票价格信息、机场物价的公开化和实时化,提升了机场的运营和管理能力。

(3)数字机场

在遥感(RS)技术、全球导航卫星系统、地理信息系统(GIS)及虚拟现实(VR)技术的支撑下,我国民航业又提出了“数字机场”的建设理念,使飞行指挥系统、地面保障系统和机场受损评估系统基于统一的空间信息基础,发挥精准、快速、灵活作战的效能。

(4)智能机场

随着电子登机口(e-gate)、客运流量管理、RFID等技术的引入,2011年,国际航空电讯集团(SITA)提出了“智能机场”发展愿景,即利用先进的技术和设备设施,创建一个智能环境,实现旅客在机场的自助、移动和协同作业,在提升旅客体验和服务品质的同时,提高机场运营效率。

(5)智慧机场

在经历了“电子机场”“数字机场”“智能机场”阶段后,随着物联网、大数据、云计算、移动互联网等技术的发展,我国民航业根据IBM提出的“智慧地球”和“智慧城市”提出了“智慧机场”的概念。

未来智慧机场的发展是在确保安全的基础上,以提升机场运输能力与效率为目标,从机场选址、布局到基础设施建设等各个环节着重考虑环境影响和旅客舒适度,具体目标包括:具有满足不断增长的航空运输需求的能力、具有降低航班延误及缩短飞机排队等待时间的高效执行力、能够提高旅客舒适度、能够减少CO_2及氮氧化合物排放、能够降低噪声污染等。

2)智慧机场案例

目前,很多机场开始了智慧机场建设。比如银川河东机场、西安咸阳机场、徐州观音国际机场、鄂尔多斯伊金霍洛机场已经开始尝试“航站楼动态布控、安检口人证核验、VIP室会员识别、智慧航显、智能排班、刷脸登机”等各类功能应用;成都天府国际机场、鄂州花湖机场、昆明长水国际机场等在强夯自动监测和压实自动监测应用的基础上,结合数字化监控平台的使用,对数字化监控技术在机场场道工程中的应用进行了系统研究;新加坡樟宜国际机场、迪拜国际机场、北京大兴国际机场等实现了向“平安,智慧,绿色,人文”靠拢的国际化综合航空运输机场的目标。下面选取国内外典型机场的智慧化发展进行详细介绍。

(1)伦敦城市机场

伦敦城市机场是世界上第一个将物联网应用于民航机场服务领域的机场,自2013年4月机场引入物联网系统后,通过运用面部识别技术、众包软件系统、智能设备的GPS组合技术等先进技术,解决了旅客行李遗失、航班延误、排队时间长、迷路等问题,优化了旅客的出行体验。同时,机场还提供了许多人性化智能服务,如自动识别旅客信息、提供母语服务、路线导航、便捷订餐等,成为机场物联网技术应用的典范。

(2)迪拜国际机场

迪拜国际机场是中东地区最大的空中枢纽,也是阿联酋航空及其廉价航空飞向迪拜的总部。面对日渐增长的客货运输量及地理环境的限制，迪拜机场开始借助先进技术来提升机场的运营效率和旅客服务质量。具体措施包括：通过互联网技术和卫星定位技术为旅客提供定位、导航、快速问询、电影观看等服务；通过人脸识别技术和生物统计学技术，缩短旅客值机和安检等待时间；通过人工智能技术完成行李处理、自动驾驶、人员过滤，推进人工智能空中交通管理项目等；候机大厅采用全息成像技术对旅客实行自动引导与服务；在其地面交通系统方面，利用全自动无人驾驶技术的地铁直达机场可供旅客自主选择乘坐，提高了陆侧交通服务水平。

(3)新加坡樟宜机场

新加坡樟宜机场的4号航站楼充分利用面部识别技术、互联网技术、物联网技术等先进技术组成的智能自助系统，优化了自助值机、行李托运、通关、登机及离境等各个环节的资源分配，实现了网络、充电桩全场覆盖；同时，联合大数据、云计算、人工智能等技术对收集到的旅客行为数据进行深层过滤分析和处理，实现机场个性化营销和广告的精准投放。在此基础上，机场进行了数据平台的深度整合，开发了集中化平台ONE CHANGI(一个樟宜)。该系统可将所有的旅客触点信息如社交网络、电子邮件、智能手机、在线调查、电子反馈机以及“社交树”等数据资源汇总到一个集中化的信息管理平台，从而为旅客提供电子邮件、社交网络等跨网多维的精准广告推送体验，进而在竞争中占据有利位置。此外，在个性化服务方面，航站楼内有一个70m长的LED屏幕可供旅客控制，休息室内有漫游服务机器人，均为旅客带来了人性化的智能服务体验。根据英国的航空服务调查机构斯卡特瑞克公司公布世界机场排名，樟宜机场多年获得“世界最佳机场”称号。

(4)北京大兴国际机场

北京大兴国际机场以打造全球超大型智慧机场标杆为目标，广泛应用了智能旅客安检系统、“毫米波门”安检设备、北斗导航室内外定位系统等多项智慧型新技术，帮助实现值机、安检、行李托运到登机全部流程的自助化、无纸化和快速化服务。例如，双门闸机上的人脸识别能防止漏检或其他旅客尾随，毫米波设备能识别并判断所携带物品是否违禁；智能旅客安检系统能自动调取旅客信息；托运安检设备采用在线式运行模式实时监控行李托运、安检到开包、复检等全流程传输状态；借助北斗导航技术对室内外工作人员及行李车辆进行高精度定位的能力，成为全国首个实现高精度室内外定位的大型机场；智能停车场“雇佣”多台停车机器人帮助旅客精准停车、取车，节约时间，防止剐蹭和撞击等事故。

此外，大兴机场通过大数据和云计算等相关信息技术，搭建了一个由所有驻场单位共计68个系统组成的信息共享和协同决策的数据中心，通过多方协同和智能指挥调度实现缩短航班各节点等待时间，为旅客提供私人定制般的个性化服务，通过智能视频分析主动识别安全风险，为旅客安全出行保驾护航等功能。

(5)上海浦东机场

在值机、行李托运、安检、通关、登机实现全流程自助化的基础上，上海浦东机场航站楼的P4智能化长时停车库通过智慧停车管理系统实现了车牌自动识别、无感支付、车位查找等功能，部分停车位还率先采用了轨道移动式充电桩，实现长时停车和充电两不误；机场综合保税区A3地块的智能物流中心通过引进瑞士SWISSLOG公司自动化高密度存取AUTOSTORE系统，搭配协作机器人、自动导航装置等自动化设备，极大地提高了货物仓储、空间利用率和发货效率，减少人力成本和作业差错率，实现物流领域的技术飞跃，从而进一步巩固浦东机场在国际物流分拨中心方面的地位。

此外，上海浦东机场大力推动机场 FOD 防范、围界安防、智慧安保鸟击防范、无人机反制等系统建设，并与华东空管局和主要基地航空公司建立了数据的交互，对航班运行、地面保障、航班动态、实时流量、雷达、ADSB 和气象数据等航班信息，进行数据共享、运行态势监控、航班监控、资源管理、协同放行和统计分析等。信息系统与航班工作协同管理机制相配合，在大幅度提升航班正常性方面发挥了重要作用。

(6)广州白云机场

近年来，白云机场在智慧机场建设上走在全国前列，其率先在国内推行二维码过检和自助登机、安排“云朵”智能问询机器人“上岗”、自助行李托运、安检人脸识别、智慧停车场等。白云机场自 2019 年 9 月 19 日开放了 10 条“易安检”通道实现快速自助安检后，不断引入人工智能、物联网、互联网等新兴信息技术手段，成为国内首个接管机坪管制的机场，显著提高了地面运行效率，比如旅客抵达机场后，不到 1min 办好值机手续，3min 完成自助行李托运，1min 刷护照自助通关等。截至目前，白云机场两座航站楼共设有自助值机柜 280 台、自助行李托运设备 55 台、自助登机通道 45 个，出入境自助通道 75 条。2018 年以来，白云机场有近七成旅客通过自助方式办理值机，成为全国“智慧机场”建设的示范单位之一。

7.2　数字化施工

我国机场信息化建设正在发生新的变革，逐渐走向数字化、物联化和智能化。自中国民航局提出建设“平安、绿色、智慧、人文”四型机场的指导意见，智慧机场迎来了蓬勃发展的新机遇。目前，许多新建机场呈现两种建设模式：一是建立现代化外观的土建机场，二是建立数字孪生的智慧型机场。建设数字孪生机场就是利用物理世界中实体机场的模型，结合传感器的数据及历史数据等，集成多学科、多物理量、多尺度、多概率的仿真过程，在虚拟数字世界中映射出一个与物理现实世界完全相同的数字机场模型，去反映真实实体机场的过程。数字孪生机场建设的主要内容包括以下三部分：①通过 GIS、BIM、三维仿真等多种技术，实现机场室内外、地表地下的全方位建模，以及对设备设施的多种方式空间表达，从而完成机场的物理仿真；②通过物联网手段，采集机场重点设施设备的运行状态，实现机场的智能感知；③通过对业务流程的表达和优化，促进智慧决策。在狭义上，数字孪生机场是数字机场的终点，是智慧机场的起点，也是智慧机场的基础设施。

7.2.1　概念及组成

目前建筑业仍有 50% 以上的信息由手工生成和传递，工作量大、效率低，并由此产生数据传递滞后、业务流程不连贯和沟通协调困难等问题。而数字化施工管理系统不仅弥补了传统施工组织设计的不足，促进施工管理向数字化、可视化、智能化的方向发展，还能远程、移动、安全地传输、存储、分析与集成机场施工全过程的数字化信息，从而实现机场工程建设管理有序、施工过程质量受控、信息资料处理及时可靠的目标。

机场数字化施工就是综合利用北斗定位、地理信息、物联网、智能传感、自动控制等数字化技术对工程机械的施工质量指标进行记录,升级和更新传统工程中的施工机械和质量管理方式,并辅以人工决策的成套技术,涵盖了机场空中航路、飞行区、航站楼及陆侧交通等多个区域的建设。数字化施工可分为数字化施工机械控制子系统和数字化施工信息分析管理子系统两大部分。其中,数字化施工机械控制子系统是利用地理信息系统、激光、惯导、陀螺仪、北斗系统、GNSS 等实现对于施工机械的实时监测、自动引导和精准控制,包含“监”和“控”两个层级的含义;数字化施工信息分析管理子系统就是将以上机械控制系统中获取到的施工过程数据进行自动的传输、分析、储存和共享。

飞行区工程是机场的主体工程,占地面积大,主要实现飞机起降、滑行、停靠等功能,其区域内的工程质量是机场安全高效运行的保障。飞行区数字化施工和质量控制系统是指基于数字化 GIS 平台、数据信息采集系统、机械控制系统,以网络协同工作为基础,借助现代测绘技术、数据传输技术、电子信息技术、管理科学等跨学科、跨专业的新技术,设计并构造的一个基于网络的工程可视化动态信息管理系统平台。

7.2.2 建设内容及作用

数字化施工起源于数字化压实填筑技术,现今国际上较多的研究和应用热点主要集中于连续压实技术(CCC)和智能压实技术(IC)。经过数十年的发展,飞行区数字化施工技术已经初步形成体系,主要包括土石方工程和道面工程。其中,土石方工程包括对碎石桩、CFG 桩和排水板等地基的处理和以振动碾压、冲击碾压、强夯为主的土石方填筑工作。道面工程则主要分为后场监控、运输监控和前场监控三部分内容。后场监控主要是对水泥拌和站、沥青拌和站、水稳拌和站等进行质量监控,运输监控主要是对成品料的称重和运输进行管理;前场监控主要是对摊铺质量和碾压质量等进行监控。

数字化施工和质量监控平台中所显示的实时数据能够帮助项目审核员准确发现现场未达标、不规范、“偷工减料”的施工作业记录,及时作出调整并自动生成情况分析报告,随时随地查看和预警施工过程中的薄弱点等。因此,数字化施工技术能在降低施工成本、提高施工效率的同时,保障施工安全、提升施工质量并提高机场建设的管理水平。

7.2.3 关键技术

1)空间信息技术

空间信息是数字化施工管理的首要前提,包括施工场地的地形、地貌、建筑物、施工项目等一切空间的信息。空间信息技术是处理空间信息最有力的工具,主要包括遥感技术(Remote sensing, RS)、地理信息系统(Geographic Information System, GIS)和全球导航卫星系统(Global Navigation Satellite System, GNSS),即 3S 技术。其中,地理信息系统在建设工程管理中发挥了越来越重要的作用。

遥感技术是在远距离、高空及外层空间平台上，根据电磁辐射理论，借助可见光、红外或微波探测仪器，通过摄影、扫描方式来实现对电磁波辐射信息的感应、传输、处理，以识别地物的性质及运动状态的现代化技术。

GPS是美国国防部研制的借助于分布在空中的24个卫星确定地面准确定位、测速和高精度时间标准的定位系统，在全球性的地球动态参数和全国性的大地测量控制网、工程建筑设计的施工验收和监测等方面已有广泛应用。我国自主发展、独立运行的北斗卫星导航系统，秉承着独立自主、开放兼容、技术先进、稳定可靠、覆盖全球的建设目标，以促进卫星导航产业链形成，形成完善的国家卫星导航应用产业支撑、推广和保障体系为核心，推动卫星导航在国民经济社会各行业的广泛应用。

地理信息系统是在计算机硬、软件系统的支持下，对整个或部分地球表层（包括大气层）空间中的有关地理分布数据进行采集、储存、管理、运算、分析、显示和描述的技术系统。地理信息系统具有储存、处理、传输和显示海量地理信息或空间数据的功能，适用于管理规模较庞大的工程建设系统；可以对信息进行空间分析和可视化表达，适用于工程地质勘探、工程项目选址分析、项目风险评价、施工平面规划等工程建设领域；还具有图形、文字、事件、过程等内容的查询功能，不仅能获得与空间坐标有关的各项实体信息（如设计参数、图纸等），还能获取动态的施工过程等信息，能实现各构造物的施工进展形象图及各种信息的统计分析。

遥感为地理信息系统快速、准确提供可靠数据的信息源与更新数据，GNSS为遥感技术获得的实时数据提供空间坐标定位，通过动态的机场影像信息，用地理信息系统进行高效的数字加工分析处理，提供三维机场的定位信息、拓扑信息、分类信息与属性信息，经过整合修饰成高精度的基础图件后，可根据人们的视觉习惯创建实体机场的数字孪生机场，有利于机场规划方案设计、影响因素分析及优化设计等工作。以地理信息系统为核心的3S技术的集成，实现了各系统的功能互补，增强了以地理信息系统为核心的综合体系的功能，为智慧机场的建设提供了技术支撑。

2）系统仿真技术

系统仿真技术是指以相似原理、系统工程方法、信息技术及相关专业技术为基础，以计算机等设备为工具，利用系统模型对真实或设想的系统进行动态研究的多学科综合技术。由1962年埃文萨塞兰开发的用光笔在计算机屏幕上画图及控制图形在屏幕上大小的交互式图形系统Sketchpad，到1975年查克・伊士曼教授借鉴制造业的产品信息模型透过计算机对建筑物使用智能模拟，提出"Building Description System"的概念，再到2002年Autodesk公司提出BIM，现代仿真技术已经成为复杂系统不可或缺的分析、研究、设计、评价、决策和训练的重要工具。

BIM技术使建设项目的所有参与方从项目概念产生到完全拆除的整个生命周期内实现模型和信息的操作，从根本上改变从业人员依靠符号文字形式图纸进行项目建设和运营管理的工作方式，提高了工作效率和质量并减少错误和风险。BIM具有信息完备性、信息关联性、信息一致性、可视化、协调性、模拟性、优化性和可出图性八大特点。

3)可视化与虚拟现实技术

可视化(Visualization in Scientific Computation, ViSC)是指运用计算机图形学和图像处理技术,将科学计算过程中产生的数据及计算结果转换为图形或图像在屏幕上显示出来,并进行交互处理的理论、方法和技术。

虚拟现实技术是采用以计算机技术为核心的现代高新科技生成逼真的集视觉、听觉、触觉与嗅觉为一体的特定范围的模拟环境,通过多种传感设备(如头盔显示器、立体眼镜、数据手套、数据衣等)以自然的方式与模拟环境中的物体进行交互,从而产生身临其境的感受与体验。利用其可视化特性,对整个施工现场的场景和施工过程进行三维展现,可以充分挖掘人类视觉获取信息的潜能,使工程技术人员和决策人员可以最大限度地获得施工过程的信息,有效地检验施工组织设计方案的可行性;设计人员也可以进入数据本身所在的环境,通过实时交互修改参数来对不同施工方案进行比较。

7.3 机场道面智能检测

道面是机场最主要的基础设施,承担着飞机起降、滑行和停放等重要任务,是机场功能得以充分发挥的基本平台,保持道面性能时刻处于良好的工作状态也是机场日常管理的核心工作之一。机场道面作为外部结构物,长时间处于温度场、湿度场与荷载场等多场耦合作用的复杂环境中,其道面性能会逐渐下降甚至发生损伤,严重影响飞机的起降安全。因此,对于道面也需要定期"体检",并针对检查结果"对症下药"。目前机场跑道采用的主流检测技术除了对场道进行常规的无损检测以外,还应对道面上任何可能危害航空器或乘客生命安全的外来物等进行快速检测。随着 GNSS 技术、红外遥感技术及智能机器人技术的发展和成熟,机场道面的检测和日常维护效率不断提高。

7.3.1 无损检测技术

机场无损检测技术与公路监测方法基本相通,也是利用非接触式三维激光扫描技术、高清摄像技术、落锤式弯沉仪、重锤式弯沉仪、探地雷达、红外线、超声波检测、图像识别等手段,对平整度、摩擦因数、破损情况等道面性能进行评估。

1)结构承载力检测

(1)重锤式弯沉仪

自 20 世纪 80 年代被引入路面结构评价以来,落锤式弯沉仪以其快速、高效、精确度高以及能较好地模拟实际行车荷载对路面结构的作用等优点广泛应用于道路工程测试中。而对于机场道面,由于其承受的荷载级别、道面厚度、弯拉强度以及刚度等远高于一般公路,其弯沉检测需要采用更大的冲击荷载,故重型落锤式弯沉仪应运而生,其由于具有多点原位测试、快速、支持夜间测试等优点，成为目前机场道面结构评价中最重要的无损检测设备之一。

重锤式弯沉仪由拖车（包括加载系统和位移传感器）与微机控制系统（包括控制及数据采集处理部分）组成，其工作原理是：在计算机控制下把一定质量的重锤由液压传动装置提升至一定高度后自由落下，冲击力作用于承载板上并传递到道面以施加脉冲荷载，导致道面表面产生瞬时变形，分布于距测点不同距离的传感器检测结构层表面的变形，记录系统将信号传输至计算机，即测定在动态荷载作用下产生的动态弯沉及弯沉盆。测试数据可以采用不同的理论和方法进行分析应用，如有限元法、多层弹性层状体系理论，反算出土基回弹模量、土基综合反应模量和基层顶面反应模量等，从而科学地评价道面的承载能力，确定承载力薄弱区域，提出维修或养护建议。

重锤式弯沉仪还可以用于检测水泥混凝土跑道板块之间接缝传递荷载的能力，尤其适用于大量使用水泥混凝土道面的机场跑道检测。此外，重锤式弯沉仪还可以配合施工使用，如在道面灌浆工程中通过测定灌浆前后道面的弯沉值变化来检查施工质量。

（2）探地雷达

探地雷达是利用电磁波在道面下介质层结构传输过程中遇到不同电磁特性的介质层交界面会发生反射和折射的原理，通过接收天线接收反射回波，并经过信号处理模块对采集到的数据进行分析处理，提取所需信息，从而实现对不同目标的检测、识别、成像和定位等功能。机场探地雷达系统主要由数据采集系统（固体腔、发射机、接收机、定位器、高速数据采集器）和数据分析系统（实时数据分析系统、后处理软件包）组成，其中实时数据分析系统用于道面下结构剖面像的快速生成，便于快速人工检查，而后处理软件包则生成高质量的雷达图像，并实现对地下缺陷的自动检测、识别和标定。

与传统的道面钻孔法相比，探地雷达具有不破坏原有道面、操作简便、测试精度高、穿透能力强、分辨率高且便于维护等优点，是目前最先进的探测地下非金属浅层物体内部结构目标的有效技术手段。在机场场道质量监测中，探地雷达能在机场建设工程前期、场道建设过程中、场道建设竣工验收阶段、场道维护及改扩建过程在内的整个生命周期内，对施工质量、使用受损情况和自然变迁等进行检测。通常，机场场道质量监测流程为先利用探地雷达进行连续扫描，并对接收数据进行预处理，然后进行机场场道道面结构层电磁特性反演，对于重点监测区域进行非一致性检测，判断道面中是否有灾害目标。若是雷达回波中出现异常目标，必须进行灾害识别，判断其是何种异常目标，若是裂缝或脱空，则需要分别进行成像和灾害目标的定位，最后根据上述信息做损坏评价，制订出相应的施工方案。

2）平整度检测

机场道面平整度是道面纵向凹凸量的偏差值，影响飞机的行驶质量、滑行安全、燃油消耗及道面使用年限等，是机场道面质量的重要评定技术指标之一。目前，机场平整度测定设备主要分断面类与响应类测定设备两类。断面类测定设备指直接测出道面纵断面剖面曲线的设备，包括三米直尺、水准仪、连续式平整度仪（八轮仪）、递推式纵断面仪、激光断面仪等；响应类测定设备指直接测出检测车辆对道面起伏下力学响应的设备，主要为颠簸累积仪。其中，车载高精度激光测距是目前主流的检测技术，其工作原理如图7-9所示。

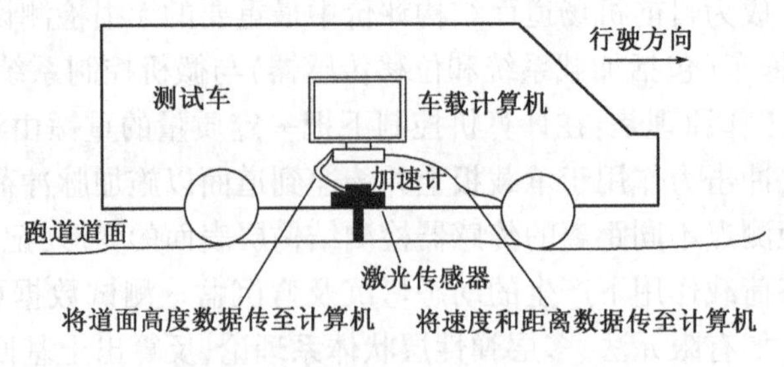

图 7-9　激光断面仪工作原理示意图

3）抗滑检测

机场跑道和快速出口滑行道位置处的抗滑性能测试应定期进行，以便发现湿态下摩阻偏低的情况及时维护。道面抗滑性能的主要评价指标包括道面摩擦因数和道面粗糙度，前者表示飞机在道面上滑跑制动效果的好坏，后者表示道面表面纹理构造，分为粗纹理和细纹理两种。针对摩擦因数的检测仪器为连续摩阻测试仪，可细化为 μ 仪拖车（Mu-meter Trailer）、滑溜仪拖车（Skiddometer Trailer）、表面摩阻测试车（Surface Friction Tester Vehicle）、跑道摩阻测试车（Runway Friction Tester Vehicle）、塔特拉摩阻测试车（TATRA Friction Tester Vehicle）和抗滑测试仪拖车（Griptester Trailer），测试轮均采用平纹轮胎，且测试仪应有自湿能力，能够测试至少 1mm 水深的道面摩阻特性。根据美国联邦航空局的规定，任何具有喷气式飞机运行的机场都需要定期对每条跑道分别进行摩擦因数检测，跑道道面摩阻检测最低频率和建议除胶频率见表 7-1。

跑道道面摩阻检测最低频率和建议除胶频率　　表 7-1

跑道每端日降落飞机架次	最低检测频率	建议除胶频率
≤15	1 年	2 年
16 ~ 30	6 个月	1 年
31 ~ 90	3 个月	6 个月
91 ~ 150	1 个月	4 个月
151 ~ 210	2 周	3 个月
>210	1 周	2 个月

7.3.2　机场跑道异物识别技术

机场跑道异物（Foreign Object Debris，FOD）指的是在机场跑道区域内影响飞机正常升降的异物，即生活中任一杂物或出现在机场跑道内的飞机零部件等不属于保障飞机正常升降的物体都属于 FOD。FOD 种类繁多复杂、尺寸形状大小各异，小到螺栓、碎石、枝叶，大到板材、轮胎，都会对飞机安全的运行构成威胁，如在飞机起飞、降落时，FOD 很可能被吸进飞机发动机内，造成发动机故障，也有可能损坏飞机轮胎，甚至造成严重的飞机事故。因此，FOD 检测是保证机场安全运行的关键问题之一。

目前,国内FOD检测大多采用人工处理方式,该方式具有效率低、可靠性差、停航检测等不足。为了降低FOD给飞机带来的损坏,国外部分机场采用了如图7-10所示的雷达检测系统,主要包括:美国的FOD Finder系统、以色列的FOD Detect系统、英国的Tarsier系统以及新加坡的iFerret系统。这些FOD检测系统对操作人员的专业知识要求较高且测试周期较长,限制了其推广性、测试效率和可靠性。

a)Tarsier系统

b)FOD Detect系统

c)FOD Finder系统

d)iFerret系统

图7-10　FOD异物识别系统

随着互联网、物联网等技术的日益成熟,机场FOD异物识别可以采用在线入侵监控手段和地理空间信息系统,实现对机场场站雷达监视范围内的跑道侵入、区域侵入、滑行道冲突等全方位感知和预警。

7.3.3　巡检机器人技术

智能巡检机器人是以智能巡检技术为核心,整合机器人本体技术、电力设备、非接触检测技术、多传感器融合技术、导航及行为规划技术于一体的复杂系统。由最开始的小体积家居清扫机器人发展到各种工业用智能巡检机器人,其控制技术、稳定性、鲁棒性、可靠性、对环境的感知与共融能力等各项关键技术也在不断更新、提高,掀起了国内外研究者对智能巡检机器人的研究热潮。

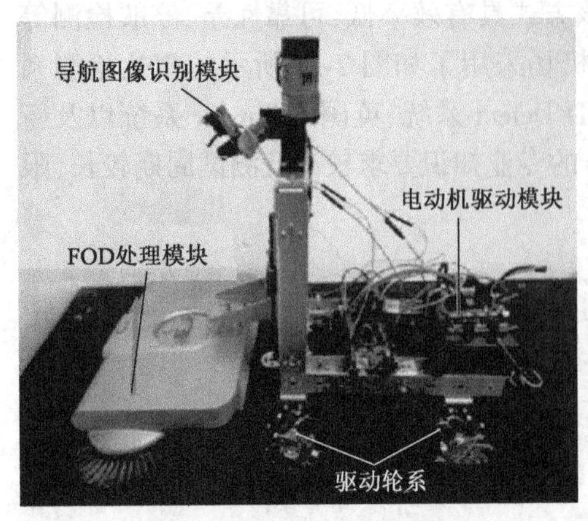

图 7-11　机场跑道除障机器人

1）跑道除障机器人

传统的机场跑道检测系统只能对 FOD 进行检测，不能实时进行 FOD 清理。为了保障飞机能够高效安全地完成起降动作，根据机场实际工作环境及 FOD 的特点研发了跑道除障机器人，其结构示意图如图 7-11 所示。跑道除障机器人主要由机器人移动本体、驱动轮系、电动机驱动模块、导航图像识别模块、FOD 识别系统、FOD 处理模块及主控制系统等部分组成。

针对机场跑道道面外形特征、强度指标、异物障碍等安全、非实时检测的需要，机场跑道除障机器人具有在不同环境下对跑道性能进行监测的功能（如道面裂纹检测、道面摩擦性能检测、多类型 FOD 的辨识与及时拾取等），进而搭建跑道道面安全检测机器人系统，以实现机场道面的高效检测，进行道面质量评估与危险预警。单体机器人控制系统的设计和实现是多机器人控制系统设计与实现的前提。

2）跑道检测多机器人系统

机场跑道检测多机器人控制系统包含两个机场跑道检测机器人，一个作为领航者机器人，一个作为跟随者机器人，二者可以通过各自的无线串口模块通信，也可以直接通信。无线串口模块不仅可以将两个机场跑道检测机器人的位置、姿态、电机转速、超声波测距等信息发送给远程的监控中心，还能从远程计算机读取控制指令，其控制系统总体结构如图 7-12 所示。

领航者机器人上面安装的摄像头可以拍摄机场跑道实时的路况信息，基于采集回来的图像可以进行特征点提取和裂纹的识别。由陀螺仪、加速度计等组成的位置姿态采集模块，能够采集机场跑道检测机器人实时的俯仰角、翻滚角、航向角、经度、纬度等信息。这些信息不仅可以用于姿态环的闭环控制，还可以在机场跑道检测机器人识别出跑道上的残渣或碎片后，将残渣或碎片的准确位置信息回传给监控中心。领航机器人上的超声波测距模块测量出的距离信息，可以帮助其判断前面是否有障碍物，而跟随者机器人的测距信息不仅可以用来避障，还可以用于机器人编队时的间距控制。

3）无人机智能巡检技术

非法放飞无人机已成为机场净空安全的重大隐患。根据无人机目标与探测设备之间是否进行通信，可将无人机大致分为“合作”和“非合作”两类。针对“合作”入网的无人机，其飞行信息可实时接入 U-CLOUD、U-CARE、U-FLYING、中斗云等“无人机云”管理系统，通过设置电子围栏对误入相应区域的无人机进行查询、记录并限飞；针对“合作”但未入网的无人机，生产商可通过监听“飞控协议”，对相关品牌产品的飞行状态进行监控，如“云哨”无人机侦测系统。

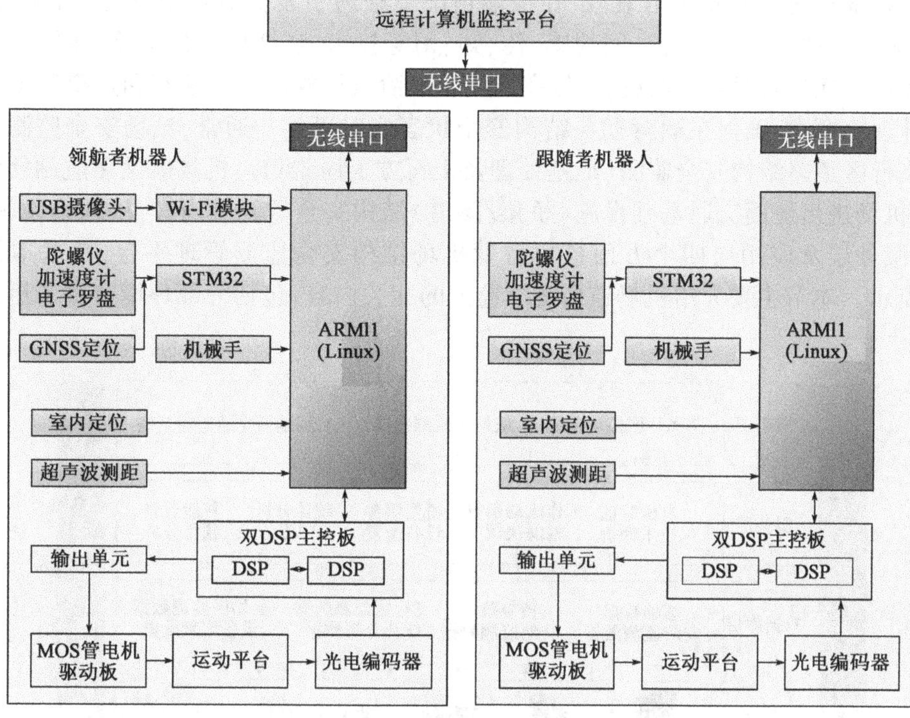

图7-12　跑道检测多机器人系统总体结构

传统的无人机巡检需要具有飞行资质的专业人员对无人机进行操作，通常伴随着人员编制不足、通勤成本高、时效性差、手工操控难度高、巡检数据应用不便等问题，而基于自动机场的无人机智能巡检技术以无人机为载体，搭载如可见光相机、红外相机、激光可燃气探测器、机载激光雷达等多种感知设备，实现自主起飞、降落、充电、巡检等操作。基于自动机场的无人机智能巡检系统主要由远程指挥控制中心、无人机系统、自动机场系统、机场管理平台、辅助工程等组成。其中，自动机场系统具备无人机存储以及放飞回收、充能功能，主要由机场舱、小型气象站、供电系统、防雷系统、定位系统、无线数据链、通信系统、温控系统、监控系统等组成。机场舱负责无人机的起飞、降落、自动充电的控制和执行。监控系统主要是在自动机场内部与外部安装24h连续运行的摄像头，保护机场的同时对周边可视范围进行监控。小型气象站主要是对风向、风力、雨水、温度等进行数据采集，实时掌控无人机起降条件。定位系统用于无人机差分定位服务，实现无人机厘米级定位与无人机高精度起降。无线数据链、通信系统用于与无人机及远程控制中心的通信与数据传输。

7.4　机场道面智慧监测

近年来，机场飞行区道路沉降、航站楼屋顶钢结构被大风掀翻、机场桥梁结构垮塌等安全事故频发，给国家经济和人民生命财产安全带来很大危害。机场作为重要的交通基础设施，在结构材料老化、自然环境侵蚀、地基不均匀沉降以及复杂荷载作用等诸多因素影响下难免产生系统损伤积累及抗力衰减,在极端情况下极易引发灾难性事件,危害公共安全。因此,有必要借助互联网及物联网的感、传、知、用等技术,实现机场内道路、建筑等结构在施工期及运营期的实时安全监测,确保在施工期各阶段结构的内力状态和形变数据满足规范和设计理论要求,确保在运营期各结构安全状态实时可控。通常,机场安全监测系统包括机场飞行区道路结构安全监测(地基处理及土石方工程监测)、机场航站区航站楼结构安全监测、机场进出地面交通基础设施(桥梁/隧道)结构安全监测等内容,从基础设施层、数据库层、服务层及应用层四个方面搭建智慧机场结构安全监测管理平台,其基本架构如图7-13所示。本节主要介绍机场道面智慧监测的相关内容,包括外部环境监测和道面性状监测等。

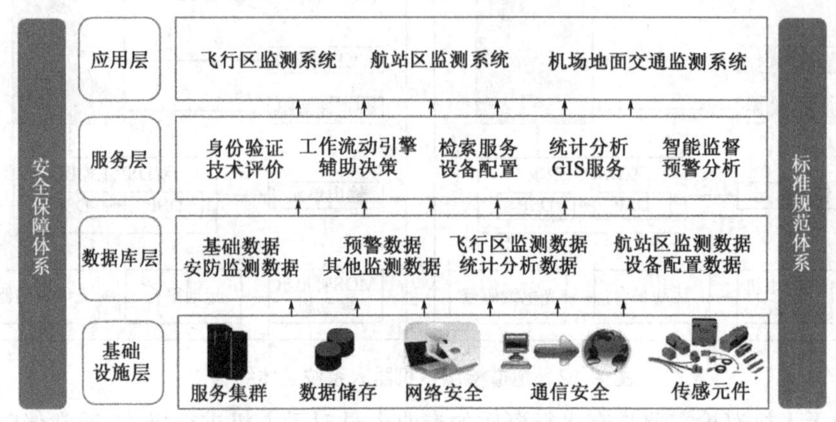

图7-13 智慧机场结构安全监测管理平台

7.4.1 外部环境监测

机场场道作为外部构造物,难免会受到外界环境的影响,有必要对其进行监测。

1)气象传感器

气象监测是指通过气象监测系统对气象环境状况进行整体性监测和预警的活动,即对反映气象质量的指标进行监测和上报,以确定该地温度、湿度、降雨量、风速风向、雨雪雾、日照强度等气象环境数据。气象传感器包括热电偶式温度计、热电阻式温度计、光纤光栅式温度计、氯化锂湿度计、电阻电容式湿度计、电解湿度计、雨量计、超声波风速风向仪、气压传感器、日照辐射强度传感器等,部分传感器如图7-14所示,实际使用时应根据服役环境和被测物体的特点进行选型。例如,Surface Systems Ine(SSI)公司的道路/跑道气象信息系统(Road Weather Information Systems, RWIS)由多个包含一系列收集气象数据的传感器及向中心站传送数据的处理单元的场站构成,每个场站包含埋在道面内的道面传感器以及气象传感器,将所有的传感器连接到一个安装于机场跑道旁边的远端处理单元,将收集的信息传送到监控中心的服务器,提供空气温度、相对湿度、风速及风向、降雨量及能见度等气象数据。

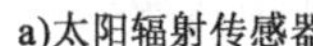
a)太阳辐射传感器

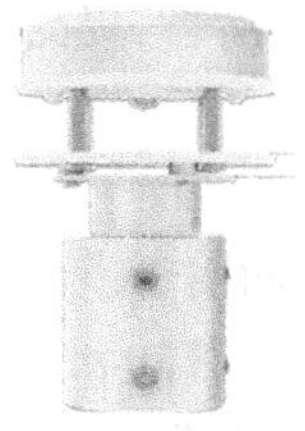
b)超声波风速计

c)湿度计

d)雨量计

图7-14　部分气象传感器

2)雷达系统

雷达系统作为道面传感器和气象传感器的补充,对道面外部气象环境进行监测,监测内容包括结冰状况监测、雾天车辆监测等。例如,瑞士的道路气象信息系统,除了道路传感器和道路气象站可以提供道面上方2m处的空气温度、地表温度、湿度、雾滴、冰冻、风力风向、道面干湿度等信息外,还建立了雷达监测系统,对道面的结冰情况进行监测。

3)能见度仪

针对机场道面外部雾环境的检测主要依靠能见度仪,并辅以温湿度传感器来确定团雾的等级。能见度仪主要分为透视式和散射式两种,前者是通过大气透射率或者消光系数来确定能见距离,后者是通过测量一定体积空气中由气体分子、气溶胶粒子、雾滴等引起的散射光强度来确定能见距离。由于能见度是确定雾等级的重要参数之一,能见度仪是目前应用较为广泛的能见度检测设备。

7.4.2　道面性状监测

机场道面性状是表征道面使用状况和推测道面使用寿命的客观指标,了解机场道面使用性状参数的变化,不仅能够指导机场道面的使用管理和养护维修,还能预测道面使用寿命。机场道面性状的评价通常用道面性状指标来表示,主要分为结构强度性状和功能性状两种指标。其中,结构强度性状是指道面与周围环境进行物质和能量交换、保障结构自身完备性的能力,用来评估道面的表观物理损坏状况和道面承载能力的负面影响,主要的结构强度性状包括道面强度、稳定性和耐久性;功能性状是指道面完成其功能目标需要具备的必要属性及其外部表现,通常指道面的舒适性、安全性等保证航空器运行质量的道面特性,功能性状评价主要包括平整度和抗滑性。综上所述,本书主要针对机场道面的表观状况监测、道面结构响应监测及抗滑监测等方面进行介绍。

1)道面表观状况监测

机场道面通常是指刚性的水泥混凝土道面和柔性的沥青混凝土道面,无论哪种道面在经过一段时间的使用后都会出现裂缝、坑洞、变形等现象,需要工作人员根据道面表观破损形貌制订相应的养护维修计划,以保证机场道面的正常运营,提高安全性。本小节主要介绍机场道面的裂缝监测和结构变形监测。

(1)裂缝监测

一般来说,在飞机轮载的反复作用下,机场道面由于道面结构的疲劳强度不足会产生裂缝破损,影响道面的整体性及承载能力,甚至危害飞机着陆和起飞的安全,因此有必要对机场道面裂缝进行监测。混凝土表面裂缝监测一般选用电阻式裂缝计、电感式裂缝计、机械式裂缝计、光纤光栅裂缝计、柔性导电涂层等;内部裂缝可选用声发射方法等进行监测。对于由受力引起的裂缝,传感器布置应根据结构应力分析结果,布设在拉应变最大的位置,传感器安装的方向应与混凝土拉应力方向保持平行,且采样频率在每 30min 内采样不宜少于 1 次。常用的内部裂缝监测系统如图 7-15 所示。

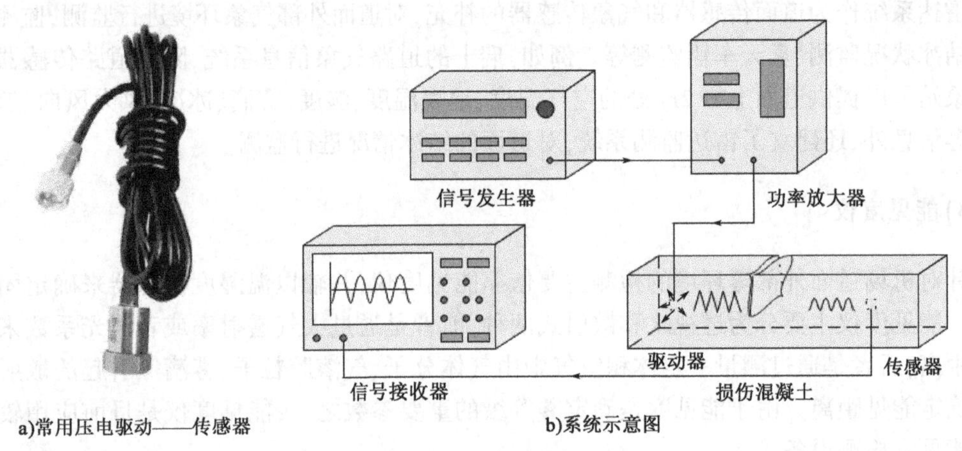

图 7-15 常用的内部裂缝监测系统

(2)结构变形监测

变形监测是指通过精密仪器对结构在平面位置、高空位置、垂直度与弯曲度等方面发生的变形进行快速、精准和长期的监测。通常,基于监测仪器获取的数据难以直接反映结构的几何构型变化,还需要基于一定的参考坐标系,并在此基础上搭建变形监测网,才能够实现由监测数据到反映结构几何构型变化的数据转变。变形监测网一般分为绝对网和相对网,前者是指将位于被测物影响范围之外的部分监测点作为基准点,以测量被测物中监测目标的绝对变形的监测网,后者是指控制网的全部测点都位于建筑物影响范围内的监测网。绝对网多用于工程项目的变形监测,相对网一般用在变形区域较大的情况。此外,根据工作过程中是否与被测物接触可分为接触式监测和非接触式监测,常用的结构变形监测仪器包括位移计、测斜计、激光轮迹仪、多层弯沉仪(Multi-Depth-Deflectometer,MDD)、静力水准仪、GNSS、高精度全自动全站仪和沉降仪等。其中,测斜仪又可以分为伺服加速度计式、振弦式、电阻应变片式、电位器式、电感式等。

2)道面结构响应监测

道面结构的承载能力决定了机场起降飞机的类型和交通量,当飞机的荷载超过机场道面允许的承载能力时,道面就会产生过大的应力和变形,从而发生损坏,影响机场正常使用和飞行安全。结构在施工期间和服役期间产生的位移、速度、应力、应变及加速度等包含了大量与结构刚度、强度等性能特性有关的信息，这些响应信息都与结构本身的承载力和性能息息相关。所以进行结构的响应监测对于及时获取结构性能信息、发现异常变化、防止安全事故的发生具有重要意义。结构的响应监测通常包括结构位移、加速度、应变监测，且感知技术与公路结构响应监测大体相似，均是通过各类传感元件将结构中的多种响应信息转换为如电压、光强或直接可读的数字信号等易于观测的物理量进行直接测量和读取。目前主流行为感知技术为光纤类传感技术，可根据工作原理的不同将其分为光纤光栅传感器和分布式光纤传感器。本小节主要介绍加速度监测、应力及应变监测，其他见 1.4.1 小节内容。

(1)加速度监测

加速度监测是对结构在动力荷载作用下，结构关键部位加速度响应的监测，反映结构状态、性能、构件相互作用机理、结构劣化和损伤等大量关键信息，对于掌握结构的早期劣化、结构动力特性变化、结构损伤、结构性能演化规律和结构健康状态有重要作用。用于加速度监测的传感器可以分为光纤光栅加速度计、压电式加速度计、压阻式加速度计、电容式加速度计、应变片式加速度计、微机电式加速度计、激光测振仪等，部分加速度计性能对比见表 7-2。

几种加速度计的性能对比　　表 7-2

分　类	特　点	应　用	缺　点
光纤光栅式加速度计	防电，抗电磁干扰，信号传输距离远，灵敏度高	可应用于汽车、船舶、桥梁、航空航天和振动监测等	成本高、存在波长微小移位的监测问题
压电式加速度计	体积小、质量轻、工作频带宽	地震监测报警系统、工程测振、地质勘探、铁路、桥梁、大坝的振动测试与分析	同类传感器的性能指标、稳定性及一致性差别大，不能测零频率的信号
压阻式加速度计	体积小、能耗低	广泛应用于汽车碰撞试验、测试仪器、设备振动监测等	使用范围小，受温度影响大
电容式加速度计	灵敏度高，零磁滞，真空兼容，过载能力强，动态响应特别好，对恶劣环境的适应力强	在安全气囊、手机移动设备等领域无可替代	量程有限，通用性不如压电式传感器，成本高

(2)应力及应变监测

在荷载和环境(温度、湿度、辐射)等作用下，道面服役性能会产生衰变，造成裂缝、车辙、沉陷、板底脱空等病害。由于这些病害的发展具有隐蔽性和长期性，传统的检测手段具有滞后性，难以揭示其性能衰变的过程。因此对道面结构进行实时监测，可以更好地探究道面服役性能衰变机理，并优化现行的道面结构设计方法。通常，机场道面结构内部压应力的感知主要依赖于由背板、感应板、信号传输电缆、振弦及激振电磁线圈等组成的土压传感器，常用的土压传感器有压电式、压阻式、谐振式、变磁阻式及光纤光栅式；常用的应变计可以根据工作原理分为电阻式应变计、振弦式应变计、电容式应变计、差动电感式应变计及光纤光栅式应变传感器等，其中以光纤光栅式感知技术为主流监测手段。

基于道面内部应力、应变及加速度的长期监测数据，还可以根据压实次数等判断道面的施工质量好坏，并通过分析道面内部性能的衰变曲线达到预测机场道面的最佳养护时机的目的。

3）跑道抗滑监测及预警

飞机在跑道湿态或被橡胶残迹污染的状况下完成起降动作，其制动和方向控制将受到很大影响。影响道面抗滑性能的因素有很多，其中起主要作用的就是飞机轮胎在道面滚动或者刹车时所产生的机械磨损、摩擦造成的道面磨损和轮胎在道面的积累、道面类型、道面病害、气候条件、道面表面的湿滑状态等。由于高速行驶的飞机在湿滑状态下的机场道面上行驶时，其制动抗滑性能对水膜厚度的变化极为敏感，本小节主要介绍机场道面湿滑状态下抗滑性能的监测技术。

（1）湿滑状态识别监测

针对湿滑状态的道面感知与监测问题，国际上已经开展了相关研究，而我国尚处于起步阶段，已开展的道面湿滑状态识别方法有热谱地图技术、电化学极化技术、遥感技术、光电传感技术以及基于视频图像的道面状态传感技术等。其中，热谱地图技术是通过观察时序热谱图，识别出持续降温区域，进而判断湿滑点的方法；电化学极化技术是通过测量道面表面电导率和电化学极化，判断出干、湿、冰、雪、霜等道面状况的方法；遥感技术是利用微波雷达极化原理，计算出辐射处的介电常数或散射系数，达到识别道面覆盖物性质及厚度的方法；光电传感技术是利用仪器内部光线反射状态来判断雨雪的有无和量值的方法；基于视频图像的道面状态传感技术是通过高效视频监视进行图像处理，进而对道面湿滑状态进行识别判断的方法。

（2）水膜厚度识别监测

针对道面表面水膜厚度的测量，主要采用微波射频和光学原理。前者工作原理为当微波通过某介质时，其幅度、传播速度及相位均会发生变化，由微波发射器发射高频信号，接收天线接收反射回来的信号，通过微波检测器比较发射信号和反射信号的相位差，便可得到水膜厚度值。后者主要应用光学特性反射、折射、干涉、光谱等的变化来测量水膜厚度的变化。基于微波射频原理的代表传感器有 Quixote 公司的 SSI FP2000 和 Lufft 公司的 IRS21，IRS31 等，基于光学原理的代表传感器有 Vaisala 公司的 DRS511 等。

（3）道面结冰监测

目前，国内外研制出的结冰传感器有光学式（摄像式、红外阻断式、光纤式）、电学式（电容式、电阻式）以及机械式（磁致伸缩振筒式、压电平膜式）等接触式/非接触式传感元件，但是已有的结冰传感器所能测量的参数还仅限于结冰点、积水和积雪厚度等，且在精度、灵敏度与协调性等方面还需要进一步完善和研究。其中，光学式要求被测物具有防震功能，否则测试精度不高，且摄像头上有结冰时会导致摄像法失效；电学式传感器对冰的状态和成分不太敏感，无法确定冰的状态和成分，导致其灵敏度和精度不高；机械式传感器的灵敏度高，但制作工艺复杂，难以适应传感器微型化、智能化的要求。

7.5 机场智能管理

机场运行与管理，主要是指从事机场现场指挥调度与运行控制、机场场道养护、机场安全及安保管理、民用机场规划、机场经营管理等的高级工程技术与管理。在智慧机场的建设阶段初期，国内外机场已经基本能够实现机场行李自助托运、行李分拣与追踪、货物托运与追踪、旅客个性化服务、自助值机、自助安检及自助登机等，少部分机场能够在停车场管理、场内车辆监控指挥调度、场道检修与养护、道口车辆管理等方面进行优化。为进一步落实智慧机场的发展战略，构建统一的机场智能化管理系统，应在现有板块的基础上进行资源整合，融入人员分布及行为监测系统、静态/动态电子围栏安防系统、视频联动系统以及智能导航系统等。

7.5.1 围界安防

机场占地面积广、环境复杂且人员流动较大，使得机场安防问题一直以来都备受关注。作为整个机场系统技术含量较高的安全管理辅助手段，安防系统应具有技术先进、运行可靠并能最大限度减少航空飞行安全事故的特点。机场围界分为物理围栏（墙）和围界入侵报警系统，物理围栏（墙）一般采用金属或砖墙结构，包括围界网片、立柱、柱墩及刺圈等部分；入侵报警系统在物理围栏（墙）的基础上，加装基于各种不同探测技术的传感器及配套装置，通过传感器反馈的信息实时探测围界入侵行为。

机场围界入侵报警系统（图7-16）主要由视频监控、防入侵监测、音频报警和光控灯光等子系统组成。视频监控系统在围界上方安装监控摄像机，将图像在后端监控平台综合显示；防入侵监测通过触碰围界网片的防入侵模块实现报警；音频报警系统可实现联动警铃及远程喊话功能；光控灯光系统通过光控模块控制进行入侵警报和驱离。以上系统的核心设备均安装在整个围界的诸多现场交接箱中。在日常运行养护过程中，运维人员需要定期巡检维护交接箱，保证系统有效运行。

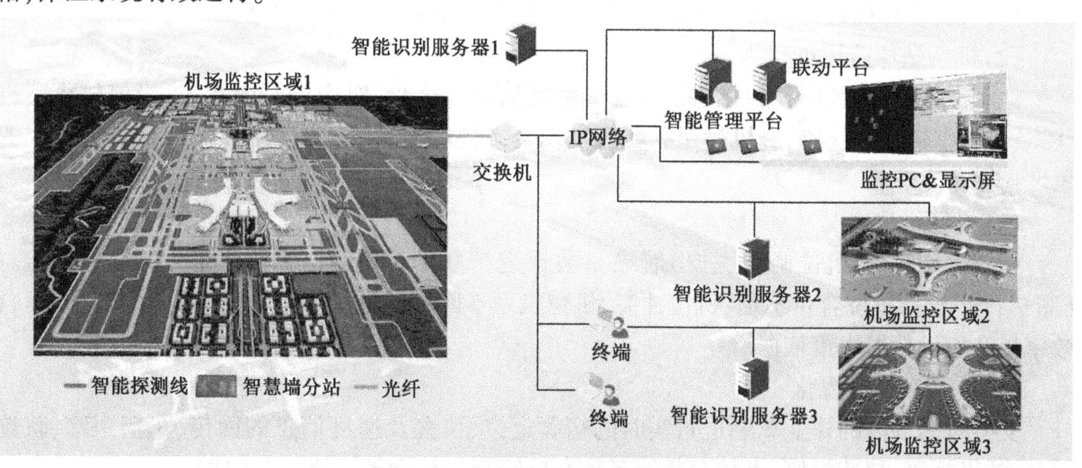

图7-16 机场围界入侵报警系统

机场围界入侵报警系统按照技术类型可以分为接触式和非接触式两类。接触式围界入侵报警技术主要包括脉冲电子围栏、振动电缆、振动光缆、张力围栏、电容扰动等；非接触式围界入侵报警技术主要包括红外对射、安防雷达、视频分析、泄漏电缆等。为避免红外摄像头对白天打伞等情况不敏感、普通摄像头对夜间强光照射不敏感的问题，可利用红外摄像头、跟踪摄像头、普通摄像头相结合的方式进行视频监控。为了进一步判定入侵物类型，可采用人工智能算法进行多点联合检测和信号入侵干扰过滤。为避免单一技术的局限性，机场围界入侵报警系统应考虑机场环境实际需求，采用接触式和非接触式等多种技术手段相结合的方式，在确保报警灵敏度的同时减少虚警，并与视频监控系统和照明设施进行统一设计、建设和管理。

7.5.2 可视化分析决策系统

智慧机场大数据可视化分析决策系统是一个面向机场管理的决策辅助平台，其能够实现将机场运行核心系统的各项关键数据进行综合展现，支持从机场基础设施、地面服务、航班运行态势、场面监管、机位管理等多个维度进行日常运行监测与管理，以及突发事件中的应急指挥调度管理的功能。系统的基础功能包括机场运维管理可视化（机场三维全景可视化、机场站坪监控可视化、机场车辆实时监控、视频监控）、机场场面监管可视化（机场机位实况、场站雷达监视可视、安防管理可视）、航班运行进程可视化（航班运行态势实况、航班计划可视、航行情报数据可视、空管信息可视）、航空紧急事件管理（突发事件报警、机场管制预案管理、应急指挥调度）、运营调度管理可视化（机场能耗管理可视、地勤智能指挥调度）以及运营数据分析研判（旅客动态数据分析、运营数据分析）等。以其中几个重要模块功能为例，介绍其工作流程。

(1)机场三维全景可视化

利用地理信息系统、三维仿真技术，结合机场现有航站楼、停车场、油库、物流公司等相关单位的视频资源，对机场飞行区、航站楼、航站区等关键区域进行全方位三维实景展现，可通过缩放、平移、旋转等操作，直观、完整地展示机场区域内整体建设情况。同时，系统支持视频地理空间数据的显示及管理，可在地图上进行点选、框选操作，支持监控视频的实时调用、回放，秒级检索，实现对视频资源的灵活调用和统一管理，提供全景可视宏观态势。

(2)机场站坪监控可视化

针对飞行区站坪进行实时监控，动态展示机场站坪全景，对跑道开闭状态、当前航班运行状态、场内车辆运行状态、登机桥运行状态实现全方位动态监视，协助指挥部门从机场全局的角度指挥调度。

(3)机场机位实况

结合机位容量、机位调配、进出航班量数据进行联动分析，实时展示机场机位实况信息（图7-17），支持机位容量不足、机位冲突、机位机型不匹配等预警功能，为机场资源管理、运营效率提升提供数据决策依据。

(4)作业车辆可视化

支持对机场内的作业车辆进行实时的精确定位、位置及速度信息的回传、车辆跟踪、轨迹回放、越界报警、超速报警、事故分析等各项车辆安全运行管理功能（图7-18）。

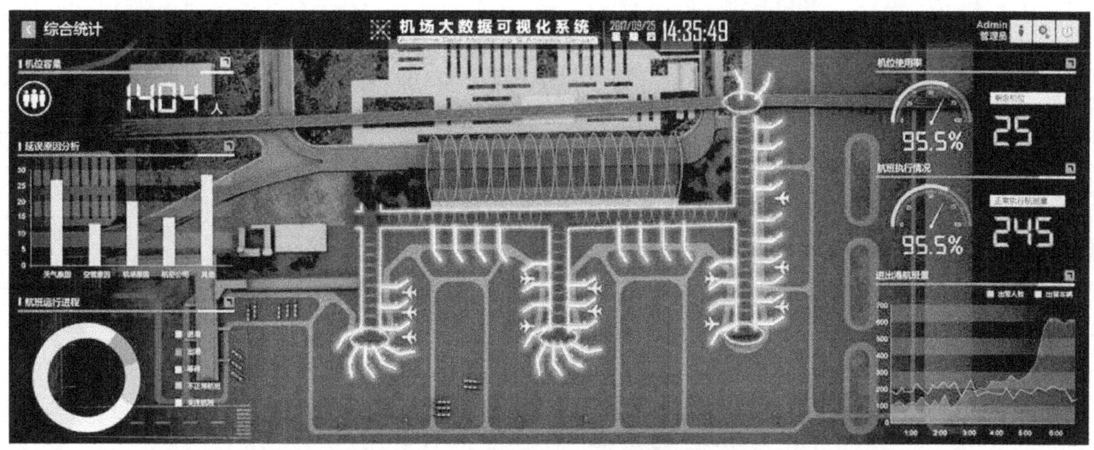

图7-17　机场机位实况可视化示意图

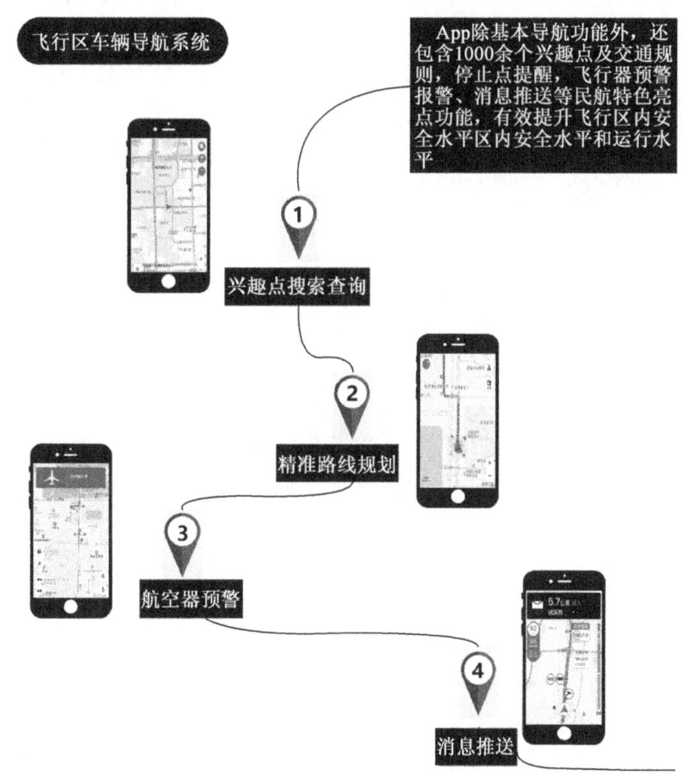

图7-18　飞行区车辆调度导航系统

(5)运营调度管理可视化

支持对机场内水、电、燃油等能耗情况进行可视分析,包括能源库存分布、实时消耗分析、能源在线动态监测等,帮助管理者实时了解机场能耗状况,为资源合理调配、节能减排提供有力的数据依据。支持对地勤人员进行实时定位以及关键信息显示,并支持结合地勤调度管理系统,实现对地勤工作组、人员的指挥调度可视化,帮助管理者实时掌控机场运行状态,提高机场生产监控能力。

复习思考题

1. 智慧机场的发展阶段有哪些,每个阶段的特征如何?

2. 机场的数字化施工采用了哪些关键技术,各关键技术之间的联系如何?

3. 机场道面智能检测的技术挑战是什么?

4. 机场道面智慧监测包括哪些内容? 请从传感器选型、安装和布设等方面讨论分析其健康监测系统如何建立。

5. 有哪些环境因素会对机场道面的结构服役性能产生影响,如何提升?

CHAPTER 8 第8章

智慧桥梁

学习目的与要求

熟悉智慧桥梁的内涵与架构；熟悉桥梁BIM工程设计、施工建设、运维管养的基本原理和方法；掌握桥梁健康监测中智能传感技术、数据分析方法的基本原理和方法；掌握桥梁智能检测中目视检测、无损检测、现场试验的基本原理和方法。

随着我国大量桥梁建成通车，已建桥梁的桥龄增加，以及交通量和载重量的持续增长，桥梁养护和管理的压力日增，确保其结构健康、安全运营的形势日益严峻。我国最新统计数据显示，仅在目前近90万座公路桥梁中有7万余座为四、五类危桥，危桥数量一直居高不下。另一方面，随着现代大跨桥梁设计与建设水平提高，桥梁正向着更长、更轻柔、结构形式与功能日趋复杂方向发展。在役长大桥梁安全与健康国家重点实验室对我国184件有公开资料的桥梁垮塌事故进行了分析，发现桥梁运营期人为因素和管养不足是造成桥梁事故频发的主要原因。目前，我国正处于由"大规模建设"向"建养并重"乃至"管养为主"转变的关键时期，桥梁全寿命周期内的安全问题已成为需要社会长期关注的重要研究方向，也带来了更多信息化、智能化的需求。

科学技术和互联网的发展，推动着大数据时代的来临。大数据和网络技术是工程项目的新生产力，以BIM、物联网、云计算等为代表的新一代信息技术与传统行业不断融合。2020年3月4日，我国提出加快建设新型基础设施。新型基础设施本质上指信息数字化的基础设施，随着桥梁工程与智能建造、智慧服务深度融合，使得传统桥梁工程向网络化、数字化、智能化方向发展，智慧桥梁由此应运而生。

本章将从智慧桥梁的概念、内涵、架构出发，分别对BIM项目管理、健康监测、智能检测三个关键组成部分展开介绍。

8.1 智慧桥梁概述

8.1.1 智慧桥梁概念

智慧桥梁集成了人工智能、大数据等先进信息化技术，可感知桥梁运行状态、判断故障、最终预测安全风险，可实现信息融合和桥梁运营的智慧精细化管理，是智慧城市重要组成部分，也是地方桥梁维管法规落地的重要基础性平台。

建设智慧桥梁需要从项目全寿命周期角度出发，以移动互联网等先进信息技术为手段，通过打破信息断层，有效控制工程信息的采集、加工、存储和交流，构建信息的创造、传递、评估和利用的良性循环机制，实现智慧设计、智慧建造和智慧管养，支持决策者对项目进行合理的协调、规划和控制，进而不断提升桥梁技术创新、信息化和智能化水平。

8.1.2 智慧桥梁内涵

智慧桥梁是智慧城市的重要组成部分，推进智慧桥梁建设是创新桥梁管理模式、提升城市功能品质的重要途径。智慧桥梁的概念虽已广泛传播，但人们对智慧桥梁的内涵尚未形成统一的认识。为探讨智慧桥梁的核心内涵，可借鉴智慧生物的基本特征进行研究，将其总结为感知能力、判断能力、反应能力和学习能力。根据桥梁的结构特点、运营规律和服务水准，智慧桥梁的相关内涵见表8-1。

桥梁智慧相关内涵 表8-1

智慧特征	智慧能力	技术内涵
感知能力	外部环境	气温、风、雨、雪、噪声
	结构响应	变形、变位、振动、应变、倾斜
	运行情况	交通流量、车重、车速
	现场视频	桥下空间监控、桥梁交通流监控、异常事件监控
	耐久性	腐蚀介质、裂缝、锈蚀、疲劳损伤
	结构病害	日常巡查病害、定期检查病害、群众上报
判断能力	信息集成	数据清洗、抽取、转换、融合
	信息分析处理	信息建模、关联分析、大数据分析
	风险评价预测	疲劳失效风险、承载力下降风险、极端超载风险、倾覆风险
	发展趋势预测	基础沉降、桥梁状况、交通量、桥梁病害等发展趋势
反应能力	信息推送	与巡检员、养护员、管理人员、检测人员信息交互
	交通引导	桥梁限载精确设置、桥梁异常公告及引导
	应急指挥	应急事件处理
	状态预警	风险导向的预警、自诊断、专项检查、预防性养护
学习能力	病害分类学习	基于病害标签和机器学习的照片中病害的抽取、分类和评级
	智能视频	安全监测联动视频、视频异常事件监测
	管养计划优化	智慧工单、超期管理、维护计划优化

8.1.3 智慧桥梁目标

桥梁的全寿命周期主要有规划设计、施工建造和运营维护等阶段，各阶段有不同的智慧化目标。

(1)规划设计智慧化

包括设计过程的三维化，多专业、多角度仿真分析与评价，可以通过BIM串接建设期和运维期，实现信息的有效传递和集成，还包括整合施工过程中各种信息孤岛，为施工组织推演、进度与质量、工程量统计、资产与养护管理等建设与运维过程中的管理环节提供方案。

(2)施工建造智慧化

包括智慧工地的兴起与实践，智慧工地是将“互联网+”的理念和技术引入建筑工地，从施工现场源头抓起，最大限度地收集人员、安全、环境、材料等关键业务数据，依托物联网、人工智能等信息化技术，打通从一线操作到远程监管的数据链条，实现施工现场劳务、安全、环境、材料各业务环节的智能化、互联网化管理，提升建筑工地的生产管理水平；实现"互联网+"建筑工地的跨界融合，促进行业转型升级。施工过程信息化还包括智能建造，其融合先进的信息化技术，可实现桥梁建造全过程的信息化与智能化，包括智能张拉、主塔施工液压爬模智能监控、架桥机智能监控等。

(3)运营维护智慧化

运营维护智慧化主要指集成多项技术的桥梁管理系统，包括对桥梁交通及结构进行视频监控的视频监控系统；监测桥梁通行车辆荷载和数量，为桥梁安全状态评估提供荷载数据支撑的动态称重系统；通过传感器监测桥梁整体、局部、环境及荷载响应，实时掌握桥梁运行状况，进行安全评估与预警的健康监测系统；采用电子化的巡检养护手段，采集、处理与分析桥梁管养数据，实现桥梁养护、维修加固设计以及系统化管理的巡检管养系统。

8.1.4 智慧桥梁架构

智慧桥梁的总体设计架构(图8-1)包括数据采集接入层、数据层、平台层、应用层和交互层。数据采集接入层包含云服务IT基础设施、物联网、监测设备管理、人工智能终端、智能巡检管养终端等；数据层是指通过数据缓存、结构化和非结构化存储以及大数据存储方案实现对施工、运营等数据的存储管理；平台层包含各类子系统和组件，为不同应用层系统共享；应用层是针对特定业务领域的专有系统，为不同应用层系统共享；交互层面向用户提供大屏驾驶舱、计算机端、智能手机App等数据交互界面。

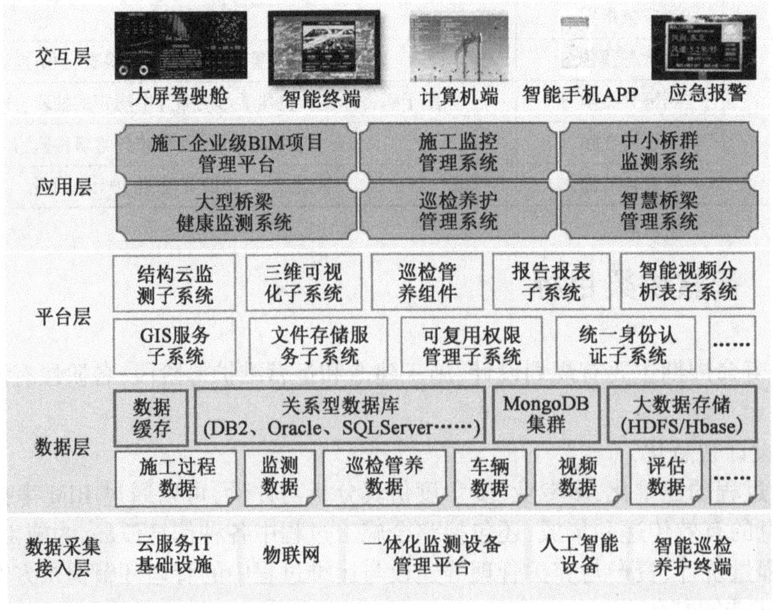

图8-1 智慧桥梁整体架构

智慧桥梁的特点体现在数据化、可视化和智慧化三个方面。数据化是指其整合桥梁基础档案、巡检养护、安全监测等全方位运营管理数据，对全寿命周期内的大数据资源进行整合。可视化具体指通过对桥梁健康监测、巡检养护等数据场景化、三维化的展示，辅助管理人员快速掌握桥梁运营状态，快速进行桥梁运营安全智能研判。智慧化则体现在将人工智能大量地融入桥梁管理，包括病害识别、语音信息录入、视频分析等。

8.2 桥梁 BIM 管理

随着大量大跨度桥梁的建设及使用，施工管理要求越来越高，后期运维工作也日趋繁重。基于此，目前已在桥梁施工期协同管理、运维期监测和管养系统构建等方面开展了大量研究，桥梁信息化管理水平已得到大幅提高。但目前这些系统多数都是割裂的，存在明显“信息孤岛”和“信息断层”现象，桥梁设计、施工和运维管养不同阶段信息转移遗漏和难以共享的问题严重，基于“建养并重”的全寿命期信息化管理研究仍比较缺乏。为了解决上述问题，BIM 技术应运而生。本节简要介绍桥梁 BIM 项目管理的基本概念，并介绍其在工程设计、施工建设及运营管养方面的应用。

8.2.1 桥梁 BIM 管理概述

(1)桥梁 BIM 管理概念

传统的桥梁项目管理方式通过纸质材料、二维表格、CAD 二维图纸等进行管理，具有材料易丢失、整理不方便、读图识图难度大、技术交底可视化程度低等缺点。BIM 技术应用的亮点在于极大提高了读图识图速度，实现可视化交底、节点碰撞检验、基础数据验证、可视化展现等目标。综合其特点可以发现，BIM 技术可以满足桥梁工程设计阶段、施工建设期、运维管养期的不同需求，实现桥梁全寿命周期的技术管控。

桥梁 BIM 管理具有三维可视化、信息构件化和高效协同的显著特点，能够承载桥梁全寿命周期不同阶段数据和资源，对桥梁构件进行完整描述，实现多方管理协同，可以对桥梁全寿命周期进行全过程管控，提升桥梁工程信息化水平。

(2)桥梁 BIM 项目管理平台

面对当前桥梁全寿命期信息化管理的挑战，基于 BIM 技术构建桥梁全寿命期信息化项目管理平台(图 8-2)以 BIM 为载体，可实现全阶段的业务和数据集成。

BIM 技术在桥梁工程中的具体应用方式为通过将地理环境、材料造价、设备清单等信息载入 BIM 技术平台，利用 Revit、Fuzor 等软件综合处理，将 BIM 技术与桥梁寿命周期的各个阶段相结合，建立 BIM 技术的桥梁工程全寿命周期一体化的技术路线和基本框架。图 8-3 中展示了 BIM 技术在桥梁工程项目主要阶段的应用示例：首先将地理信息载入 BIM 平台，根据环境信息，进行桥梁选线；再根据设计信息，在 Revit 中进行三维模型设计，并载入 Lumion 中进行效果展示，以便于方案比选；在确定桥梁方案后，再进行配筋等施工图的设计；随后，根据 BIM 虚拟施工平台进行施工模拟，确保施工过程的安全合理；最后，将桥梁信息进行集成，实现对运维阶段的管理。该基本框架通过传统设计手段与 BIM 软件的有机结合，提升了工程效率和信息利用率。

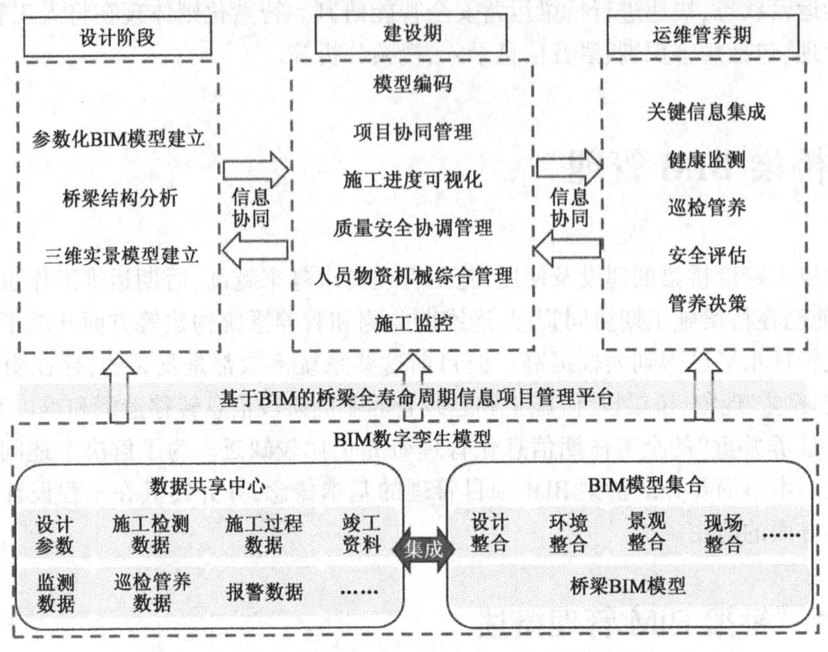

图 8-2　基于 BIM 的桥梁全寿命周期信息项目管理平台

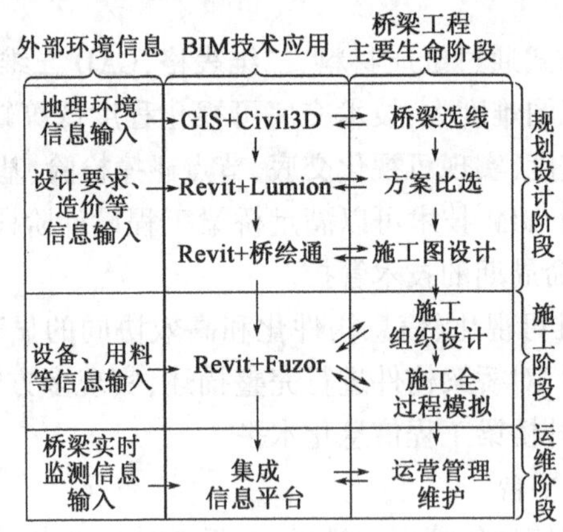

图 8-3　应用 BIM 技术的桥梁工程全寿命周期一体化

8.2.2　工程设计应用

利用 BIM 技术在施工图设计阶段进行辅助设计，根据设计图纸建出三维模型，利用 BIM 三维可视化的特点展现出桥梁的设计方案，以此来校验设计图纸的完整性、准确性以及合理性。具体可实施的内容包含多个方面。

(1)模型碰撞检查

在进行桥梁工程设计过程中,以往的二维图纸无法实现对施工的直观展现,图纸出现设计错误的情况时有发生,桥梁节点之间的碰撞无法获得直接的展现,很容易出现设计不合理的情况。传统的二维设计方法不仅会使施工成本不断增加,还会造成资源浪费的情况。

使用 BIM 技术模型以后,进行模型节点碰撞检查,检查专业内部及跨专业模型是否存在直接的冲突,安全空间、操作空间是否合理,从而实现问题的早发现、早处理。经过认真分析碰撞结果,有些问题可以在施工以前解决,使施工过程中的不必要变更得到有效规避。

以预应力钢筋混凝土为例,可将预应力钢筋混凝土的锚具、钢绞线预埋管和箱梁钢筋等创建成为三维模型,可开展包括箱梁横梁钢筋和纵向钢筋间、锚具和横梁钢筋间以及箱梁腹板钢筋与预埋管间的相互碰撞(图 8-4),通过对实际情况的详细分析,最终获得最佳的解决办法。此外,三维模型还可以用来检测拱肋与格子梁之间的碰撞情况,以及检测风撑高度是否满足通车要求等。通过碰撞检查,为设计优化提供可靠依据,减少项目的返工或加工,最大限度地减少工程量,使工程建设程项目更为经济和高效。通过反复优化及检查,设计出满足要求的施工图。

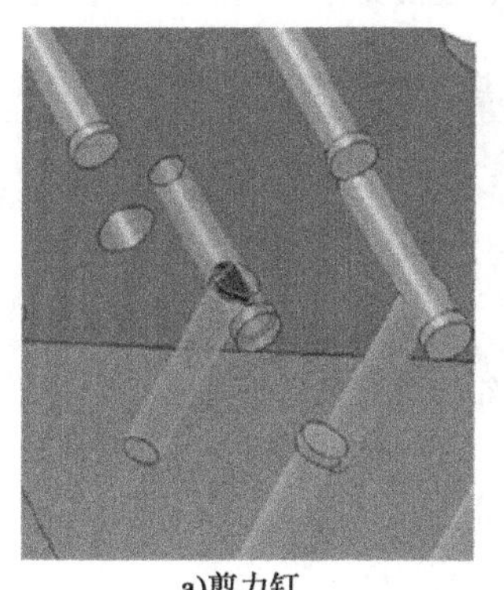

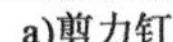

a)剪力钉

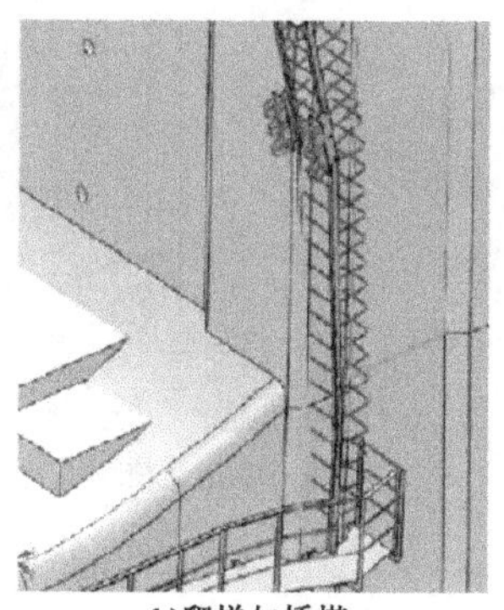

b)爬梯与桥塔

图 8-4　桥梁模型碰撞检查

(2)工程量统计

以往在计算桥梁工程量时,主要使用人工借助 CAD 图纸进行计算,也会使用专业的造价软件进行计算,这样的办法需要消耗较大的人力,出现的错误也比较多。

在桥梁工程中使用 BIM 技术以后,设计人员将桥梁模型设计好,可以实现对工程量的有效核算。使用 BIM 技术创建三维模型,将桥梁工程的信息输入到模型中,计算机可以对数据进行及时获取,对工程量的数据进行全面掌握,并通过表格的形式进行展示。在桥梁工程中对某些部件的模型进行调整,对构件类型、预应力钢绞线量、钢筋量和混凝土量进行有效的调整,并借助表格进行较好的体现。将材料统计信息与有关定额数据进行有机的融合,按照定额标准进行解决,使成本预算可以借助程序得以快速获取。此外,利用 BIM 技术可以自动生成材料清单,并将模型创建的清单和原始二维设计图进行对比,从而及时发现工程量统计过程中遇到的问题。图 8-5 所示为材料统计中发现的问题以及纠错模型。

(3)三维建模

在进行桥梁工程设计过程中,利用 BIM 技术可以对桥梁上部结构和下部结构进行科学的分类,对同一类别的构件参数进行统计分析,实现对有关参数的参数化表达。工程师详细地梳理构件的有关参数和标准图信息,并对内在的关联公式进行详细的分析,对流程图进行认真的编写。当所有的信息全部核准以后,将其转交给软件开发部门。开发部门对工程师提供的流程图、计算公式和构件图纸等进行二次开发。该工程对参数化的上、下部桥梁构件进行了整理,创建了完善的构件库,为今后工程师的构件参数化装配提供了便利。桥梁工程师借助三维模型直观地分析路线走向和地貌地形特征,对桥梁的中心桩号和规模进行初步确定。工程师将一些信息输入到设计平台中,对上、下部构件的三维模型进行调取,从而获得三维桥梁模型(图8-6)。

序号	直径	长度	数量	总长(m)	总重(kg)
5	10	1536	121	185.86	114.8
6	10	15100	19	286.9	177.0
7	10	2200	28	61.6	38.0
8	10	183	121	22.14	13.66

a)材料统计错误信息

b)对应的纠错BIM模型

图8-5 设计校核实例

a)拱圈模型

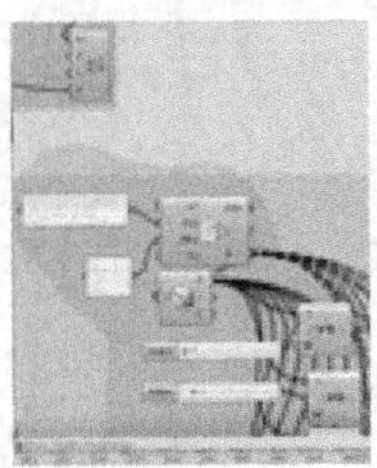

b)参数输入模块

c)梁板模型

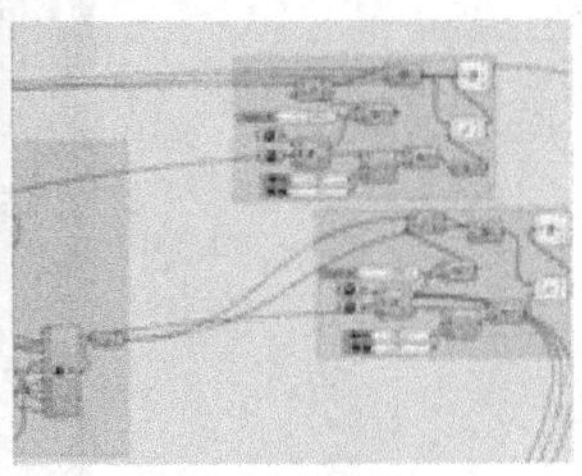

d)脚本工作流程

图8-6 桥梁结构参数化建模

(4)自动成图和细节设计

利用优化后的BIM模型直接进行二维图纸出图,可减少二维设计的平面、立面、剖面的不一致性问题,并尽量消除与其他专业设计表达的信息不对称,且为后续设计交底、深化设计提供依据。通过利用CATIA剖切BIM模型创建相关的施工图(平面图、纵断面图、横断面图、结构图、局部放大图等),再进行二维标识和标注,达到二维图纸交付内容要求,直接交付业主。

在对图纸进行分类时,可以使用软件中的图纸管理器进行操作,按照功能和类型对图纸进行分类,从而便于图纸绘制人员依据工程图纸的情况对其进行高效监管。使用这样的办法,可大幅减少绘图时间,同时提高图纸的精确度。用户借助细部节点输入尺寸初值,以节点数据库信息为基础对运行参数进行科学的设置。使用BIM模型可以实现对节点拼装成型工作的有效监管,使模型细部结构的设计质量得到不断提高,并尽可能满足设计需求。在现场安装和初始制作加工时,使用BIM软件可以使节点处的精度不断提高,进而提高设计准确度。

8.2.3 施工建设应用

桥梁施工阶段管理主要有三大板块:项目的成本、进度和质量管理。在BIM技术管理系统的加持下,能够开展信息化动态管理、场地布置优化、施工进度仿真模拟、云平台监控管理、以实现减少浪费、缩短建设工期、建设高品质工程的目标。

(1)场地布置优化

利用BIM技术,根据项目部、工区等临建设施的平面设计,建出场地布置的三维模型,施工管理人员在三维施工环境模型中进行施工场地BIM平面布置并进行施工场地分区规划、交通规划、设施规划、管理规划等功能区域划分。在各功能区域上建立相应BIM模型,并依据施工组织设计或施工方案进行模拟分析,将模拟分析中出现的问题重新分析优化,多次循环这一优化过程,最终得出成本小、施工流畅的合理场地布置方案(图8-7)。

图8-7　场地布置优化

(2)施工仿真模拟动画

根据项目工程需求,利用BIM模型及仿真软件,制作相关工序或施工方案的模拟仿真动画,并以此进行方案模拟(图8-8)与比选,同时可用于技术交底,以动画的形式让作业队伍直观了解方案设计原理与实施步骤、指导现场施工。将物资、设备、材料和人力信息输入BIM管理系统,利用软件模拟施工进度实时动态管理,同时计算预计工程量与预计成本信息,达到4D-BIM进度控制和5D-BIM成本管理,加强对实际施工进度与计划工期的管控,有效提高施工进度掌控能力,提前预知可能发生的施工风险,做到风险前置,牢把安全关。

a)

b)

图8-8　施工方案模拟动画

(3)物料设备管理

桥梁施工通常涉及上万甚至几百万个物料部件,这些物料部件如何按时按需组合起来,考验着桥梁施工管理人员。这些物料部件往往在异地加工,然后分批运送到项目地点进行安装部署,这些物料是否按要求生产、是否按时运送至施工地点,关系到整个桥梁施工进度。运用

BIM 物料设备管理模型,打破了对物料设备管理在时间和空间上的约束,在时间上,不再受制于物料设备信息交互的时间节点约束,可实现随时信息的传递跟踪。

通过 RFID,可实现跟踪物料部件的物流信息,包括存储的具体方位,可极大提高跟踪物料信息的效率。将 RFID 技术与 BIM 的桥梁信息模型的结合,是实现物料设备管理效率提升的核心。在 BIM 技术的加持下,物料设备的信息不再受制于 RFID 数据采集对空间的约束(在一定距离范围内有限),可以跨区域节点,进行物料设备信息的采集和交互,从而大幅提升桥梁施工过程中的物料设备管理效率。

(4)云平台施工管理

将 BIM 模型数据上传至云平台,云平台作为项目协同管理平台,在 BIM 模型的基础上,通过手机端、网页端使用平台进度计划、质量管理、安全管理、文明施工、文档管理、监控监测等模块进行项目管理。运用云平台,可直观、快速地了解各分部分项的施工进度、施工事件以及施工资料,实现项目运转高效管理(图 8-9)。对于需要高精度管控的拱肋制造精度,利用 BIM + 点云精度校核。对加工好的拱肋进行三维激光扫描获得点云模型,通过与高精度的 BIM 模型进行对比,获得对比误差报告,从而进行误差校核,防止不合格拱肋出厂。

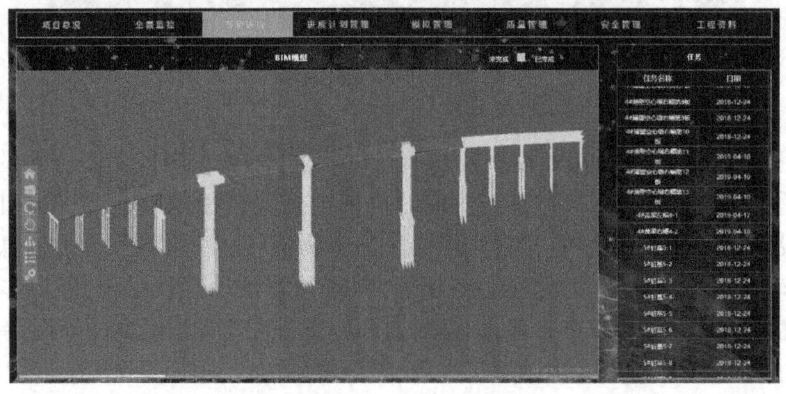

图 8-9 施工进度可视化

8.2.4 运维管养应用

(1)竣工模型、资料信息化整理

目前竣工验收阶段存在的问题有:竣工资料多,传统方式难以分类管理保存;项目运营期长,资料难以保留久远;资料多为纸质,不易于及时查阅;等等。前期可将 BIM 模型数据及各类信息上传至云平台,实现随时随地查看相关施工信息,为后期运维提供数据支持。

(2)远程监控及维修加固

桥梁运营一段时间后,需经常定期检查与特殊检查。而传统的检查监测又面临着诸多困境,如货车超载严重、监测频率低、现场维护远等。为了改变以往监测困难的问题,可将传统人工检测技术与 BIM + 在线监测技术结合互补,实现实时在线监测、海量数据智能运算存储、连续稳定数据输送,以及时发现并解决异常情况。

8.3 桥梁健康监测

结构健康监测技术的概念于20世纪30年代开始被提出,目前已被普遍认为是提高工程结构健康与安全及实现结构长寿命和可持续管理的最有效途径之一。从20世纪80年代起,结构健康监测技术开始逐步从航空、航天和机械领域向土木工程,尤其是桥梁领域拓展。

相较于传统的人工检测方法,结构健康监测技术不仅提高了对突发性损伤的发现速度,还使得累积性损伤的发展趋势推演成为可能。此外,其还可实现对隐蔽部位的观察,并在大的损伤和异常事件发生时及时报警。近年来,桥梁结构健康监测技术发展迅速,已成为传统人工检测方式的必要补充。

从发展趋势来看,桥梁结构健康监测系统已逐步成为大桥建设工程的一部分;从应用范围来看,该系统正逐步从特大跨径桥梁向常规桥梁拓展;从应用功能来看,该系统正逐步与电子化人工巡检系统和养护管理系统相融合。可以预见,桥梁结构健康监测系统将在桥梁管理中发挥越来越大的作用,桥梁数字化时代即将来临。

近年来,通信网络、信号处理、人工智能等技术的不断发展加速了桥梁监测系统的实用化进程。业界纷纷着手研究和开发各种灵活、高效、廉价并且不影响桥梁结构正常使用的长期实施监测方法或技术。桥梁健康监测系统的部署和应用不单单具有重要的现实意义,还具有重要的研究价值,在推动和发展智能化、数字化和信息化桥梁工程中起到了积极的作用。

8.3.1 桥梁健康监测概述

(1)桥梁健康监测概念

桥梁健康监测是指运用各种现代化监测与信息化技术,对桥梁结构运营环境、荷载输入、结构力学状态及响应参数进行实时、连续监测,并对监测数据进行存储、分析,当桥梁在特殊气候、交通条件下或桥梁运营状况异常严重时发出预警信号,为桥梁的维护维修和管理决策提供依据与指导。

桥梁健康监测系统是对常规的检查、检测和载荷试验的重要补充,其不可替代性主要表现在连续性、同步性、实时性和自动化四个方面。连续性是指有目的地长期积累桥梁实时监测数据,用于结构损伤识别和趋势分析;同步性是指各参数可同时采集,便于分析桥梁响应与荷载作用之间的相关性,及时掌握影响桥梁性能退化的关键因素;实时性是指实时掌握桥梁结构动态、静态、环境、荷载等响应,及时预警;自动化是指通过自动化采集方式,获取监测数据,克服人工巡检无法到达、无法操作、人员安全等问题。

(2)桥梁健康监测系统

桥梁健康监测思路是桥梁现场信号采集获取信息,通过无线或者有线传输方式进行信号传输,在监控中心或者云计算数据中心进行数据存储与处理,实现信息显示、人机交互、桥梁状态评估以及异常情况预警报警,最终提出桥梁管养决策建议。

典型桥梁健康监测系统构成,主要包括两个部分:现场前端采集部分和后端数据处理与评估部分,包括5个子系统,如图8-10所示。

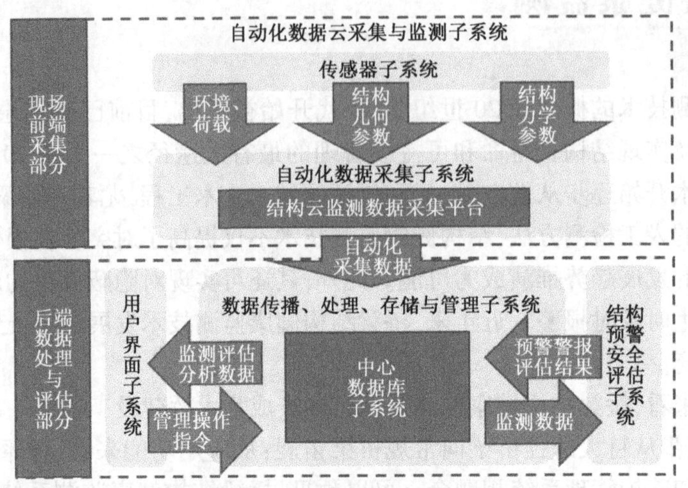

图8-10　桥梁健康监测系统构架

①传感器子系统:由荷载与环境监测、结构局部响应监测、结构整体响应监测传感器构成,实现桥梁环境参数、交通荷载参数、视频信息、结构响应测量。

②自动化数据采集子系统:由数据采集设备、数据传输设备、数据采集软件、数据与传输软件构成,实现传感器数据同步采集与传输,保证数据质量好、不失真。

③中心数据库子系统:由数据预处理、中心数据库、数据查询与管理软硬件构成,实现桥梁监(检)测数据的处理、查询、存储与管理等功能。

④结构预警安全评估子系统:实现数据分析、安全评估和预警等功能。

⑤用户界面子系统:实现数据实时在线显示,历史数据查询与分析,面向用户提供系统监测成果。

8.3.2　智能传感技术

传感系统是实现桥梁结构健康监测的前提条件,传感数据的质量好坏直接决定了结构参数识别效果的优劣。传感器需要具备能够高精度地感知外部输入作用下结构待测物理量变化的能力,通过转换元件能够迅速将加速度、位移、应变等待测物理量转化成采集信号进行输出。理想传感器还应具备不受外界环境因素干扰的能力。

传统的传感技术主要是电子式传感技术,通过测量电信号实现感知结构物理量的变化。随着新材料的出现,以及力学与信息等学科的研究发展,越来越多的先进新型传感器出现在土木工程健康监测领域,如光纤传感技术、智能化无线传感技术以及微波雷达技术。本节分别从加速度、应变以及位移测量的角度,对目前桥梁结构健康监测领域采用的传感技术进行介绍。

(1)加速度传感技术

在基于振动的结构监测中,加速度响应是结构最为主要的响应物理量之一,早已得到人们的重视,因此加速度传感技术已发展得相对比较成熟。目前在结构健康监测系统中常见的加速度计类型有以下几种,如图 8-11 所示。

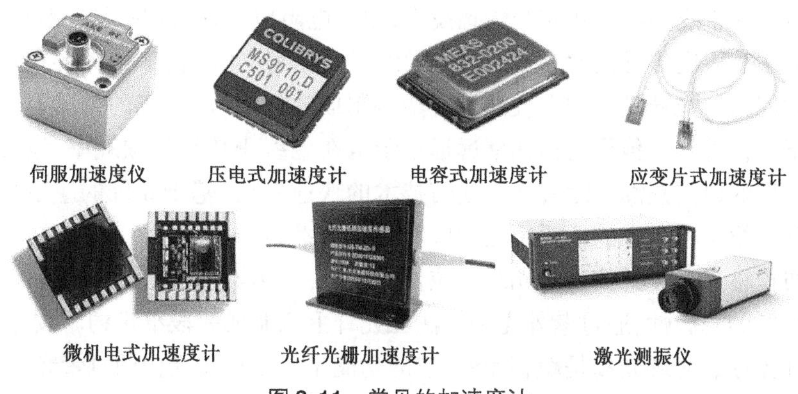

图 8-11 常见的加速度计

①伺服加速度仪:基于负反馈工作原理,也称为“力平衡加速度传感器”,其通过测量电磁感应产生的电流大小换算得到加速度的值,适用于低频测量。

②压电式加速度计:基于压电晶体的压电效应,其通过测量压电材料受到振动加速度作用后表面产生的电荷信号来计算加速度,受外界干扰小。常用的如 PCB 公司生产的 ICP 加速度传感器,其将传统的压电加速度传感器与电荷放大器集于一体,提高了测试精度和可靠性。

③电容式加速度计:采用弹簧质量系统原理,通过测量质量块的运动导致的电容值变化,实现振动加速度的测量。

④应变片式加速计:通过测量质量块振动导致的应变片电阻变化,感知结构加速度的变化。

⑤微机电式加速度计(MEMS):主要由传感元件和包括信号增幅、调整和输出的微电路组成,采集处理速度很快,可以在短时间内进行多次测量,得到比较平稳准确的平均值,配合无线数据传输技术可以实现大型结构的多点测量。

⑥光纤光栅加速度计:通过测量光纤变形导致的输入波长漂移量,实现加速度的测量。相较于上述电子式加速度计,光纤传感加速度计具有抗噪能力强、适合长距离传输的优点。

⑦激光测振仪:基于光的干涉原理,采用激光束作为发射光源进行测量。由于物体振动引出多普勒频移,反射光与参考光在传感器表面产生干涉,通过对干涉信号的处理可以得到被测物体的加速度信息。

随着结构健康监测技术在大型土木工程结构中的在线实时安全监测研究的深入,结构所需传感器的数目、种类不断增多,待处理的数据量庞大,传感系统和采集系统的复杂性不断提高,传统的有线传感存在着引线多、信息量传输大以及安装维护过程均需大量人力和物力的问题,方便性和灵活性不够,很大程度上制约了健康监测系统在实际大型土木工程中的应用。智能化无线传感网络近年来成为结构健康监测领域的研究热点,因为其具有快速部署、自组织成网和分布式协调工作的能力,能够满足健康监测系统同时进行多点测量、高效、高性能的监测需求。

(2)光纤应变传感技术

应变作为对结构损伤最为敏感的指标之一,基于应变测量的传感技术受到广泛关注。传统的应变传感技术主要是电子式应变传感技术,包括电阻应变片、钢弦式应变计和 PVDF 压电传感器等。电子式应变传感技术主要通过电导线进行信号传输,在信号转换和传输过程中存在损耗率大的问题。光纤是一种由玻璃或者塑料制成的纤维,利用光的全反射原理可以进行光传导。由于光在光纤中传导的损耗率远远小于电在电线中传导的损耗率,世界范围内掀起了基于光纤传导的研究热潮。随着光纤通信技术的快速发展,基于光纤的应变传感技术也应运而生。在此介绍三种常见的桥梁用光纤应变传感技术。

①光纤布拉格光栅传感技术。光纤布拉格光栅是一种典型的波长调制型传感器,其基本原理是利用光纤的光敏性,通过紫外光曝光法在光纤上刻制成一段窄带的滤波器或反射镜,该部分称为光纤光栅。光纤光栅是敏感元件,它的功能是对于通过光栅的宽带光,只反射特定波长的光,而透射其余波长的光。当光栅处被施加应力或温度发生变化时,反射回来的光的波长也会发生相应的变化,反射回的光波长称为布拉格波长。通过测量布拉格波长的变化来实现应变、温度的监测。

②长标距光纤传感技术。桥梁工程结构尺寸大,结构损伤位置又具有很大的随机性,而传统传感器均只能测量结构单个点的信息,同时结构损伤会导致结构小范围内的变形集中度过大,极易使点式传感器变形超过极限而失效。这些都使得点式应变片不适用于结构长期监测。为此提出了长标距传感的概念,通过将传感光纤长标距化,两端采用特定的锚固方式使得传感光纤测量的是结构在标距范围内的平均应变,实现了宏微观信息的关联达到损伤覆盖的目的。长标距光纤传感器(图 8-12)标距长度一般设计为 10 ~200 cm,覆盖范围远远大于传统点式应变计(0.1cm),应变测量精度可以达到 1 ~2 με,它的输出能够反映结构一定区域或特征尺度内的物理量变化,通过将多个长标距传感单元串联成网,能够实现关键区域的分布式传感,适用于规模庞大的大型土木工程结构的安全监测。

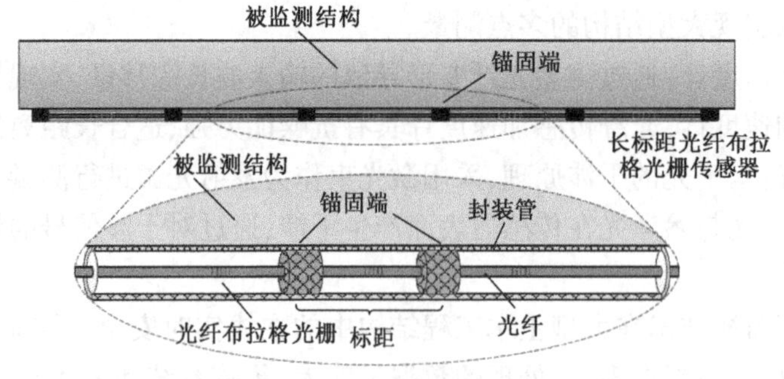

图 8-12 长标距光纤传感器

③分布式光纤传感技术。分布式光纤传感技术是一种以光为载体,以光纤为媒介,感知和传输外界信号(温度、压力、电场、位移等被测量)的新型传感技术。其工作原理是,由光源发出光波,通过置于光路中的传感元件,将待测的外界信息如温度、压力、应变、振动、电场等信息叠加到光波上,再通过探测单元,将承载了信息的调制光波进行信号处理,检测

出外界信息变化的信号,实现传感功能。分布式光纤传感技术主要基于光的反射和干涉,根据被测光的不同可以分为基于瑞利散射、基于拉曼散射、基于布里渊散射三种全分布式光纤传感技术。

分布式光纤传感技术是采用光纤的几何一维特性,对沿光纤传输路径上的空间分布和随时间变化信息进行测量或监控,同时获得沿光纤轴线整个长度上各个测点的参数变化情况。分布式光纤传感技术相较于点式传感更适合大规模应用,其系统集成性更好,但其测试精度也较低,因此在构建长期有效的桥梁结构监测系统的过程中,如何提升其空间分辨率及测试精度也是亟待解决的问题。

(3)位移传感技术

为了保证桥梁几何、刚度状态满足设计要求,桥梁在施工和使用过程中,均需进行关键截面的几何状态变形测试,这也是桥梁施工质量控制、运营检测试验以及长期运营监测的重要内容。特别是桥梁运营阶段的活载挠度,是桥梁抵抗外荷载变形能力的重要指标,也是评价桥梁结构整体刚度的重要参数。新型的位移传感技术方便快捷,目前主要有以下几种。

①激光测量。激光测量是一种非接触式的位移测量方法,其原理是根据激光定向直线传播,通过测量发射端和接收端的光程差来反算测点的位移变化(图8-13)。

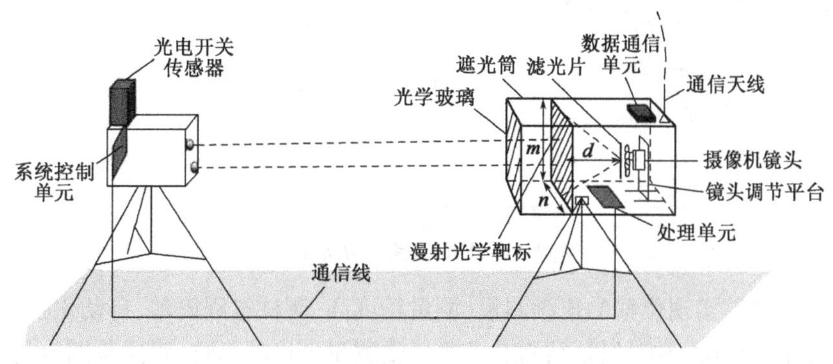

图8-13　基于双激光基准的梁体结构变形监测原理

其测量过程是将智能激光靶标固定在结构待测点处,从激光器发出的基准激光束照射在接收靶标的透射式接收屏上,形成一个带圆形光斑的靶标图像光图信息,被后置的CCD摄像机接收。CCD摄像机输出的视频信息经过处理单元解算处理后,得到光斑在接收屏上的几何坐标位置。当被测结构受外界环境的影响,沿某个方向移动了某一个位移量,则接收靶标上的光斑图像产生相对位移。通过采集和处理前后两次的图像信息,就可解析出结构相对多维度变形信息。

激光测量方法具有测量速度快、精度高、稳定性好等特点,可实现远距离自动连续测量,近年来广泛应用于结构变形测量和工业生产中,但是其动态测量对环境要求高且难以实现多点的同时测量。

②数字图像相关性解析。数字图像相关性解析(DIC)是一种基于现代数字图像处理和分

析技术的非接触式全场光学测试方法，其测试基本原理是对变形物体进行连续拍照，通过在变形物体表面进行特征点标记，采用一定的相关算法对连续图像的特征点进行匹配追踪，实现位移变化的测量。

基于DIC的结构变形测试技术系统由CCD、镜头、靶标和分析系统软件组成。当待测点产生位移时，与之连接的靶标也随之产生相应的移动。CCD和镜头高频采集靶标上的数字化图像，再通过计算机对采集到的图像进行同步处理，计算出图像中标靶 A、B、C、D 四点的中心坐标的位移，通过换算就可以得到标靶4个点中心点的实际位移，进而得到待测点的实际位移。（图8-14）

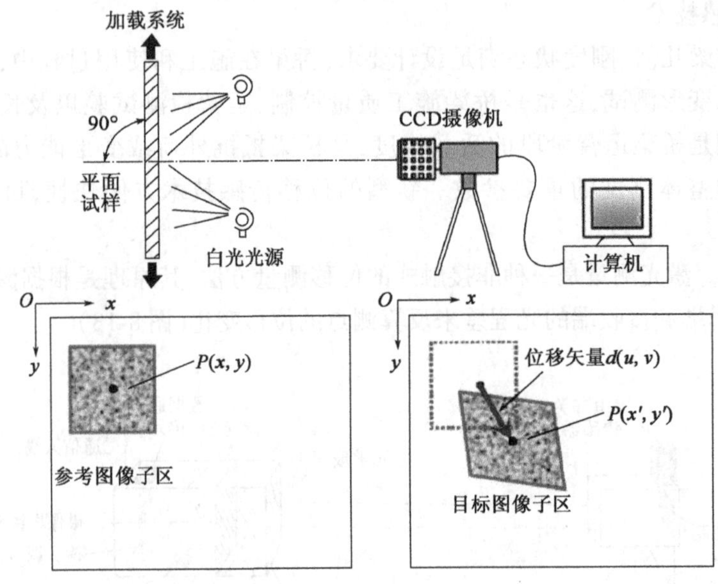

图8-14　DIC测量方法示意图

该测量方法能够实现位移的连续测量，测量精度高、测试过程简单、自动化程度高、对测量环境要求低且不受电磁干扰，但是结构的准确性受测量环境的影响，观测范围也受相机设备硬件的约束，对于大跨径桥梁难以实现全桥变形的测量。

③微波雷达。微波雷达也是一种基于微波干涉技术的非接触式的位移测量方法。其原理是依据相位干涉测量方法使用两幅或多幅合成孔径雷达图像，这些图像对应于不同时刻对相同检测区域的重复观测，根据雷达接收到的回波的相位差反演生成目标形变图，该形变图表示了目标在雷达视线方向的位移大小，信息处理软件可以根据目标的相对视角和先验信息估计出目标的真实位移大小。

微波形变雷达不需要与观测目标区域有直接接触，受云雾阴雨等气象条件、恶劣环境的影响较小，并且在时域和空域均具有较高的采样率。相对于其他桥梁测量手段的主要优势为测量效率高，能够同时对桥上的多个观测点进行测量。实现多点测量要求雷达发射超宽带微波信号并采用脉冲压缩技术实现对桥梁多个散射点进行空间区分。

微波雷达测试结果及测得位移数据如图8-15所示。

a)

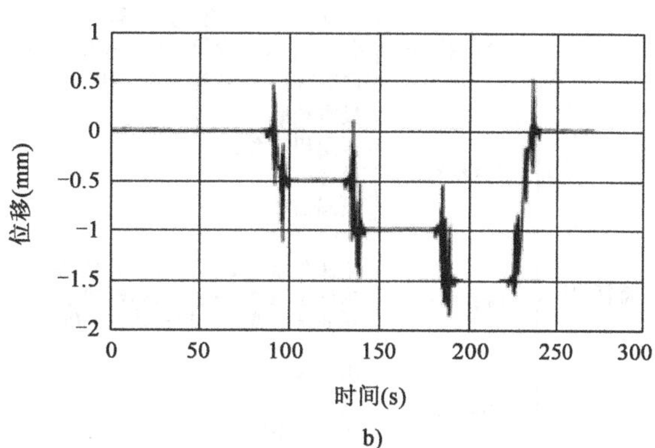

b)

图8-15 微波雷达测试结果及测得位移数据

8.3.3 数据分析方法

(1)数据预处理

数据预处理包括数据清洗、数据变换、数据降维等。

桥梁结构健康监测的数据清洗的对象是数据噪声、长期趋势项、野值、失敏等数据错误。数据清洗是数据分析中最为费时耗力的环节,提升其自动化水平是进行桥梁结构健康监测大数据分析预先要解决的问题。桥梁结构健康监测的数据噪声可采用卡尔曼滤波、FFT带通滤波、希尔伯特-黄变换、盲源分离、小波降噪等方法消除。对经常出现的野值、趋势项、失敏等问题,有监督的机器学习算法可被用于识别处理这些数据错误。

缺失值的处理则需视数据分析目的而定,对于不要求数据连续的分析方法,可忽略缺失值;反之则可采用均值插值、拉格朗日插值等方法进行数据插补。

数据降维针对数据的维度灾难问题,通过降低随机变量的个数以提升后续机器学习算法的效率并有利于数据的可视化。完成数据降维通常伴随着特征提取的操作。

(2)数据融合

数据融合通常指同时利用多通道或多种传感器数据以得到更好的分析结果。数据融合将非结构化数据与结构化数据综合利用,能够最大限度地发挥大数据的价值。数据融合的重点在于将文本、图片、视频等非结构化的检测、监测数据结构化,如将照片中的裂缝尺寸信息提取出来。当前,借助计算机视觉技术处理图片、视频等数据已经成为一个研究热点,该技术已在桥梁表观病害识别、车辆荷载识别、结构位移监测等方面得到较多应用。

目前桥梁结构检测和监测各有独立的流程。检测数据易于揭示桥梁结构表观退化状况,在其前期管养中可提供更有效的决策支撑;而针对船撞、极端天气、极端灾害等突发场景及桥梁结构服役寿命的中后期,监测数据则更具洞察力。数据融合后的结构状态评估理论是一个有待研究的问题。

(3)特征工程

特征工程由特征提取和特征选择构成,前者从原始数据中获取特征,后者去除其中冗余、不相关的特征。桥梁结构监测数据分析中常提取的特征有频域特征、时频域特征、统计特征、力学特征等几类(图8-16),各种特征的应用场景不尽相同。

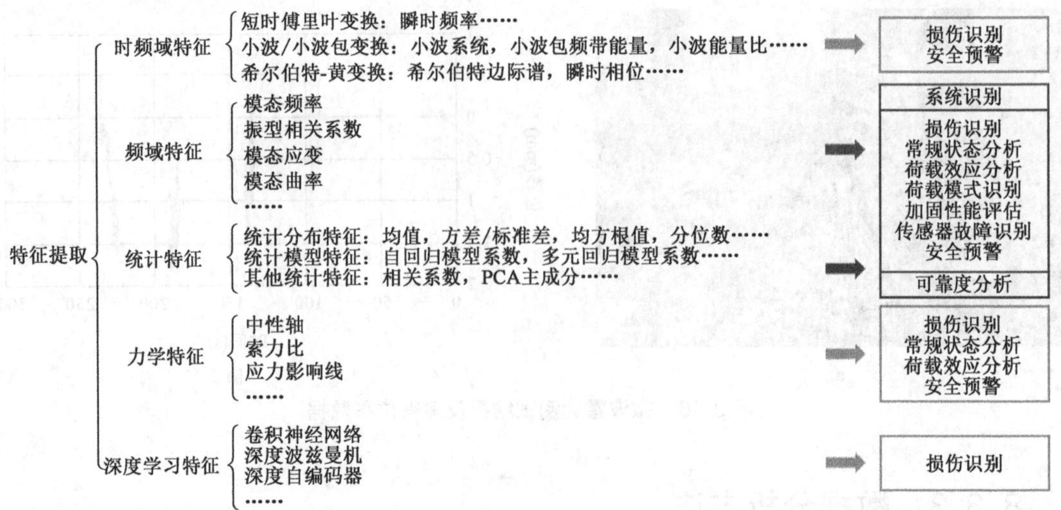

图 8-16 特征提取分类

一些传统方法提取的特征不足以反映大数据中的复杂、非线性模式，具有深层网络结构的深度学习技术在大数据下表现出出色的特征提取能力。其中以卷积神经网络(Convolutional Neural Net-work, CNN)、深度自编码器(Deep Autoencoder, DAE)、深度限制波兹曼机(Deep Restricted Boltz-mann Machine, DRBM)最具代表性。CNN 可通过具有网格形式的卷积核分层捕获输入数据中的局部相关性，并由多隐藏层实现层次化的特征构建。CNN 属于有监督学习，提取的特征能与给定的输出对应，而 DAE,DRBM 属于无监督学习，具有提取潜在未知特征的能力。

(4)模式识别

由于许多桥梁结构监测数据分析本质上是概率分布的求解问题，机器学习在模式识别中已得到较多的应用。在损伤识别中，其可用于判定损伤存在与否、损伤的位置、损伤程度；在结构状态评估中，其可解决荷载模式识别、荷载效应分析、安全预警、传感器故障识别等问题。桥梁结构健康监测的模式识别方法如图 8-17 所示。

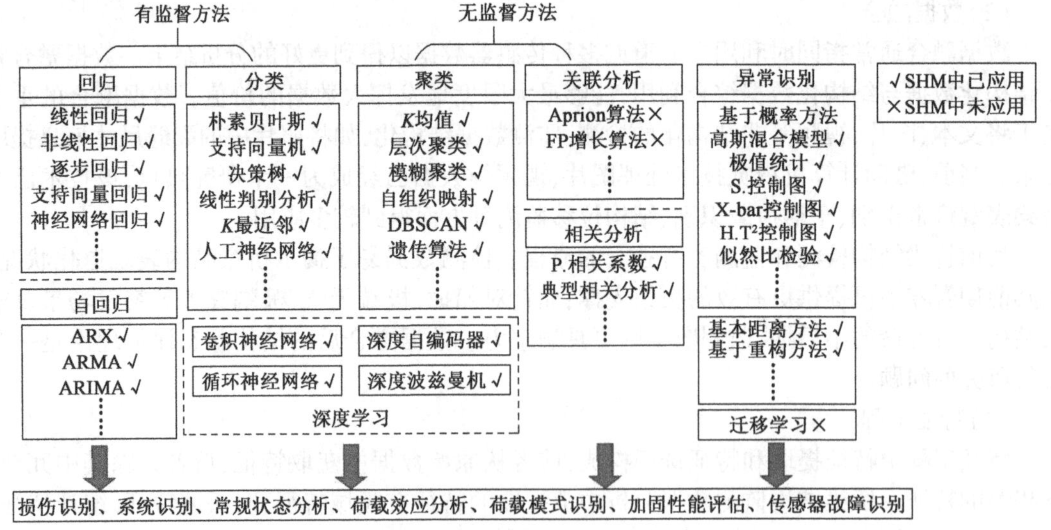

图 8-17 桥梁结构健康监测的模式识别方法

8.4 桥梁智能检测

随着全世界范围内工业化进程的不断推进及交通基础建设的飞速发展,桥梁的数量越来越多、规模越来越大。桥梁建成通车以后,随着时间的推移,种种因素会使桥梁安全度有所下降,以至影响车辆运营的安全。影响桥梁安全的因素很多,诸如原设计未达到使用要求,施工未达到设计要求,桥梁存在病害,材料老化、锈蚀而未及时养护,车辆荷载增大或交通量剧增,桥梁伸缩缝损坏或桥面不平整对桥梁结构带来的不利影响等。通常,桥梁在投入运营20~30年后,将面临严重的耐久性和安全性及正常使用功能下降的问题,需采用精准、高效、智能化的检测技术对运营期内桥梁的工作状态进行检测及评估,确保桥梁使用过程中的健康与安全。

近年来,科学技术的快速发展推动了桥梁工程技术的飞跃,随着桥梁不断往新颖的桥型和大跨径的方向发展,桥梁的检测技术也不断更新和改进。桥梁检测技术作为该系统的一个基础性研究方向,历来是国内外学者关注的热点。从某种意义上讲,桥梁检测技术,特别是借助现代检测手段的无损检测技术,代表了桥梁检测技术的最新发展方向,也是桥梁管养这一大型综合智能型决策系统设计的关键。

8.4.1 检测概述

(1)桥梁检测概念

桥梁检测是指通过专业技术人员,利用特定的仪器、设备或人体感官,对桥梁结构的特性或性能进行检验测试的一种行为。

桥梁检测的主要内容包括外观损伤、内部缺陷、力学性能及几何参数等。目前,外观损伤仍以人工目测为主,工作强度大、效率低,需要借助检测支架或检查车等设备接近结构表面,对检测人员的专业知识和经验要求较高。非接触式检测方法近年来有了较大发展,在结构内部缺陷检测方面应用较多,但技术上仍不成熟。结构的力学性能检测难度更大,如恒载下的结构控制截面应力及钢束应力等,这些力学指标对桥梁结构安全性评价起着重要的作用。

从分类来看,桥梁检测主要包含目视检查(针对表观损伤)、无损检测(针对内部损伤,部分情况下也可能采用微损或破损检测技术)以及现场试验技术(对桥梁材料以及局部或整体技术状况进行评测)。

(2)桥梁检测制度

桥梁检测制度按照检查频率不同分为日常检查、经常性检查、定期检查和特殊检查。

日常检查又可分为日检和夜检。日常检查主要是通过桥梁检查车对全桥进行巡视检查,判断白天桥梁桥面系中伸缩缝、护栏、排水系统是否工作正常,夜间巡视检查各个照明设施以及反光标志是否清晰等。

经常性检查主要侧重结构性检查,检查结构是否处在危险的工作状态,并对桥梁构件的技术状况给出初步判断。

定期检查主要是根据桥梁的运行年限定期对桥梁做比较全面的综合检查，并对桥梁的技术状况按照现有规范给出具体评定。

特殊检查主要是在桥梁经受自然灾害或者外物撞击或火灾等突发性损伤后进行的检查，主要判断桥梁的抗灾能力。

桥梁巡检重点见表8-2。

桥梁巡检重点　　表8-2

检查位置	检查重点
桥梁上部结构	1. 外观是否整洁，有无杂物 2. 拱桥、梁桥等上部混凝土结构表面有无明显裂缝，有无蜂窝、麻面、剥落、露筋、空洞、渗水、漏水，涂装层是否完好，有无损坏、老化变色、开裂、起皮、剥落、锈迹等病害 3. 钢构件表面的涂装层是否完好，有无脱落、粉化、气泡、锈蚀、裂纹；钢构件有无锈蚀、变形，焊缝有无开裂、脱焊等病害
桥梁下部结构	1. 墩台及基础有无滑移、倾斜、下沉或冻拔 2. 台背填土有无沉降或挤压隆起 3. 混凝土墩台及帽梁有无冻胀、风化、开裂、剥落、露筋等 4. 墩台顶面是否清洁，伸缩缝处是否漏水 5. 基础下是否发生冲刷或掏空现象，扩大基础的地基有无侵蚀 6. 墩台裂缝状况及分布规律 7. 支座功能是否正常，是否脱空、老化、破坏
桥面系及附属结构	1. 桥面铺装层纵、横向是否顺延，有无裂缝、破损、剥落、洼地积水、坑穴、波浪和鼓包，混凝土桥梁是否有剥离、渗漏 2. 人行道、缘石、平石有无剥落、破损 3. 栏杆和护栏有无撞击损坏、松动、开裂、下挠、上拱、锈蚀、歪斜及构件混凝土开裂 4. 桥面排水设施是否良好，桥面泄水管是否破损、堵塞和漏水 5. 伸缩缝是否异形、破损、脱落、漏水，是否造成明显跳车
通道检查	1. 顶部和侧墙有无变形、破损、裂缝、渗水 2. 排水系统是否通畅 3. 照明设施是否完好齐全 4. 人行道、车行道有无下沉、破损、开裂等 5. 人行踏步有无缺损 6. 栏杆、扶手有无变形、锈蚀、断裂 7. 沉降缝有无渗水，填充物有无脱落 8. 附属构筑物是否完好

8.4.2 目视检测技术

目视检查是桥梁检测最传统的方法，我国桥梁养护规范中，对桥梁进行技术状况等级评定所依据的主要参数大多来自目视检查。但是在面对一些特殊结构桥梁（悬索桥、斜拉桥、钢管混凝土拱桥等)或者大跨径高墩桥梁时,为了实现对桥梁梁体底面、侧面、桥墩、桥塔外表面等难以到达部位的观测,常需要借助桥梁检查车、登高车或者搭设支架,将检测人员送到被观测对象附近,进行抵近检查和测量,这不但费时、费力、对正常交通干扰大,而且安全隐患大。

近年来,随着计算机视觉技术的快速发展,桥梁非接触式表观损伤(缺陷、变形)检测技术,如无人机、附着式攀爬机器人、无人桥检车桥梁外观检测、远距离视觉观测、近景变形测量以及基于微波雷达的桥梁变形检测技术等得到了快速发展。

(1)桥梁智能巡检无人机

无人机的应用已经渗透到社会的各行各业。在桥梁的检测方面,无人机凭借其各方面的诸多优点被桥梁检测行业广泛认可和应用。无人机应用于桥梁日常检查中,可对特殊桥梁,如悬索桥、斜拉桥、大跨径高墩桥等特殊结构进行检测工作,近距离、高精度地对桥梁主体及附属设施的裂缝、缺损、剥落破损、锈蚀等病害进行影像的数据采集,便于后期对桥梁运行状况的数据分析(图8-18)。无人机检测部位及内容见表8-3:

图8-18　桥梁巡检无人机

无人机检测部位及内容　　表8-3

检测项目	检测内容
钢桁梁	钢结构高强度螺栓是否缺失、是否锈蚀、是否有其他异常
索塔	混凝土是否出现蜂窝麻面、露筋、剥落掉块、裂缝,避雷针是否完好
节点板	螺栓是否缺失、是否锈蚀、是否有其他异常
高桥墩	混凝土是否出现蜂窝麻面、露筋、剥落掉块及裂缝
缆索	是否锈蚀、涂装是否脱落、是否有其他异常
常规检测盲区	是否有其他异常情况

无人机的主要优点可以概括如下:①检测桥梁墩顶、支座等危险部位时,无须吊篮配合检测人员检测,很大程度上保证了人员的安全;②无人机可以无须其他辅助措施的帮助,直接到达需要检测的部位,大大节省了费用;③对于传统检测方法难以到达的场所,无人机可以轻松到达,保证了检测的细致性和全面性;④在桥梁经常性检查时,无须封闭道路即可进行检查,保证了交通正常运行;⑤无人机检测桥梁具备较高的及时性。

(2)结构外观病害及变形图像识别技术

近年来随着3D摄影技术的不断成熟,有学者通过无人机挂载3D数码关联摄像机(DIC)对桥梁进行3D摄影,推演长周期桥梁伸缩缝位移的病害演化情况,实现了检测盲区病害量化评估。随着计算机技术的高速发展,为满足桥梁检测发展的需求,引入基于机器学习技术的图像识别处理技术对桥梁结构表面裂缝、蜂窝麻面等病害进行检测,提高桥梁表观病害检测的效率、精度以及标准化程度。

在裂缝提取方面,该技术基于既有图像预处理功能对裂缝进行连接,可较好地保留细小裂缝;将裂缝区域当作连通区域,根据裂缝的特征参数过滤掉虚假裂缝,提取真实裂缝。由于裂缝形态和走向复杂多变，在计算裂缝宽度时，寻找裂缝区域的交叉点，通过交叉点将整个裂缝区域划分成多个小裂缝分别进行计算；然后，将每个小裂缝的最小外接矩形分割成多个小矩形区域，计算每个小矩形区域中裂缝的特征参数，得到裂缝宽度计算结果；最终综合每个交叉点区域的参数计算结果，得到完整的裂缝宽度计算结果。裂缝宽度识别与尺寸自动测量如图8-19所示。

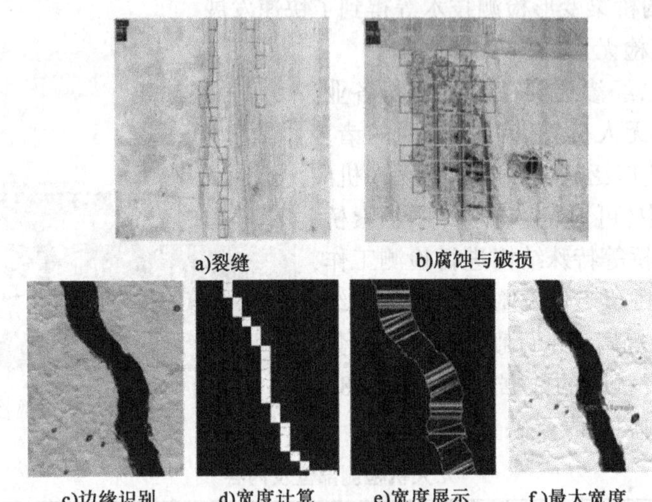

图8-19 裂缝宽度识别与尺寸自动测量

为识别结构的动态位移，采用超长焦镜头和CCD高频采集结构待测部位的数字化图像，开发出高精度结构动态位移图像识别程序，充分利用计算机优越的数据处理能力，对图片同步进行识别和计算，实时得到待测点的动态平面二维位移，形成了一整套完备的结构动态位移测量系统。该系统能够实时动态、远程、非接触地对大型工程结构进行高频动态位移测量，对处于高温、强电流、强辐射等极端环境中的结构检测具有显著优势。

8.4.3 无损检测技术

无损检测（Non-Destructive Testing）技术是指在不损伤结构内部构造、不影响结构使用性能的前提下，利用结构因内部异常或缺陷引起的某些物理性质的物理量发生变化的性质，以物理或化学方法，如声波、激光、电磁以及热量、光学等，借助现代化先进的技术和设备进行检查和测试的方法。

早在20世纪30年代初，人们就已开始探索和研究无损检测方法，并取得快速进展。20世纪80年代以来，随着测试方法和电子技术的发展，无损检测技术突破了原有的范畴，出现了许多新的测试方法，如微波吸收、雷达扫描、红外热谱、脉冲回波等，无损检测仪器也发展到一个新的水平。

由于桥梁结构复杂，环境多变，大量病害存在隐蔽性，其检测与评价有一系列特殊要求，其中仍有较多关键核心问题尚待解决，如缆索腐蚀断丝检测、钢结构疲劳裂纹快速检测、有效预应力值检测、预应力孔道压浆密实度检测、土中（水下）等关键部件及隐蔽部位无损检测等。

以桥梁拉索的腐蚀断丝检测为例,传统开窗法检测会对缆索护套造成损伤。因此,近年来,高灵敏传感系统(如红外、微波、射线等)不断出现,使无损检测设备向集约化、小型化、数字化、智能化的方向发展,新技术、新应用不断涌现。下面将简单介绍几种常见的桥梁无损探伤技术。

(1)射线检测技术

射线检测技术是将放射能量注入被检测对象中,射线的能量在经过被检测对象时会因为被检测对象本身的缺陷以及不连续性等造成衰减,利用胶片以及传感器收集到射线能量衰减后的结果,以图像的方式将能量的强度、相位等信息显示出来。依据已知的射线能量与被检测对象物质作用之间的相互关系,借助采集到的图像分析被检测对象存在的气孔、夹杂等缺陷。射线通过被检测对象的密度或者厚度越大,射线的衰弱程度就会越强,感光胶片上的感光量越小,仪器(图8-20)接收的信号越弱;相反,感光胶片上的感光量越大,仪器接收的信号就越强。如果被检测对象内部出现了缺陷,其周边的位置密度较小,射线穿过时出现衰减,感光胶片上就会形成不连续的图像。

图8-20　射线探伤仪

射线检测技术的灵敏度较高,误判率较低,在桥梁钢结构无损检测中的应用广泛,相对较为成熟。射线检测技术适用于内部检测,能检测气孔、夹杂、未焊透、未融合等缺陷的形状和较为精确的尺寸,但其不适用于表面和近表面的检测。射线检测技术的缺点有:放射时间长;不容易检测出被检测对象缺陷的深浅;射线会对人体产生辐射作用,使用该技术时需要对周围环境进行防护;设备的体积大,不容易携带,且对检测人员的要求较高。

(2)超声波检测技术

超声波检测技术是基于超声波经过不同的介质产生反射的特性,利用超声波的波速及接收信号的主频实现物体缺陷的测定。目前,我国超声波无损检测应用的主要技术是脉冲反射式检测方法,是将超声波利用脉冲发射探头送入被检测构件中。如果被检测构件内部存在裂纹、缺陷等情况,构件内出现不同的介质会影响超声波在构件中的传播,从而在计算机屏幕上形成特定的脉冲波形,通过信号中特定的脉冲波形来检测构件中裂纹和缺陷的位置、深度等特征。

超声波检测技术在桥梁结构中应用十分广泛,这种检测技术的操作方便,应用较为成熟,可以非常准确地定位出缺陷出现的位置和形式,具有较高的灵敏性和适用性,有利于技术人员的检修工作,可提高无损检测的效率。然而,超声波也存在缺点,如检测时对被检测对象表面粗糙度和表面形状的要求高;对技术人员的操作经验和水平要求较高;检测时需要使用耦合剂,操作烦琐而且会产生污染。

(3)磁粉检测技术

磁粉检测技术是一种用来检测构件表面以及近表面缺陷的无损检测技术。首先需将材料磁化,然后根据缺陷处磁导率小于材料自身磁导率的原理,通过磁粉在缺陷附近漏磁场中的堆积来检测材料的缺陷位置(图8-21)。

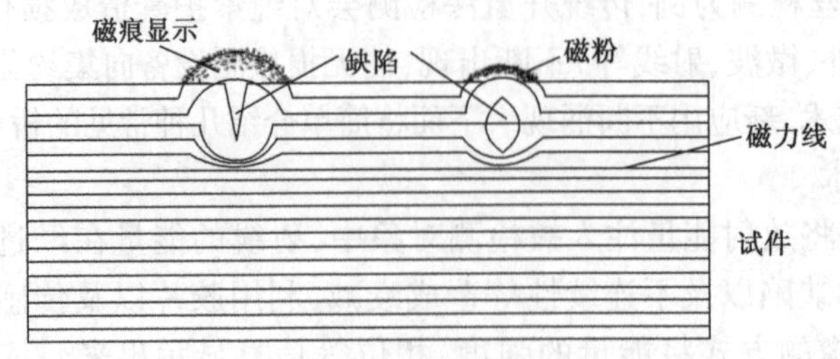

图 8-21 磁粉检测原理

磁粉检测技术是一项较为成熟的无损检测技术,在检测时可以通过磁痕非常直观地显示缺陷的形状位置、大小;形成的磁痕宽度相比裂纹等缺陷的宽度更大,检测的灵敏度和准确率高;进行磁粉检测的设备相对较为简单,检测的效率高,成本低。磁粉检测技术同样存在缺点:该技术只适用于铁磁试件,不适用于非铁磁性试件;对于构件近表面及表面的缺陷能够检测出来,而对构件内部的缺陷却无法检测;对于构件中的裂纹等缺陷的深度只能定性检测,无法进行定量检测。

(4)声发射技术

声发射是指材料变形或者破坏时积蓄起来的应变能所释放出来的声音传播的现象。其基本原理是固体材料在内部产生或者外部施加的应力作用下,内部结构发生变化并且以瞬时弹性波向外释放能量,使得其周围的动态应变场发生变化,并由此产生机械扰动。

声发射技术在桥梁安全评估方面的应用主要包含主动检测和实时监测两种方式。主动检测指在测试过程中人为施加激励信号,通过接收传感器接收这些激励信号,判断结构中缺陷或者裂纹的扩展状况。实时监测是指在无须人为激励的情况下,通过接收传感器直接监测结构在使用状态下由于外部荷载作用而产生破裂时所释放的震源信号,再通过对震源信号的处理分析来评价结构的损伤过程和安全状况。由于裂纹扩展通常发生在最大荷载时,裂纹闭合则发生在最小荷载时,为了研究裂纹的扩展和闭合状况,通常需要在声发射仪器上加一个称为电压控制门的附件,以此排除噪声的影响,保证在研究裂纹扩展时只获取最大荷载附近发生的声发射信号,而研究裂纹闭合时,只获取最小荷载附近的声发射信号,以提高测量的准确性。

8.4.4 现场试验技术

现场试验技术是指桥梁间接测量法。车桥耦合方向的研究揭示了桥梁与车辆间的耦合关系,表明了过桥车辆响应中包含了桥梁的动态信息,这也是桥梁间接测量法的理论基础。频率和振型是桥梁结构的关键动力性能指标,因而被广泛应用于桥梁结构的预警、损伤识别和状态评估。桥梁间接测量法可以基于过桥车辆的响应间接识别出以上桥梁结构的关键技术指标。现场试验是验证间接测量法理论可靠性最有效的手段,近年来测量车系统在实桥试验检测方面获得了广泛关注。

测量车(图 8-22),由一辆具有单自由度的拖车(测量车)和一辆双轴牵引车组成。测量车实际上是一辆两轮拖车,没有悬挂系统,由于不能自行移动,在现场测试时需有牵引车牵引。为了交通安全,试验车辆涂有显眼的黄色,并贴有反光带。试验车辆车轴的左侧、中央和右侧分别安装有三个振动传感器。安装在车轴上方的中央传感器主要用于测量桥梁的垂直振动和频率,左、右传感器用于检测桥梁的扭转振动和频率。采用的数据采集系统包括振动传感器、专用软件和数据采集装置。

图 8-22　基于桥梁间接测量法的检测车

该方法具有机动性强、效率高和经济等优点,且无须封路和驻足作业,可实现对群桥的快速检测,有望为中小跨径桥梁健康状态的快速测试与安全诊断提供一种全新的思路。

复习思考题

1. 桥梁工程中常采用什么 BIM 软件?它们各自具有什么功能及优势?
2. 桥梁健康监测的主要内容包含什么?
3. 以一种桥梁无损检测技术为例,概述其研究现状及发展情况。

CHAPTER 9 第9章

智慧铁路

学习目的与要求

熟悉智慧铁路的特征与体系框架；掌握智慧铁路关键支撑技术和关键专用技术的基本原理和方法；掌握无砟轨道智能化铺设流程和装备；掌握线路检测与监测技术的基本原理和方法；掌握防灾安全监测技术的基本原理和方法。

2019年我国发布了《交通强国建设纲要》，强调要从交通大国向交通强国迈进，其中，铁路建设被排在首要位置。智慧铁路的适用范围不仅局限在铁路工程，更适用于整个轨道工程建设。本章将从概念、关键技术及应用案例等方面对智慧铁路进行简单介绍。

9.1 智慧铁路概述

智慧铁路是一种新型的铁路交通解决方案，即通过智能系统的整合集成运用，在提高速度的同时保证新交通工具的安全性。这个系统是包括全球定位系统、天气预报系统、电子导航系统、实时路人信息、交通运输管理系统、交通信号系统等集成架构的新型网络。凭借透彻的感知和度量、全面的互联互通以及深入的智能化特点，智慧铁路能够实现智能信息的网络化，进而在整个铁路系统、企业内部以及合作伙伴之间实现信息的互联与共享。以此为目标，2019年12月底，中国自主研发的第一条采用北斗卫星导航系统、设计速度350km/h的智能化高速铁路——京张高速铁路正式开通运营[图9-1a)]。2023年10月，共建“一带一路”标志性项目——雅万高铁[图9-1b)]开通运营。该项目由我国通信企业、科技公司及中国中铁股份有限公司共同参与建设完成，利用“5G+云+人工智能”的数字技术，成功实现了车辆实时通信、控制及调度功能等，为雅万铁路的智能、安全、高效运营提供了坚实可靠的技术保障。

a)京张高铁

b)雅万高铁

图9-1 智慧铁路

9.1.1　智慧铁路的发展模式

欧美和日本等发达国家在铁路智能化方面进行了相当广泛和深入的研究，开发了一批具有代表性的系统，如欧洲的 ERTMS，日本的 Cyber Rail，美国的 IRS 等。近年来，欧盟提出的 InteGRail、国际商业机器公司（IBM）提出的 Smarter Railroad、思科公司（CISCO）提出的 Smart + Connected Railway、西门子公司（SIMENSE）提出的 Intelligent Train 等都推动了智慧铁路的发展。我国在 20 世纪 90 年代提出了铁路智能自动化和铁路智能运输系统（Railway Intelligent Transportation System，RITS）的概念，并对其体系、标准、系统设计和优化等进行了相关研究，取得若干重要应用进展。

在铁路交通技术方面，北美地区着眼于实现装备和技术智能化；日本大力发展铁路交通系统的网络化运输组织、安全保障与服务集成化技术；北欧将构建一体化、更安全、更绿色、更高效、更智能的泛欧轨道交通网作为当前重要任务。轨道交通技术作为"走廊技术""替代技术"和"世纪技术"的地位加强，其发展方向主要表现为"十化"：

①货运高速化、客运高速化、接入多样化。

②面向细分运输需求的技术与装备谱系化。

③运输组织、安全保障与服务一体化。

④支持扩能、能力保持与低成本运营智能化。

⑤技术、系统与装备清洁化、人性化和高能效化。

⑥支持互操作的技术、装备和标准国际化。

虽然各国铁路交通领域技术发展的侧重点不同，但均遵循以铁路运输智能自动化为起点，逐步发展到数字铁路，进而到智能铁路，最终目标为 RITS 的铁路运输信息化、自动化、智能化的发展历程。

RITS 的智能化程度可分为高、中、低 3 种程度或级别。与此相应，RITS 的发展也需经历从初级到高级的 3 个阶段：

①初级阶段为数字铁路——铁路全面信息化阶段。数字铁路即铁路所有资源及其运行环境时空变化的数字化，其关键技术主要包括状态感知、大容量传输、融合处理和可视化表达等。

②中级阶段为智能铁路——铁路协同集成化阶段。智能铁路可理解为基于状态信息的全面感知、传输、处理和共享集成，协调优化铁路各业务流程和各类资源，能够以较低成本达到保障安全、提高运输效率、改善经营管理目的的铁路运输系统，其关键技术主要包括控制与优化、知识推理与决策支持、协同计算与任务求解等。

③高级阶段为 RITS——铁路高度自主化阶段，实现铁路交通的智慧化。

RITS 的发展历程如图 9-2 所示。

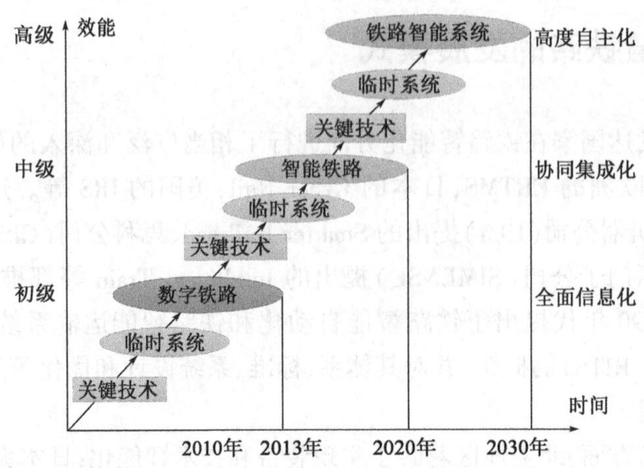

图 9-2 RITS 发展历程

9.1.2 RITS 定义及特征

RITS 是集成了先进的信息处理技术、通信技术、控制与系统技术、计算智能与决策支持技术等,以实现信息采集、传输、处理和共享为基础,通过高效利用与铁路运输相关的所有移动、固定、空间、时间和人力资源,以较低的成本达到保障安全、提高运输效率、改善经营管理和提高服务质量目的的新一代铁路运输系统。其实质是将智能运输系统技术与铁路运输系统充分结合,形成一个完整的、集智能化控制、管理、决策于一体的,能够与国际接轨的新一代铁路运输系统。

RITS 是一个安全、高效、低碳、和谐,按需求驱动的自主化系统。作为一个集成了多因素的复杂系统,RITS 的特点主要体现在以下 4 个方面:

①互联互通、信息共享。RITS 功能的集成必然要求系统中子系统及子系统各部分间实现有机的互联互通,以保证顺畅高速的通信和及时高度的信息共享。

②智能处理。RITS 应实现行车控制、综合调度、资源管理、营运管理等的智能处理,以形成一个高度智能化、自主化的铁路生产经营体系。

③协同工作。RITS 应使固定设施、移动设施和维修设施有机地形成一个整体,实现各子系统的协同工作,以提高运输效率和加强安全保障。

④按需配置。基于系统信息共享机制,RITS 应完成系统内外的实时需求分析,并按需动态配置各种资源,以达到高效、低碳、按需驱动的目的。

RITS 的系统目标是实现轨道交通运输全过程的可测(轨道交通系统不同层次、粒度状态的可感知性)、可视(轨道交通系统运行过程可观测性、可表达性与可理解性)、可控(轨道交通系统业务过程可控性与可管理性)与可响应(轨道交通系统对服务需求的可满足性与服务品质)。

9.1.3 RITS 体系框架

RITS 体系框架用于确定和描述提供全部铁路智能运输系统用户服务所必须具备的功能，以及实现这些功能的子系统、各子系统之间及其与外部环境之间的接口和信息流。作为一个复杂的系统工程，RITS 从逻辑上由物理层、状态感知层、信息融合层、智能分析层、业务优化层、协同服务层及系统目标层等 7 个结构层组成，具体如图 9-3 所示。

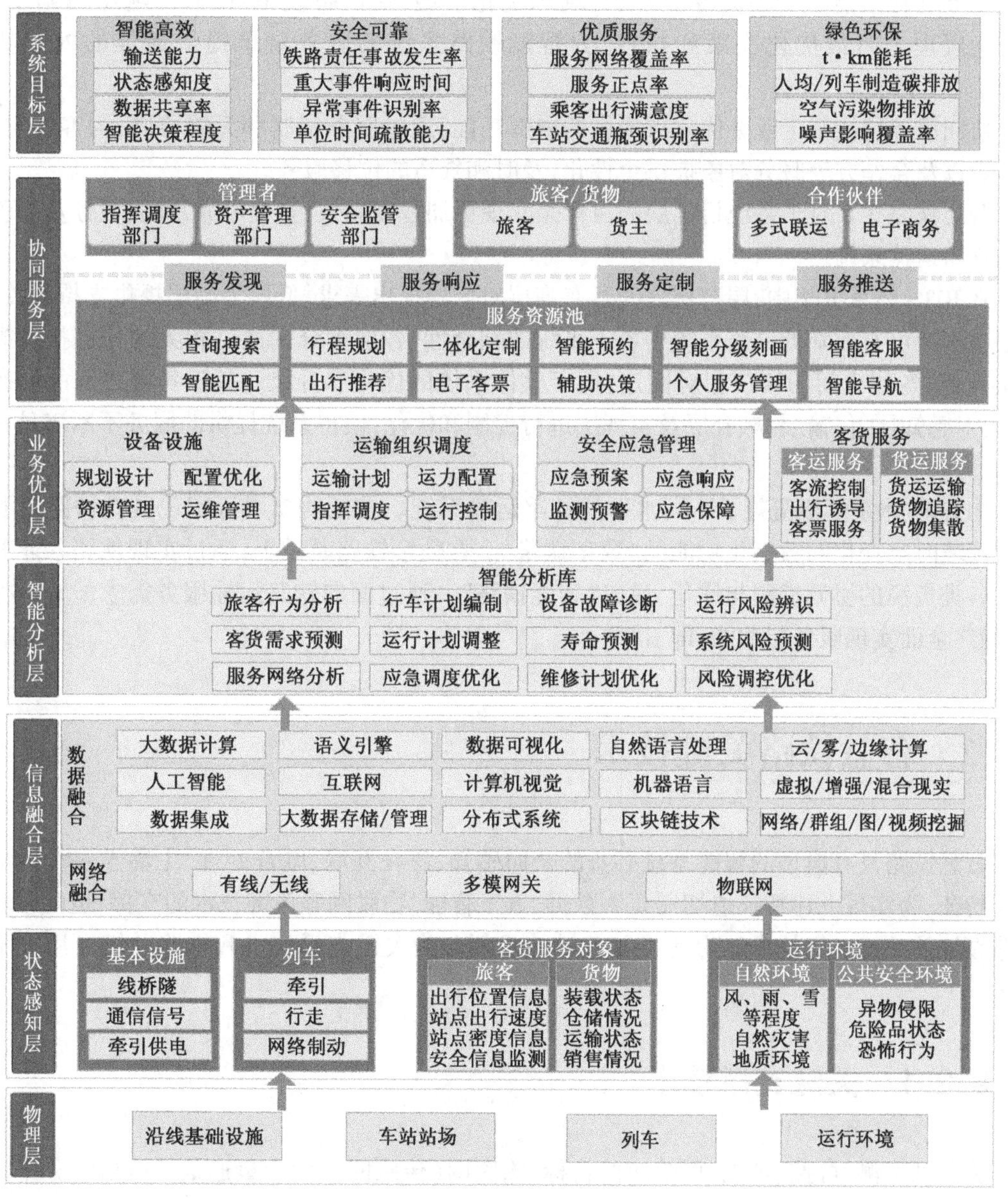

图 9-3　RITS 体系框架

物理层是构成铁路系统的物理组成部分,包括沿线基础设施、车站、列车及运行环境等。

状态感知层能采集获取沿线基础设施、列车、运行环境及客货服务对象等的状态数据,用于将物理组成部分进行数字化处理。

信息融合层可通过网络融合和数据融合,将多元异构大数据进行高效传输、集中管理、有效组织和全息表达,为智能分析层提供准确、有效、完备的信息资源。

智能分析层能基于有效信息,利用人工智能,进行知识的发现和挖掘,形成知识库,为业务优化提供核心的知识支撑。

业务优化层能基于各类专业知识,利用优化模型,对设备设施管理、运输组织调度、安全应急管理进行最优化决策和执行,为智能铁路系统的服务对象提供最佳的内部功能支撑。

协同服务层能基于业务优化层提供的内部功能,通过服务定制和无缝协同,为客货对象、管理者以及合作方等服务对象提供个性化、及时和舒适的位移服务。

智能铁路 2.0 对于系统目标层的目标是实现更加智能高效、安全可靠、优质服务及绿色环保的铁路运输系统。

在 RITS 体系框架中,层与层之间具有高层对低层提出需求、低层为高层提供支持的关系。此层次框架可有效降低铁路系统中各子系统的耦合性,各层可分别通过相关的先进技术提升该层性能;各层次间的接口相对固定,便于整体系统的优化和升级。基于各层之间的动态交互,可对感知层、传输层、融合层及实现层进行控制和优化,使得系统提供的服务不断满足用户需求。

RITS 的体系框架覆盖了不同水平的铁路运输系统。较低的 3 层可实现具有铁路资源及运行环境时空变化的数字化功能的“数字铁路”。在数字铁路基础上,通过实现铁路各业务流程和各类资源的协调控制与优化,建成“智能铁路”。通过面向铁路运输服务需求配置各类资源,最终全面实现服务层功能,即 RITS。

9.2 智慧铁路关键技术

智慧铁路具有典型的智能系统必备的全面感知、泛在互联、融合处理、主动学习和科学决策等特征,为实现上述特征迫切需要大数据、人工智能、物联网等关键技术的支撑,也亟须攻克铁路领域的关键专用技术。为此将其关键技术划分为关键支撑技术和铁路关键专用技术两大类。

9.2.1 关键支撑技术

为达到可测、可控、可视、可响应的目标,物联网(传感网)、大容量通信、互操作、分布式计算、知识推理和网络安全等是 RITS 中必不可少的六大关键技术。这六大关键技术分别服务于 RITS 的不同层次,与 RITS 体系框架各层的关系如图 9-4 所示。

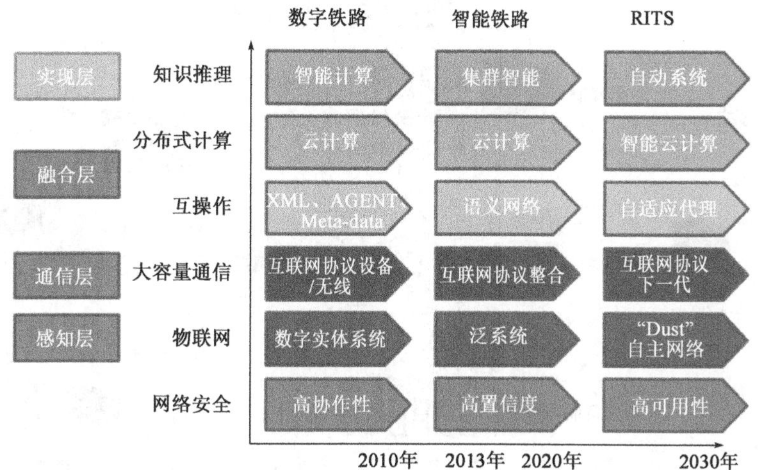

图9-4　RITS关键技术

铁路智慧化的发展对有线和无线网络的安全性提出了更高要求。有线网络的安全主要研究防火墙、密码、数字水印、入侵检测和病毒检测等技术。无线网络的安全研究集中在安全路由、安全聚合、密钥管理、身份认证和异构无线网络安全等方向。在RITS中,这些技术可分别应用于数据获取、网络通信和应用管理。

物联网技术的研究内容主要涉及射频识别、传感器网络与检测技术等。一般将射频识别技术用于列车、乘客、车站、固定设备等静态信息的采集,而传感器网络技术则用于列车运行状态、轨道状态、铁路防灾系统等动态信息的采集,具体如图9-5所示。

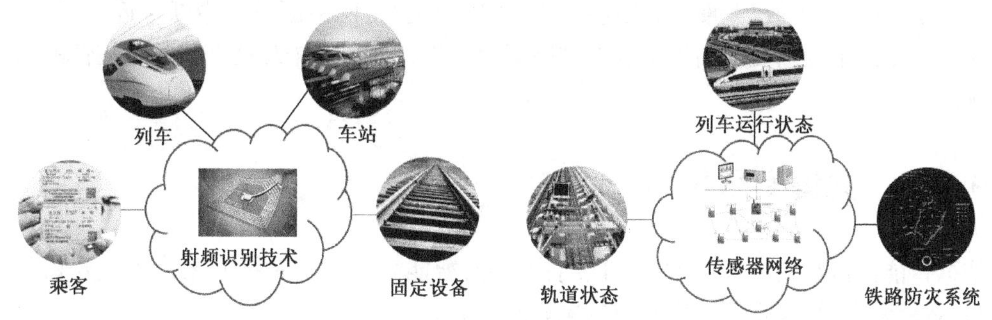

图9-5　物联网技术在铁路运输系统中的应用

专有大容量信息网络可简单分为车载、车地和地面3种。车载设备网络连接研究和应用主要集中在基于列车通信网络(TCN)相关网络上。在车地间大容量无线传输方面,对WLAN、GSM-R、WiMax、Wi-Fi网络等进行了应用研究和实地测试。在地面数据汇接传输方面应用较多的主要是MSTP网络和基于IP的数据网络。

云计算是目前最常见的分布式计算模式,是一种共享的网络交付信息服务模式。在RITS中,云计算可以提供动态、灵活的基础设施相关服务,可以实现铁路资源和应用的虚拟化,进而实现RITS不同子系统间的数据与应用共享,具体如图9-6所示。

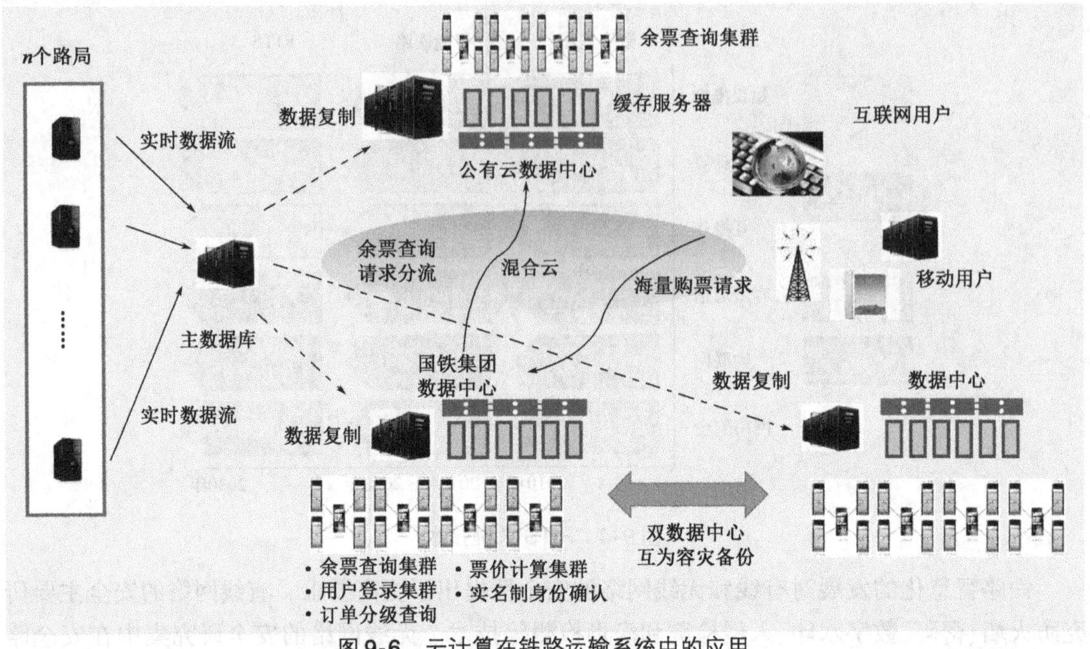

图9-6 云计算在铁路运输系统中的应用

知识推理包含了推理系统、知识发现、数据挖掘等内容，其核心在于复杂动态环境下的建模、基于本体论的知识表达和基于智能体的动态协作等方面。在RITS中，知识推理技术的应用主要集中在基础设施运营维护、综合安全监控、运输组织优化、智能化旅客信息服务等方面。

网络安全是指网络系统的硬件、软件及其系统中的数据受到保护，不因偶然的或者恶意的原因而遭受到破坏、更改、泄漏，系统连续可靠正常地运行，网络服务不中断。近年来，由高协作的网络安全措施逐渐变成高置信度的网络安全措施，在RITS中最终变成高可用性的网络安全措施。

9.2.2 关键专用技术

依据智能高速铁路体系架构的层次结构划分，智能高速铁路关键专用技术主要划分为智能建造、智能装备、智能运营三大板块的关键技术。

1) 智能建造

智能建造将BIM、GIS、数字孪生、施工机器人、自动化质检、预制化与拼装化等技术与先进的工程建造技术相融合，实现高速铁路勘察设计、工程施工、建设管理全过程的智能化管控。铁路建造过程中涉及技术领域较多，对铁路勘察、设计、施工等系统的协同性要求也越来越高，对质量、进度、安全、成本一体化管理的需求极为迫切。为满足这一需求，智能建造的目标包括：形成BIM智能建造标准体系，实现基于BIM的协同设计与智能施工，建立BIM + GIS工程管理平台，最终建成智慧工地。智能建造关键专用技术主要包括：基于领域知识的智能技术、全寿命周期信息一体化协同技术、智能工地技术。

(1)基于领域知识的智能技术

基于领域知识的智能技术主要研究基于雷达的深层地质探测以及遥感大数据智能解译，实现智能选线、测绘、勘探应用、基于BIM的协同设计和数字化施工以及可视化运维等。

(2)全寿命周期信息一体化协同技术

全寿命周期信息一体化协同技术主要研究勘察设计一体化、设计施工一体化、施工运维一体化、全过程质量控制、全过程安全风险管控、进度管控及施工组织优化等。

(3)智能工地技术

智能工地技术主要实现基于物联网技术的施工全要素互联、智能化网络集群集成控制技术、建设施工智能监测诊断技术、模拟仿真与BIM+装配式全产业链协同无人工地等。

智能建造里程碑主要包括3个部分：一是到2020年底，以智能京张、数字京雄示范工程为依托，探索基于BIM的工程设计，构建BIM+GIS工程管理平台，开展路桥隧轨、客站、四电工程智能施工。二是到2025年底，全面建成基于BIM的智能建造标准体系，实现基于BIM的智能化施工，将基于BIM的协同设计技术与智能选线、测绘、勘探充分结合，实现建设与运维一体化的全寿命周期管理体系。三是到2035年底，BIM与工程机械深度融合，智能建造技术广泛应用，实现无人自主智能机械施工，建成智慧工地，全面突破更高速度高速铁路的智能建造技术。

2)智能装备

高速铁路动车组运行速度快，对状态监测与预警、运行控制与安全、设备设施检测监测等要求高，对智能型动车组、更高级别无人驾驶、全方位智能安全保障等方面的需求十分迫切。为满足这一需求，智能装备的目标包括：探索基于智能设计与制造的自修复型动车组，实现全自动的列车无人驾驶与动态近距离的列车移动追踪，构建全方位智能安全保障体系等。

智能装备关键专用技术主要包括智能动车组技术、智能运行控制技术、新一代铁路移动通信技术、智能牵引供电技术、智能安全保障技术、智能检测监测技术6个方面。

(1)智能动车组技术

智能动车组技术主要研究动车组车载网络，轴承、车体振动信息监控，柔性生产线，车内视频安全监控，空簧、轮对等部件检测，中央控制系统，智能物流系统，动车组状态全面感知与分析决策技术，动车组全三维研发技术等。

(2)智能运行控制技术

智能运行控制技术主要研究自动驾驶技术、列车推荐速度优化技术、列车智能驾驶控制方法、人机功能分配、多模列车定位、列车移动闭塞、无人驾驶技术、障碍物智能识别、列车进路优化决策技术、状态智能传感与感知技术、集中网络优化决策技术、人机协同共驾技术、列车高密度追踪技术、虚拟编组技术等。

(3)新一代铁路移动通信技术

新一代铁路移动通信技术主要研究宽带移动通信技术、车载无线通信技术、智能调度通信技术、车-地/车-车通信技术等。

(4)智能牵引供电技术

智能牵引供电技术主要研究智能变电所、智能接触网、车载新能源与无线供电等。

(5)智能安全保障技术

智能安全保障技术主要研究周边安全隐患与列车运行的自动控制综合安全保障技术、基于全面感知的智能安全保障技术、基于量子等技术的智能安全体系技术等。

(6)智能检测监测技术

智能检测监测技术主要研究风、雨、雪检测监测技术,地震检测监测技术,滑坡等地质灾害检测监测技术,周界入侵和异物侵限检测监测技术,检测监测多专业融合分析技术,云边融合的灾害智能分析技术,空天地一体化的全方位灾害监测技术,风险-隐患-事故故障预警与演变机理分析技术,设备设施状态检测监测与预警技术等。

智能装备里程碑主要包括3个部分:一是到2020年底,以智能京张、数字京雄典型示范工程为依托研制智能型复兴号动车组,自主研发CTCS3+ATO自动驾驶系统,开展智能灾害监测与预警,实现基于BIM+GIS的联调联试数据多维可视化管理。二是到2025年底,形成自学习、自适应谱系化智能动车组;列车传感系统全覆盖,实现全面感知的全自动驾驶;构建虚拟化、稀疏化轨旁设备信号系统;实现移动闭塞,提高列车运行效率;构建全方位智能安全保障体系。三是到2035年底,探索基于智能设计与制造的自修复型动车组技术,实现全自动的列车无人驾驶技术,研究可储能源的绿色无线供电技术,实现动态近距离的列车移动追踪,探索基于量子等技术的智能安全体系。

3)智能运营

高速铁路旅客出行服务需求丰富多变、路网规模与运输体量快速增长、基础设施与移动装备运维一体化的要求越来越高,对旅客门到门、全行程规划服务,复杂路网智能协同调度,一体化自主智能检修等需求极为迫切。为满足这一需求,智能运营的目标包括:实现全面电子客票,提供全方位、全行程的门到门服务,构建无人条件下的站车智能服务,实现复杂路网综合协同指挥的智能调度,探索基础设施与移动装备的无人运维。

智能运营关键专用技术主要包括智能票务技术、智能客站技术、智能调度技术、智能运维技术4个方面。

(1)智能票务技术

智能票务技术主要研究客票电子化技术、客流预测技术、动态开行方案技术、延伸服务定制化技术、收益智能管理技术、客运产品智能设计、多种交通方式的行程智能规划、多种交通方式的综合客流预测、乘客需求的智能感知和主动服务、基于LBS的全方位和全行程的定制化门到门服务等。

(2)智能客站技术

智能客站技术主要研究客站生产服务协同技术、智能客站CPS技术、客站精准旅客服务技术、客站高效生产组织技术、客站可靠安全保障技术、客站绿色节能环保技术、无人条件下站车智能服务等。

(3)智能调度技术

智能调度技术主要研究智能调度集中系统(CTC)、高速铁路客运产品设计、列车运行图一体化编制、列车开行方案智能编制应用、多种交通方式时刻表协调编制等。

(4)智能运维技术

智能运维技术主要研究工电供一体化智能运维、动车组运维大数据分析、基于BIM全寿命周期的智能运维、动车组健康状态监测及智能运维、基础设施预测性维修、移动装备预测性维修、基于大数据 + 人工智能的修程修制优化、基于车-地-环境的联合故障智能预测、基于数字-物理空间融合的智能运维技术、无人运维技术等。

智能运营里程碑主要包括 3 个部分：一是到 2020 年底，实现全面电子客票，构建智能客站，研发智能调度集中系统，实现工电供一体化智能运维。二是到 2025 年底，实现运行图、席位、票价等铁路服务柔性化、多样化，实现全方位、全过程信息综合无干扰主动服务，全面推行综合交通融合的全程畅行，实现复杂路网综合协同指挥的智能调度，实现跨专业一体化运维。三是到 2035 年底，为旅客提供基于 LBS 的全方位、全行程的定制化门到门服务，实现无人条件下站车智能服务，实现装备自主智能检修，探索极端复杂情况下高速铁路智能容错理论与技术。

由于智慧铁路关键技术较多，接下来将针对与交通工程相关的关键技术进行简要介绍，主要包括无砟轨道智能化铺设技术、铁路线路检测/监测技术、防灾安全监测技术等。

9.3　无砟轨道智能化铺设技术

铁路的轨道主要分为有砟轨道和无砟轨道两种类型。有砟轨道是指轨下基础为石质散粒道床的轨道，通常也称为碎石道床轨道，是轨道结构的主要形式之一。它具有弹性良好、价格低廉、更换与维修方便、吸噪特性好等优点。无砟轨道是指采用混凝土、沥青混合料等整体基础取代散粒碎石道床的轨道结构。随着高速铁路的不断发展，平稳性好、使用寿命长的无砟轨道被广泛应用。

9.3.1　无砟轨道特点

与有砟轨道相比，无砟轨道（图 9-7）避免了道砟飞溅，具有平顺性好、稳定性好、使用寿命长、耐久性好、维修工作少的优点，列车运行时速可达 350km 及以上，为高速铁路建设提供了轨道基础。

无砟轨道采用自身稳定性较好的混凝土或沥青混合料道床代替有砟道床来传递行车时的动、静荷载，而行车时需要的弹性变形主要由设置在钢轨或扣件下精确定义的单元材料提供。无砟轨道结构设计要求其具有足够的抗冻安全性，特别是对其下部结构在铺轨完成后出现的后续沉降变形要求十分严格。所以，无砟轨道线路的长期稳定性较好，特别是在高速行车条件下，属于一种正常情况下很少需要维修的上部结构形式。

图 9-7　无砟轨道

9.3.2 无砟轨道智能化铺设流程

无砟轨道智能铺轨技术以无人或少人辅助作业为原则，通过智能化、自动化设备进行无砟轨道铺设前中后等一系列作业。利用物联网、云计算、大数据、机器视觉、故障预测与健康管理(PHM)等新一代信息技术，构建智能、高效、节能、绿色、环保、舒适的人性化铺轨作业，提高作业过程可控性、减少人工干预。同时，无砟轨道智能铺轨施工集智能手段和智能系统等于一体，实现作业、管理和决策的智能优化，提高作业效率及作业质量等，工艺流程如图9-8所示。

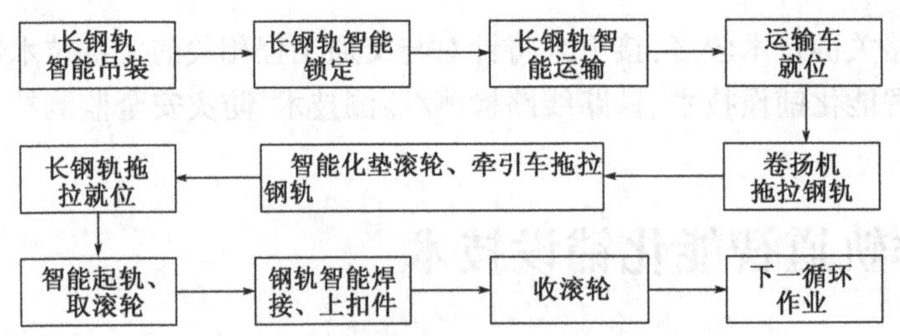

图9-8 无砟轨道智能铺轨施工工艺流程

目前，国内的京津城际高速铁路、武广高速铁路、郑西高速铁路、沪宁城际高速铁路正线等均使用无砟轨道进行铺设。

9.3.3 无砟轨道施工智能装备

无砟轨道成套智能化建造设备主要由底座混凝土自动化整平机、智能分枕机、智能粗铺机、智能精调机、承轨台检测机器人等设备组成，建立了涵盖底座混凝土浇筑、轨排组装、轨排粗铺、轨排精调锁定、承轨台数据检测等施工全过程的智能建造技术，实现了混凝土浇筑质量和精度智能控制、轨排轨枕自动分枕定位组装、轨排智能运输定位和粗铺、轨排自动精调锁定、数据实时上传、承轨台数据智能测量、扣件自动精准配置，彻底颠覆了传统施工工法，从根本上提高了施工功效及工程质量。

图9-9 混凝土自动化整平机

(1)底座混凝土自动化整平机

混凝土自动化整平机(图9-9)采用机、电、光学、无线通信四位一体的综合控制系统。利用全站仪测量系统，自动追踪调整控制高程、可控振动；自动扒料；自动避让底座凹槽；自动完成混凝土表面的提浆、抹面整平和排水坡成形等功能，尺寸控制精确，底座顶面高程和平度控制在2mm和1m以内，实现底座混凝土浇筑面高程自动控制，精准控制表面平整度；自动提浆振平成形，减少施工人员数量，降低劳动强度,缩短收光抹面时间,提升整体外观质量。

(2)智能分枕机

轨排组装时轨枕的分枕、定位可利用智能分枕机(图9-10)完成。智能分枕机采用电脑编程控制系统,根据不同的轨枕数量及轨枕间距,在人机界面选择对应的轨排型号,启动设备自动完成分枕、匀枕和定位锁定,实现自动收拢、自动分枕、轨枕自动定位、自动锁定等功能,自动完成不同轨枕间距分枕,无累积误差和设备间隙误差,轨枕间距误差控制在3mm以内,轨枕与钢轨垂直度控制在1mm以内,每个轨排自动分枕时间≤1min,极大提高了轨排组装的效率。

(3)智能粗铺机

轨排组装完成后,可采用智能粗铺机完成轨排吊装,运送至预铺位置并进行精准铺设。智能粗铺机采用电脑编程控制系统与全站仪测量技术,在轨排运送过程中实时测量轨排三维空间数据,自动追踪调整轨排位置,由测量系统与电脑控制系统交换数据,驱动液压系统将轨排准确定位铺设,铺设精度在5mm以内,减少了后期轨排精调的时间。

(4)智能精调机

轨排粗铺完成后,可采用智能精调机(图9-11)进行轨排精调锁定。智能精调机以机载电脑为核心自动控制,在全站仪测量系统配合下,将全站仪测量数据经由无线通信系统实时发送到智能精调机控制系统。通过计算分析,将精调数据及精调动作指令发送至智能精调机执行系统,驱动机械臂将其自动准确定位到新型嵌套式轨排支撑架的竖向和横向调节螺杆上并与其连接。根据控制系统的精调数据及精调动作指令,以精确伺服电机为执行器,可快速、精确驱动轨排竖向和横向螺杆调节器,对轨排各点高程和轨向精确调整定位,完成轨排精调,轨排精调到位后立即锁定轨排支撑架,单次动作精度可达0.001mm。精调过程中无须人工干预,改变了传统人工调整丝杆既费时又费力的情况,大大提高了轨排精调的效率。

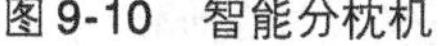
图9-10 智能分枕机

图9-11 智能精调机

(5)承轨台检测机器人

道床板混凝土养护结束后,在无须铺设长轨的条件下,可采用承轨台检测机器人(图9-12)对道床板上每个承轨台的中线和高程数据进行自动检测,并转换成线型数据。承轨台检测机器人由全向自行式运载小车与升降式自适应模具两大部分组成,以机载电脑为核心,以全自动行驶的小车为载体,通过激光传感器与电机控制系统、自适应弹性连接装置和自适应模具,感应承轨台实际位置,控制全站仪逐断面检测承轨台数据,同时根据轨道平顺性的要求,自动计

图 9-12 承轨台检测机器人

算生成每个承轨台位置所需的调整扣件规格，统计出扣件的采购清单，实现长轨铺设前扣件的精准安装，有效减少标准扣件的使用和更换率，同时减少后期长轨精调的工作量。

郑万高铁湖北段无砟轨道采用了我国自主研发、具有完全自主知识产权的 CRTSI 型无砟轨道板。中铁四局历时半年研发了无砟轨道成套自动化设备，其中 TAS 系列智能精调机器人和 BMR-3 无砟轨道承轨台检测机器人为我国首创，其通过无线通信模块接收分析数据，自动调整精度，达到内控数据，符合设计及规范要求。同时，为了保证高铁车以 350km/h 的速度平稳通过，施工中无砟轨道对精度要求极高，其中每 10m 轨道高低波动、轨向偏差不得大于 2mm，轨距偏差不得大于 1mm，同时实现了智能化、自动化施工。

9.4 线路检测/监测技术

线路监测主要包含桥梁监测、隧道监测、路基监测、接触网监测和轨道监测五部分内容。路基作为铁路轨道结构的基础，在列车运行中起着关键作用。高速铁路路基主要存在沉降变形、水平位移和应力变化等问题，其中路基的沉降变形尤为重要，已成为影响列车运行稳定性的关键因素。钢轨在列车和外界自然条件作用下，其结构状态不断发生变化，产生轨道不平顺病害。轮轨作用力周而复始地加载在钢轨上，随着列车运行速度、密度不断增加，加快了钢轨恶化速度。因此，及时、准确地发现铁路路基沉降、轨道不平顺等病害，消除隐患，对于保障列车运营安全具有重要意义。接下来就轨道不平顺检测路基沉降监测及两部分进行详细介绍。

9.4.1 轨道不平顺检测技术

轨道的不平顺将直接影响列车运行平稳性、乘客舒适性、运行安全性，缩短车辆和钢轨使用寿命等。轨道不平顺的定义指标如下：

①轨道几何形变、尺寸和空间位置的偏差。

②直线轨道不平、不直，对中心线位置和轨道高度、宽度正确尺寸的偏离。

③曲线轨道不圆顺，偏离曲线中心线位置，偏离曲率、超高、轨距的正确数值，偏离顺坡变化尺寸等的轨道几何偏差。

对于轨道不平顺的检测，目前多使用综合检测车。铁路高速综合检测列车(Comprehensive Inspection Train，CIT)是一系列应用于高速铁路的综合检测动车组列车。高速综合检测列车是为车速 200km/h 以上高速铁路实施定期检测、综合检测和高速检测的重要装备，拥有对轨道、接触网、通信信号等基础设施的综合检测能力(图 9-13)。

图9-13　和谐号综合检测车

1) 轨道检测基本架构

综合检测车的轨道检测系统采用非接触式测量和惯性基准测量法相结合的方式。惯性测量单元和激光摄像单元安装在检测梁内,检测梁可直接与构架焊接,按照相应的数学模型及信号处理算法求解得到轨道不平顺相关参数。其中,惯性测量单元包含多种惯性传感器,如光纤陀螺仪、加速度传感器等。激光摄像单元主要采用二维激光位移传感器对钢轨断面轮廓进行扫描,对钢轨断面轮廓进行检测。检测系统综合运用了多种先进传感器技术、模拟与数字混合滤波技术、大数据传输与存储技术,其总体结构示意图如图9-14所示。

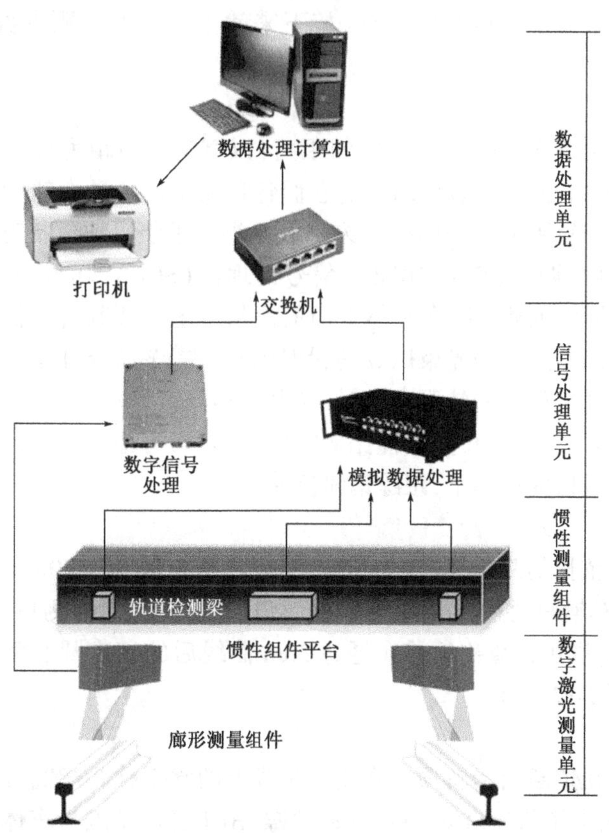

图9-14　检测系统总体结构示意图

轨道检测系统采用惯性测量、非接触式激光摄像测量法,应用图像处理、模拟和数字混合滤波新技术,其系统结构框图如图 9-15 所示。

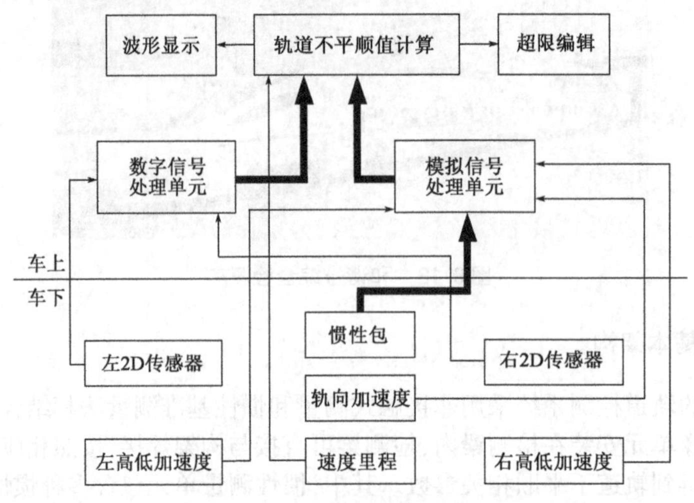

图 9-15 轨道检测系统结构框图

2)轨检不平顺参数及检测原理

不同的不平顺参数有不同的检测方法,接下来就主要的不平顺参数检测方法进行详细介绍。

(1)轨距

轨距是铁路轨道两条铁轨(钢轨)之间的距离(以钢轨的内距为准)。轨距测量装置由原理和结构完全相同的左右两个子装置组成。它们各自测量左轨及右轨的轨距变化分量,由两个轨距分量之和可得到轨距值(图 9-16)。左右轨距测量子装置均包括五个部分:光电传感器(LKAM/RKAM)、调制解调器(OSC/DEM)、信号处理器(SCU)、功放(GF)及伺服机械(ALGN)。光电传感器和伺服机械安装在车体下面的测量梁上。调制解调器、信号处理器及功放安装在车内。光电传感器发出的光束以 α 角投射到左(右)轨面下 16mm 处,漫反射光被光电接收器接收。当钢轨产生位移使轨距变化时,光电传感器感受其变化并输出相关电信号,经调制解调器处理后,成为与轨距变化呈线性比例的电压信号,再经信号处理器、功放、驱动马达,使光电传感器在伺服机械的推动下,跟踪钢轨位移。

(2)曲率

曲率定义为一定弦长的曲线轨道(如 30m)对应之圆心角 θ(°/30m)。轨检车通过曲线时(直线亦如此),测量车辆每通过 30m 后车体方向角的变化值,同时测量车体相对两转向架中心连线转角的变化值,即可计算出轨检车通过 30m 曲线后的相应圆心角 θ 的变化值,测量曲率的传感器分布如图 9-17 所示。

(3)水平(超高)

水平定义为同一轨道断面两轨顶之高差。曲线上的水平称为超高,测量水平的传感器分布如图 9-18 所示。图中倾角计(INCL)和滚动陀螺(ROLL)用于测量车体的滚动角 θ_c,滚动陀螺测量 θ_c 中的高频成分 θ_{cH},倾角计测量 θ_c 中的低频成分(包括车体静止时的倾角)θ_{cl},θ_{cH}与

θ_{cl}之和为θ_c。位移计(LPDT/RPDT)用于测量车体与轮轴间的相对夹角θ_{ct},车体滚动角θ_c和车体与轮轴间的相对夹角θ_{ct}相结合,计算出轨道倾角θ_t,由θ_t和两轨中心线间距离(1500mm)计算出水平值。

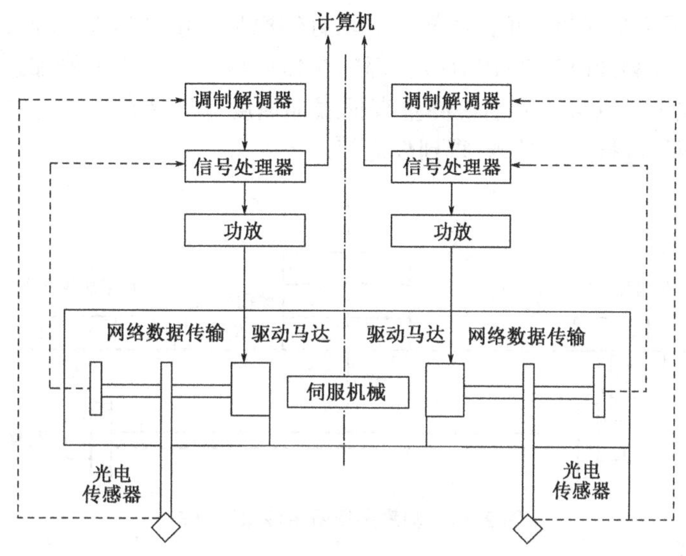

图9-16　轨距测量装置

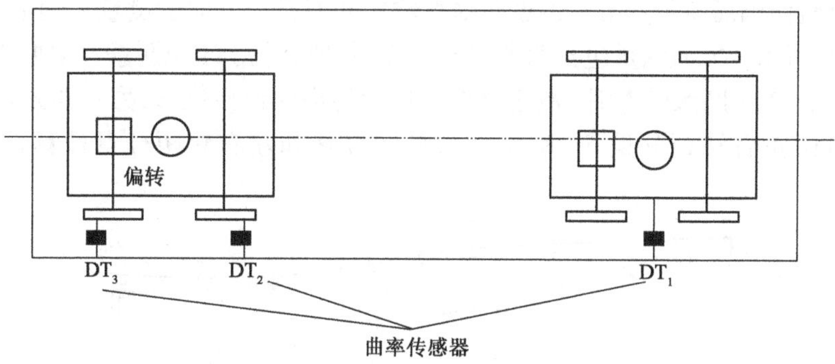

图9-17　测量曲率的传感器分布

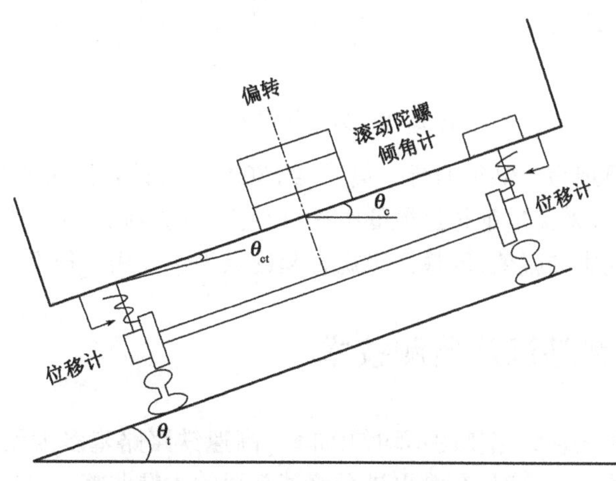

图9-18　测量水平的传感器分布

(4)高低

高低指钢轨顶面纵向起伏变化。高低采用惯性基准原理测量,得到高低变化的空间曲线,同时可换算成弦测值,测量高低所用传感器分布如图9-19所示。除了曲率和水平测量用到的传感器外,又增加了两个安装于车体底板上的垂直伺服加速度计(LACC/RACC),垂直伺服加速度计分别安装于位移计(LPDT/RPDT)顶部的车体底板上。垂直伺服加速度计用于测量安装位的车体惯性位移。位移计分别检测垂直伺服加速度计安装位车体与左右轴箱的相对位移。根据它们的测值进行必要处理,得到高低值。

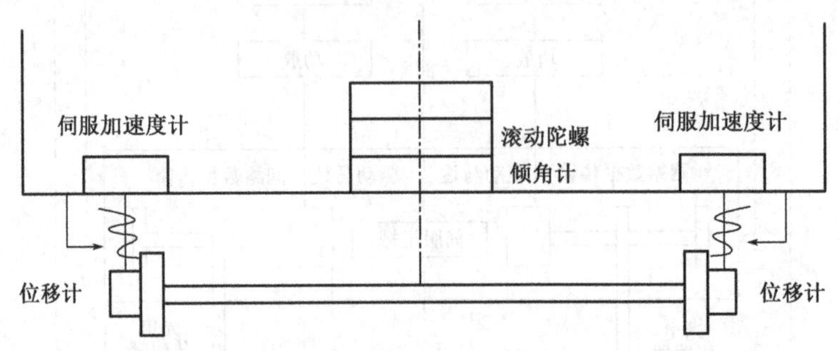

图9-19 测量高低所用传感器分布

(5)方向(轨向)

方向指钢轨内侧面轨距点沿轨道纵向水平位置的变化。方向的测量采用惯性方法,测试原理如图9-20所示。方向测量包括两个部分:一部分是安装于轨距测量梁中央位置的伺服加速度计(宽度为D),用于测量轨距,测量梁中央位置的横向惯性位移;另一部分是左右轨距测量装置所测得的左右轨距分量S_L和S_R。由惯性位移和左右轨距分量计算得到左右轨的轨向。

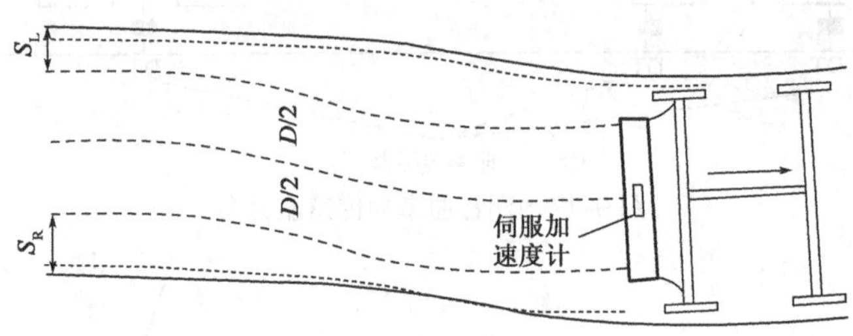

图9-20 方向的测量原理

轨检车检测采集原理为车辆每前行一英尺(约300mm),计算机对各个检测项目采集一次数据,当某项目连续3次采集量都超过最低级病害界限值时,统计为一处病害,并取病害最大采集量值为该处超限病害的幅值,取最低级病害起讫点为该处病害长度。

9.4.2 铁路路基沉降监测技术

路基工程问题主要表现为路基的不均匀沉降。高速铁路路基多为无砟轨道形式,在铺轨后及运营阶段发生不均匀沉降时,很难再进行路基高程的大幅调整。另外,高速列车车速可达

300km/h,轻微的路基不均匀沉降就会造成列车降速运行,在路基与桥台的过渡段,不同刚度的路段衔接处易造成沉降差,引发桥头跳车等现象,而突发性自然灾害(如暴雨、泥石流等)导致的路基沉降往往事发突然,有可能引发严重的安全事故。因此,为了保证高速列车的运营安全,需要对可能或已经发生的沉降病害进行有效监测及预警。随着计算机技术、网络技术、通信技术以及电子技术的飞速发展,人们对高速铁路路基沉降实施自动化远程监测已经成为可能。自动化监测具有精度高、速度快等优点,是目前铁路路基沉降监测的发展趋势。接下来对路基沉降监测常用技术进行简单介绍。

1)铁路路基沉降监测系统基本架构

在远程预警系统中,基本监控结构负责对下辖路段进行铁路路基沉降监控。如图9-21所示,基本监控结构从下至上由三个层次组成。

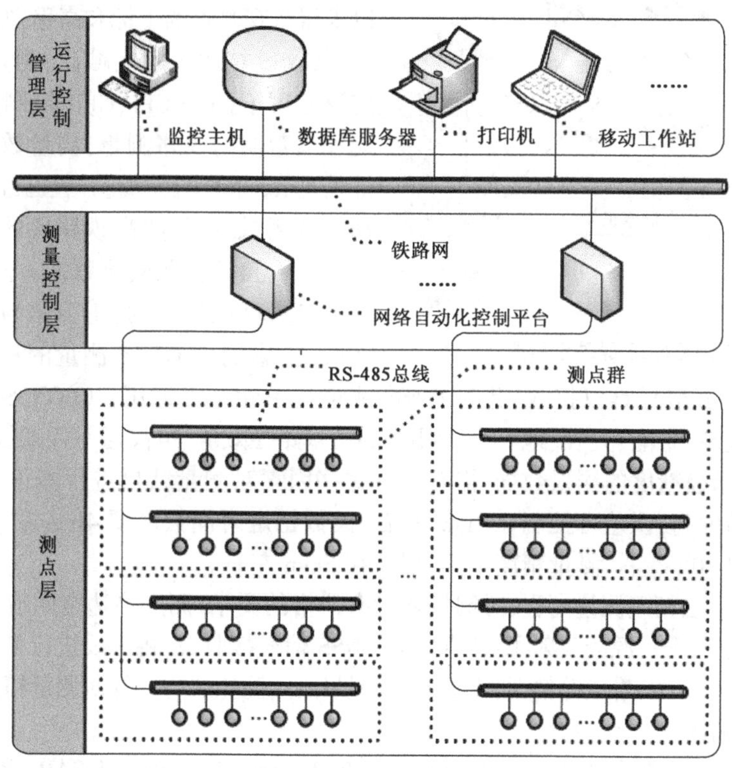

图9-21　基本监控结构

(1)测点层

测点层是整个基本监控结构的基础,由分布于路基沿线各监测测点处的底层仪器构成。相邻的若干测点构成一个测点群,每个测点群配备一台智能CCD基准测量仪以及若干台智能CCD水平监测仪,主要负责对下辖测点路基沉降变化进行自动在线测量。

(2)测量控制层

测量控制层主要由一台或多台网络自动化控制平台构成,与测点层仪器共同组成系统的基本结构网点。

(3)运行控制管理层

系统由设置在监控中心的工控计算机(或 PC 机)担任监控主机,配合相应的预警监测管理软件,构成基本监控结构的运行控制管理层,主要负责所辖沉降路段的运行管理、工程安全等工作。除监控主机外,运行控制管理层一般还应配备 UPS、扫描仪、打印机、数据库服务器等设备,用以满足日常的监控需求。

2)铁路路基沉降监测技术

(1)GNSS 监测

GNSS 测量原理是:已知卫星与接收机的距离,利用三维空间的距离公式,可以列出 3 个方程式,进而解出接收机的位置(X,Y,Z)。为了精确测量,通常需要考虑卫星时钟与接收机时钟之差,只需要再引入 1 颗卫星数据进行求解,就可以求得待观测点的坐标和高程,如图 9-22 所示。

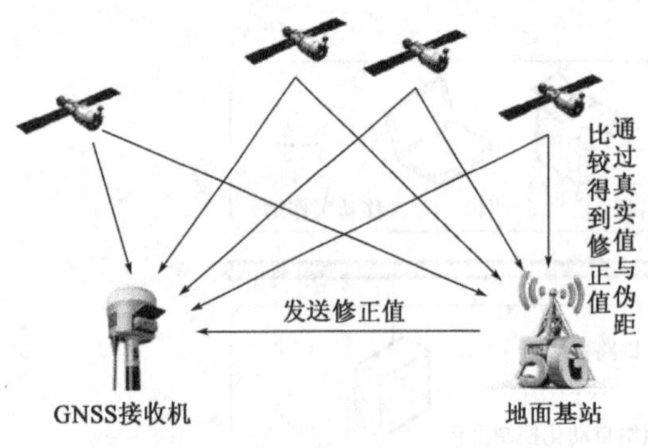

图 9-22 GNSS 原理示意图

GNSS 技术应用区域广,测量精度高,已经广泛应用于高铁 CPI、CPII 控制点建网及施工期和运营期的线路测量,测量数据通过解算软件处理,结果直观易懂,并且已经实现了无线自动化监测,如在某些高铁路段的大型桥梁上安装 GNSS,自动获取监测数据。但是 GNSS 技术有其自身存在的问题:①卫星与接收机时钟存在误差,影响了 GNSS 测量的精度。②有些地段(如隧道),GNSS 信号难以接收,此时 GNSS 测量技术就不再适用。③GNSS 测量准确性在宏观上还受到极潮、海潮、大气、地下水、太阳辐射、多路径效应、电离层等周期性变化因素的影响,为了获取毫米级精度的测量数据,需要根据这些因素对测量结果进行修正。④GNSS 测得的经度纬度值精度高,误差可控制在 3mm 左右,读数稳定时间只需要 4h 左右;而高程测量读数稳定时间需要 10h 左右,测量精度不高,误差在 5mm 左右。

通过 GNSS 方法精确测量高程,对测量环境有严格的要求:测点周边空间应无遮挡,通透性好,周围没有强电磁干扰源或反射源;认真安放 GNSS 信号接收源,将天线进行良好的对中整平;遇到强对流天气如雷雨、暴风等情况,需要暂停测量作业,防止恶劣气候对测量精度造成影响。

(2)InSAR 监测

合成孔径雷达干涉技术(Synthetic Aperture Radar Interferometry, InSAR)是另一种发展前景广阔的空间对地观测技术,在测量地面起伏高程方面具有独特的优势,已经应用于高铁设计选线、地震引起的地貌及建筑物变形监测、滑坡变形监测、地面沉降监测等领域。InSAR 的原理是:通过雷达波的发射与回波的接收,可以得到同一区域的干涉图像,根据干涉图,可以计算波动的路程差,进而得到目标区的地形变化值。当观测条件理想时,其观测精度可达毫米级别。

InSAR 技术是利用两景雷达影像即两次获取的复数影像数据中的相位信息做干涉处理,来获取地表的信息。如图 9-23 所示,假设卫星两次获取同一区域的两景雷达影像时天线位置分别为 S_1 和 S_2,两天线到地面点 P 的距离分别为 r_1 和 r_2,卫星两次拍摄期间地表沿雷达视线方向发生形变 $\Delta R(P \to P)$,根据干涉测量原理,天线 S_1 获取地面点 P 的相位为

$$\varphi_1 = -\frac{4\pi}{\lambda}r_1 \quad (9\text{-}1)$$

天线 S_2 获取地面点 P 的相位为

$$\varphi_2 = -\frac{4\pi}{\lambda}r_2 \quad (9\text{-}2)$$

差分干涉相位为

$$\varphi_{\rm def} = \varphi_1 - \varphi_2 - \varphi_0 = -\frac{4\pi}{\lambda}\Delta R \quad (9\text{-}3)$$

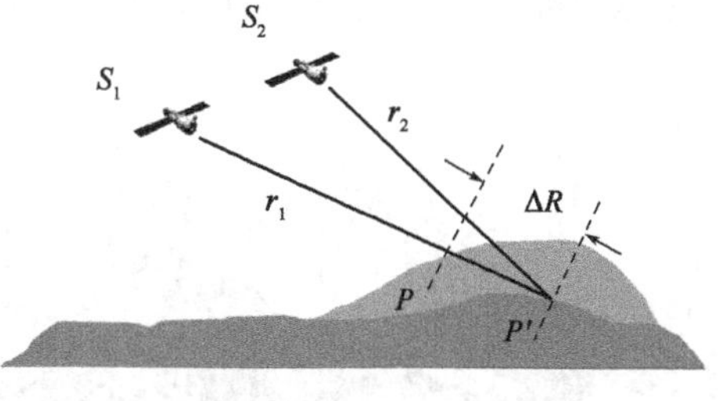

图 9-23　InSAR 原理示意图

其中,λ 为雷达波长,φ_0 为根据已有的 DEM 数据模拟的地形相位。根据以上公式推理,差分干涉测量结果只与波长有关,与基线无关,故干涉测量对地形变化异常敏感。

InSAR 主要工作程序可以分为:复型影像数据配准、生成干涉图、相位解缠、计算目标高程。目前国内外已经发射了多颗卫星,应用于 LnSAR 系统构建。当前的 LnSAR 系统绕地球旋转的重访周期在 10 天以内,而且 LnSAR 成像系统的分辨率越来越高,可应用于不同的观测领域。与 GNSS 技术在实际应用中的困难相似,InSAR 技术受到大气、时间、空间不一致等的因素影响。

(3)静力水准监测

静力水准仪由液位计、连通管、储液罐、圆柱形线位移式电容传感器组成,通过液位计液面的变化值计算沉降点的变化量,属于电感类位移传感器。具体工作原理是:连通管将所有液位计连通,通过圆柱形线位移式电容传感器感知各液位计的液面变化情况,进而计算出各液位计相对于基点的位移变形情况。该方法可以用于测量路基段的相对沉降量以及过渡段的沉降差,监测精度高,但是测量距离变长时,液体本身与管壁的阻力将会影响测量的准确性,故该方法不适用于长距离监测。

静力水准仪具有结构简单、无二次元器件、测量速度快、抗干扰能力强、分辨率高、适应潮湿环境、长期工作可靠等特点。当配备数据收发模块时,可以利用现有的 GPRS、CDMA、无线局域网等进行数据的远程无线采集。液体静力水准监测法在大坝安全、建筑基坑、地铁运营阶段沉降等监测中广泛使用,在高速铁路运营阶段使用本方法进行沉降监测尚不多见。液体静力水准监测法由于采用液体测量方式,对工作环境和温度有一定的要求。

9.5　防灾安全监测技术

随着铁路运输不断提速,高速铁路防灾安全监测成为热点话题,大风、雨雪、泥石流、地震等自然灾害以及桥梁路段的落物,时刻威胁着高速铁路运输的安全。其中,列车轨道与公路桥交叉处易出现落物,对高速列车威胁极大;海拔较高地区,沙尘暴或特大风暴易导致列车出轨翻车,造成人员伤亡;连日暴雨易造成山体滑坡或泥石流,导致列车脱线、颠覆、人员伤亡和线路中断;强烈的地震造成路基严重损坏,导致列车出轨、倾覆和大量人员伤亡,如图 9-24 所示。

a)

b)

图 9-24　因自然灾害导致的铁路事故

铁路地质防灾安全监测是保证高速列车行驶安全的重要技术之一。系统对可能发生的自然灾害(风、雨、地震)、异物侵入限界进行监测报警和防护,提供经智能分析后的预警、限速、停运等信息,为运行计划调整、下达行车管制、抢险救援、维修提供依据,保证高速列车运行安全正点、高效舒适。

9.5.1　地质灾害监测技术基本架构

地质灾害监测可以获得崩塌、滑坡、泥石流等灾害的特征信息,掌握地质灾害的演变过程,为地质灾害的预测预报、分析评估以及防治提供可靠资料,按照监测的类型可以分为以下几种,具体见表 9-1。

主要地质灾害监测一览　　表 9-1

种类	适用性	
变形监测	宏观地质调查	各种地质灾害的实地宏观地质调查
	地表位移监测	对崩塌、滑坡、泥石流和地面沉降等地质灾害的地表整体位移和裂缝位移监测
	深部位移监测	对具有明显深部滑移特征的崩塌灾害的深部位移监测
物理与化学场监测	应力场监测	对崩塌、滑坡、泥石流灾害体特殊部位或整体应力场变化监测
	地声监测	对岩质崩塌、滑坡以及泥石流灾害过程中的声发射事件特征监测
	电磁场监测	对灾害体演化过程中的电场、电磁场的变化信息监测
	灾害体温度监测	对滑坡、泥石流等地质灾害在活动过程中的灾害体温度变化信息监测
	放射性测量	对裂缝、塌陷等灾害体特殊部位的氡气异常监测
	汞气测量	对裂缝、塌陷等灾害体特殊部位的汞气异常监测
诱发因素监测	气象监测	对崩塌、滑坡、泥石流、塌陷、地裂缝等明显受降水影响的地质灾害监测
	地震监测	对崩塌、滑坡、泥石流、地面塌陷等明显受地震影响的地质灾害监测
	人类工程活动	对人类工程活动对地质灾害的形成、发展过程的影响监测

续上表

种类	适用性	
地下水监测	地下水动态监测	对滑坡、泥石流、地面塌陷等灾害的地下水位动态变化监测
	孔隙水压力监测	对滑坡、泥石流灾害的内部孔隙水压力监测
	地下水水质监测	对滑坡、泥石流、地面塌陷、海水入侵等灾害的地下水水质监测

我国当前的地质灾害自动化监测预警系统主要采用北斗卫星导航定位技术,并结合物联网、云计算和大数据等先进信息化技术,通过在地质灾害点部署传感器监测设备对灾害点信息进行监测,借助无线通信和北斗通信网络,实现对监测点信息的有效传输,结合群测群防监测,构建"天-地-人"三位一体监测体系,通过监测平台的智能分析,为灾害安全预测预警、应急指挥、地质特征反演研究等提供重要支撑。目前,地质灾害监测的整体架构如图9-25所示。

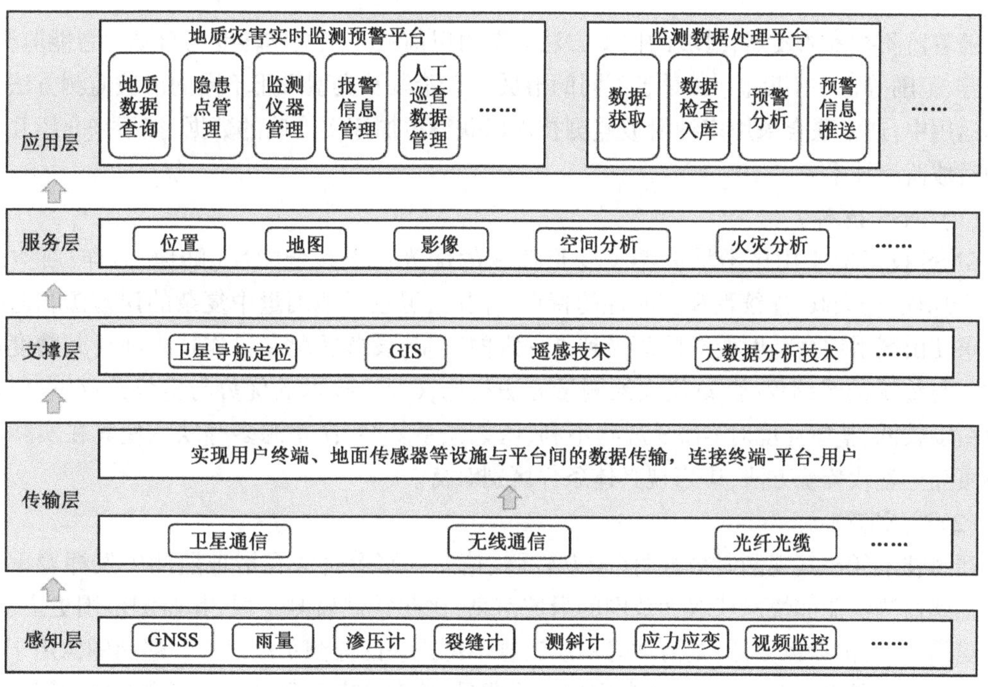

图9-25 地质灾害监测架构示意图

接下来将按照监测类型,对滑坡灾害监测技术、天气及异物入侵监测技术及地震监测技术的感知层技术进行详细介绍。

9.5.2 滑坡灾害监测技术

滑坡(图9-26)通常是指斜坡岩土沿着贯通的剪切面所发生的地质位移现象,是一种广泛分布且十分具有危害性的地质灾害。滑坡经常给人类社会带来大量人员伤亡和巨大的经济损失。

a) b)

图 9-26 滑坡现象

随着监测技术的发展,滑坡的监测方法逐渐由以前的人工操作转变为自动化智能监测,监测内容、范围等也在不断扩大,对于不同的滑坡发育阶段及类型采用不同的滑坡监测方法。在实际运用中,通常联合采用多种滑坡监测技术以获得更加翔实准确的数据,接下来介绍几种常见的滑坡监测技术。

(1)GNSS 技术

GNSS 技术对于山区滑坡高精度变形监测的优势在于其全能性(陆地、海洋、航空和航天)、全球性、全天候、连续性和实时性的特点。同时,卫星对地测量中复杂的误差源和通视条件要求使山区滑坡高精度变形监测受到了一定的限制,设备状况和操作技术亦对其精度造成影响。与传统的经纬仪、全站仪大地测量方法相比,GNSS 技术的优势与劣势共存,点位选择的自由度较低、整体环境对 GNSS 观测不利、函数关系复杂、误差源多等缺点使其在实际应用中不可完全替代传统方法,应当视具体条件区别对待。

(2)遥感监测

遥感技术凭借其观测时效性好、宏观性强、信息丰富等优势在滑坡监测中发挥着重要作用。遥感监测法能够快速获取大范围的滑坡信息,比起常规监测手段,其监测范围更广、监测效率更高,经济消耗也更低,是滑坡等地质灾害不可或缺的监测手段之一。遥感图像用于滑坡地质灾害的测量中,可以评价滑坡产生的地质背景、地理分布和强度。由于滑坡体的图像比四周稳定的山体低,双方之间有一定色差,遥感技术能够较好地显示滑坡的存在,因此在灾害发生后,利用遥感技术评估滑坡直观且有效。

(3)近景摄影测量

由于摄影技术及计算机软件处理技术的提高及无人机的普及,近景摄影在自然灾害监测等方面得到了快速的发展。近景摄影测量既可不定点对固定目标进行测量,与其他位移计等方法相比,摄影测量能获得平面甚至立体的完整数据,而非某几个点或线,也可定点对目标进行测量,获取移动目标的变形特征及移动属性。

(4)TDR 监测

TDR 主要用于判别滑坡体变形部位的深度,它能够和固定安装的钻孔倾斜仪形成一定的互补关系。TDR监测的方法是：在滑坡体钻一个检测孔，该检测孔需要穿透滑坡的滑移面，在孔内垂直埋设同轴电缆，并将脉冲信号添加到电缆中。当滑坡体出现形变时，在外力的影响下，同轴电缆出现形变，电缆的阻抗特性会出现显著差异，这使得产生的反射信号与未发生变形时不同。将反射信号用监测仪接收，根据搜集到的数据，按照相关理论和公式处理幅度、时间数据，即可推断出同轴电缆变形程度，进而达到动态监测滑坡的目的。

(5)分布式光纤

分布式光纤传感技术利用光波在光纤中传输，可沿光纤长度方向连续测量环境参数，利用这一特性可实现对连续山体进行监测。该技术同时具有光纤及光学测量的优点，如测量精度高、电绝缘性好、抗电磁干扰能力强、非入侵性、高灵敏性及远距离监测等。

9.5.3 天气及异物入侵监测技术

发生大风、暴雨、大雪等灾害是一种小概率事件，但危害性却很大。由于灾害及落物等突发事件具有发生的不可预测性和巨大的破坏性，在列车运行速度达到200km/h及以上时，哪怕是很小的灾害也可能导致重大事故发生。在这些自然灾害中，强风、暴雨、大雪等最为常见，其影响见表9-2。

恶劣天气对铁路运营影响　　表9-2

天气类型	对铁路运营的影响
强风	导致列车运行不稳，可能造成车厢脱轨颠覆、停留的列车溜逸等严重后果
暴雨	易引发线路积水、山体落石，导致铁路线路塌陷等危害
大雪	导致列车停运，旅客滞留，电力设施损坏严重等情况

另外，恶劣天气导致的异物入侵同样直接关系到动车组运行安全和行车秩序。高铁周界入侵行为将会严重扰乱运输秩序，导致大面积晚点，甚至造成重大人员伤亡及经济损失。随着高铁大规模建设，特别是复兴号动车组以350km/h的车速运营，保障客运安全和加强安全管理是铁路运输工作的重中之重，高铁的天气及异物入侵监测也就显得日益重要，接下来对监测的传感器系统进行简单介绍。

1)恶劣天气监测技术

对于强风的监测多用风速风向传感器。风速风向监测是一种利用风速风向传感器用来测量风向和风速的技术，风向的测量通过风向标响应风向，带动同轴码盘转动，码盘按格雷码编码并以光电子扫描，输出对应风向的电信号。风速的测量通过风杯，随风旋转，带动同轴截光盘转动，以光电子扫描输出脉冲串，输出对应于转数的脉冲频率值，控制器对其进行采集及处理以得到风速数据，传感器外观如图9-27所示。

对于暴雪的监测多用超声雪深监测仪(图9-28)。超声雪深监测仪是一种利用超声波遥测技术对下雪过程进行监测记录分析的设备。它可以测量并记录积雪深度、时段降雪量等，应用于气象台站雪深观测、交通沿线积雪测量、滑雪场气象服务等领域。超声雪深监测仪使用50kHz的超声波进行测量，主要原理是：通过向被测目标发射一个超声波脉冲，再接收反射回波，测量出超声波的传播时间，再根据超声波在空气中的传播速度计算出传感器与被测目标之间的距离。由于超声波在空气中的传播速度与空气温度有关，所以需要进行温度修正才能得到正确的测量结果。超声雪深监测仪内部集成了温度传感器，可自行进行温度修正。

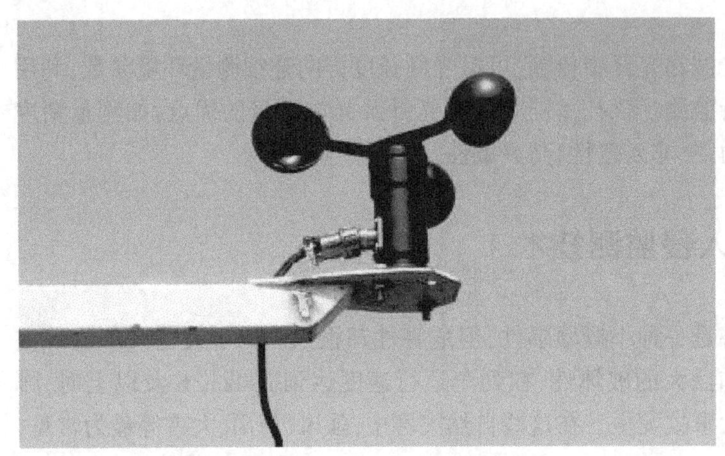

图9-27 风速风向传感器

图9-28 超声雪深监测仪

雨滴谱监测仪（图9-29）是一款采用激光遥测技术对降水过程进行记录、分析的全自动监测设备，可对各种降水过程（毛毛雨、小雨、大雨、冰雹、雪花、雪粒、雨夹雪等）进行精确测量。经过统计降水粒子在速度和粒径上的分布（雨滴谱），计算各种降雨类型的强度、总量，还可给出降水过程中雷达反射率等。

降水监测仪（图9-30）是一种采用高精度压力传感称重技术的固液态降水量监测与记录分析设备。它可以测量并记录降水量、降水强度和计算蒸发等，应用于全类型降水量的气候观测、气象水文观测、早期洪水预警等。降水监测仪的传感器采用了称重法和敞开式的采样桶设计，并配备专业的防风圈，因此不管是毛毛细雨还是倾盆大雨，冻雨或雪，在6～1800mm/h降水强度范围内它都可以获得可靠稳定的数据，这是传统的翻斗式雨量计所做不到的。传感器配有自动加热装置，不受外部天气变化的影响，固态、液态和混合态降水均可精确测量并且分辨率可以精确到0.001mm。

机动气象站（图9-31）是一款结构高度模块化、结构紧凑、高可靠、接口可扩展、传感器易升级扩展、应用范围广泛的机动气象站，除可监测各种常规的气象参数外，还可根据观测需求随时配接各类气象、水文、航空、军事等特种传感器与智能监测设备、通信设备等。系统的设计易于携带和快速安装调试，可在各行业领域内应用，便于在各种自然环境条件场地上形成短期临时或长期固定的气象观测站。机动气象站系统还可采用太阳能电池板+后备电池组供电方式（利用现代通信技术，如：卫星、GPRS等通信方式组合成为无人自动气象站），保证在野外无供电情况下连续工作。

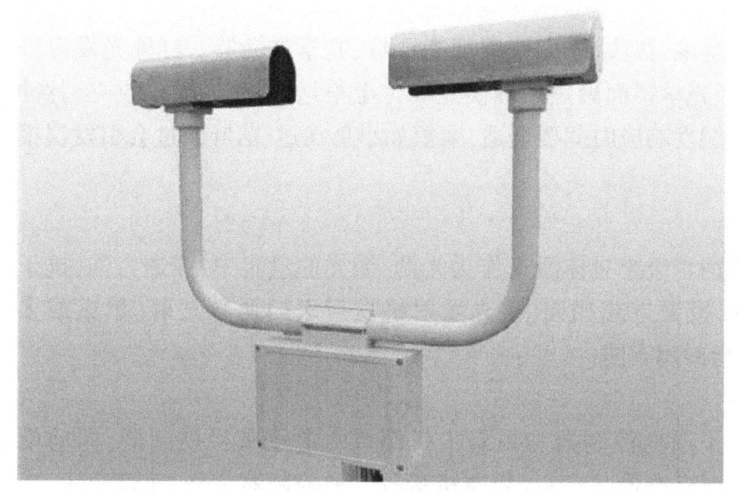

图9-29　雨滴谱监测仪

图9-30　降水监测仪

2)异物入侵监测技术

图9-31　机动气象站

高速铁路周界安防体系是由人防、物防、技防相结合的综合防护体系。其中,物防对有主观入侵动机的人员进行有效阻拦,延长其进入周界时间;技防需及时发现入侵者并报警;而人防则需对发生的入侵行为和人员进行有效处置,保证行车秩序。主要的异物入侵监测技术如下。

(1)泄漏电缆

两根平行埋在地下的泄漏电缆,一根与发射机相连,另一根与接收机相连,发射机发送的高频电磁波经发射电缆向外发射,一部分能量耦合到接收电缆,在收发电缆之间形成一个椭圆形的电磁场探测区。当有人进入探测区时会干扰能量耦合,收到的电磁波能量发生变化。信号处理电路提取此变化量、变化率和持续时间等,即可通过电子电路触发报警。

(2)振动电缆

电磁感应式振动电缆由芯线、压敏膜、屏蔽膜、外套组成,可感测压力和形变。将电缆附在金属护栏网上,能感测任何攀爬、切割、掀起或打破围墙的行为,激活报警器。振动电缆可铺设在各种铁艺、围栏、围网上,甚至嵌入墙体中,对翻越和入侵破坏进行探测报警。

(3)微波墙

微波墙由发射机和接收机两部分组成,发射机和接收机相对而立,其间形成一个稳定的微波场,微波信号遇到移动物体反射后产生多普勒效应,即反射波与发射波的频率产生微小偏移。因此,一旦有人闯入,微波场受到干扰,接收机会探测到异常信息发出报警信号。发射器与接收器的间距会影响探测率。

(4)红外对射

主动红外入侵探测器包括发射端、接收端、光束强度指示灯、光学透镜等。红外光发射二极管(LED)发射的脉冲红外线,经光学镜面聚焦处理使光线传至很远,由受光器接收,当脉冲红外线被遮断时就会发出警报。触发响应时间要合适,太短如小鸟飞过、落叶飘过会引发误报警,太长则易形成漏报。

(5)激光对射

使用对人眼安全且不可见的纳米级半导体激光作为光源,激光能量集中,穿透力强,抗干扰性好。原理与红外对射的遮挡报警方式相同,激光发射机发射定向强激光束(单束或多束),形成警戒线,对保护区域进行封闭布防。

(6)脉冲电子围栏

该装置由前端电子围栏、电子围栏控制器和报警主机组成。电子围栏控制器,向前端电子围栏输出高压脉冲,并检测围栏报警状态;报警主机接收围栏控制器信号,实现警示、布防、撤防和联动控制。输出的脉冲电压可调节,适用于不同防范等级,宜安装于实体围墙或栅栏上。

(7)振动光纤

振动光纤以光学干涉理论为基础,当光纤受到外界干扰影响时,光纤中传输光的部分特性发生改变,感测设备检测光的特性(衰减、相位、波长、极化、模场分布和传播时间)变化,对异常情况进行报警及定位。

(8)热成像视频分析

核心设备是热像仪,是能够探测微小温差的传感器,将温差转换成实时视频图像显示出来。通过对热成像视频图像进行分析,可改善视频解析的质量,提高入侵检测的成功率,提升安防系统的自动识别、自动报警等智能化程度。

9.5.4 地震监测技术

地震是对高速铁路安全运营威胁最大的自然灾害,在目前地震预报技术还不是很成熟的情况下,发展地震预警技术是当前减轻或避免地震对高速铁路危害的重要措施。

a)

b)

图 9-32 智能地震传感器

地震监测预警多采用地震计。其基本原理是:利用悬挂重物的惯性,当地震发生时,地面振动而它保持不动。由地震计记录下来的地震动是一条具有不同起伏幅度的模拟曲线,称为地震谱。曲线起伏幅度与地震波引起地面振动的振幅相对应,它标志着地震的强烈程度,可以由此计算出地震震级。从记录下来的地震谱中可以清楚地辨别出各类震波的效应。智能地震传感器(图 9-32)是一种通过地震运动估计灾害的检测器,通过内置加速装置估算 S 波值。

地震监测系统根据工作原理分为两类：报警和预警。其中预警是地震发生后，相对铁路线路而言，破坏性地震波还未到达线路前发出报警。因此，针对铁路沿线外围发生的地震，可以有两种监测点布置方式，即沿线路边设置监测点与在震源附近设置监测点。

(1)沿线路边设置监测点

在强震发生后，若监测到超出阈值的地震波，系统发出报警并立即切断接触网电源，使列车减速并停车。这种报警方法简单、可靠，但如果发生强震，此时本区段地震灾害可能已经发生了，仅可起到阻止相邻区间的列车进入灾害区，防止发生次生灾害的作用。这种方式应用于法国地中海线和早期日本高速铁路地震监测。

(2)在震源附近设置监测点

异地预警在线路外围靠近地震源方向设置地震监测点，当监测系统检测到地震发生并达到报警阈值后，通过通信网络将报警信息传送到牵引变电系统和运营调度中心，即可提前控制受影响线路上运行的列车。根据计算，设在离铁路线50～60km以外的监测点，检测到危险强度的地震波时，可提前10s以上发出报警。

以上两种监测方式均为传统的地震动峰值报警，其原则是直接根据地震动峰值是否超过给定的阈值来判断是否预警。它不区分P波与S波，也不确定地震的有关参数。与之相对的是现代地震参数预警法。地震发生时，地震波从震源产生并向周围介质传播，在地壳内部传播的地震波有两种，即P波(纵波、垂直波)和S波(横波、水平波)。P波在地壳中的传播速度为7～8km/s，最先到达地面，人体可能有感，但基本上不造成建筑结构破坏性后果；S波在地壳中的传播速度相对较慢，为3～4km/s，是地震中对建筑结构产生破坏的地震波。地震参数预警是利用监测到的地震波形数据计算确定出震级、震源深度、震中距等参数，从而确定预警的范围和级别。这种预警方式需一定的决策时间，但有效性高。目前使用P波确定地震参数震级、震中距是一种较成熟、数据处理最快、效果较好的方式，是地震预警系统的主要发展方向。根据P波的初期振动来估计震级、震中、方位角等地震参数，利用P波传播速度比S波快的原理，就可在S波传播到铁路线路前发出报警。

日本是一个多地震国家，在20世纪60年代建造东海道新干线时，就考虑了铁路地震预警监测措施。迄今为止，现行的地震预警系统为第四代产品，同时具备P波预警和阈值报警两种功能。地震仪同时布设在近震源海岸和铁路沿线，地震仪的设置间隔分别约为100km和20km，海岸地震监测点的设置及与铁路沿线地震监测点的连接如图9-33所示。

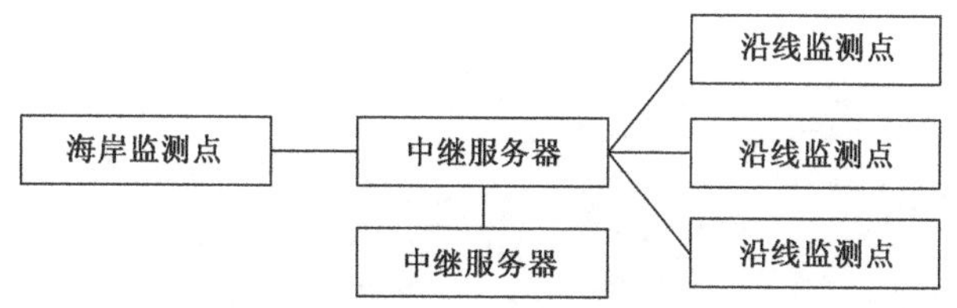

图9-33 日本铁路沿线地震监测点系统示意图

复习思考题

1. RITS 的定义和特征是什么?
2. 智慧铁路的关键支撑技术有哪些?
3. 简述智慧铁路与智慧公路、智慧机场等的区别。
4. 请列举你还知道的智慧铁路的最新技术。

CHAPTER 10 第10章

智慧交通

学习目的与要求

通过本章的学习，了解智慧交通的概念和发展趋势，理解并掌握智慧交通在推动交通基础设施智能化转型中的重要作用。

随着国民经济的高速发展和城市化进程的加快，我国机动车拥有量及道路交通量急剧增加。尤其在大城市，交通拥挤堵塞以及由此导致的交通事故增加、停车位置紧张和环境污染加剧等问题，是我国城市面临的严重的交通弊病，而且现已成为国民经济进一步发展的瓶颈问题。

解决交通问题的传统办法是修建道路，但对于有限的城市区域来说，可供修建道路的空间越来越小。另外，交通系统是一个复杂的大系统，单独从车辆方面考虑或从道路方面考虑，都很难完善地解决交通问题。为系统地解决交通问题，需融合物联网、大数据和云计算等技术，将车辆和道路综合起来，构建智慧交通系统（Intelligent Transportation System，ITS）。本章将对智慧交通概念、智慧交通系统、无人驾驶技术、车路协同技术进行简要介绍。

10.1 智慧交通概述

10.1.1 智慧交通的定义

智慧交通的前身是智能交通。智能交通是20世纪90年代初美国提出的理念，旨在将先进的科学技术（信息技术、计算机技术、数据通信技术、传感器技术、电子控制技术、自动控制理论、运筹学、人工智能等）有效地综合运用于交通运输、服务控制和车辆制造，加强车辆、道路、使用者三者之间的联系，从而形成一种保障安全、提高效率、改善环境、节约能源的综合运输系统。在智能交通的基础上，国际商用机器公司于2009年提出了智慧交通的理念。智慧交通充分运用物联网、云计算、互联网、人工智能、自动控制、移动互联网等技术，通过高新技术汇集交通信息，对交通管理、交通运输、公众出行等交通领域全方面以及交通建设管理全过程进行管控支撑，使交通系统在区域、城市甚至更大的时空范围具备感知、互联、分析、预测、控制等能力。智慧交通大量使用了数据模型、数据挖掘等数据处理技术，实现了交通的系统性、实时性、交互性以及广泛性。

国家发展改革委运输管理室主任刘斌对智慧交通进行解释说明，他提到智慧交通的体系第一是要提高道路系统的信息能力，包括传感、信息搜索和信息发布；第二是大幅提升传统的智能交通对公共交通资源的配置能力，包括交管局对道路、公交车、出租车的配置；第三是能反馈传统的智能交通完全未涉及的交通使用者信息，如交通使用者不仅可以接收交通信号，同样可以通过手机发送交通需求，系统通过自动识别需求就能实现供给方和需求方共同融入交通系统，使信息交互成为可能；第四，在驾驶领域，实现无人驾驶汽车代替有人驾驶、人工智能代替人工。

同时,智慧交通不仅仅是某个个体的智慧,而是交通系统的智慧,智慧交通应包括聪明的车、智慧的路以及聪明的人三者之间的信息交互和相互操纵,这样的交通系统才是智慧的、有思维的、最优化的交通系统。

为发展我国的智慧交通建设,应围绕交通运输部“加快发展综合交通、智慧交通、绿色交通、平安交通”的要求及中国交通行业的发展目标,以“交通”管理体制改革为契机,将信息化与行业业务深度融合,创新信息服务和数据管理模式,支撑中国综合交通协调可持续发展,形成覆盖全行业的智慧交通发展体系,促进交通运输服务方式、运营组织方式、管理决策方式等的转型升级,促进智慧城市的建设。智慧交通体系框架如图10-1所示。

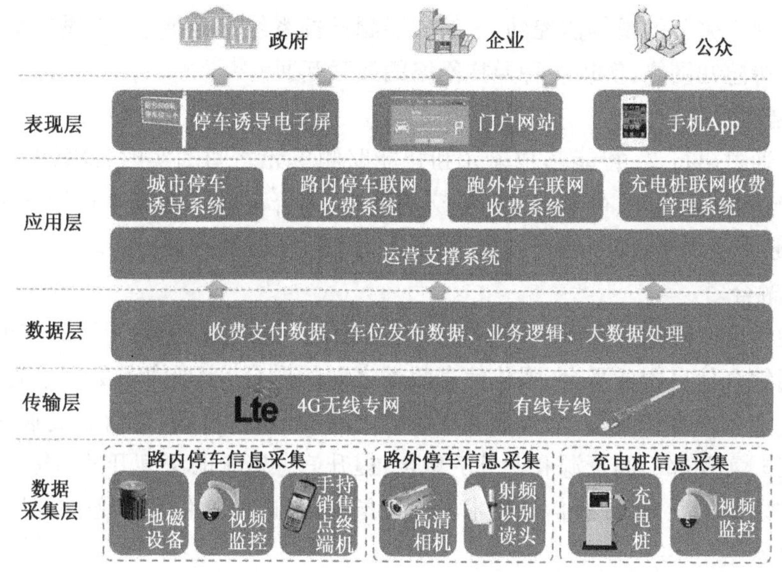

图10-1 智慧交通体系框架

10.1.2 智慧交通与智能交通

智慧交通和智能交通二者都是将信息技术、传感技术等先进技术与交通领域进行广泛融合得到的产物,具体来看,智慧交通与智能交通主要有以下四个方面的区别。

(1)理念不同:不限于智能交通的理念,智慧交通更是一种绿色高效的愿景,而不仅仅是新技术的应用。

(2)目标不同:智能交通以电子化和网络化为目标,智慧交通以功能自动化和决策支持为目标。

(3)本质不同:智能交通的本质是用计算机和网络取代传统的手工流程操作,智慧交通的本质是用技术取代传统的某些需要人工判别和决断的任务。

(4)结果不同:智能交通的结果是数据的积累和传递,智慧交通的结果是数据的利用和开发,即用数据去完成任务及实现功能。

10.1.3 智慧交通的技术特点

(1)全面感知

智慧交通应用物联网感知技术和手段,实现对出行者、车辆、道路设施(桥梁、隧道、边坡等)、交通状态、气象环境状态、机电设备状态等要素的全样本感知,并通过多种接入方式将感知信息传输至交通通信网络。

(2)泛在互联

智慧交通建立完善的视频监控网、分布式能源调控系统通信网、光纤通信网、移动通信网与车载自组网等感知网络,实现各种异构网络的互联互通。

(3)协同控制

智慧交通通过出行者、智能车载单元和智能路侧单元之间的实时、高效和双向的信息交互,为交通参与者提供实时、可靠的全时空交通信息,结合车辆主动安全控制和道路协同控制技术,提升交通安全水平,提高通行效率,实现人-车-路-环境的有效协同。

(4)深度融合

智慧交通整合基础信息资源(静态信息、动态信息),搭建基于云计算的交通综合协同管理平台和交通综合信息服务平台,强化信息数据之间的融合,实现海量数据处理、智能数据分析,优化、调整业务内容和流程,加强业务和系统之间的融合;协调、整合各交通系统部门间的共享、协同合作,实现部门间资源和业务的融合;提升信息资源的深度开发与综合利用水平,实现应用与需求之间的融合;促进信息技术与交通指挥控制、交通信息服务的深度融合,提高交通管理的决策水平。

(5)人性服务

智慧交通通过对交通数据进行实时、科学的分析和建模,做出科学的预测和预判,借助完善的交通信息传输网络,通过多元化的服务渠道,将预测和预判信息主动、及时地传递给相应的交通服务对象或交通信息发布平台,实现主动服务,从而提升交通服务对象的服务体验和满足感。

10.1.4 智慧交通的要素

智慧交通系统具有感知、记忆、理解、联想、辨别、计算、分析、判断、决定等多种综合能力。根据各个组成部分所属的功能性,在分析交通系统智能化属性时,分解出以下组成智慧交通系统的基本要素:交通系统部件、交通互联互通的信息网络、基于云计算的交通新型业务应用平台、交通海量数据和知识型交通从业人员等。

(1)交通系统部件

智能化的交通系统部件,构成了智慧交通的“神经末梢”。交通系统部件可以简单地概括为基础设施、运输通道、载运工具。

基础设施包括场站(枢纽)、电力设施、通信设施等交通基础设施。运输通道包括公路、铁路、航道、桥梁、河道等。载运工具包括汽车、火车、地铁、高铁、飞机等交通工具。

依靠通信软件、控制芯片、传感器、射频识别等,可以实现交通部件的“智能”化,建立如“车联网”等的局部交通物联网,构成智慧交通的“神经末梢”,以接收和执行交通中枢控制系统的指令。

(2)交通互联互通的信息网络

新一代光纤宽带网络贯通城市公共交通道路、全国的城际间道路和主要乡村道路沿线,是担负着传输交通信息任务的重要设施。移动宽带网络覆盖城乡每个区域,所有交通部件被赋予 IPv6 的地址,通过传感器网络和物联网接入通信网、有线电视网络和互联网。

(3)基于云计算的交通新型业务应用平台

基于云计算的交通新型业务应用平台构成了智慧交通的“中枢”。交通数据中心通过虚拟化技术实现交通基础设施的公共服务,各种应用通过云计算平台来提供随需而变的服务。智能化的交通系统部件构成云端,互联网构成云计算的网络基础设施,虚拟化的数据资源池构成了云计算的共享基础设施,业务流程、应用和服务都是基于云计算平台来提供服务的。

(4)交通海量数据

交通系统产生了大量数据、信息和知识,包括交通通道、通行流量、运载工具运行空间分布、基础设施利用情况和效率等基础数据,这些数据之间相互关联,构成了交通海量数据、信息和知识资源库。

(5)知识型交通从业人员

交通服务受益者和知识型交通从业人员,是智慧交通重要组成部分,他们与云计算和物联网平台上的智能代理协作完成交通的各种复杂工作。交通智力劳动者通过相互协作关系建立起来的社会组织结构是扁平化的、协作的、学习型的、快速反应的智慧型组织,如智慧交通企业、智慧交通管理部门、智慧交通社区等。

10.1.5 智慧交通的发展

(1)智慧交通发展历程

随着中国城市化进程的飞速发展,汽车普及进程也随之加快,由此带来的各种交通问题逐渐凸显,交通拥堵、道路事故和城市大气污染等问题已然成为各大城市的通病。

经历十多年的发展,智能交通建设发展的基础已经基本形成,智慧交通建设迅速展开(图 10-2)。“十五”期间,我国率先在北京、上海、广州等大城市开展了智能交通系统的关键技术攻关、关键产品开发和示范应用,促进了以智能化交通管理为主的智能交通体系建设。与此同时,全国许多城市进行了智能交通系统的规划和建设,公路、公交、城市等领域相继开展了大批的智能交通系统建设项目。国家科技支持计划也立项支撑了一些重大智能交通技术应用示范工程。“十二五”期间,各省市的智能交通沿着交通信息化的规划路线,借助新技术的发展,一步步升级为智慧交通。

部门	时间	政策、规划	政策关键点
国务院	2015年7月	《关于积极推进“互联网+”行动的指导意见》	明确提出要大力发展“互联网+”便捷交通，加快互联网与交通运输领域的深度融合
交通运输部	2016年7月	《城市公共交通“十三五”发展纲要》	全面推进公交都市建设；深化城市公交行业体制机构改革；全面提升城市公交服务品质；建设与移动互联网深度融合的智能公交系统
国务院	2017年2月	《“十三五”现代综合交通运输体系发展规划》	将信息化智能化发展贯穿于交通建设、运行、服务、监管等全链条各环节，推动云计算、大数据、物联网、智能控制等技术与交通运输深度融合，实现基础设施和载运工具数字化、网络化，运营运行智能化
交通运输部	2018年1月	《智慧交通让出行更便捷行动方案(2017—2020年)》	建设完善城市公交智能化应用系统。深入实施城市公交智能化应用示范工程，充分利用社会资源和企业力量，推动具有城市公交便捷出行引导的智慧型综合出行信息服务系统建设。到2020年，建成完善城市公共交通智能系统
交通运输部	2018年12月	构筑起交通强国建设的“四梁八柱”	构建综合交通基础设施网络体系、交通运输装备体系、交通运输服务体系、交通运输创新发展体系、交通运输现代治理体系、交通运输开放合作体系、交通运输安全发展体系、交通运输支撑保障体系

图10-2 智慧交通发展

从“十一五”开始，“863计划”将现代交通技术列为一个单独的领域来开展研究，结合科技支撑计划，通过开展对智能交通管理前沿技术的探索和关键技术的攻关，解决了一部分制约我国综合交通运输系统发展的技术瓶颈和战略性难题。进入“十二五”以后，为了突破交通管控及安全的瓶颈技术，保障交通高效安全，对大城市区域的交通协同联动控制系统、车路状态的感知和交互系统、智能车路协同系统这样一些关键技术进行了立项和布局。目前，我国智能交通系统的技术正在向人车路一体化、协同化和网络化方向发展。智能交通项目实施对我国ITS领域研究和产业化发展起到了很好的引领作用。

在公路交通信息化方面，北京实施了“科技奥运”智慧交通应用试点示范工程，广州、中山、深圳、上海、天津、重庆、济南、青岛、杭州等作为智慧交通系统示范城市也各自进行了有益的尝试。

在交通管理智能化方面，以车联网为主要内容的智慧交通解决方案正在被越来越多的管理部门提及。智慧交通系统可对各路口、路段的车流量数据进行自动采集并进行智能分析，提供最佳的路口交通信号配时方案，并通过远程干预和微调，提高路口通行能力，实现通行有序化。预计未来战略规划将直接驱动市场对视频、安防、监控、收费等设备的需求，智慧交通行业将成为未来中国经济发展的一个“新热点”。

在城市道路交通管理服务信息化方面，南京市城市智能云交通诱导服务系统通过综合分析人、车、路等交通影响因素，利用各类信息发布手段，为道路使用者提供最优路径引导信息和各类实时交通帮助信息服务，为众多出行者优化路径。厦门市智能交通指挥控制中心则通过检测设备、视频巡逻、电话、微信、微博等多元化渠道采集道路交通信息，通过室外诱导屏、网站、手机等途径及时发布信息。

如今，在交通强国的大战略背景下，《“十三五”现代综合交通运输体系发展规划》等文件从智慧城市交通和智慧城际交通两个方向入手，引领智慧交通行业的发展。

(2)智慧交通发展的意义

作为“互联网 + 交通”的产物，智慧交通被视为交通业实现跨越式发展、缓解资源和环境压力的有效途径。交通运输部专家周伟表示，交通运输部提出了加快综合交通、智慧交通、绿色交通和平安交通“四个交通”的建设理念。其中智慧交通是“四个交通”发展的关键。《国家中长期科学和技术发展规划纲要(2006—2020 年)》也明确提出，要把智慧交通管理系统作为交通运输领域的 6 个优先发展主题之一。

智慧交通将给现有的交通系统和人们的出行带来以下变化。

①优化交通信息的采集、处理及发布

交通信息采集、处理和发布，是智慧交通技术的核心内容。智慧交通系统，是物联网应用的重要体现。近年来，新加坡在路侧埋设了大量传感器，用于提供实时信息进行实时的路况分析，并可以对一些事故进行及时反应。在国内，最为成熟的交通物联网应用当属高速公路电子不停车收费系统。业内专家表示，将来这项技术还将应用于停车、拥堵调节收费等方面，并将在网上实现充值和自动扣费。

②方便民众出行

2013 年年初，手机打车软件的出现改变了人们的出行方式。随后，互联网厂商和线下巨头们在智慧交通方面不断投入，业务范围从出租车拓展至专车领域。现在，智慧交通又延伸到了对社会闲置车辆的利用领域。无论是手机打车，还是互联网专车，或者网上拼车，其实都是通过技术手段打破信息不对称的状况，使出行资源更有效率地实现供需对接。

互联网企业切入智慧交通信息服务的另一个突破口是与用户位置信息结合的信息推送服务。其中，百度正在尝试向用户推送公交电子站牌和交通阻断等出行信息。基于这些信息产生的第三方应用，也会让普通人的出行更便利。

③加快车联网进程

在 2016 年年初举行的国际消费电子展上，奔驰发布了自己的无人驾驶概念车，这一车型不但能明确地向前后车辆传递停止、慢行等信息，还可以识别行人的状况。宝马推出了远程泊车系统，驾驶员只要把车辆放在停车场中，通过智能手表下一个简单指令，车辆就能自动泊进停车位。沃尔沃则发布了自行车防撞预警系统，使用这一系统，就可以把潜藏碰撞危险的车辆情况自动推送给自行车骑行者，并让其头盔发出警报声。

在道路管理和出行方式的智能化之外，汽车本身的智能化也被视为智慧交通的有机组成部分。尽管从目前来看，还并未出现革命性的创新，但车联网正在一步一步地从蓝图走向现实。芯片厂商英伟达 2016 年发布了世界上第一款浮点运算能力超过 1 万亿次的移动芯片。

而在2000年,这样的计算能力需要1万个处理器同时工作。英特尔的智能汽车控制系统能够通过内置摄像头识别驾驶员的手势和语音,直接与汽车进行互动。

通过互联网技术,人与车、车与车之间的互动正在逐步深入。在北京世纪高通科技有限公司大数据事业部总监李建军看来,车联网对智慧交通的贡献,除了提升汽车的驾驶安全性和效率之外,还能提供更多底层数据。在这些海量数据的基础上,叠加各个方面的应用,就能有效地缓解交通方面的压力。

(3)智慧交通发展存在的一些问题

经过多年的发展历程,我国智慧交通行业取得了一定的进展,然而想要实现真正的智慧交通,还需要解决一些问题,具体如下。

①关键核心技术缺乏。关键核心技术问题是影响中国智慧交通产业竞争力的主要问题。新兴技术,如物联网技术与信息采集的融合、交通诱导、云计算与信息处理、网络安全等关键技术还有待研发。关键核心技术的缺乏不仅使产业在发展过程中不断付出昂贵的技术使用成本,产业的命脉也会被国外企业所扼制。

②认知和标准尚未统一。即便当前各地都投身智慧交通建设,但很多城市的智慧交通仍是比较低层次的,并没有充分理解相关概念。同时市场缺乏适当标准和门槛,导致产品质量缺乏保障,从而使得信息资源的整合、互联共享以及系统功能的发挥等大打折扣,降低了消费者对产品的信心和信任度。

③产业链有待整合。中国智慧交通企业的专业化生产程度很低,仍然处于各自为政、孤军奋战的状态,尚未形成完整的产业链。

④市场覆盖不足。目前,即使是在几个国家级智慧交通示范城市,智能交通产品和服务市场也只能部分覆盖,顾客对大多数智慧交通产品和服务还认识不足。

⑤相关法律法规有待完善。目前,在无人驾驶等领域,许多智能化场景的实现和发展陷入“无法可依”的困境。法律法规的设计和完善可以有效助力智慧交通技术的发展和商业实现。

10.2 智慧交通系统

智慧交通重在落地,如何把先进技术应用到实际的交通中,解决交通拥挤、安全应急、能源消耗、环境污染等问题,为交通参与者提供优质的服务,是发展智慧交通的意义所在。本部分主要介绍智慧交通系统中的一些子系统及相关应用。

10.2.1 智慧交通信号控制系统

智慧交通信号控制系统是基于交通大数据的人工智能应用系统。系统在挖掘海量实时交通大数据的基础上,对道路运行态势进行判断,利用人工智能的方法优化交通信号区域协调控制方案。这里所说的交通大数据指的是GNSS数据、手机信令数据、App和车联网数据。

智慧交通信号控制系统(图10-3)也可以实时接入其他交通检测数据,如流量检测器、排队长度检测器、速度检测器等,对系统配时方案进行校正和验算。

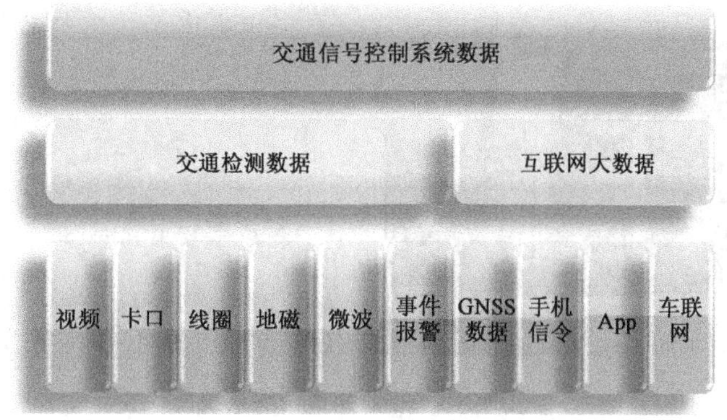

图10-3 智慧交通信号控制系统

智慧交通信号灯控制系统总体构架(图10-4)主要包括数据采集及处理、协调控制方案生成和实时态势评价三部分。

(1)数据采集及处理,重点解决交通大数据的处理。

(2)协调控制方案生成,引进人工智能技术,识别交通运行规律,预测交通趋势。

(3)实时态势评价,反馈给第二步,及时调整方案。

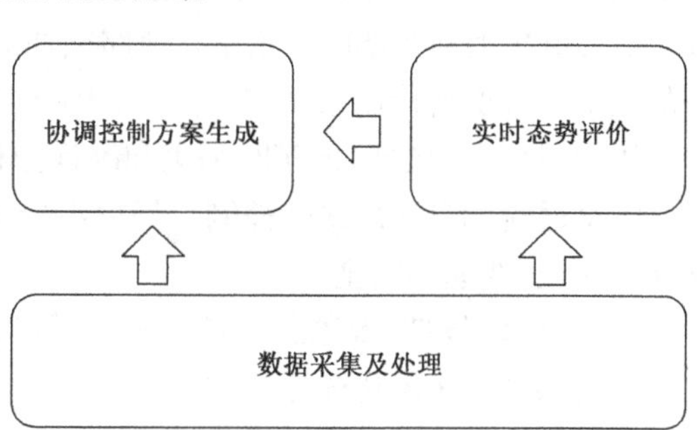

图10-4 智慧交通信号控制系统总体架构

目前国内主要应用的传统交通信号控制系统(其中包括SCOOT和SCATS)都依赖于交叉口铺设的检测器,使用经典的交通信号控制理论和算法进行区域协调配时计算和优化。但在实际应用中,由于检测器工作环境较差,加上经常性的道路施工,使得检测器完好状态较差,没有检测器提供数据的信号控制系统只能降级使用,运行单个信号机的定周期的配时方案。

此外,现有交通信号控制系统的局限性还包括以下几个方面:大多是封闭的系统,无法接收其他检测手段提供的交通流检测信息;系统信号优化算法没有很好地结合智慧交通最新的研究成果;交通控制系统评价没有很好地利用大数据分析手段;等等。

10.2.2 智慧交通诱导监控系统

智慧交通诱导监控系统(图10-5)通过对交通诱导、交通流采集等系统的整合,实现对市区各个交通诱导屏的实时控制,并自动发布路况信息、交通事件、交通管制措施、交通安全宣传等各类交通信息,对均衡城市道路交通流的分布有着极其重要的作用。

这种系统的特点是把人、车、路综合起来考虑,通过诱导道路使用者的出行行为来改善路面交通,防止交通阻塞的发生,减少车辆在道路上的逗留时间,并且最终实现交通流在路网中各个路段上的合理分配。

图 10-5　智慧交通诱导系统

悉尼首创的悉尼自适应交通控制系统(Sydney Coordinated Adaptive Traffic System, SCATS),由澳大利亚新南威尔士州道路交通局(RTA)研究开发,是目前世界上少有的几个先进的城市信号交通控制系统之一。SCATS 系统的功能主要有以下几个方面:

①交通信息(数据)的实时采集和统计分析。

②交通流的自适应最佳控制。根据不断变化的交通状况实时提出最佳的控制方案,保证交通的畅通、快速和安全。

③提供“绿波带”及紧急车辆优先通行权。

④提供公交车辆优先通行权。

⑤提供交通信号灯人工操作功能。

⑥提供户外工作终端。可以将便携式个人计算机连接到任何一个路口的交通信号机,从而进入整个 SCATS 系统。

⑦进行系统技术监察、故障诊断和记录。

⑧远程维护。使用电话拨号方式将计算机连入 SCATS 系统,进行操作维护。

10.2.3　智能路灯

传统路灯具有许多弊端,如能源浪费严重、管理手段单一、信息化水平低下、缺乏故障主动报警机制、故障灯位置难以发现等。近几年来,国内很多城市都已经开始采用智能路灯技术,对传统路灯进行改造。

智能路灯又叫智慧路灯,是物联网技术和传统路灯结合的产物。智慧路灯的“智慧”主要来源于灯杆上挂载的各种智能设备(图 10-6),如视频摄像机、交通指示设备、交通监控设备、环境传感器、5G 基站、车路协同路测单元、LED 显示屏、无线网络、信息触摸屏、充电桩等,以此实现对城市公共照明及基础设施体系的智能化、信息化管理。

智能路灯采用“多杆合一”的高效集约模式,将通信基站、路灯、环境监测、视频监控、充电桩等功能整合在一个灯杆上,成为智慧城市的一大重要信息平台。其中,道路照明灯采用 LED 路灯,可以实现远程开关、调光,达到按需照明的效果;灯杆上自带的传感器可以对有害气体、温度、湿度等参数实时监控;监控摄像机,利用路灯无线网络资源,实现全程监控无盲点,并将实时信息传输到管理平台,切实保障人民人身安全和财产安全;集成的紧急报警系统可在触发时自动发布求助信息,以提高出警速度;集成的电动汽车充电桩,可为新能源汽车提供充电服务,满足其充电需求。

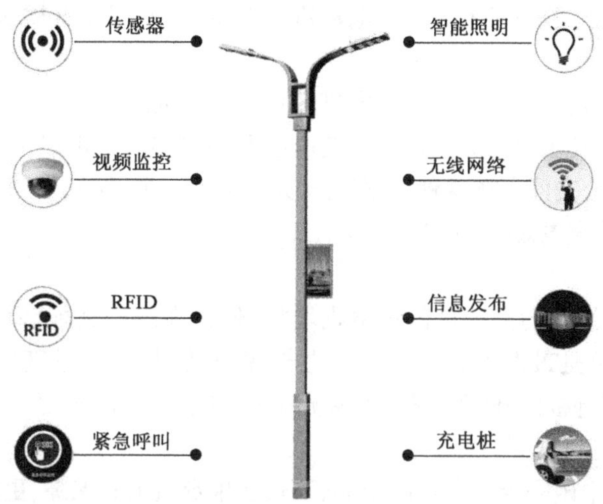

图10-6　智能路灯及感知设备

智慧路灯采用物联网和云计算技术,对城市公共照明管理系统进行全面升级,实现路灯集中管控、运维信息化、照明智能化;具有根据车流量自动调节亮度、远程照明控制、故障主动报警、灯具线缆防盗、远程抄表等功能,能够大幅节省电力资源,提升公共照明管理水平,节省维护成本。

随着城市化进程的推进,在智慧城市的建设中,智能路灯的出现起到了重要作用,已不再是单纯提供照明服务,而是将照明、环境、安全、交通等体系融合,提供更多的服务。智慧路灯的出现,提升了城市应急调度和科学决策能力,从而促进了城市的可持续发展。

10.2.4　车辆快速充电桩

经济快速增长的同时,日益凸显的环境和能源问题成了制约经济可持续发展的瓶颈。电动汽车作为一种发展前景广阔的绿色交通工具,今后的普及速度会异常迅猛,未来的市场前景也是异常巨大的。在全球能源危机和环境危机严重的大背景下,我国政府积极推进新能源汽车的应用与发展,充电桩作为发展电动汽车所必需的重要配套基础设施,具有非常重要的社会效益和经济效益。一场兴建电动汽车充电桩站的运动已经在全国范围内展开。本节从充电桩种类划分及选址布局两方面对其进行介绍。

(1)种类划分

按电源性质分类,其主要分为直流充电桩和交流充电桩。简单来说,交流充电桩需要额外借助搭载在电动汽车上的车载充电机来充电,直流充电桩可以直接为电动汽车输出直流电;直流充电桩的功率较交流充电桩更大,输出的电压和电流调整范围也更大,可以满足电动汽车快速充电的需求。

以安装条件分类,其主要分为立式充电桩和壁挂充电桩。立式充电桩无须靠墙,适用于户外,而壁挂式需要依靠墙体,适用于室内或地下停车场。

以服务对象分类,其主要分为公共充电桩、专用充电桩。公共充电桩由政府机关等具有公共服务性质的机构置办,服务对象为所有电动汽车车主,而专用充电桩多为企业建造,服务对象为客户和内部人员。

以安装地点分类,其主要分为室内充电桩和室外充电桩。

以接口数量分类,其主要分为一桩一充充电桩和一桩多充充电桩。目前市场上充电桩以一桩一充式为主。在公交停车场这种大型停车场中,需要一桩多充式充电桩,同步支持多台电动车充电,不但提高了充电效率,也节省了人工。

(2)选址布局

尽管近年来电动汽车的充电桩数量急剧增加,但是在阻碍新能源汽车普及的诸多因素中,充电桩数量不足仍是最大因素。随着充电桩建设被列入"新基建"七大重点领域,各个地区都先后出台了充电桩的建设方案,要将充电桩在全国范围内尽快铺开,来解决居民充电难问题。

要在幅员辽阔的中国完善充电桩的布局,不仅要求数量上有保障,更需要保证其选址的合理性,以免造成资源上的浪费。电动汽车充电设施布局是否合理,将直接影响用户的充电满意度,进而影响未来电动汽车产业的发展。

研究表明,充电桩布局影响因素(图 10-7)归纳为驾驶行为、充电基础设施、外部环境三大部分,即需求、供给和外部条件。驾驶行为影响充电需求的产生,包括出行的次数、出行的距离等;充电设施影响充电的供给,充电站的类型决定了充电时间;外部环境主要是充电桩的土地条件、交通条件与到配电站的距离等。

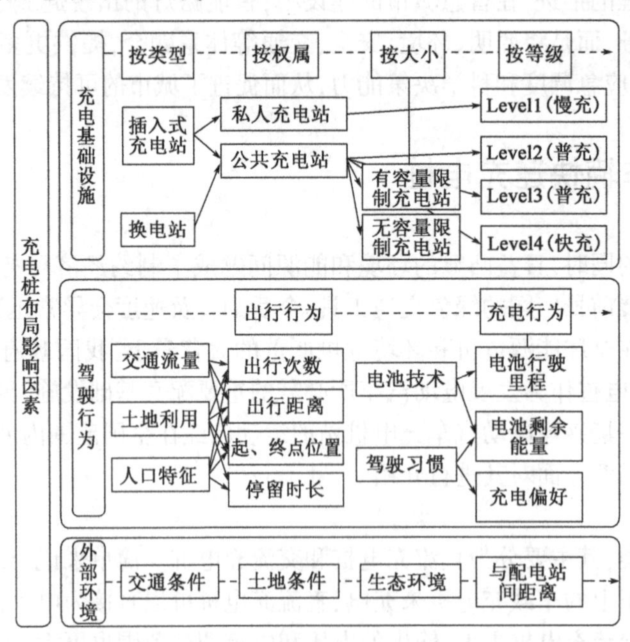

图 10-7 充电桩布局影响因素

国内外对于充电桩的布局研究主要是集中在布局方法上，不同的模型在建模条件、解决方案质量等方面各有特点，适用于不同情况。国外研究主要为满足充电需求，构建服务需求最大化的布局模型；国内研究则多集中在电力领域，考虑不影响电网系统均衡性的布局。此外，充电站的布局，也需要考虑与城市规划、城市结构之间的关系。

在解决充电站布局问题时，需要对电动汽车充电带来的负荷进行合理分析与预测。同时还需综合考虑电动汽车用户、电网公司、充电站运营商等多方的需求。云计算、人工智能、大数据等技术的发展与进步为充电站布局问题的研究提供了重要的数据与分析方法。

10.2.5 智能公交与共享汽车

1) 智能公交

智能公交，就是运用当下最先进的GNSS技术、3G/4G/5G通信技术、GIS技术，结合公交车辆的运行特点，建设公交智能调度系统，对线路、车辆进行规划调度，实现智能排班，提高公交车辆的利用率，同时通过建设完善的视频监控系统实现对公交车内、站点及站场的监控管理。智能公交是未来公共交通发展的必然模式，对缓解日益严重的交通拥堵问题有着重大的意义，中国大部分一线城市已实现公交智能化。

(1)系统架构

智能公交系统(图10-8)紧密结合当下城市公共交通的实际情况，借助先进的科学技术，结合人性化的设计理念，构造一套精密、复杂、庞大的公交车联网视频监控管理系统，为公共交通运营体系提供可视化管理服务，进而为公众出行提供便捷服务，为公众出行安全提供有力的保障。

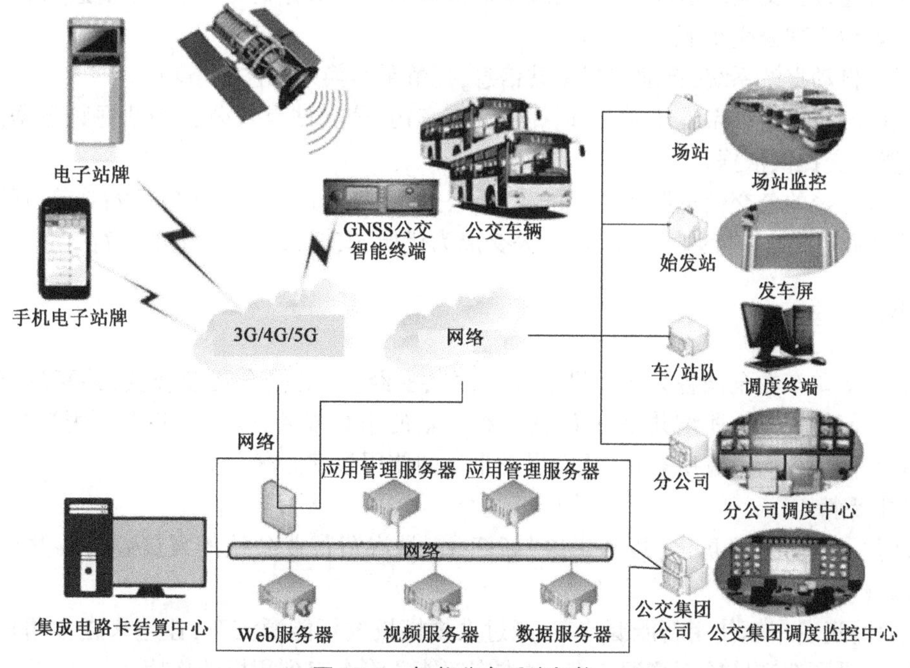

图10-8 智能公交系统架构

整个智能公交系统涵盖多个子系统，包括公交车载监控系统、公交场站监控系统、电子站牌系统等，其中电子站牌系统也在大范围普及。对于已经安装GNSS车载定位系统的公交车，通过无线网络将公交车定位数据发布到控制中心服务器中，计算出车辆的实时到站信息，将计算结果发送到安装有无线通信设备或光纤通信的智能站牌中，在发光二极管显示屏(图10-9)或液晶显示屏上进行预报和信息发布。

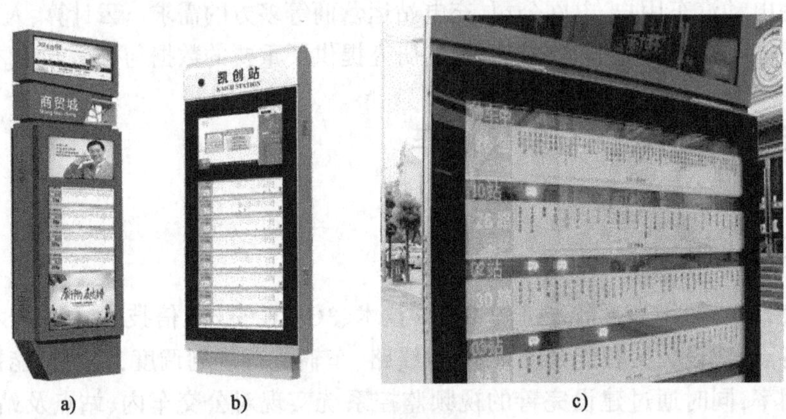

a) b) c)

图10-9 智能公交发光二极管显示屏

(2)作用及意义

①根据线路、站点客流量科学设置公交线路，系统使用计划排班调度与滚动排班调度相结合的调度模式，使车辆运营调度智能化、实时化、科学化，加强了对运营车辆的指挥调度，提高运营效率。

②通过建设公交调度监控系统，实现车辆营运的实时数据的采集，对车辆进行自动定位，更科学有效地管理公交车辆。

③通过自动报站系统，自动播报车站信息，提醒乘客换乘和注意事项。

④全面的视频监控系统建设，可以提供公交车内、公交站点及公交场站视频数据，为实现平安、智能公交提供依据。

⑤通过完善的公交信息服务系统的建设，公众可以通过手机、实体电子站牌等方便准确地获取公交线路信息、车辆实时信息等，使公交成为优质、安全、经济、舒适的出行方式。

2)共享汽车

随着共享单车在全国各大城市迅速铺开，“共享经济”的概念迅速普及，共享汽车也随之悄然进入人们的视野。所谓共享汽车，是一种创新的租车服务，即多人共享一辆汽车，开车人对车辆只有使用权而没有所有权，从而提升车辆的使用效率。

(1)主要特点

电动化、智能化、网联化、共享化这“新四化”是汽车行业公认的发展趋势。共享汽车的“新四化”主要体现在以下几个方面：

电动化：运营车辆使用新能源汽车，通过大规模投放新能源汽车，让越来越多用户及潜在消费者更容易了解和体验新能源汽车，对推广新能源汽车起到积极的作用。

智能化、网联化：通过移动互联网和车载物联网终端结合，用户能够使用 App 随时随地进行查询、预订、开启、驾驶、支付、归还一系列动作。

共享化：通过共享租车，分时计费或按使用里程计费的模式让用户按需用车，一辆共享汽车同一天服务更多的人，经济、实惠且环保。

(2)弊端

虽然共享汽车方便了人们的出行生活，但其具有一些局限性。例如，运营成本居高不下；出行替代性强，受公交、地铁、出租车、网约车、共享单车等其他出行方式的影响；用户端体验有待加强，车辆的使用、App 的使用、还车点的设置等有待完善。

(3)发展机遇

共享汽车具有独特的行业属性，它不仅是汽车"新四化"趋势的代表，而且主流的汽车厂商都在往出行服务商方向转型。5G 时代的到来能将用户和汽车联系得更为紧密，汽车将作为与人们生活密切相连的媒介载体，因其丰富的使用场景，能挖掘到更多有价值的信息和数据。此外，汽车共享服务是刚需出行领域的重要组成部分，也是今后的大趋势。

无人驾驶技术伴随 5G 时代的到来正在加快成熟，加上汽车智能网联化的广泛应用，"不用买车，共享用车"将成为出行主流。共享汽车也将会迎来全新的发展机遇。

10.3 无人驾驶技术

10.3.1 概述

从 20 世纪 70 年代开始，美国、英国、德国等发达国家开始进行无人驾驶汽车的研究，在可行性和实用化方面都取得了突破性的进展。中国从 20 世纪 80 年代开始进行无人驾驶汽车的研究，国防科技大学在 1992 年成功研制出中国第一辆真正意义上的无人驾驶汽车。

无人驾驶汽车作为新概念车辆，主要依靠车内以计算机系统为主的智能驾驶仪，通过车载传感器来感知道路环境，自动规划行车路线、控制车辆，从而到达预定目标，实现无人驾驶。无人驾驶汽车的出现，可以代替驾驶员进行车辆驾驶，从而减少驾驶员的疲劳、发生事故的概率，使得车辆行驶更加安全高效。

世界经济论坛相关专家指出，汽车行业的智能化变革将创造超过 670 亿美元的经济价值，并带来超过 3.1 万亿美元的社会效益。而自动驾驶汽车的市场潜力同样十分可观，预计到 2035 年，仅中国就将部署约 860 万辆自动驾驶汽车，其中约 340 万辆拥有全自动驾驶功能，520 万辆拥有半自动驾驶功能。具体而言，无人驾驶技术将会在如下几方面给人类社会带来显著变化。

促进交通安全：高速公路事故是全世界交通行业面临的最大问题。根据世界卫生组织统计，全世界每年有将近 130 万人丧生于高速公路交通事故，在我国这一数字约为 26 万人。而自动驾驶汽车将通过车道偏离警告、盲点探测、疲劳检测等一系列基于人工智能的技术，大幅度减少人为因素导致的交通事故。

缓解交通拥堵:交通拥堵是世界上几乎所有核心城市面临的主要问题。据估算,都市交通拥堵中有23% ~45%发生在道路交叉处。传统的基于交通信号灯和停车标志控制车流的方式,无法根据实际交通流量动态、实时地调整间隔时间,从而更好地调节交通拥堵情况。而无人驾驶技术将通过与当地车路协同系统互动,自动调节红绿灯的间隔,动态优化道路交叉口的车流量,提高车辆通行能力并缓解拥堵。

缓解停车难问题:采用自动或者辅助停车功能的汽车能将每侧预留的停车空间减少10cm,使每个停车位平均减少1.95m^2的停车空间。此外,结合GNSS导航和城市高精度地图,自动驾驶汽车将有能力发现附近最佳停车场所并自动行驶至目的地停车,极大节省了乘客停车和取车的时间。通过与当地车路协同系统的互动,紧张的停车资源能够得到合理的分配和使用,从而缓解局部停车难的问题。

10.3.2 技术原理

无人驾驶系统是一个集环境感知、规划决策等多功能于一体的系统,利用传感器技术、信号处理技术、通信技术和计算机技术等,通过集成视觉、激光雷达、超声传感器、微波雷达、GNSS等多种车载传感器来辨识汽车周围环境和状态,并根据相关信息,做出分析判断。无人驾驶车辆(图10-10)的研究,包括了立体视觉信息处理技术、自主定位技术、多传感器信息集成与数据融合技术以及障碍物检测技术等多种关键技术。

图10-10 无人驾驶车辆

1)环境感知技术

对环境的感知和判断是智能车辆自主行驶的前提和基础,感知系统获取周围环境和车辆状态信息的实时性和稳定性,直接关系到后续规划决策的成败。目前,环境感知的方法主要有以下几种。

(1)雷达探测技术

雷达是一种主动式传感装置,具有良好的空间数据获取能力,受光照影响的程度较低,能够昼夜工作。其缺点是视野范围小、价格昂贵,在某些天气(如雨雪等)中无法工作。智能车辆常用的雷达包括激光雷达、毫米波雷达等。

激光雷达具有大范围的扫描角度和较高的分辨率，可以直接获取距离信息，基本不受光照影响，能够昼夜工作，但探测的距离较短。目前激光雷达在智能车辆上的应用非常普遍，主要包括单线激光雷达、二维激光雷达及三维激光雷达。基于激光雷达的关键技术主要有云聚类、帧匹配、特征提取和可通行区域分析等。

毫米波雷达具有探测距离远(最远可达 250m)，穿透雾、烟、灰尘的能力强，可全天候(大雨天除外)全天时工作的特点，而且可以准确获取障碍物相对于毫米波雷达的距离和速度。与其他传感器相比，它具有探测能力强、目标鉴别能力强、性能稳定等优点，但其扫描角度较小，非常适合对前方车辆的检测。

(2)机器视觉技术

近年来机器视觉技术是智能车辆较为常用的环境感知技术之一，和雷达系统相比，机器视觉技术具有信息量大、成本低廉等优点，通过在智能车辆上安装多个摄像机，可以从不同的角度获得车辆周围的环境信息。

尽管机器视觉在智能车辆上的应用研究已取得了较大的成果，但车前计算机对视觉信息的处理和感知能力还远逊于人类，而在智能车辆应用环境下，这一差距显得尤为明显。由于视觉感知计算本身具有数据量大、图像干扰较多的特点，而且智能车辆需要面对各种复杂多变的外部环境，再加上强实时和高可靠的应用需求，对光线及气候环境的适用性以及算法的可靠性是机器视觉面临的重大挑战。机器视觉的进一步发展一方面在于软件算法方面的深入研究，包括对路面区域的算法(颜色、纹理识别)、基于知识的图像理解的道路识别算法方法的深入研究，另一方面也有赖于硬件条件的发展，包括高动态能力的环境感知传感器、更强的微处理器系统等的发展。

(3)定位导航系统

定位导航系统用来确定车辆的行驶位置和方向，包括相对定位和绝对定位两种方式。相对定位由光码盘、惯性陀螺、里程计、加速度计等传感器实现，不用依赖外界信号，工作频率高，但存在漂移误差，长时间工作时必须采用绝对定位数据进行修正。绝对定位包括磁罗盘定位、卫星定位等。磁罗盘能够根据地磁场测量车辆的绝对航向，但容易受到电力线、钢结构等外界磁场干扰。卫星定位系统主要包括 GPS、GLONASS、北斗系统等定位导航系统，其中 GPS 是目前应用广泛、成熟完善的定位技术，普通 GPS 的定位精度为 10m，采用差分技术可以将精度提高到 0.5m，但 GPS 定位技术依赖卫星信号的接收，容易受到建筑物、山地产生的干扰。无线电波也会对 GPS 信号产生干扰，即使在良好的环境中，GPS 也会周期性失效。针对两种定位技术的优缺点，无人驾驶智能汽车的定位一般同时采用两种方式，以精确地测量车辆的位置、航向。

(4)多传感器信息融合系统

智能车辆进行环境感知需要用到各种类型的传感器，而获取数据的实时性与稳定性直接影响整个系统的性能。智能车辆常用的传感器可分为主动式的雷达系统和被动式的视觉系统两类，主要包括光学摄像机、红外摄像机、激光雷达、GNSS 等。由于行驶环境的复杂性和单一传感器的局限性，智能车辆需要结合使用多种类型的传感器，以充分利用不同传感器数据间的融合和互补特性，获得充分、准确的环境信息。

多传感器数据融合的实质是对多元不确定信息的处理。由于信息表示形式的多样化，需要融合的数据既可以是原始的传感数据,也可以是经过计算后的某种高级形式的数据(如车道线坐标、障碍物形状等)。因此,多传感器数据融合技术也是智能车辆研究所面临的一个非常具有挑战性的课题。

2)规划决策技术

规划决策是智能车辆智能化水平的一个重要体现。规划决策包括路径规划和行为决策两部分。

路径规划是智能车辆信息感知和车辆控制的桥梁,是智能车辆自主驾驶的基础,可分为全局路径规划和局部路径规划。全局路径规划是根据环境模型找出从起始点到目标点的符合一定性能的可行或最优路径,在已知地图的情况下,利用已知局部信息,如障碍物位置和道路边界,确定可行和最优的路径,它把优化和反馈机制很好地结合起来。局部路径规划是在全局路径规划生成的可行驶区域指导下,依据传感器感知到的局部环境信息来规划车辆在前方路段所要行驶的轨迹。

智能车辆的行为决策主要是根据环境(如交通、车况等)完成行为任务的决策。在此基础上根据一定的准则和策略对车辆做出最优决策,达到规划、加减速、超车、跟随及停守等功能的优化选择。

3)车辆控制技术

智能车辆的运动控制一般分为横向控制和纵向控制。智能车辆运动控制的任务是根据规划决策的结果和当前的车体位移、姿态、车速等信息做出决策,并分别向油门、制动及转向对应的执行系统发出控制指令。

横向控制主要研究智能车辆的路径跟踪能力,即如何控制车辆沿规划的路径行驶并保证车辆的行驶安全性、平稳性与乘坐舒适性。

纵向控制研究主要包括控制车辆按照预定的速度巡航或与前方动态目标保持一定的距离。由于智能车辆为非完整运动约束系统,且具有高度非线性动态特性以及参数不确定性等特点,如何设计可有效克服车辆非线性和参数不确定性等特性的横向及纵向运动控制策略,是智能车辆关键技术的重点和难点之一。

10.3.3 无人驾驶技术的分级

美国交通运输部国家公路运输安全局将无人驾驶分为5个级别(图10-11)。

L0级(人工驾驶):该级别完全由人进行驾驶,即传统的人工驾驶。

L1级(辅助驾驶):该级别比L0级多了一些智能化科技,汽车控制了一些车辆功能,如动态稳定控制系统。大多数现代车都在这个级别。

L2级(部分自动驾驶):该级别司机和汽车可以分享控制权,也涉及主要功能的自动化。例如,一些高端车辆提供的主动巡航控制和车道保持共同工作,但驾驶员仍需待命,对驾驶安全负责,并随时准备在短时间内接管汽车驾驶权。

L3 级(条件自动驾驶):该级别车辆可以在某些条件下进行自动驾驶,但如果有需要的话,驾驶员可以接管汽车控制。L3 级的自动驾驶汽车还是需要有驾驶员的。

L4 级(高度自动驾驶):该级别车辆可以始终处于自己完全控制的状态,即使没有驾驶员也能操作。L4 级驾驶汽车被设计成可以完成所有可以监视道路状况且安全可靠的完整行程,但并不能完成所有的驾驶场景。

L5 级(完全自动驾驶):该级别是真正意义上的在每个驾驶场景中可以与人类驾驶相当的、完全自主驾驶系统。不久的将来,该级别的车辆甚至可以在极端环境下,行驶在无法导航的道路上。

<table>
<tr><th colspan="2">自动驾驶分级</th><th rowspan="2">名　称</th><th rowspan="2">定　义</th><th rowspan="2">驾驶操作</th><th rowspan="2">周边监控</th><th rowspan="2">接管</th><th rowspan="2">应用场景</th></tr>
<tr><th>NHTSA</th><th>SAE</th></tr>
<tr><td>L0</td><td>L0</td><td>人工驾驶</td><td>由人类驾驶者全权驾驶汽车</td><td>人类驾驶员</td><td>人类驾驶员</td><td>人类驾驶员</td><td>无</td></tr>
<tr><td>L1</td><td>L1</td><td>辅助驾驶</td><td>车辆对转向盘和加减速中的一项操作提供驾驶,人类驾驶员负责其余的驾驶动作</td><td>人类驾驶员和车辆</td><td>人类驾驶员</td><td>人类驾驶员</td><td rowspan="4">限定场景</td></tr>
<tr><td>L2</td><td>L2</td><td>部分自动驾驶</td><td>车辆对转向盘和加减速中的多项操作提供驾驶,人类驾驶员负责其余的驾驶动作</td><td>车辆</td><td>人类驾驶员</td><td>人类驾驶员</td></tr>
<tr><td>L3</td><td>L3</td><td>条件自动驾驶</td><td>由车辆完成绝大部分驾驶操作,人类驾驶员需保持注意力集中以备不时之需</td><td>车辆</td><td>车辆</td><td>人类驾驶员</td></tr>
<tr><td rowspan="2">L4</td><td>L4</td><td>高度自动驾驶</td><td>由车辆完成所有驾驶操作,人类驾驶员无须保持注意力,但限定道路和环境条件</td><td>车辆</td><td>车辆</td><td>车辆</td></tr>
<tr><td>L5</td><td>完全自动驾驶</td><td>由车辆完成所有驾驶操作,人类驾驶员无须保持注意力</td><td>车辆</td><td>车辆</td><td>车辆</td><td>所有场景</td></tr>
</table>

图 10-11　无人驾驶分级

10.3.4　无人驾驶技术的应用

(1)无人驾驶货车车队

大多数人认为,无人驾驶将最先在家用车中普及开来,因为家用车小巧灵活,更方便电脑操控。其实,这种观点恰恰不符合实际,正因为家用车小巧灵活、无孔不入,所以其实现无人驾驶的难度和技术挑战更高。

无人驾驶货车编队行驶的技术原理大体为:每一辆车都装有智能终端,通过车联网技术将车队连接起来,车辆与车辆之间将实时产生大量数据传输与交互。如果把单个货车比作火车车厢,货车编队就是通过无线信号连接起来的火车。

前方货车司机的每个驾驶动作都以指令形式发出,后方车辆根据指令,保持车距跟随行驶,实现自动跟车、遇弯道行驶完全自主转向。

货车编队其实属于最低级别的无人驾驶，依靠超灵敏的自动刹车功能，车辆刹车距离会较短，不用担心被插队，驾驶员在前方随时应对外部环境变化，后方车辆只要与前方车辆做好信息的交互和智能响应即可。

(2)5G 远程驾驶

5G 远程驾驶是利用 5G 网络高带宽、低时延的技术特性，来实现人车分离的远程驾驶。通过 5G 远程自动控制系统，实现用户远程对车辆的操作及控制。车辆和远程驾驶员之间通过 5G 网络进行信号传输及人机交互，车辆控制系统通过本地的摄像头及车辆总线数据，实时反馈车辆的运行周边环境状态及车辆自身状态，接收远程用户的控制命令及对车辆的操作命令，对车辆进行控制。当车辆运行环境存在安全隐患或者数据传输中断时，车内安全员会主动人工接管车辆，保证控制车辆安全运行。

5G 远程驾驶的优势在于 5G 网络时延能够保持在 6ms 以内，相比 4G 网络缩短 10 倍。5G 网络的低时延、高带宽是实现远程高精度控制和高可靠性驾驶的重要保障。

远程驾驶可以应用在一些特殊场景，如救灾、道路抢修，以降低营救工作的危险性，提高营救效率；还可以实现远程精准作业，如矿山、油田和荒地等区域的生产作业。一个人可以操控多辆汽车进行工作，或者当车辆出现异常时，也可以人工进行干扰，帮助驾驶员远离高危环境。

10.3.5 无人驾驶技术的发展

1）发展现状

(1)百度

作为国内 IT 企业的领先者之一，百度公司在近几年在无人驾驶汽车的研究上投入大量的精力。百度的无人驾驶车项目于 2013 年起步，由百度研究院主导研发，其技术核心被称为“百度汽车大脑”，包括高精度地图、定位、感知、智能决策与控制 4 个模块。

2015 年，由百度研究院研发的无人驾驶汽车在国内首次完成了全自动无人驾驶试验，实现了对高速公路、环路、城市道路等多元路况的全面覆盖。2016 年，百度公司与福田汽车集团达成了合作关系，将车联网、大数据、智能汽车、云平台等技术进行整合，致力于为智能型汽车的研发打下良好基础。

(2)谷歌/特斯拉

美国谷歌公司是最先发展无人驾驶技术的公司，其研发理念就是利用计算机来完全代替人类驾驶。基于此理念，至今谷歌公司的无人驾驶汽车没有刹车和油门，完全由系统全程控制，其工作原理如图 10-12 所示。

特斯拉作为美国另一家具有代表性的无人驾驶汽车的研发公司，采取的方式与谷歌不同。其旨在通过无人驾驶帮助司机优化驾驶体验，无人驾驶不会完全代替驾驶员的作用，在驾驶过程中，仍要求驾驶员做好随时接管车辆的准备。特斯拉公司的无人汽车已经实现了商业化的量产，形成了一定的商业模式。但过去几年里，特斯拉自动驾驶汽车多次发生事故，也引起了人们对于无人驾驶汽车的广泛讨论。

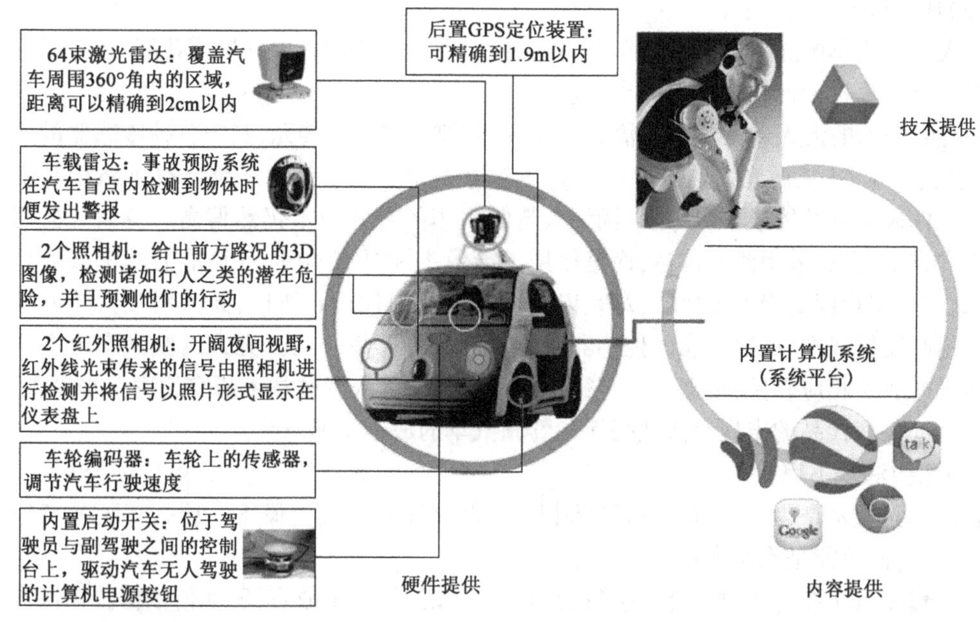

图10-12　谷歌无人驾驶汽车工作原理

2)面临的问题

虽然无人驾驶汽车在近年来得到了快速而稳定的发展,并且在一定程度上已经开始尝试商业化的生产。但是其仍然遇到了不同方面的问题和困难,主要包括以下几方面。

(1)技术有待革新

技术问题是无人驾驶汽车所遇到的主要问题。无人驾驶汽车通过感知车辆行驶过程中的周围环境,做出相应的路径规划和行为决策。

无人驾驶车辆不仅需要识别周围车辆,还需要识别周围的车道、行人、交通标志等一系列要素,对于雨雪、雾霾等恶劣天气,无人驾驶汽车可能无法做到精确识别环境,从而难以进行判断和决策。这些从目前已有的无人驾驶汽车事故中可见一斑。复杂的道路情况也是需要考虑和解决的问题。

(2)民众缺乏认知

除了技术难题,大众对于无人驾驶的认知同样是影响这一行业扩张的一大原因。在国内,由于无人驾驶汽车起步较晚,大多数人对于无人驾驶的理解只是简单了解而已,或者将其视为新奇事物看待,远未达到接受的程度。

对于消费者而言,无人驾驶安全性的问题是其最为关注的问题,一些负面消息可能使其望而却步。近年来,随着特斯拉、Uber、福特等主要车企相继出现无人驾驶汽车事故导致驾驶人员伤亡事件,有关无人驾驶汽车安全问题引起越来越多的讨论。

此外,政府和市场对于无人驾驶的认知程度也同样重要,无人驾驶汽车在未来的作用以及在市场中的定位需要政府及市场慎重地考虑。所以,大众对于无人驾驶汽车的深刻认知仍然需要长时间的积累。

(3)成本较高

无人驾驶汽车的成本不只是整车及雷达、传感器等相关硬件设施所需花费,还包括相关应用软件以及计算机云计算等额外的支出。

Google 公司的无人驾驶汽车单辆的硬件成本就高达 35 万美元,其中各种传感器的成本为 35 万美元,一个 64 束激光雷达的成本就高达 7 万美元。虽然其他车企寻找价格相对便宜的传感器器件来降低整体成本,但是一辆无人驾驶汽车的总体成本仍然偏高。特斯拉公司为了降低生产成本,没有采用激光雷达,而是使用了摄像头和具有 40 倍计算能力的车载处理器来代替,这在一定程度上降低了成本,却是以牺牲安全性为代价。所以,无人驾驶汽车所面临的挑战包括开发低成本、稳定可靠的传感器及大量的软件开发。由于无人驾驶汽车更多依赖于汽车电子产品及相应软件,根据摩尔定律,在未来,随着无人驾驶技术研究的进一步深入,廉价的电子零部件替代品的出现有望使得无人驾驶汽车的成本快速下降。

(4)法律法规不完善

自动驾驶技术是为了让汽车不再撞到人,降低交通事故发生概率。那么驾驶的责任人不再一定是人,而可能是汽车本身。

无人驾驶汽车在行驶时可能会引发交通事故,如何划分事故责任,如何依据法律法规进行公正的判决仍然需要进行深入的研究和探讨。对于无人驾驶汽车,人和车的法律责任认定存在模糊地带,刑事、民事、保险责任认定以及违章处罚都没有确切的立法依据。

目前,针对无人驾驶汽车的法律法规尚不健全。自动驾驶想普及,法律将是比技术更难解决的障碍。

总的来说,无人驾驶汽车是未来汽车发展的方向,是智能科技发展的必然产物。随着互联网、车联网技术的不断发展,以及人工智能、大数据的进步,无人驾驶汽车在未来拥有极其广阔的发展前景。

10.4 车路协同技术

10.4.1 概述

单车智能的自动驾驶路线起源于美国,即仅通过车辆的智能化实现无人驾驶,谷歌和特斯拉作为领先者,都是走单车智能的发展路线。在技术层面,特斯拉已经进入了无安全员的真正的自动驾驶运营阶段,并实现了软硬件一体化的闭环,而我国新能源汽车公司尚处于 L2/L3 的技术摸索阶段,而且在芯片技术方面还存在一定欠缺,因此在技术迭代速度上远低于美国的一些科技公司,单车智能路线的关键技术也容易被控制,难以实现赶超式发展。在这种前提下,我国走的是车路云一体化的车路协同技术路线。

车路协同系统是以先进的无线通信技术、传感器技术为基础,通过车与车、车与道路基础设施之间的信息共享,实现智能协同,缓解交通拥堵和提高车辆出行安全的智能交通系统。车路协同系统最主要包括路侧单元和车载单元,其核心主要是车车通信和车路通信。它可以充分利用和优化系统资源,提高道路交通的安全性,缓解交通拥堵。虽然在单车智能路线上,美国处于一定的领先地位,但其在安全性和经济性等方面仍具有很大的不足。

10.4.2 车路协同关键技术

从系统的角度看,车-路协同系统可分为智能车载、智能路侧、交通监控中心等子系统。智能车载系统主要由车载信息获取、车载通信和车载警示与控制子系统组成,智能路侧系统由车载信息获取、路侧通信、信号及信息发布子系统等组成。交通监控中心由数据处理、分析、决策等子系统组成。车车通信、车路通信技术是车路协同系统的核心。

车路协同系统的关键技术主要涉及智能车载系统关键技术、智能路侧系统关键技术、车车/车路通信技术、智能信息处理等。

1)智能车载系统关键技术

智能车载系统主要是将各类传感器获得的车辆行驶状态信息、周围的环境信息以及车辆本身的信息等,经过车载单元的分析和处理,为驾驶人提供信息服务。智能车载系统还能通过与路侧系统之间的通信,接受控制中心发送的信息和指令。智能车载系统技术可划分为车辆精确定位技术、环境感知技术和车载一体化系统集成技术。

其中,车载一体化系统集成技术,主要包括行车安全预警与控制、基于智能交通信息服务的安全控制等相关技术。在车路协同系统应用中,车辆将自身感知到的信息、车车之间通信交互得到的信息和车路通信得到的(路侧设备采集到的)信息进行处理,进而提供危险状况预警、对车辆运动状况进行辅助控制、动态交通诱导、停车诱导等相关服务。对危险状况进行预警是最基础的安全保障方法,通过对各个来源的信息进行分析,对危险状况进行量化并分级,根据不同的级别提供不同的预警信息,并给出解决建议。车辆状态辅助控制则是更高一级的安全保障措施。在对车辆运动状况进行辅助控制的过程中,既要考虑对车辆的运动状态进行调整以达到紧急避险的效果,还要保证在调整的过程中车辆状态的改变对驾驶人和乘客的影响尽可能小。基于智慧交通信息服务的安全控制则综合本车传感器获得的车辆运行状态、周边环境信息,以及周边车辆和交通信息,控制车辆的运行状态,以保证车辆的行驶安全。

2)智能路侧系统关键技术

多通道交通状态信息辨识与采集是智能路侧系统的核心技术。智能路侧系统利用道路设置的各种监测系统,获取道路状况、路面状况、交通堵塞情况等信息。该技术可分为多通道交通信息采集技术、多通道路面状态信息采集技术、路侧设备一体化集成技术等。

(1)多通道交通信息采集技术

实时、准确的交通信息采集是实现车路协同系统主要应用的前提和关键。目前交通信息采集方式主要有感应线圈检测、微波检测、红外线检测、视频检测以及基于 GNSS 技术的采集技术、基于蜂窝网络的采集技术、基于 RFID 的采集技术等。每种采集技术都有其优势和不足,应根据应用需求,结合各种采集技术的优点,对多种信息采集技术进行融合,提高路网交通状态的实时检测精度。

(2)多通道路面状态信息采集技术

路面状态良好是保证车辆安全运行的基础条件之一,对于路面状态需要采集的信息主要包括:道路路面状况(积水、结冰、积雪等)、道路几何状况(车道宽度、曲率、坡度等)、道路异常事件信息(违章车辆、发生会车、碰撞事故、非法占用车道的障碍物等)。单一的传感器无法满足多路面状态信息实时采集的要求,因此,必须通过融合多传感器信息,如雷达、超声波、计算机视觉以及无线传感器网络等,实现车辆间、车路间的信息交换,进而实现道路路面状况信息的实时采集,如对路面进行抗滑性能的评估。

(3)路侧设备一体化集成技术

智能道路基础设施涉及路况信息感知装置、道路标识电子化装置、基于道路的各种车路协调装置、信息传送终端等。为了满足车路协同系统的需求,可集成多种信息采集技术,从而实现路侧设备无线通信和数据管理一体化功能。

3)车路/车车通信技术

车路/车车基础设施间的无线通信是实现车路协同系统的各种具体应用的基础,由于车辆移动速度快,隐藏点、信道捕获等问题更严重,故要求车辆/车路之间的通信具有高可靠性和可扩展性。

同时,由于车辆高速移动,网络拓扑结构变化快。因此,车路/车车通信技术应能适应通信时延要求低,提供快速信道接入与对等通信,以满足道路安全应用的短时数据交换的需求并避免对通信基础设施的依赖性。

目前国际上选用 IEEE802.11p 协议作为车路/车车通信的协议,以满足智能运输系统中相关应用的需求。IEEE 802.11P 协议是由 IEEE 802.11 标准扩充的无线局域网标准,是对 802.11 协议的物理层和 MAC 层提供功能上的增强。

4)智能信息处理

车路协同系统不仅涉及众多节点,而且可能存在各种各样的业务在并发运行,因此车路协同系统需要考虑采用云计算或并行处理方式以提高运算能力。车路协同系统所收集到的交通信息量巨大,如果不对这些数据进行有效的处理和利用,它们就会迅速被新信息所覆盖。因此需要采用数据挖掘、人工智能等方式提取有效信息,同时过滤掉无用信息。考虑到车辆行驶过程中依赖的信息具有很大的时间和空间关联性,对有些信息的处理需要非常及时。

10.4.3 车路协同技术发展优势

在单车智能的路线下,车与路是相对割裂的个体,车与路之间虽有可能交互,但所做的决策都是从个体出发,无论从安全角度还是从效率角度都不可能达到全局优化。与基于单车智能的自动驾驶技术不同,车路协同旨在通过部署路端智能感知计算设备(路端基础设施),基于5G等先进通信技术实现车路信息共享,通过路端感知补齐车端感知的有限视距、感知盲区等短板,从而极大地提升自动驾驶的安全性。此外,通过车辆和路端基础设施之间的智能协同与配合,达到优化利用系统资源、提高交通效率、缓解交通拥堵等目标,真正实现全局优化。

构建车路云一体化智能交通平台(图10-13),打造覆盖全国封闭园区道路、城市公路、高速公路的智能交通体系,从而实现协同预警、决策引导、实时全局协同感知与监控,全面优化全国交通网的协同管理,为全国的公路交通安全提供技术保障。此外,车路云一体化能够实现交通效率的最大化,通过融合路端和车端信息形成全区域无盲区"视野范围",将事故率降至最低,进而保障人民生命安全。

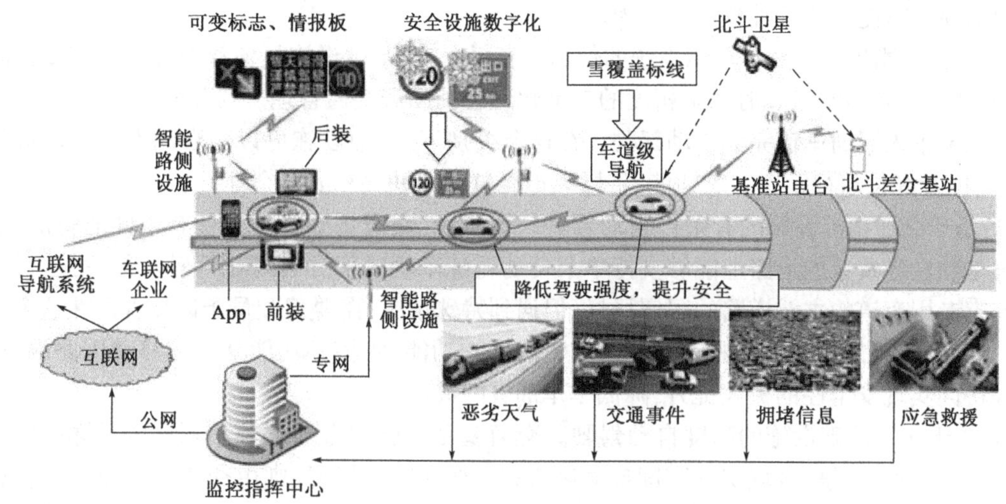

图10-13 车路云一体化智能交通平台

在经济发展方面,基于车路云一体化的智能交通平台,能够对每台智能车辆进行协同运行优化调控以及安全节能控制。这套系统在单车智能的技术路线下依赖车辆的单独感知、融合来实现,而通过车路云一体化智能交通平台可将所有智能车辆的信息传到边缘端,通过实时的协同和融合感知以及科学决策来实现整个智能交通系统的有序运行。与单车智能相比,车路云一体化智能交通平台大幅度降低每台车辆的运行成本,在智能交通的全面普及上,为国家节省至少万亿元的社会成本。此外,在这一平台上能够衍生出不同的商业应用服务,为我国经济发展持续注入新的活力。当车路云一体化智能交通平台在我国规模化部署后,可将这个平台进行世界范围的推广,帮助更多国家实现真正意义上的智慧交通。

而推动如此重大的革命性技术,有赖于国家层面的"强引导",集中力量和资源办大事。我国集中力量推进车路云一体化的车路协同技术路线,进而在成本、效率和安全性等方面对单车智能技术路线进行完全性超越。

10.4.4 交通基础设施智能化分级

从全球范围看,目前我国车路协同已处于世界前列,相关制度规范也逐渐优化完善。2019年,中国公路学会自动驾驶工作委员会、自动驾驶标准化工作委员会发布《智能网联道路系统分级定义与解读报告(征求意见稿)》,从交通基础设施系统的信息化、智能化、自动化角度出发,结合应用场景、混合交通、主动安全系统等情况,将交通基础设施分为6个级别,并进行了明确定义和详细解读。

I0:无智能化。交通基础设施无检测和传感功能,由驾驶员全程控制车辆完成驾驶任务和处理特殊情况。目前,世界上大部分公路都属于I0级别。

I1:初步智能化。交通基础设施能够采集静态数据辅助交通,如提供简单的信息服务和主动交通管理服务。较为基础地使用红绿灯上的摄像头进行交通流监控与交通拥堵预警均属于I1级别。尽管目前我国许多城市的主干道均具备基本的交通监控功能,但是这些基础信息尚不足以辅助或赋能自动驾驶技术和行为。

I2:部分智能化。通过与车辆系统的信息交互,使交通基础设施具备复杂传感和深度预测功能,实现支持较高空间和时间解析度的自动化驾驶辅助和交通管理。驾驶辅助的实现,有利于在有限场景内帮助车辆完成自动驾驶。在这个级别下,基础设施可以为自动驾驶汽车进行"补盲",以及提供超视距感知等功能,将极大提高自动驾驶汽车的安全性。

I3:基于交通基础设施的有条件自动驾驶。该阶段,交通基础设施具备有条件的智能化。在交通基础设施覆盖的道路上能够支持单个自动驾驶车辆的部分自动化驾驶功能,可运行在包括具有专用车道的主要道路的限定场景;但遇到特殊情况,需要驾驶员予以接管。在这个级别下,基础设施可以为自动驾驶汽车提供完整的感知功能,将核心功能从车端移动到路端,通过车路协同实现安全性的极大提升,降低单车部署的成本。

I4:基于交通基础设施的高度自动驾驶。交通基础设施为自动驾驶车辆提供了详细的驾驶指令,可在特定场景/区域实现高度自动化驾驶。如遇特殊情况,则由交通基础设施系统进行控制,不需要驾驶员接管。在该级别下,基础设施可对所有自动驾驶汽车行为进行全局决策,所有感知以及决策的功能都能够从车端转移到路端。在单车智能的自动驾驶路线下,决策是分布式的,车与车之间的决策存在博弈的过程,而这一过程也是影响交通效率的主要原因。当路边单元能够对所有的自动驾驶车辆进行全局决策,即可在更大范围和程度上提高行驶安全性,降低单车部署成本,并最大限度地优化整体交通效率。这也是智慧交通最核心的目标。

I5:基于交通基础设施的完全自动驾驶。该阶段交通基础设施能够满足所有自动驾驶车辆在全部场景下的完全感知、预测、决策、控制、通信等功能需要,并优化部署整个交通基础设施网络,实现完全自动驾驶。

通过车路协同,道路沿线路侧单元能够与车辆V2X(vehicle to X,即vehicle to everything)和城市道路交通大数据计算中心形成无线通信体系;同时,车辆上路行驶能够具有单车智能模式无法实现的下列功能:

(1)驾驶人在上路前和途中都能清晰完整地掌握行进前方及其相邻区域的路况信息,如遇拥堵情况,可在距离拥堵点比较远的路口转而选择其他不拥堵道路。

(2)全面了解前方车辆动向、加速或减速的精确数值,以及并线或转向前方路口、驶离本车道等所有信息,都能在前方车辆启动动作之后让后方车辆得知,进而采取同步协同应对的措施。

(3)道路交通管控者与被管控者之间,具有双向信息沟通交流的渠道,使被管控者可在任何时间和路段获得城市交通管控者的精准信息要求,而不是只依赖路口红绿灯等信号指示。

10.4.5 车路协同技术相关应用

1)智能铺面

智能铺面所具备的智能能力包括主动感知、自动辨析、自主适应、动态交互、持续供能等5大能力(表10-1)。铺面依靠智能材料或传感器件来主动感知状态、性能、环境和行为;在感知的基础上,铺面可对信息进行自动的校验、集成、管理、分析、诊断和评估等处理;依托感知的信息和辨析的结果,铺面能够适应温度、湿度、交通等的变化,主动进行调控,并可对损伤进行自我修复;同时,铺面能在感知和辨析的基础上,与外部进行动态的交互。

智能铺面技术内涵 表10-1

智能能力分类	具体的技术内涵	
主动感知	铺面状态感知	温度、湿度、电阻、冰冻、强度、模量
	铺面性能感知	平整度、摩擦因数、轮辙、损坏状况
	交通流感知	车/机型、速度、轴型、重量、行人、自行车
	外部环境感知	气温、雨、雾、冰、风、雪
	铺面行为感知	应力、应变、位移、冲击、振动
自动辨析	信息集成管理	信号处理、信息集成、数据管理
	信息分析处理	信息过滤、大数据分析、信息建模
	性状评估诊断	性能评估、状态评估、损伤诊断、运行安全评估
自主适应	状态自调控	温度调控、湿度调控
	损伤自修复	裂纹修复、老化修复
	自动融冰雪	融冰、化雪、除霜
	自清洁	铺面清洁、尾气降解、粉尘抑制
	交通自管控	限速控制、信号自适应、可变车道调整
动态交互	与车辆交互	信息推送、状态预警、位置引导、事件决策
	与飞机交互	信息推送、状态预警、事件决策
	与用户交互	信息推送、状态预警、事件决策
	与管理者交互	信息推送、状态预警、性能预估、事件决策
持续供能	公用电网供电	供能方法、供能线路
	绿色能量收集	路域太阳能、热能、风能、机械能、地热能的收集
	绿色能量利用	传感器、交互终端、传输网络、车辆、功能设施等供电

铺面内部往往装备有可以感知内部状态、外部环境、人车信息、行为信息等的传感器件。这些传感器件的使用,将使铺面成为综合信息源。通过这些信息将可实现对智能车辆、车路协同、智慧城市等的全面支持。同时,面向铺面的拥有者、管养者、使用者等,可形成以铺面为信息源的“铺面对多目标”(pavement to everything,P2X)网联服务体系,并可构筑P2X网联服务

动态风险评估与预警系统。其中“X”包括管养部门、车辆、驾驶员、行人、自行车、移动终端、附属设施等。

2）车路云控制系统

云控系统通过逻辑协同、物理分散的云控基础平台建设，以及采用标准统一、开放共享的数据交互形态，实现了车辆以及其他交通参与者信息的采集与处理，同时与其他行业服务与管理平台进行信息交互，从而实现对车辆与交通系统的多维跨领域的数据协同（图10-14）。在此基础上，政府管理类应用、行业服务类应用以及车企智能化应用等都可以基于云控基础平台的数据与计算协同获取其应用所需的基础支撑，从而使得其应用的开发可以聚焦到实际的用户需求与管理需求，避免基础设施的重复建设与数据采集与处理的不统一，大大提高行业应用的开发效率与协同服务能力。同时，可以基于行业不同的信息安保要求，确保不同业务领域数据交互的权限可控、数据安全与可靠。

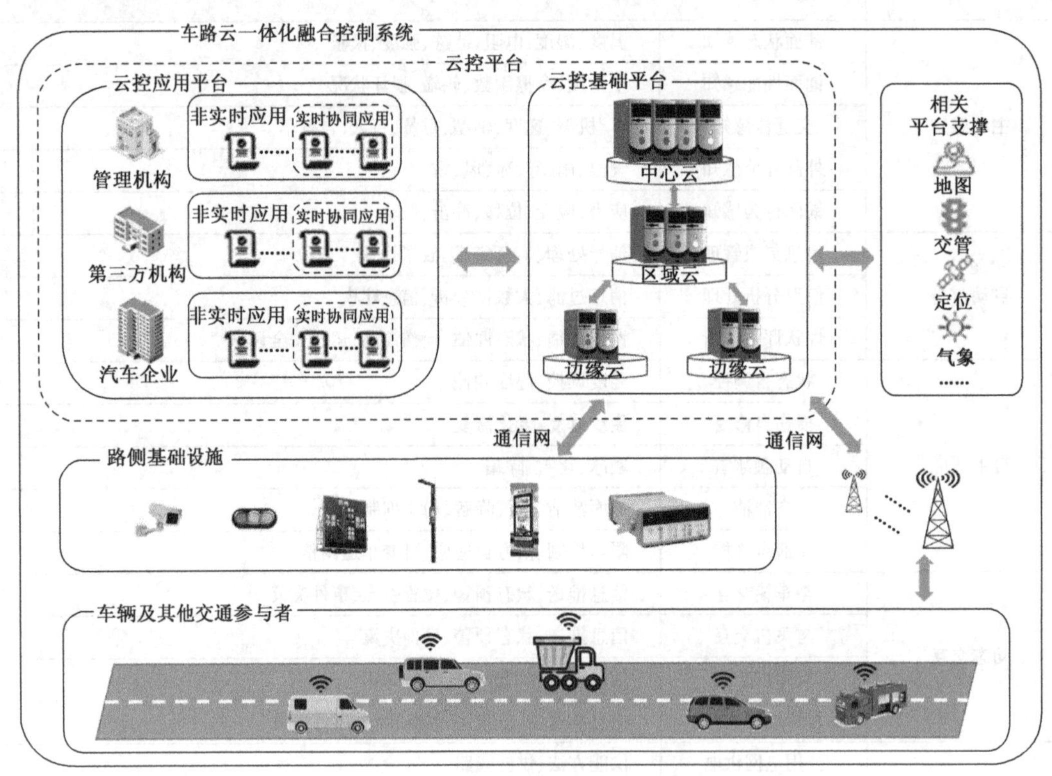

图10-14　云控系统架构及组成示意图

3）助力自动驾驶

路侧智能化以及边缘云计算系统通过上帝视角为智能驾驶车辆提供超视距路况感知功能，可有效弥补高速场景车速较快导致的自动驾驶车辆需要的安全感知距离超出单车智能的感知范围的缺陷。另外，将车的部分感知和计算转移至路侧完成，能降低对自动驾驶车载传感器及车载计算平台的需求，降低其实现成本。

4)车辆引导

(1)交通信号发布:在车路协同系统中,通过车路通信,向接近交叉口的车辆发布信号相位和配时信息。判断车辆在剩余绿灯时间内是否能安全通过交叉口,提醒驾驶人不要危险驾驶(例如闯红灯),并协助驾驶人做出正确判断,避免车辆陷入交叉口的"两难区",防止信号交叉口的碰撞事故。另外,通过车路协同技术还可实现公交优先信号控制。

(2)盲点区域图像提供:通过车路通信,向交叉口准备转弯或者准备在停止标志前停车的车辆提供盲点区域的图像信息,防止转弯车辆视距不足引起的事故和无信号交叉口的碰撞。

(3)紧急救援:车辆在发生故障或交通事故时,自动向急救中心及管理机构发出有关事故地点、性质和严重程度等的求助信息,并通过车路通信调度信号灯优先控制,让急救车辆先行,以及时救援受伤人员。

(4)最优路径:若路侧设备检测到前方道路拥堵严重,通过车路、车车通信系统以及车载终端显示设备,提醒驾驶者避开拥挤道路,并为其选择以最短时间到达目的地的最佳路线。

(5)交通安全及预警:通过车路、车车通信,向车辆传递危险信息(如障碍物的绝对位置、速度、行驶方向等),帮助避免发生车辆之间或车辆与其他障碍物之间的碰撞。

复习思考题

1. 智慧交通和智能交通有哪些方面的区别?

2. 请从传感技术、网络传输的角度,解释ETC的技术流程。

3. 请简要概括从智慧交通中的哪几个方面入手可减缓交通拥堵。

4. 请分析智能驾驶中激光雷达、毫米波雷达、机器视觉三种环境感知技术各自的优缺点。

5. 随着车联网技术的蓬勃发展,车路协同逐渐成为我国在智慧交通领域中重点关注的对象,智能驾驶汽车不再局限为单车智能,而演变成为车与车、车与路间可以共享信息的智能网联汽车。请根据所学内容,概括车路协同相比于单车智能的优势及前景。

参考文献

[1] 吴智深,张建.结构健康监测先进技术及理论[M].北京:科学出版社,2015.

[2] Transportation Research Board National Research Council. National automated highway system research program: a review: special report 253[R]. Washington D. C.: National Academy Press,1998.

[3] 刘川.新技术背后的政府治理:美国智能交通发展历程回顾与启示[C]//中国城市规划学会城市交通规划学术委员会.交通治理与空间重塑:2020年中国城市交通规划年会论文集.杭州:杭州市城市规划设计研究院,2020:429-439.

[4] 赵娜,袁家斌,徐晗.智能交通系统综述[J].计算机科学,2014,41(11):7-11+45.

[5] 陈旭梅,于雷,郭继孚,等.美、欧、日智能交通系统(ITS)发展分析及启示[J].城市规划,2004,28(7):75-79,84.

[6] 刘韡堃.国外高速公路信息化发展现状简析及其启示[J].中国管理信息化,2018,21(15):134-136.

[7] 赵鸿铎,朱兴一,刘伯莹,等.智能铺面技术新进展[M].北京:人民交通出版社股份有限公司,2019.

[8] 王笑京.中国智能交通发展回眸(一)智能交通系统的起步岁月[J].中国交通信息化,2018(12):18-221.

[9] 汪志锋,刘雅杰.智能交通系统的现状和发展战略研究论述[C]//中国智能交通协会.第十五届中国智能交通年会科技论文集(2).北京:北京易华录国际技术有限公司,2020年.

[10] 赵鸿铎,刘伯莹,田雨.智能道路"智"在何处[J].中国公路,2018(18):56-60.

[11] RUSSELL S J,NORVIG P.人工智能:一种现代的方法[M].3版.殷建平,祝恩,刘越,等,译.北京:清华大学出版社,2013.

[12] LUECKENHOFF S,KOEHLER D.人工智能[M].2版.林赐,译.北京:人民邮电出版社,2018.

[13] 国家标准化管理委员会,中央网信办,国家发展改革委,等.国家新一代人工智能标准体系建设指南[R].2020.

[14] JAKE V. Python数据科学手册[M].陶俊杰,陈小莉,译.北京:人民邮电出版社,2018.

[15] CHRIS A. Python机器学习手册[M].韩慧昌,林然,徐江,译.北京:电子工业出版社,2019.

[16] GOODFELLOW I,BENGIO Y,COURVILLE A.深度学习[M].赵申剑,黎彧君,符天凡,等,译.北京:人民邮电出版社,2017.

[17] FRANCOIS C. Python深度学习[M].张亮,译.北京:人民邮电出版社,2018.

[18] 孙玉林,余本国.PyTorch深度学习入门与实战[M].北京:中国水利水电出版社,2020.

[19] 谭铁牛.人工智能的历史、现状和未来[EB/OL].(2019-02-16)[2021-07-12]. http://www.cac.gov.cn/2019-02/16/c_1124122584.htm.

[20] 张尧学,胡春明.大数据导论[M].北京:机械工业出版社,2017.

[21] 张克平,陈曙东.大数据与智慧社会[M].北京:人民邮电出版社,2017.

[22] 金江军.智慧城市:大数据、互联网时代的城市治理[M].北京:电子工业出版社,2018.

[23] 范明,范宏建.数据挖掘导论[M].北京:人民邮电出版社,2010.

[24] 董泽蛟,谭忆秋.沥青路面动力响应研究[M].北京:科学出版社,2015.

[25] 王良明.云计算通俗讲义[M].3版.北京:电子工业出版社,2019.

[26] 陶红艳,余成波.传感器与现代检测技术[M].北京:清华大学出版社,2009.

[27] 王甫红,刘基余.星载GPS伪距测量数据质量分析[J].测绘科学技术学报,2007,24(2):97-99.

[28] 茅文深,常传文,夏娜.基于导航卫星的载体姿态测量[M].北京:国防工业出版社,2015.

[29] 郑顺林.作物高效生产理论与技术[M].成都:四川大学出版社,2014.

[30] NTT DATA集团.图解物联网[M].丁灵,译.北京:人民邮电出版社,2017.

[31] 陈明.计算机网络概论[M].北京:中国铁道出版社,2015.

[32] 王江汉.移动互联网概论[M].成都:电子科技大学出版社,2018.

[33] 李剑光,王艳春,朱惠华.移动互联网环境下基础力学移动学习模式研究[J].高教学刊,2019,115(19):76-79.

[34] LAMB M,COLLIS R,DEIX S,et al. The forever open road:defining the next generation road[C]//World Road Congress. Mexico City,2011:1-15.

[35] 王少飞,祖晖,付建胜,等.智慧高速公路初探[J].中国交通信息化,2017,4(S1):10-17.

[36] SUN L J,ZHAO H D,TU H Z,et al. The smart road:practice and concept[J]. Engineering,2018,4(4):436-437.

[37] 姚锡凡,景轩,张剑铭,等.走向新工业革命的智能制造[J].计算机集成制造系统,2020,26(9):2299-2320.

[38] 苏凯.装配式路面技术的研究现状[J].建筑施工,2021,43(5):905-907.

[39] 郭庆军,贾哲,郝倩雯.建筑装备智能化应用现状分析及展望[J].筑路机械与施工机械化,2018,35(6):25-33.

[40] 李金龙,陈亚莉.浅谈BIM技术在公路工程中的应用现状[J].低温建筑技术,2019,41(9):125-128.

[41] 啜二勇.国外路面自动检测系统发展综述[J].交通标准化,2009,204(17):96-99.

[42] 欧进萍.土木工程结构用智能感知材料、传感器与健康监测系统的研发现状[J].功能材料信息,2005(5):12-22.

[43] 陈慈沼.用于路面传感器的多频检测技术[D].南京:东南大学,2010.

[44] 王峰.我国高速铁路智能建造技术发展实践与展望[J].中国铁路,2019(4):1-8.

[45] PRIDDY L P,DOYLE J D,FLINTSCH G W,et al. Three-dimensional modelling of precast concrete pavement repair joints[J]. Magazine of Concrete Research,2015,67(10):513-522.

[46] TAYABJI S,YE D,BUCH N. Precast concrete pavement technology[R]. Washington D. C.: Strategic Highway Research Program,2013.

[47] MASASHI K,TAKATOMO F,TATSUO N. A study on the overlay method by thin precast reinforced concrete slab[J]. Journal of Pavement Engineering JSCE,1996(1):81-86.

[48] AKAMINE F,HACHIYA Y. Load transfer mechanism of compression joint at precast pc slab pavements[J]. Proceedings of the Japan Society of Civil Engineers,2000(662):217-222.

[49] 梅玥. 基于数字技术的装配式建筑建造研究[D]. 北京:清华大学,2015.

[50] CHRISTOPHER L,MEEHAN M,MOHAMMAD K,et al. Monitoring field lift thickness using compaction equipment instrumented with global positioning system (GPS) technology[J]. Geotechnical Testing Journal,2013,36(5):755-767.

[51] 陈镇金. 路基施工振动压实智能化检测系统及应用研究[D]. 长沙:长沙理工大学,2017.

[52] 徐光辉. 高速铁路路基连续与智能压实控制技术[M]. 北京:中国铁道出版社,2019.

[53] 曹睿明. BIM技术在道路工程设计中的应用研究[D]. 南京:东南大学,2017.

[54] 周游,陈建丰. 基于BIM技术的道路工程模型建立及应用[J]. 公路交通技术,2018,34(3):29-32,38.

[55] COSTIN A,ADIBFAR A,HU H,et al. Building Information Modeling (BIM) for transportation infrastructure:Literature review,applications,challenges,and recommendations[J]. Automation in Construction,2018,94:257-281.

[56] HAN K K,GOLPARVAR-FARD M. Potential of big visual data and building information modeling for construction performance analytics:An exploratory study[J]. Automation in Construction,2016,73:184-198.

[57] 汪林兵,王含笑,赵千,等. 智能路面发展与展望[J]. 中国公路学报,2019,32(4):50-72.

[58] 刘朝晖,秦人杰. 路面养护管理与维修技术[M]. 北京:人民交通出版社,2014.

[59] 刘立莉. 公路几何参数快速自动检测技术研究[D]. 吉林:吉林大学,2006.

[60] 李一. 一种路面宽度自动测量装置:CN210119207U[P]. 2020.

[61] 何明. 基于惯性基准的道路几何线形检测方法[D]. 武汉:湖北工业大学,2016.

[62] 章天杰. 沥青路面雷达波传播机制与探地雷达应用检测技术研究[D]. 南京:东南大学,2019.

[63] 罗传熙. 基于三维探地雷达的道路无损检测技术应用研究[D]. 广州:华南理工大学,2018.

[64] 熊春龙. 基于无损检测技术的沥青路面结构性健康状况评估方法研究[D]. 广州:华南理工大学,2017.

[65] 桂志敬,刘恒权,张智勇. 路面纹理构造特征表征与抗滑性能检测技术研究进展[J]. 公路交通科技(应用技术版),2012,8(4):62-66.

[66] 李甜甜. 基于三维线激光技术的路面车辙检测技术研究[D]. 西安:长安大学,2016.

[67] 孙晓明. 基于结构光的公路路面裂缝检测关键技术研究[D]. 哈尔滨:哈尔滨工业大学,2012.

[68] 马建,赵祥模,贺拴海,等. 路面检测技术综述[J]. 交通运输工程学报,2017,17(5):121-137.

[69] 姜绍飞,吴兆旗. 结构健康监测与智能信息处理技术及应用[M]. 北京:中国建筑工业出

版社,2011.

[70] 程路,张宏建,曹向辉. 车辆动态称重技术[J]. 仪器仪表学报,2006,27(8):943-948.

[71] 叶周景. 基于路面振动物联网监测的车路综合信息获取技术[D]. 北京:北京科技大学,2019.

[72] 马宪永. 随机荷载作用下沥青路面力学响应理论求解与监测方法研究[D]. 哈尔滨:哈尔滨工业大学,2019.

[73] 曾小舟. 机场运行管理[M]. 北京:科学出版社,2017.

[74] 李春雪. 迪拜航空枢纽对我国航空枢纽建设的经验借鉴与启示[J]. 统计与管理,2017(5):68-70.

[75] 戴晓坚. 浦东国际机场港湾机坪及飞行区综合体工程[M]. 上海:上海科学技术出版社,2019.

[76] 高志斌. 北京新机场飞行区工程数字化施工和质量监控技术研究[J]. 民航学报,2020(2):12-16,29.

[77] 何炜琨. 基于探地雷达的机场场道质量监测关键技术研究[D]. 天津:天津大学,2012.

[78] 谢冰,吴昌勇,王伟,等. 探地雷达在武汉天河机场跑道检测中的应用[J]. 河南科技大学学报(自然科学版),2005,26(5):58-60,108-109.

[79] 邱成. 三维车载阵列雷达在机场道面检测中的应用研究[J]. 能源技术与管理,2019,44(4):168-170.

[80] 程国勇,郭稳厚,雷亚伟. 机场道面平整度评价技术进展及发展方向[J]. 中国民航大学学报,2016,34(2):36-41.

[81] 郑浪. 机场跑道除障机器人设计与异物辨识研究[D]. 重庆:重庆交通大学,2019.

[82] 涂德志. 机场跑道检测机器人无线网络反馈控制系统研究[D]. 哈尔滨:哈尔滨工程大学,2019.

[83] 陶灿灿. 机场跑道检测多机器人系统控制技术研究[D]. 哈尔滨:哈尔滨工程大学,2018.

[84] 陈唯实,曹伟,李敬,等. 基于多种新技术的机场全区域安保集成应用系统[J]. 民航学报,2019,3(3):35-40.

[85] 黄颖,许永吉,刘冠国. 基于 BIM + GIS 的在役桥梁智慧运管平台架构研究[J]. 土木建筑工程信息技术,2022,14(2):90-95.

[86] 勾红叶,杨彪,华辉,等. 桥梁信息化及智能桥梁 2019 年度研究进展[J]. 土木与环境工程学报(中英文),2020,42(5):14-27.

[87] 张宇峰,李贤琪. 桥梁结构健康监测与状态评估[M]. 上海:上海科学技术出版社,2018.

[88] 李惠,周文松,欧进萍,等. 大型桥梁结构智能健康监测系统集成技术研究[J]. 土木工程学报,2006,39(4):46-52.

[89] 程玉瑶. 基于长标距光纤传感技术的结构健康监测方法研究[D]. 南京:东南大学,2019.

[90] 陈适之. 基于长标距 FBG 的中小跨桥梁损伤识别与评估研究[D]. 南京:东南大学,2019.

[91] 邵新星,黄金珂,员方,等. 基于视觉的桥梁挠度测量方法与研究进展[J]. 实验力学,2021,36(1):29-42.

[92] 蔡友发,傅星,李飞.数字图像相关方法的桥梁挠度仪的温度补偿[J].电子测量与仪器学报,2019,33(7):88-92.

[93] 单德山,罗凌峰,李乔.桥梁健康监测2019年度研究进展[J].土木与环境工程学报(中英文),2020,42(5):115-125.

[94] 孙利民,尚志强,夏烨.大数据背景下的桥梁结构健康监测研究现状与展望[J].中国公路学报,2019,32(11):1-20.

[95] 王建强.结合人工巡检的桥梁健康监测系统关键技术研究[D].西安:长安大学,2011.

[96] 张宇峰,杨扬.检测:借君慧眼,看个真切[J].中国公路,2020(16):34-37.

[97] 朱志超,王勇,顾传焱.无人机技术在桥梁养护检测中的应用[C]//中国公路学会养护与管理分会,中交基础设施养护集团有限公司.中国公路学会养护与管理分会第八届学术年会论文集.南京中设航空科技发展有限公司,2018:35-42.

[98] 路秀琪.波纹斜腹板钢箱梁受弯试验磁记忆效应研究[D].西安:西安建筑科技大学,2018.

[99] 刘枝辰,俞腾,谭力.桥梁结构安全健康监测的技术方法探究[J].科技通报,2013,29(5):87-92.

[100] YANG Y B,XU H,ZHANG B,et al. Measuring bridge frequencies by a test vehicle in non-moving and moving states[J]. Engineering Structures,2020,203:109859.

[101] 王同军.智能铁路总体架构与发展展望[J].铁路计算机应用,2018,27(7):1-8.

[102] 王同军.中国智能高速铁路体系架构研究及应用[J].铁道学报,2019,41(11):1-9.

[103] 李俊红,徐明星.CRTS双块式无砟轨道智能化建造设备研究[J].智能城市,2020(8):170-171.

[104] 端嘉盈.高速列车运营环境监测无线传感器网络研究[D].北京:中国铁道科学研究院,2017.

[105] 熊仕勇.轨道不平顺检测系统中关键技术研究[D].重庆:西南交通大学,2018.

[106] 季硕.高速铁路路基沉降远程预警系统的研究与实现[D].长沙:湖南大学,2012.

[107] 高彦军.隧道工程测绘中InSAR测绘技术应用分析[J].中国勘察设计,2020(11):105-107.

[108] 刘宇.地质灾害实时监测与信息管理集成系统关键技术研究[D].重庆:重庆大学,2015.

[109] 韩子夜,薛星桥.地质灾害监测技术现状与发展趋势[J].中国地质灾害与防治学报,2005,16(3):138-141.

[110] 刘丽霞.高速铁路防灾气象监测系统设计[J].计算机测量与控制,2010,18(9):1979-1981.

[111] 徐超.高速铁路综合防灾安全监控系统的研究[D].北京:中国铁道科学研究院,2010.

[112] 刘志明.高速铁路地震预警系统结构与优化[J].铁道通信信号,2019,55(S1):171-175.

[113] 闫宏伟,黄乃斌,赵泽宇,等.高速铁路地震预警监测系统工程设计方案研究[J].铁道标准设计,2020,64(8):108-112.

[114] 陈才君,柳展,钱小鸿,等. 智慧交通[M]. 2 版. 北京:清华大学出版社,2015.

[115] WHO. Road traffic deaths data by country[DB/OL]. [2021-07-12]. https://apps. who. int/gho/data/node. main. A997.

[116] 刘少山,唐洁,吴双,等. 第一本无人驾驶技术书[M]. 北京:电子工业出版社,2017.

[117] 朴基南. 智能运输系统[M]. 高利,吴绍斌,赵亚男,译. 北京:北京理工大学出版社,2016.

[118] 郑茂宽,张舜卿. 夯实智慧道路数字底座,构建车路协同新体系[J]. 张江科技评论,2021(1):32-35.

[119] 中华人民共和国国家互联网信息办公室. 远程驾驶、远程医疗等一系列前沿技术应用亮相:5G 正向我们走来[EB/OL]. (2019-05-09)[2021-07-19]. http://www. cac. gov. cn/2019-05/09/c_1124469778. htm.

[120] 姜允侃. 无人驾驶汽车的发展现状及展望[J]. 微型电脑应用,2019,35(5):60-64. http://gast-auto. com/industrial-strategy/ZS-CY-20190926-01. html.

[121] 胡启洲,张晓亮,吴翊恺,等. 车路协同下高速公路运行态势监测方法[J]. 东南大学学报(自然科学版),2020,50(6):1143-1147.

[122] 赵鸿铎,朱兴一,涂辉招,等. 智能铺面的内涵与架构[J]. 同济大学学报(自然科学版),2017,45(8):1131-1135.

[123] 李克强,李家文,常雪阳,等. 智能网联汽车云控系统原理及其典型应用[J]. 汽车安全与节能学报,2020,11(3):261-275.